'etzel · Kognitive Psychologie

Fred G. Wetzel

Kognitive Psychologie

Eine Einführung in die Psychologie der kognitiven Strukturen von Jean Piaget

Beltz Verlag · Weinheim und Basel 1980

Fred G. Wetzel, Jahrgang 1942, Studium der Soziologie, Psychologie und Philosophie an den Universitäten Berlin (FU u. TU), Sorbonne und École Pratique des Hautes Etudes Paris sowie Münster/Westf.; Tätigkeit in der Erwachsenen- und Jugendbildung; Forschungsarbeiten und -projekte zur psychologischen, philosophischen, soziologischen und pädagogischen Auswertung des Werkes von Jean Piaget.

CIP-Kurztitelaufnahme der Deutschen Bibliothek

Wetzel, Fred G.:
Kognitive Psychologie : e. Einf. in d. Psychologie d. kognitiven Strukturen von Jean Piaget / Fred G. Wetzel. – Weinheim, Basel : Beltz, 1980.
ISBN 3-407-54606-8

Gesamtherstellung: Beltz Offsetdruck, 6944 Hemsbach über Weinheim
Umschlaggestaltung: Eckard Warminski, Frankfurt/M.
Umschlagfoto: C. Brulhart, Genf
Printed in Germany

ISBN 3 407 54606 8

Zum Geleit

Manche Forscher hinterlassen mit großen Gesten nur Markierungspunkte im Buch der Wissenschaft – geschrieben auf der Woge intellektueller Moden.

Jean PIAGET und Bärbel INHELDER haben – unbeirrt von den vergänglichen Zeitströmungen der Psychologie und dem Kult ihrer Schulen – mit rationellen Schritten nach und nach Wegweiser und Meilensteine gesetzt.

Für das Studium der von ihnen erforschten „Landkarte“ der Strukturen und Entwicklungen des menschlichen Denkens soll dieses Buch eines „Wanderes“ zwischen den Wissenschaften die Dienste eines „Reiseführers“ leisten.

Inhaltsverzeichnis

Vorwort

Die Popularität des Genfer Erkenntnistheoretikers und Psychologen Jean PIAGET, dessen Werk bis heute auf einen Umfang von etwa 30000 Seiten geschätzt werden kann, steht in Deutschland unter Psychologen, Soziologen und Pädagogen trotz der hier geleisteten Pionierarbeit von AEBLI, SEILER, MONTADA und OERTER (vgl. Lit.verz.) noch immer in einem unausgewogenen Verhältnis zur realen Vertrautheit mit seinem Gesamtwerk und seiner Theorie. Wenn hier ein Nachholbedürfnis empfunden wurde, das sich erst seit 1969 in einer Welle von Übersetzungen seiner Bücher niedergeschlagen hat, so ist dies wohl hauptsächlich durch den Umweg über den Einfluß der bereits seit Ende der 50er Jahre andauernden und inzwischen nicht mehr ignorierbaren PIAGET-Renaissance[1] in den USA zu erklären. Noch 1965 konnte in Deutschland ein dicker Sammelband mit Beiträgen über die Psychologie des Denkens erscheinen, in dem der Name PIAGETS außer im Literaturverzeichnis kein einziges Mal auftaucht[2]!

Die seit 1966 vorliegende extensive Sichtung der stadienspezifischen Forschungsergebnisse PIAGETS von Guido PETTER konnte für die umfassende Theorie-Rezeption hier auch nicht ausreichende Abhilfe schaffen, während mit dem Buch von Hans FURTH dagegen der bisher wohl gelungenste Schritt dazu getan worden ist (1969, dt. 1972). Allerdings betont dieser Autor den biologischen Charakter der Denkentwicklung in der Theorie PIAGETS zu stark und tendiert dazu, dessen häufig aus der Biologie entlehnte Modellvorstellungen sowie den entsprechenden reduktionistischen Teil seiner Erklärungsweisen zu sehr für die ganze Erklärung zu nehmen. Diese Akzentsetzung ist zwar nicht illegitim, zumal dafür gerade im Spätwerk PIAGETS Bestätigungen in großer Fülle gefunden werden können, – und nicht zufällig hat PIAGET den Autor sogar mit einem sehr positiven Vorwort selbst darin bestärkt. Aber das kann nicht darüber hinwegtäuschen, daß keiner von beiden den Versuch gemacht hat, den „ganzen" (oder zumindest einen „vollständigeren", wie auch um seine soziologischen Aspekte ergänzten) PIAGET zu vertreten und gegen jenen „partikularen" zu verteidigen[3].

---

1 Eine erste Welle der PIAGET-Rezeption hatte es schon in den 20er und 30er Jahren gegeben, als bereits seine ersten Bücher (1923a; 1924; 1926 und 1932a vor allem) größte Beachtung fanden – damals sogar auch unmittelbar in Deutschland.

2 Denken, hrsg. v. C. F. GRAUMANN, Köln & Berlin 1965.

3 Der erste umfassende Versuch zur Rezeption und Diskussion gerade der soziologischen Dimensionen des PIAGET-Werkes ist von Hans-Christian HARTEN unternommen worden: in zwei exemplarischen Analysen hat er dabei sowohl sozialisationstheoretische Aspekte der Entwicklungspsychologie als auch gesellschaftstheoretische Implikationen der Erkenntnistheorie PIAGETS herausgearbeitet (vgl. HARTEN 1977a + 1977b). Eine Untersuchung über die Grundzüge einer systematischen, sowohl kritischen als auch emanzipatorischen Theorie der kognitiven Sozialisation, Denk- und Sozialerziehung hat der Verfasser selbst in Vorbereitung (vgl. WETZEL IsE).

Piaget selbst hat überdies nie eine annähernd repräsentative Zusammenfassung seiner eigenen Forschungsergebnisse und Theorien geschrieben[4].

Die Folge dieser Situation (einschließlich der Sprach- und der Verständnisbarriere außerhalb des frankophonen Raums) war häufig gewesen, daß sein Werk einer ungewöhnlichen Vielzahl von Mißverständnissen, Fehlinterpretationen und lückenhaften Rezeptionen ausgesetzt war, die sich teilweise sogar jahrzehntelang – wie im Fall der Diskussion um seine frühen Thesen zum egozentrischen Denk- und Sprachverhalten des Kindes (1923a und 1947b) – auf internationaler Ebene selbst bei anerkannten Forschern (wie z.B. L. S. Vygotsky bzw. Wygotski und H. Wallon) fortgesetzt haben.

Gegen Furths Interpretation ist im übrigen zu betonen, daß Piagets Erklärungsweisen mit ihrem durchgängigen Bezug auf die Aktivitäten des Subjekts im Kern genuin psychologisch bleiben, zweitens nicht nur reduktionistisch, sondern auch konstruktivistisch sind, indem sie Modelle aus Logik, Mathematik und Biologie enthalten, und drittens schließlich vor allem in unauflöslicher Weise soziologische bzw. psycho-soziologische Aspekte einbeziehen, von ihren anderen – z.B. wissenschaftsgeschichtlichen – Dimensionen noch ganz zu schweigen.

Piagets Werk enthält tausende von empirisch gewonnenen Forschungsdaten sowie auf dieser Grundlage eine allgemeine Theorie der quasi-kategorialen oder (genauer:) der *operativen Grundstrukturen des menschlichen Denkens und ihrer Entwicklung*. Während seine ersten Bücher bereits seit Jahrzehnten zum klassischen Repertoire der Psychologie gehören, hat er seither eine Fülle neuer Forschungsberichte und Theorieentwürfe von nicht minderer Bedeutung veröffentlicht, die mit einer Vielzahl von Untersuchungstechniken, Hypothesen, Problemstellungen und empirischen Befunden auf die Psychologie, die Erziehungs- und die Sprachwissenschaft, die Soziologie, die Logik und die Erkenntnistheorien verschiedener anderer Wissenschaften (wie z.B. der Physik und der Mathematik) befruchtend einwirken[5]. Die darin enthaltenen Experimente und Theorien konnten – offenbar in dem Maße, wie sie zugleich „genial, aber einfach" waren (nach einer Äußerung Albert Einsteins über Piagets Untersuchungstechniken zur Bildung der begrifflichen Invarianzen, berichtet von B. Inhelder in: Psy. Epist. Génét. 1966, XIII) – an den unterschiedlichsten Orten der Erde sowie in den verschiedensten Kulturkreisen und soziokulturellen Milieus (in Schweden z.B. ebenso wie in der Sowjetunion, in Persien oder in China) nachvollzogen werden[6] und lassen schon von dieser Wirkung her den Schluß auf ihre mutmaßliche Allgemeinheit, Reichweite und Bedeutung zu[7].

---

4 Seine synoptischen Bücher von 1947a; 1950 a u. b; 1964; 1966a; 1968; 1967c; 1970c und 1970d kommen diesem Ziel nur sehr entfernt nahe.

5 Seine experimentalpsychologische Kognitionsforschung hat z.B. dadurch, daß sie die psychogenetische Priorität des Geschwindigkeitsbegriffes vor den Begriffen der Gleichzeitigkeit, der Dauer und der Zeit entdeckt hat, klärend gewirkt beim Ausbau der axiomatischen Basis der neueren Relativitätstheorie in der Physik und damit die physikalische Erkenntnistheorie bereichert (vgl. 1970d, 69 u. hier: Kap. II.2.c., Anm. 32).

6 Übersetzungen von Veröffentlichungen liegen nicht nur in englischer, spanischer, italienischer oder deutscher, sondern z.B. auch in japanischer, türkischer und russischer Sprache vor.

7 Biographen könnten als Indikator für ihren Erfolg etwa auch berücksichtigen, daß ihr Autor, der seit 1929 jahrzehntelang Direktor des Bureau International d'Education in

In den USA, wo PIAGETS Untersuchungen die weitaus größte Verbreitung und Resonanz gefunden haben und wo man ihm den (von ihm selbst wegen der vordergründigen Einengung sicher nicht begrüßten) Beinamen „Mister Child Psychology" (nach A. L. BALDWIN 1967, 250) sowie das Etikett eines „Giganten der Entwicklungspsychologie" (J. McV. HUNT in: Stud. Cogn. Dev. 1969, 3) gegeben hat, fehlen seine Thesen in kaum einem Lehrbuch der Entwicklungs-, Denk, Sprach-, Erziehungs- oder Allgemein-Psychologie sowie der ihnen entsprechenden soziologischen und erziehungswissenschaftlichen Disziplinen. Während ein Kollege hier PIAGET etwa als den „zweifellos fruchtbarsten Verfasser und Theoretiker des Jahrhunderts für die Entwicklung des Kindes" ansehen zu können meinte (A. L. BALDWIN 1967, 171), bezeichnete ein anderer sein Werk als

„die bei weitem reichste Fundgrube für Theorie und Daten über die geistige Entwicklung, die im Bereich der Kinderentwicklung vorhanden ist oder jemals vorhanden war. Es umfaßt die erste und bis heute die einzige, wirklich detaillierte, stadienanalytische Theorie der geistigen Entwicklung, die es gibt." (J. H. FLAVELL 1963, 412)

Betrachtet man nun die heute von den meisten Sachkennern als führend angesehene amerikanische Psychologie, die fast immer in einer starken Tradition des Empirismus und des Positivismus gestanden hat und großenteils noch steht, so muß die bemerkenswerte Resonanz, die die *stark anti-empiristische* (nicht: anti-empirische!) und *anti-positivistische* Psychologie und Erkenntnistheorie PIAGETS dort seit Ende der 50er Jahre findet, auf den ersten Blick verwundern. Bei näherer und zugleich umfassenderer Betrachtung kann es dagegen nicht als Zufall erscheinen, daß die Renaissance seines Werkes wissenschafts- und technologiegeschichtlich zusammenfällt mit dem Siegeszug der Elektronenrechner sowie der fortschreitenden Quantifizierung, Mathematisierung und Formalisierung immer weiterer Bereiche der Natur- und Lebenserforschung und -bewältigung. Während PIAGET sich seit Jahrzehnten nicht nur mit den Entstehungs- und Konstruktionsprozessen mathematischer und physikalischer Begriffe, sondern auch mit der Verwendbarkeit mathematischer Kalküle und Modelle in den Sozialwissenschaften sowie schließlich mit der Erkenntnistheorie der Mathematik selbst beschäftigt hat (vgl. z.B. 1929a; 1957a; 1950a; 1951d; 1953b u.a.), haben die großen Erfolge der *Mathematisierung in allen Lebensbereichen* erst in jüngerer Zeit das Bewußtsein von der Fruchtbarkeit der weniger anspruchsvollen, aber präziseren Sprache der Mathematik für die rationale Beherrschung aller möglichen Forschungs- und Lebensbereiche sowie die Einsicht in die *Vereinbarkeit rationalistischer mit experimentalwissenschaftlichen Erkenntnissen auch außerhalb der Naturwissenschaften* zunehmend gefördert und verbreitet. So hat PIAGET nicht nur entscheidende Beiträge für den Ausbau der Entwicklungspsychologie zu einer experimentellen Wissenschaft geleistet (so PETTER 1966, 16) und im Bereich des kognitiven Wachstums viel Neuland durchmessen (so FLAVELL 1963, 411/412), sondern auch bewiesen, daß eine an logischen und mathematischen Konstruktionsprozessen orientierte Erkenntnistheorie nicht das „esoterische Vergnügen" eines „einsamen Rationalisten" bleiben muß,

---

Genf war, nicht nur im westlichen, sondern auch im östlichen Kulturkreis zu Vorträgen über seine Forschungen eingeladen wurde, hier wie dort zahlreiche Ehrendoktortitel sowie die Mitgliedschaft in den verschiedensten, nicht nur fachspezifischen, wissenschaftlichen Gesellschaften bzw. Akademien verliehen bekam (vgl. Psy. Epist. Génét. 1966) oder z.B. von der Pariser Sorbonne 1952 als erster Nichtfranzose seit ERASMUS von Rotterdam (1530) einen Lehrstuhl erhielt (nach ELKIND 1970, VIII).

sondern in Form einer zugleich empirisch erarbeiteten „genetischen" Erkenntnistheorie ihren berechtigten Platz unter den modernen, experimentellen Verhaltenswissenschaften haben kann.

Während sich die amerikanischen Psychologen (mehr noch als die Soziologen) jahrzehntelang mit zweifelhaftem Erfolg den atomistischen, mechanistischen, behavioristischen, „peripheralistischen", materialistischen und insgesamt empiristischen und positivistischen Verhaltenstheorien verschrieben hatten und noch heute gerade bei der Erforschung intelligenter Verhaltensweisen viel Mühe brauchen, um mit der verengenden Optik dieser Theorien neue Probleme zu lösen, hatte PIAGET auf der Basis seiner umfangreichen empirischen Forschungen längst eine ganzheitlich-*strukturalistische*[8] und trotzdem nicht introspektive, eine *konstruktive* (logische und andere Modellkonstruktionen benutzende sowie die konstruktive Rolle des sich sozialisierenden Subjekts in der Verhaltens- und Erkenntnisbildung betonende) und nur partiell reduktive, eine *operativistische* (von sensomotorischen Handlungskoordinationen und Operationen als den Grundeinheiten intelligenten Verhaltens ausgehende), „zentralistische", *rationalistische* und trotzdem empirisch-verhaltenswissenschaftlich abgesicherte, teilweise formalisierbare und mathematisierbare Theorie entwickelt, die der klassischen Schwierigkeit gerecht wurde, zugleich die doppelte, kausal bestimmte und „implikativ"-sinnhafte Natur des menschlichen Verhaltens einerseits und die gleichermaßen *empirisch-konkrete wie formal-abstrakte Dimensionalität des Denkens* andererseits – und dies auch noch unter Berücksichtigung seiner Entwicklungsprozesse – wissenschaftlich zu erklären.

Offenbar auf der Grundlage jener in den USA lange Zeit vorherrschenden Forschungskonzeptionen und ihres Gegensatzes zu den als zunehmend aktuell und wissenschaftlich „widerstandsfähig" erkannten Theorien und Methoden PIAGETS empfanden manche Forscher seine Verhaltens- und Erkenntnistheorie dort gar als „revolutionär" und sahen in seinem Werk eine „Intelligenz-Revolution" von kopernikanischem Ausmaß vollzogen (so FURTH 1969, 6/7f.). Man könnte diese Einschätzung als Anzeichen dafür werten, daß die jahrhundertealte Empirismus-Tradition im angelsächsischen Raum offenbar weitgehend auf dem Rückzug ist, wozu wiederum PIAGETS Werk selbst – zumindest in den Sozialwissenschaften – einen entscheidenden Beitrag geleistet haben dürfte.

Vor dem Hintergrund der kontinentaleuropäischen Tradition des erkenntnistheoretischen Denkens, die stärker vom *Rationalismus,* von der *Aufklärungsphilosophie* sowie von KANT und HEGEL bestimmt ist, erscheint PIAGETS verhaltenswissenschaftlich begründete Erkenntnistheorie jedoch keineswegs als „revolutionär" – es sei denn in ihrer experimentalwissenschaftlichen Grundlegung –, zumal sie gerade – wie das bisher noch kaum umfassend herausgearbeitet und ausreichend gewürdigt wurde – stark *in der Kontinuität dieser Tradition* verwurzelt ist (vgl. WETZEL 1978). Wie kein anderer Forscher unserer Zeit hat PIAGET die Grundbegriffe der

8 Der Strukturalismus PIAGETS ist in keiner Weise mit der an den Namen E. B. TITCHENERS geknüpften Richtung gleichen Namens verwandt. Einige Übereinstimmungen bestehen dagegen mit dem gestalttheoretischen Strukturalismus und andere mit der interdisziplinären, vor allem linguistischen und anthropologischen Strömung dieses Namens, die in Frankreich entstanden ist. Wichtigste Unterscheidungsmerkmale des PIAGETschen Strukturalismus gegenüber jenen sind sein evolutionärer, dynamisch-konstruktiver und operativistischer Charakter (vgl. Kap. I.4).

klassischen Erkenntnistheorien konstruktiv weiterentwickelt und ihre Begründung auf die solidere Basis moderner interdisziplinärer und empirischer Forschung gestellt, ohne seiner Theorie dabei den Anspruch irgendeiner verdinglichten „Endgültigkeit" oder die Anspruchslosigkeit empiristischer Relativität zu verleihen. Mit einer großen Zahl von Forschern aus unterschiedlichen Kulturen und Disziplinen – darunter die Psychologen J. BRUNER, D. BERLYNE und J. SMEDSLUND, die Logiker W.v. O. QUINE, C. G. HEMPEL und L. APOSTEL, die Erkenntnis- und Wissenschaftstheoretiker Th. S. KUHN, P. LORENZEN, G. BACHELARD, F. GONSETH und R. B. BRAITHWAITE, der Mathematiker E. W. BETH, der Physiker B. MANDELBROT, der Biologe und Systemtheoretiker L. v. BERTALANFFY, der Verhaltensforscher K. LORENZ u.v.a.m. – hat er im Rahmen seines 1957 gegründeten *„Centre International d'Épistémologie Génétique"* in Genf eine so fruchtbare internationale wissenschaftliche Zusammenarbeit entwickelt, daß sich diese inzwischen bereits in über dreißig gemeinsamen Publikationen der Reihe *„Études d'Épistémologie Génétique"* (Paris 1957 ff.) niedergeschlagen hat. Schon Jahrzehnte vorher waren seine Untersuchungen über die Entstehung des Begriffs der Zeit, der Dauer und der Geschwindigkeit bezeichnenderweise gerade durch jenen Forscher persönlich angeregt worden, der mit seinen physikalischen Erkenntnissen selbst eine wissenschaftliche Revolution unseres bis dahin von NEWTONS Physik geprägten Weltbildes ausgelöst hatte, nämlich von Albert EINSTEIN, dem PIAGET erstmals im Jahre 1928 begegnet war[9]. Wenn er aufgrund seiner umfassenden Erkenntnistheorie (allerdings weniger in ihren soziologischen als in ihren biologischen und psychologischen Komponenten) als ein „moderner KANT" bezeichnet werden könnte, so würde sich diese Einordnung nicht nur auf eine Reihe von prinzipiellen Übereinstimmungen mit diesem Klassiker unseres erkenntnistheoretischen Kulturgutes, sondern auch auf eine analoge Allgemeinheit, Systematik, Tiefe und Tragweite seiner Theorie berufen können.

Darüber hinaus könnte eine geistesgeschichtliche Bedeutung PIAGETS darin gesehen werden, daß er in einer Zeit, in der das Bild vom Menschen in den Sozial- und den Geisteswissenschaften sowie in der Philosophie und in der Literatur durch vielfältige Determinismen, Irrationalismen und Fatalismen bestimmt war und ist – man denke z.B. an das weitgehend deterministisch-fatalistische Menschenbild der klassischen Psychoanalyse oder der systemfunktionalistischen Soziologie – eine bemerkenswerte wissenschaftliche Fundierung für ein Selbstverständnis des Menschen als eines mit spontaner Konstruktionsaktivität und Kreativität begabten sowie zu Rationalität und Autonomie entwicklungsfähigen Wesens geliefert hat – ohne daß ihr Autor je die Absicht zur Entwicklung einer expliziten Anthropologie gehabt hätte. *Der Mensch* erscheint bei ihm primär *als Handelnder, Konstrukteur und Veränderer seiner Welt* und allenfalls sekundär als Schnittpunkt innerer und äußerer Determinismen. Er ist nicht so sehr Objekt heteronomer und irrationaler Kräfte wie *Subjekt rationalen und autonomen Handelns,* Agierens und Interagierens. PIAGET leugnet zwar biologische, soziale und andere Determinismen nicht,

9 Vgl. zu dieser und anderen Begegnungen der beiden Forscher PIAGETS eigene Berichte in 1947c, 143; 1957b, 54; 1963f, 99ff.; 1965a, 45f., 226. – Die erwähnten Studien sind 1946 in Paris erschienen unter den Titeln: Le développement de la notion de temps chez l'enfant (dt. Die Bildung des Zeitbegriffs beim Kinde, Zürich 1955 und Frankfurt 1974) und: Les notions de mouvement et de vitesse chez l'enfant.

verweist sie aber eher relativierend in die Position biogenetisch-mutativ, historisch und kulturell-gesellschaftlich variabler Akzidentien, in deren Untersuchung sich letztlich nomothetische Wissenschaften nicht erschöpfen könnten, und die der Mensch im Verlaufe der von ihm selbst gestalteten Geschichte mit Hilfe seiner unbegrenzt schöpferischen und für alle neuen Entwicklungen offenen Intelligenz früher oder später meist auch selbst zu ändern vermag.

Heidelberg, im Herbst 1977 und
Nürnberg, im Frühjahr 1980 Fred G. Wetzel

„... wenn der Verstand in der Eroberung der Dinge immer weiter vorankommt, so geschieht dies, weil er die Erfahrung immer aktiver organisiert, statt von außen eine fertige Realität nachzuahmen: das Objekt (seines Erkennens) ist also keine ‚Gegebenheit', sondern das Ergebnis einer Konstruktion."

J. Piaget (1936)

„... ein Objekt zu erkennen, bedeutet nicht, es zu kopieren, sondern auf es einzuwirken. Es bedeutet, Transformationssysteme zu konstruieren, die mit diesem Objekt ausgeführt oder auf es angewandt werden können."

„Die transformativen Strukturen, aus denen das Erkennen besteht, ... sind einfach potentielle strukturgleiche Modelle (der Transformationen in der Realität), unter denen zu wählen uns die Erfahrung nahelegen kann."

J. Piaget (1970)

„Der Mensch ist kein *Betrachter,* sondern *Handelnder:* zu wissen, heißt, nicht nur vorauszusehen, sondern die Dinge umwandeln und den Verlauf der Ereignisse ändern zu können; zu wissen heißt, *produzieren* zu können."

L. Goldmann (1952)[10]

---

10 Zitatnachweise: J. Piaget 1936, 327 (Einfügung in Klammern von mir, FGW); J. Piaget 1970d, 15; L. Goldmann 1952 in 1966b, 20 (Hervorhebungen im Original).

Einleitung

Am Beginn seiner wissenschaftlichen Laufbahn galt das Interesse des zunächst primär mit biologischen Fragen beschäftigten Forschers PIAGET dem Phänomen der Anpassung elementarer Lebensformen an ihr spezifisches Milieu. Bereits als Schüler hat er darüber am Beispiel von Weichtieren zahlreiche wissenschaftliche Arbeiten veröffentlicht. Von diesem Ausgangspunkt her war es dann für den zugleich an wissenschafts- und erkenntnistheoretischen Fragestellungen interessierten Gelehrten nur noch ein kleiner Schritt zu der für sein ganzes Lebenswerk entscheidenden Grundfragestellung, wie sich denn im Prozeß der bio-psycho-sozialen Ontogenese des Menschen auf der Basis seiner Phylogenese sowie der Geistes- und Sozialgeschichte jene *höchsten Formen beweglicher Anpassung* entwickeln und entwickelt haben, die der Mensch mit seiner *Intelligenz,* dem System der allgemeinsten und beweglichsten Verhaltens- und Denkstrukturen, hervorgebracht hat und in jedem neuen geistigen Entwicklungs- und Sozialisationsprozeß immer wieder hervorbringt.

Als roter Faden zieht sich daher durch das Werk dieses Forschers die Faszination von den universalsten, abstraktesten und zugleich autonomsten Konstruktionen dieser Intelligenz, den *Strukturen der Logik* und vor allem der *Mathematik,* die trotz ihrer rein subjektiv-menschlichen Entstehung aus psycho-sozialen Verhaltensprozessen in lückenloser Übereinstimmung mit der objektiven Realität stehen und in ihren höchsten mathematischen Formen nicht selten sogar über den Erkenntnisstand der empirischen Wissenschaften hinausgreifen konnten (wie das z.B. in der Relativitätstheorie der Physik der Fall war).

Während sich diese Denkformen mit den meisten philosophischen Erkenntnistheorien und mit positivistisch-empiristischen oder etwa intuitionistischen Psychologien entweder gar nicht oder nur sehr unbefriedigend und widerspruchsvoll erklären lassen, hat PIAGET gerade ihnen sein analytisches Hauptbemühen gewidmet und mit Erfolg versucht, sie in ihren realen, zugleich organischen, psychischen und sozialen Entstehungsbedingungen und Entwicklungsmechanismen zu erklären, d.h. die ihnen zugrundeliegenden Verhaltens- und Konstruktionsprozesse aufzuzeigen und sie somit in ihre *„vitale Perspektive“* zu stellen, ohne etwa auf metaphysische (wie z.B. platonistische oder aprioristische) Interpretationen zurückgreifen zu müssen.

Dabei hat er Grundprobleme der klassischen Erkenntnistheorien, die mehr als zweitausend Jahre lang eine Domäne der Philosophie geblieben waren, mit experimentalwissenschaftlichen und klinisch-beobachtenden Methoden sowie strukturalistisch-formalen, biofunktionalistischen und psychosoziologisch-operativistischen Analysen aufgegriffen und so *traditionell allgemeinste Grund„kategorien“ des Erkennens* wie Raum, Zeit, Zahl, Substanz, Kausalität, Form, Inhalt, Relation usw. auf ihre Bedeutung und ihre Entwicklung im Rahmen des begrifflichen Denkens untersucht. – Obwohl er seine Erkenntnistheorie zwar primär empirisch aus der bio-psychischen und soziologischen Erforschung der Denkentwicklung bei Kindern (sowie in geringerem Maße auch der Begriffsgeschichte der Wissenschaften) geschöpft hat, zielt er folglich nicht auf eine differentielle Analyse der Ablaufsformen aktueller Denk- oder Erkenntnisprozesse, sondern in kantianisch-universaler Weise auf eine Theorie der diesen zugrundeliegenden, überdauernden, allgemeinen und meist „ein für allemal“ gebildeten (d.h. individuell und kulturell erhalten bleibenden) menschlichen Denkstrukturen, das heißt des Erkenntnisgewinns durch die Konstruktion der begrifflichen Grundstrukturen unserer rationalen Welterfassung.

Dazu hat er vor allem die Bildung von Invarianzbegriffen untersucht, die – wie die Dingkonstanz oder Objektpermanenz oder die begrifflichen Bewahrungen transformierter physikalischer oder mathematischer Größen (außer den genannten z.B. das Volumen, die gerade Linie, die Horizontale und die Vertikale, das System der Proportionalbegriffe u.v.a.m.) – so grundlegend sind, daß sie in der Forschung und der Pädagogik vor ihm kaum oder gar nicht beachtet worden waren oder allenfalls eine Tradition philosophisch-erkenntnistheoretischer Behandlung gefunden hatten.

Um Reichweite und Grenzen der Piagetschen Theorie richtig beurteilen zu können, gilt es daher zu berücksichtigen, daß es ihm nicht um eine umfassende (z.B. auch inhaltliche) Analyse menschlicher Denkvorgänge oder Kognitionsweisen geht, sondern fast ausschließlich um die diesen zugrundeliegende, allgemeinsten, logischen und „semi-logischen” Begriffsbildungsprozesse, d.h. die operativen Grundstrukturen, biologisch-allgemeinen Funktionen sowie Konstruktions- und Entwicklungsmechanismen der fundamentalen Begriffe unseres Erkennens – analog den „apriorischen Formen“ und den „universalen Kategorien“ des „reinen Verstandes“ bei KANT.

Aus diesem Grund versteht PIAGET sich auch nicht als „Kinderpsychologe“ oder „Denkpsychologe“ oder überhaupt als Einzelwissenschaftler, sondern vor allen Dingen als *interdisziplinärer, „genetischer“ Erkenntnistheoretiker,* der seine Untersuchungsgegenstände und Forschungsinstrumente nicht nur aus der Psychologie, sondern auch aus der Biologie, der Soziologie und der Wissenschaftsgeschichte einerseits sowie aus der Logik und der Mathematik andererseits bezieht. Denn wenn man kognitive Konstruktionsprozesse wirklich gründlich erforschen will, wie er es im Programm der von ihm konzipierten „genetischen Erkenntnistheorie“ vorgesehen hat, so kann ein solches Unternehmen letztlich nur von einer umfassenden, *alle Verhaltenswissenschaften einschließenden Kognitionsforschung* bewältigt werden. Dazu müßten dann Disziplinen wie die Wahrnehmungs-, Denk- und Sprachpsychologie oder -soziologie ebenso gehören wie die Wissenschaftstheorie und -geschichte, die Erkenntnistheorien der verschiedenen Wissenschaften sowie alle irgendwie Kognitionsforschung betreibenden und Erkenntnisprozesse untersuchenden Forschungsdisziplinen generell. Interdisziplinäre Bedeutung hat eine solche Theorie außerdem insofern, als sie den Erkenntnistheorien der Einzelwissenschaften helfen kann, die Entstehungsbedingungen und Konstruktionsprinzipien ihrer rationalen Grundbegriffe tiefgehender zu verstehen als es bisher möglich war.

Daß man kognitive Verhaltensweisen als menschliches Erkenntnis„vermögen“ einfach „sub specie aeternitatis“, d.h. in der Annahme ihrer überzeitlichen Formenbeständigkeit, rein theoretisch, kontemplativ oder intuitiv behandeln könnte, mußte PIAGET aus seiner empirisch-verhaltenswissenschaftlichen und konstruktivistisch-evolutionistischen Sicht von Anfang an in Frage stellen. Denn wenn es nicht immer wieder bestritten oder vernachlässigt worden wäre, müßte man es nicht auch heute noch und wieder betonen, daß sich das Erkennen wie jedes andere menschliche Verhalten stets in einem beständigen Werden befindet und daß es – zumal angesichts der Unfertigkeit und der Unvollendbarkeit des Menschen selbst – kein irgendwie statisches oder platonisches Sein darstellen kann. Im Sinne einer der klassischen Philosophie seit HERAKLIT vertrauten Erkenntnis betont PIAGET daher, daß dieses Werden als progressive oder regressive[11] *Entwicklung das einzige „wirkliche Faktum" der Wissenschaft* darstelle, in dessen „Fluß" sich alle statisch fixierten Erkenntnisobjekte der Forscher unvermeidlicherweise immer wieder auflösen (vgl. 1970b, 9). Den Gesetzmäßigkeiten der erkenntnisbildenden Verhaltensweisen könne man daher am ehesten nahekommen, wenn man alle oder möglichst viele ihrer Entwicklungsstadien studiert (vgl. 1970c, 7 und GONSETH 1950). Für die Wissenschaft seien dabei folglich *von dauerhafter Bedeutung nur die Konstruktionsgesetze* dieser kognitiven Verhaltensweisen, weniger dagegen ihre variablen Erscheinungsformen und am wenisten ihre vielfältigen besonderen Inhalte (vgl. 1950a, 17f.).

In seiner psycho- und sozio-„genetischen", „experimentellen", „wissenschaftlichen", „historisch-kritischen", „dialektischen", „rationalistischen" und „relativistischen" Erkenntnistheorie (wie PIAGET sie selbst alternativ zu nennen pflegt) lautet die *Grundfrage* demgemäß:

Wie und durch welche inneren und äußeren Mechanismen konstruiert, entwickelt, erweitert, vermehrt und objektiviert der Mensch sein Erkennen und Wissen?

Im Vordergrund seiner Analysen stehen daher die erkenntnisbildenden Verhaltensweisen des Menschen in ihrer psychischen, sozialen und historischen Entwicklung von den elementarsten, vorsymbolischen bis zu den abstraktesten, metasprachlichen Ebenen (vgl. 1950b, 194 und 1970d, 1).

Zusammengefaßt kann die *„genetische" Erkenntnistheorie* PIAGETS folgendermaßen definiert werden: sie ist die empirisch-verhaltenswissenschaftliche sowie (mit dem Rückgriff auf logische und mathematische Analysemodell zugleich): strukturanalytisch-formale, interdisziplinäre Erforschung des Mechanismus der Erwerbung und der Entwicklung der operativen Grundstrukturen des menschlichen Wissens, Denkens und Erkennens[12], besonders der Grundbegriffe rationaler Welterfassung, sowohl auf der psychischen als auch auf der sozialen und der historischen Ebene – beim alltäglich heranwachsenden sozialisierten Individuum ebenso wie in der

11 Regressive Entwicklungsprozesse hat er selbst allerdings nie untersucht, da es ihm stets primär um die Aufbauprozesse der potentiellen Gesamtheit aller denkstrukturellen Entwicklungsstadien ging.

12 Der von PIAGET meist benutzte Begriff „connaissance" kommt dieser umfassenden Definition entgegen und verweist damit auch auf die enge wechselseitige Verpflechtung dieser verschiedenen Kognitionsaspekte. Sein angelsächsisches Gegenstück kann in dem Begriff „knowledge" gesehen werden.

Begriffsgeschichte und den Erkenntnistheorien der Wissenschaften[13] (vgl. 1957b, 13–26; 1965a, 107 und 1970c, 8).

Zwar lassen sich die zu Begriffsbildungen führenden kognitiven Konstruktionsprozesse in *logischen Koordinations- und Operationsvorgängen* bzw. in Systemen theoretischer Denkmöglichkeiten beschreiben. Aber die Frage nach ihren realen, bio-psycho-sozialen Aktualisierungsprozessen und Entstehungsbedingungen als Verhaltensweisen in einem Subjekt-Objekt-Interaktionsprozeß ist damit noch nicht ausreichend beantwortet. Wenn PIAGET allerdings trotzdem einen großen und vielleicht sogar den überwiegenden Teil seines Werkes dem ersten Schritt dieses analytischen Unternehmens gewidmet hat, so konnte er die Rechtfertigung dafür darin sehen, daß sich eine Vielzahl logischer und quasi-logischer Koordinationsaktivitäten beim Menschen tatsächlich als konkretes und von konkretem abstrahiertes Verhalten mehr oder weniger *bereits in spontaner Form* beobachten läßt – und dies offenbar um so mehr, je elementarer einerseits oder je grundlegender andererseits die entsprechenden Verhaltensweisen auf kognitiver oder sozialer Ebene sind. Während er schon beim Säugling in Beziehungs- und Entsprechungsbildungen oder Ordnungs- und Verknüpfungsstrukturen eine Art „Aktions-" und „Funktions-Logik" aufzeigen konnte, die zumindest die Substrukturen für die spätere „Operationen-Logik" liefert, galt sein Interesse demgegenüber auf der „sozio"-logischen Ebene u.a. der Frage, welche rationalen Denkstrukturen Voraussetzung für ein flexibel sozialisiertes Verhalten sind.

Untersucht man daher – wie er – adaptives Verhalten auf derartige strukturelle Dimensionen hin, so kann der Mensch in der Tat dergestalt als *„homo rationalis"* erscheinen, wie ihn so viele Denker seit DESCARTES gesehen haben. Nicht zufällig entspricht daher auch der strukturelle Aspekt jedes beliebigen Verhaltens der weitesten Definition dessen, was PIAGET als „Intelligenz" verstanden wissen will.

---

13 Von der gleichzeitigen *wissenschaftsgeschichtlichen* bzw. „historisch-kritischen" wie psychosoziogenetischen Untersuchung der Entwicklung von Begriffen erhofft sich PIAGET eine gegenseitige Befruchtung, Erhellung, Kontrolle, Relativierung und eventuelle hypothetische Überbrückung von Erklärungslücken auf der einen oder anderen Ebene der ihnen entsprechenden Entwicklungsreihen: Ziele dieser sich ergänzenden Untersuchungen wären ein tieferes Verstehen und eine gründlichere Erklärung der Entwicklungsmechanismen rationaler Strukturen generell (vgl. 1957b, 22; 1961b, 327).
Diese Komponente seiner Theorie, der er ohnehin nur einen geringen Teil seiner Analysen gewidmet hat, kann in der vorliegenden Untersuchung weitgehend vernachlässigt werden, da hier weniger die Entwicklung mathematischer, physikalischer oder biologischer Begriffe und die entsprechenden fachwissenschaftlichen Erkenntnistheorien als allenfalls einige soziologisch interessante Analogien zwischen der kulturspezifischen Sozialgeschichte und der Individualentwicklung bzw. Sozialisation sowie an anderer Stelle die sozialen Dimensionen intelligenter (als rationaler, autonomer und kooperativer) Verhaltensweisen- u. dies weitgehend unabhängig von der Bildung der einzelnen Begriffe – interessieren (vgl. Kap. I.5. a. b und WETZEL, IsE).
Im übrigen pflegt PIAGET selbst die entscheidenden Antworten auf erkenntnistheoretische Fragen von der Analyse der überschaubareren und präziser erforschbaren kognitiven Ontogenese zu erwarten (vgl. z.B. 1947c, 139), der er auch die logisch systematischeren Konstruktionssequenzen zuzutrauen scheint, wie das Beispiel der kindlichen Geometrieentwicklung (von der topologischen zur EUKLIDischen und projektiven) im Gegensatz zur historischen (von der EUKLIDischen zur projektiven und topologischen) zeigt (vgl. 1957b, 47f.).

In dem Maße, wie er nun die *Grundbegriffe des Erkennens als Instrumente der Anpassung* des Menschen an seine Umwelt – und umgekehrt! – versteht, hat er sich zunächst den elementaren Anpassungs-, Organisations- und Regulationsmechanismen des Verhaltens auf der *organischen Ebene* gewidmet, um zwischen dieser und der *kognitiv-psycho-sozialen Ebene* nach *Kontinuitäten* und *Isomorphien* in den Entwicklungsprozessen zu suchen und das kognitive Verhalten schließlich dadurch zu erklären. Denn eine umfassende Erkenntnistheorie, die berücksichtigen will, daß der Mensch selbst ein organisches Struktursystem darstellt und ebenso Produkt elementar-natürlicher (physikalisch-chemischer) wie Schöpfer neuer, differenzierter, komplexer und abstrakter (logischer, mathematischer, psychischer, sozialer, sprachlicher usw.) Strukturen ist sowie damit schließlich auch zum Entdecker und Rekonstrukteur jener natürlichen Ursprungsstrukturen wird, muß die dialektische Interaktion zwischen ihm und seiner Welt in der Tat von der organischen bis zur sozialen und abstrakt-rationalsten Ebene untersuchen. Erkenntnisse sind selbst als Ergebnisse endloser Anpassungs-, Entwicklungs- und Konstruktionsprozesse zu verstehen, die sich in einem solchen *Austauschprozeß* zwischen dem Individuum und seiner natürlichen, dinglichen, geistigen und sozialen Umwelt vollziehen und daher auch Erweiterungen von allen diesen Ebenen her und nach allen ihnen hin erfahren können. Insoweit in einer solchen Analyse die den Menschen bestimmenden und von ihm selbst gebildeten vielfältigen Strukturen konkretester bis abstraktester Art in die Analyse einbezogen werden, werden der interdisziplinäre und strukturalistische Charakter der genetischen Erkenntnistheorie einerseits sowie die durch die fundamentale Dialektik der Austauschprozesse zwischen Subjekt und Objektwelt vorgegebene *dialektische Interdependenz der verschiedenen Wissenschaften* untereinander andererseits vollends deutlich.

I. Grundzüge einer „struktural-genetischen" Kognitionstheorie

Die analytischen Hauptakzente der vorwiegend als Entwicklungstheorie der Intelligenz bekannten Konzeption PIAGETS liegen keineswegs ausschließlich, wenn überhaupt vorwiegend, auf den (bio-, psycho- und sozio-) *„genetischen"* Dimensionen menschlichen Denkens, Erkennens oder intelligenten Verhaltens, sondern ebensosehr auf dessen operativen und strukturellen Komponenten. Ohne deren Berücksichtigung wäre die Gesamttheorie nur mangelhaft verstehbar. Man kann ihre Grundzüge daher ebenso *„operativistisch"* und *„strukturalistisch"* wie „evolutionistisch" nennen. Alle ihrer anderen Kennzeichen – wie ihr Rationalismus und Universalismus, ihr soziologischer Interaktionismus, ihr kritischer und emanzipatorischer Charakter usw. – lassen sich letztlich unter diese drei Grundzüge subsumieren (wobei der funktionalistische Aspekt dem evolutionistischen untergeordnet werden könnte).

I.1 Logik und Psychologie: Der operativistische Ansatz

Jede Untersuchung von Denkstrukturen oder allgemeinen Formen des Erkennens wirft neben dem empirisch-kausalen Problem ihres Entstehungszusammenhangs auch logisch-implikative oder formale Probleme ihres Begründungszusammenhangs, also neben Faktenfragen der Genese auch Normfragen der Geltung auf. Während die Entstehungs-, Entwicklungs- oder Faktenanalysen die Wahrheits-, Adäquations- oder Anpassungsbedingungen der Erkenntnisse als Beziehungen des Informationsaustauschs zwischen dem Subjekt und seinen Objekten zum Gegenstand haben und Sache der empirischen Wissenschaften wie der Psychologie und der Soziologie sind, beziehen sich die Geltungsprobleme auf die Analyse der strukturinternen Gültigkeitsbedingungen sowie der Formalisierungs- und Axiomatisierungsmöglichkeiten der Erkenntnisformen bzw. Denkweisen und sind Aufgabe von Logik und Mathematik.

Soweit nun einerseits die logische Strukturanalyse als formales Hilfsmittel bei der empirischen Analyse benutzt wird, und soweit andererseits nicht jede Beziehung zwischen den sozialen Normen des alltäglichen Denkens einerseits und den Normen der Logiker andererseits geleugnet werden kann, – sie wäre eben denk-psycho- und -sozio-logisch zu erklären –, gehören beide, die formale und die empirische Analyse, nebeneinander unter das umfassende Dach einer allgemeinen Erkenntnistheorie, wie PIAGET sie entworfen hat.

Da sich beide Unternehmen prinzipiell nicht gegenseitig ersetzen können, sieht er die Hauptaufgabe des Forschers darin, die logisch-normative und die empirisch-faktische (psycho-sozio-genetische) Analyse des Denkens und Erkennens zu einer von unzulässigen wechselseitigen Übergriffen – wie von Psychologismen und Soziologismen (Reduktionen der Logik auf Psychologie oder Soziologie) oder „Logizismen" (Reduktionen von Psychologie und Soziologie auf die Logik) – freien gegenseitigen Befruchtung und Ergänzung zu vereinen, ohne ihre respektive Eigenständigkeit und Parallelität zu verletzen (vgl. 1961a, 486; 1965a, 107). Es wären die verschiedenen möglichen Entsprechungen zwischen den normativen „Gültigkeiten" (bzw. logischen Strukturmodellen, deren Geltung nicht von ihrer Genese berührt wird) und den psychosozialen Fakten (bzw. Denk- und Interaktionsstrukturen) zu suchen, ohne beide aufeinander zu reduzieren (vgl. 1957a, 3; 1961b, 166). Denn

„wenn die Wahrheit 2 + 2 = 4 keine Gegebenheit der Fakten, sondern des logischen Beweises ist, bleibt doch nichtsdestoweniger, daß das erkenntnistheoretische Problem nicht gelöst wird, wenn man sich mit dem Aufweis zufriedengibt, warum der Beweis gültig ist: man muß außerdem wissen, was 2, 4, + und = ‚sind' und was sie ‚bezeichnen' sowie was das Subjekt tut, um sich der normativen Notwendigkeit dieses Beweises zu unterwerfen." (1961b, 166)

Um nun die eventuellen Übereinstimmungen der realen Strukturen, Aktivitäten und Operationen des „natürlichen" oder „alltäglichen" Denkens und Erkennens mit irgendwelchen Strukturen der Logik so angemessen wie möglich untersuchen sowie die Art und Weise verstehen zu könnnen, wie der Mensch zur Bildung und zum Nachvollzug logischer Operationen und Begriffe fähig wird, hat PIAGET eine eigene *„operatorische Logik"* entwickelt, deren Beurteilung im einzelnen hier allerdings der Kompetenz der Logiker mit psychologischem Wissen überlassen bleiben muß[14].

In dieser ist er davon ausgegangen, daß er die beim Vergleich realer Denkstrukturen mit den Strukturen der modernen Logik auftretenden Schwierigkeiten nur durch die Konstruktion einer speziellen *‚Psycho-Logik"* oder „Logik-Psychologie" würde bewältigen können. Diese müßte durch formale Erkenntnishilfen für die experimentellen Forschungsergebnisse zwischen der reinen Logik und der empirischen Psychologie und Soziologie in analoger Weise vermitteln wie die mathematische Physik dies zwischen der reinen Mathematik und der experimentellen Physik getan hat (vgl. 1951d, 135/136; 1953b, 25). – Zwar könnte eine solche Logik nicht den axiomatischen Erfordernissen einer quantitativ formalisierten, reinen Logik genügen; sie könnte aber doch als qualitative Algebra den Anforderungen logischer Gültigkeit entsprechen (vgl. 1953b, 23f.). Daher sagt ihr Autor selbst:

„Der Vorteil dieser Algebra ist es besonders, ein Bild der Möglichkeiten zu liefern, die das normale Subjekt benutzen kann, selbst wenn nicht jedes Subjekt alle Möglichkeiten realisieren kann, und selbst wenn ihre Aktualisierung Beschleunigungen und Verlangsamungen je nach den pädagogischen und sozialen Milieus unterworfen ist." (1966a, 104)

In diesem Rahmen hat er daher Strukturen konstruiert, die den Forderungen der logischen Stringenz genügen, aber zugleich auf die realen Strukturen anwendbar sind und so vielleicht zur Überwindung der „dialektischen Antinomie zwischen dem Empirischen und dem Formalen" beitragen, wie P. GRÉCO (in: Psy. Épist. Gén. 1966, 54) annimmt. Neben der aus dieser Algebra hauptsächlich entlehnten „Gruppierungs"struktur verwendet PIAGET aus der

---

14 Vgl. Traité de Logique – Essai de Logistique Opératoire, Paris 1949; die 2. Auflage erschien 1971 unter dem Titel: Essai de Logique Opératoire. – Zu einigen ersten Versuchen der Auseinandersetzung damit von Seiten der Logiker vgl. F. KRÖNER 1950; N. ISAACS 1951; W. MAYS 1953/54 und C. PARSONS 1960.

modernen Mathematik die „Vierergruppe“ von KLEIN und die BOURBAKI-Strukturen, in denen algebraische, ordinative und topologische Strukturen inbegriffen sind (vgl. Kap. II.3. und II.1.).

Logische und mathematische Strukturen bieten für die Analyse realer Denkprozesse abstrakte Modelle vollkommener Denkstrukturen, die von allen Inhalten und „Deformationen“ der sinnlichen Anschauung und des konkreten Verhaltens gereinigt sind, die daher maximale Abstraktion, Allgemeinheit und Widerspruchslosigkeit besitzen und sich so erkenntnistheoretisch im denkbar stabilsten Gleichgewicht untereinander und zu beliebigen Realitätsstrukturen befinden.

Der Strukturzustand, in dem sich Denkmodell und Denkwirklichkeit begegnen, kann am besten mit eben diesem Begriff des *Gleichgewichts* gekennzeichnet werden, zumal dieser die Wirksamkeit sowohl realer als auch potentieller bzw. idealer Kräfte impliziert. Denn psychosoziale Gleichgewichtszustände werden nicht nur von Kausalitätsbeziehungen zwischen realen Verhaltensweisen, sondern auch von konditionalen Notwendigkeitsbeziehungen zwischen möglichen Verhaltensweisen – z.B. sozial normierter Erwartungen oder logisch-formaler Stringenz – bestimmt: sogar in physikalischen Gleichgewichtssystemen gibt es schon eine Determination durch „virtuelle“ Kräfte. Insoweit nun Verhaltensstrukturen, die sich in einem psychischen oder sozialen Gleichgewicht befinden, zugleich logisch formalisierbar sind, kann die Logik als Logistik axiomatische Modelle für diese Strukturen und damit eine Präzisierung ihrer Gleichgewichtsbedingungen liefern (vgl. 1951d, 131–135 und 1953b, XVII, XVIII, 7). Damit erhält man zwar noch keine repräsentativen Gesamtbilder realer Denkabläufe, aber doch gewisse Strukturen der in der Regel nicht bewußten allgemeinsten Verhaltenskoordinationen, die den meist inkonsistenten und unvollständigen bewußten Denkprozessen zugrundeliegen (vgl. 1970f, 729/730), sowie schließlich Grundstrukturen sozialisierten Denkens und Verhaltens. Die logische Strukturanalyse kann z.B. Erklärungen dafür finden helfen, daß in der psychosozialen Entwicklung eines Subjekts verschiedene Denk- oder Kommunikationsweisen gleichzeitig auftreten, indem sie aufgedeckt, daß diese sich aus den internen Möglichkeiten und Notwendigkeiten einer einmal konstruierten Grundstruktur des Denkens ableiten lassen.

Der strukturanalytische Wert abstrakter Modelle liegt darin, Einblick in reale, aber bislang noch verborgene Prozesse zu bieten, mit deren Hilfe beobachtbare Verhaltensweisen erklärt werden können (vgl. 1970e, 265). Es entspricht einem Grundziel des anthropologischen Strukturalismus, hinter „unscheinbaren“ menschlichen Verhaltensäußerungen allgemeine Gesetzmäßigkeiten oder zumindest Regelmäßigkeiten aufzeigen zu können. PIAGETS Verbindung von Logik und Psychologie hat schließlich dazu geführt, daß er einerseits besser als andere Forscher bestimmte typische Formen unlogischen, irrationalen, vorbegrifflichen oder erfolglosen kognitiven Verhaltens erklären und andererseits mehr neue Zusammenhänge und Kontinuitäten zwischen scheinbar unvermittelten kognitiven Entwicklungsebenen oder Strukturen sowie zwischen Denkweisen und Interaktionsstrukturen entdecken konnte – wie z.B. zwischen sensomotorischen Verhaltensschemata und verbalen Begriffen, Gedächtnis und operativem Intelligenzniveau, egozentrisch-irreversiblem Denken und Schwierigkeiten kooperativer Kommunikation u.v.a.m.

Selbst in Bereichen, in denen die Logik bislang keine sinnvolle analytische Bedeutung zu haben schien – wie in der Wahrnehmung und der sensomotorischen Intelligenz –, konnte er zumindest skizzenartige Vorformen logischer Strukturen aufzeigen, die schon mithilfe der logischen Algebra beschrieben werden können (vgl. 1953b, 48). Verständlich wird dies auf der Basis der Grundannahme, daß jede kognitive Aktivität dahin tendiert, sich in gewissen Gleichgewichtsformen zu organisieren (vgl. 1951d, 131).

Unter dem Eindruck der zunehmenden qualitativen *Formalisierung* in der Mathematik ist die Überzeugung PIAGETS vom Nutzen logischer und mathematischer Analysen für die Erklärung realer Verhaltensweisen in den letzten Jahrzehnten zunehmend optimistischer geworden. Während er z.B. 1953 die Frage noch für offen hielt, ob es überhaupt eine Entsprechung gebe zwischen den Strukturen der Logik und denjenigen des realen Denkens (1953b, XVII) und außerdem das alltägliche Denken selbst des „kultivierten Durchschnittserwachsenen" für unformalisierbar hielt (– nur die permanenten Gleichgewichtsformen des mathematischen Denkens wären teilsweise formalisierbar, vgl. 1951d, 130 und 1953b, 24), sieht er heute darin erheblich größere Möglichkeiten. Daß es zwischen der „psychologischen Formung einerseits und der logischen Formalisierung andererseits" (1970d, 10) eine Entsprechung gebe, wird von ihm mit dem Hinweis hervorgehoben, daß der Formalisierungsprozeß des Logikers letztlich nur eine höhere Fortsetzung der „spontanen Formalisierung" sei. Eine solche lasse sich nämlich in den Abstraktionsprozessen der Denkentwicklung als fortschreitende Lösung allgemeiner Formen von anschaulichen Inhalten oder als inhaltliche Subsumtion stadienspezifischer Formen unter jeweils höhere Formen generell beobachten bzw. rekonstruieren (vgl. 1970c, 78, 82; 1968, 29, 32, 121 und schon 1951d, 142). Früher oder später – so meint PIAGET in rationalistischem Optimismus – werde sich alles mathematisieren lassen, selbst derart nicht-quantifizierbare Phänomene wie Werte, Affekte, intentionale Akte u. dgl. m. (vgl. 1967a, 281 oder 1967c, 388–390). Sogar „das Leben selbst" wirke – und zwar als „formenschöpferische Morphogenese" – „mathematisierend" (vgl. 1961b, 318).

Der aus der erfolgreichen Verwendung logischer und mathematischer Strukturbeschreibungen in der wissenschaftlichen Analyse resultierende szientifische Fortschrittsglaube verleitet PIAGET gleichwohl nicht zu einem so unkritischen Rationalismus, daß ihm die Grenzen logisch-formaler Analysen fremd wären. So betont er selbst, daß die Formalisierung der „natürlichen Logik" in alltäglichen Denkprozessen nicht weit führen könne (vgl. 1968, 32) und daß die Logik bei der Analyse des *realen Denkens* doch nicht ausreichen könne, wenn man ein repräsentatives Bild von diesem gewinnen will. Zweifellos ist dieses viel reichhaltiger, inhaltlich komplizierter, aber auch unpräziser und weniger stringent als die reinen Formen seiner logisch-operativen Grundstrukturen. Schon frühzeitig konnte man daher auch bei PIAGET lesen:

„*Die logische Aktivität ist nicht die ganze Intelligenz.* Man kann intelligent sein, ohne sehr logisch zu sein. Die beiden wesentlichen Funktionen der Intelligenz: diejenige, Lösungen zu erdenken und diejenige, sie zu verifizieren, führen nicht notwendigerweise zueinander: die erstere hat an der Vorstellungskraft teil, während die zweite allein logisch im eigentlichen Sinne ist. Die Funktion der Logik ist also (nur) der Beweis, die Erforschung der Wahrheit." (1924, 163; Hervorhebung und Einfügung von mir, FGW)

Obwohl er sein ganzes Leben lang vorwiegend die psychosoziale Entstehung logischer und mathematischer Denkstrukturen untersucht hat, sieht PIAGET doch selbst, daß Logik, Mathematik, Axiomatisierung, Beweisführung und Deduktion im Denken nur die *„reinsten Formen linearer Ordnungen"* sind, deren Schwächen und Grenzen in eben dieser Linearität liegen, d.h. im Operieren mit unbestimmten bzw.

unerklärten Ausgangsbegriffen zur Definition der benötigten Begriffe sowie im Ausgehen von unbeweisbaren und daher willkürlich-konventionellen „Axiomen“ zur Erklärung der jeweiligen „Theoreme“ (vgl. auch 1967c, 184). Das reale Denken, das er in seiner Gesamtheit allerdings auch nicht untersucht zu haben beansprucht, ist dagegen durch komplexere Zusammenhänge und „dialektische Zirkel“ gekennzeichnet, d.h. durch zirkuläre Beziehungen zwischen dem Erkennenden und dem Erkannten, die gerade vom beweisführenden, deduktiven, logischen und mathematischen Denken meist umgangen werden.

Da Piaget logische und mathematische Strukturen primär nur zur Analyse und Beschreibung realer Denkvorgänge verwandt hat, um möglichst präzise auf Grundstrukturen erfolgreichen (d.h. intersubjektiv bewährungskräftige und verläßliche Erkenntnisse liefernden) Denkens sowie auf ein formales Arsenal von Denkmöglichkeiten hinzuweisen, deren Aktualisierung immer nur eine Frage psychosozialer Prozesse und ein Problem psychosoziologischer Erklärung sein kann, beruhten die häufig gegen ihn erhobenen Vorwürfe des „Logizismus“, des „Formalismus“ oder des „Intellektualismus“ meist auf einer oberflächlichen und unvollständigen Rezeption seines Werkes, zu deren Korrektur die vorliegende Arbeit einen Beitrag leisten soll.

Will man den Stellenwert der *Logik* im hier behandelten Rahmen verstehen, so gilt es zu berücksichtigen, daß sie in ihrer *psychosozialen* Realität ein ideales System aller möglichen virtuellen, reversiblen Handlungen (= „Operationen“) sowie die formale Theorie und die vollständigste Koordination dieser Handlungen (als individueller und interindividueller Operationen) darstellt. Sie bezeichnet ganz allgemein die höchsten Gleichgewichtsformen und die *allgemeinsten Koordinationen jedweder Systeme von Handlungen,* die auf beliebige Objekte anwendbar sind. Piaget sieht sie daher für intelligentes Verhalten als geeigentes Modell der vollkommensten psychischen und sozialen Strukturen des Denkens und der Kommunikation an. Für den „sozio“-logischen Aspekt dieser Konzeption bedeutet dies, daß sich in den Grundstrukturen erfolgreicher sozialer Interaktionen vergleichbare oder isomorphe Grundregeln der Koordination und der Regulation und somit ähnliche Strukturen finden lassen müßten wie im logisch-rationalen Denken, zumal zwischen diesen beiden Verhaltensbereichen oder -ebenen ohnehin ein genetisch-struktureller und dialektisch-zirkulärer Zusammenhang besteht.

Das entscheidende Bindeglied zwischen der Logik als operativistisch (d.h. handlungs- und verhaltenstheoretisch, nicht „operationalistisch“!) begriffener Formalwissenschaft einerseits sowie der Psychologie (und der Soziologie) als ebenso verstandener Realwissenschaft(en) andererseits sind die für das Verständnis der Piagetschen Theorie zentralen, reversiblen Handlungskoordinationen oder *Operationen.*

Diese dienen – „sozio“-logisch gesehen – nicht nur der Erkenntnis. und Begriffsbildung, sondern auch der Ermöglichung und Erleichterung rationaler Kommunikationsprozesse. Denn

„Im Gegensatz zur Mehrzahl der Handlungen enthalten die Operationen … stets eine Möglichkeit des Austauschs, der interindividuellen ebenso wie der individuellen Koordination, und dieser kooperative Aspekt bildet eine unerläßliche Bedingung der Objektivität, der inneren Kohärenz (des Gleichgewichts) und der Universalität dieser operatorischen Strukturen.“ (1966a, 75)

Indem die logische „Gruppierungs"-struktur das formale Gleichgewicht beliebiger Systeme von Handlungskoordinationen beschreibt, bezieht sie reversible individuelle „Aktionen" (= „Operationen") ebenso ein wie reziprok-reversible soziale „Interaktionen" (= „Kooperationen"). Erst die Isomorphie zwischen diesen individuellen und sozialen Koordinations- und Kognitionsstrukturen, ermöglicht überhaupt erst die dauerhafte Konstitutierung der Objektivität, der Intersubjektivität und der Rationalität des Erkennens.

I.2 Kausalität und Implikation – zum Problem reduktiver und konstruktiver Erklärungsweisen

Aus der Tatsache, daß menschliches Verhalten zum größten Teil gleichzeitig auf einer kausalen (materiellen, organischen, neuralen, sensomotorischen, ökonomischen usw.) und auf einer „implikativen" („mentalen", geistigen i.w.S., Vorstellungs-, Bewußtseins-, psychischen, sozialen usw.) Ebene abläuft, ergibt sich für die Geistes- und Sozialwissenschaften – und für die Psychosoziologie des Denkens im besonderen – ein charakteristisches Problem der Erklärung. Ihre Erkenntnistheorien müssen der Polarität und der fundamentalen Dialektik zwischen diesen beiden Ebenen irgendwie gerecht werden, wenn sie nicht Verabsolutierungen einer der beiden verfallen sollen.

Die Hauptziele psycho- und soziologischer Erklärung kognitiven Verhaltens können demgemäß darin gesehen werden,

1. die *spezifische Eigenart* der Bewußtseinsphänomene zu respektieren, ohne dabei ihre Entsprechung zu den kausalen Prozessen zu übersehen (vgl. 1950b, 152, 161);
2. die *Art der Verbindung* der kausalen und der implikativen Vorgänge auf den verschiedenen Ebenen des psychischen und sozialen Verhaltens aufzuzeigen (vgl. 1950b, 221) und
3. genetische *Kontinuitäten* zwischen den implikativen und den kausalen Prozessen (und damit zwischen entwicklungsmäßig „höheren" und „niederen" Verhaltensweisen) zu entdecken, – zumal der Hinweis auf Entstehungsbedingungen und Entwicklungsmechanismen von Verhaltensweisen bereits an sich Erklärungswert für diese hat (vgl. 1963f., 94).

Psychologie und Soziologie, die historische Abläufe und Entwicklungsprozesse untersuchen, haben in ihren Erklärungsweisen daher eine Brücke zu schlagen, deren Spannweite von der Biologie im weitesten Sinne (einschl. Demographie, Ökologie, Anthropologie, Ethologie usw.) auf der einen Seite bis zur Logik (einschl. Logistik, Mathematik und aller abstrakten Denkweisen) auf der anderen Seite – d.h. von den elementarsten bis zu den höchsten und allgemeinsten Formen menschlicher Verhaltensweisen – reicht (vgl. 1950b, 131ff., 161, 187ff.). Ihre Erklärungsmethoden schwanken folglich zwischen den Polen der *organismischen Reduktion* einerseits und der *logi(sti)schen Modellkonstruktion* andererseits.

Bewußtseinsphänomene bestehen kognitiv aus Bedeutungen (sensomotorischen Signalen, perzeptiven Anzeichen, bildhaften Symbolen, sprachlichen Zeichen und in begrifflicher Form aus „operatorischen“ Assimilationsschemata) und affektiv aus Werten, die sich nicht nach Art der materiellen Kausalität wechselseitig „verursachen“, sondern aufgrund von sinnhaften oder normativen Bezügen in unterschiedlicher Weise „implizieren“ (vgl. 1957b, 80/81 oder 1961b, 168). Ein Kausalverhältnis zwischen ihnen und der Ebene des Organismus ist schwerlich begründbar. Denn wollte man sich organische Vorgänge als Ursachen implikativer Prozesse (oder z. B. sozioökonomische Zustände als lineare Determinanten sozialer Vorstellungs- und Denkweisen) vorstellen, so stünde man vor der unlösbaren Schwierigkeit, die Transponierbarkeit mechanisch-kausaler Vorgänge in geistig-implikative zu erklären. Wenn man sich andererseits das Bewußtsein als Ursache organischer Prozesse vorstellte, würde man es substantialisieren: man hielte es dann für eine Art Energie, die sich irgendwie verwandelt. Physikalische Begriffe wie Energie, Kraft, Arbeit usw. auf Bewußtseinsphänomene anzuwenden, ist aber analytisch fragwürdig und irreführend, zumal das meist zu einseitigen, mechanistischen Pseudo-Erklärungen dieser Phänomene verleitet.

Psychologisch ist nicht zu leugnen, daß alle Verhaltensweisen genetisch ihre *Ausgangsbedingungen in organischen Strukturen* haben, daß aber insbesondere kognitive Verhaltensweisen sich – wenn auch erst nach einer längeren Zeit der Entwicklung – schließlich ganz von diesen lösen und zu rein implikativen (wie den logisch-mathematischen) Strukturen gelangen können. Im Verlaufe einer solchen psychosozialen und speziell „geistigen“ Entwicklung nimmt der implikative Aspekt an relativer Bedeutung für das gesamte menschliche Verhalten zu, während der kausale Anteil daran abnimmt. – Die niederen Formen der Implikation schließen sich unmittelbar an die rein kausalen organischen Prozesse und generell an konkrete Verhaltensweisen an und können daher partiell reduktiv durch diese erklärt werden. Wie die physikalische Erklärung die mathematische Deduktion mit der physikalischen Empirie vereinigt, so hat die psychosoziologische Erklärung intelligenten Verhaltens daher die Vermittlung der Bewußtseinsimplikationen mit den organischen und materiellen Kausalitäten zu leisten, wenn sie Verdinglichungen der untersuchten Phänomene ebenso vermeiden will wie deren Spiritualisierung (vgl. 1950b, 152, 221).

Die Möglichkeiten einer als „rein“ psychologisch angestrebten Erklärung können allerdings nicht weit reichen: denn fast jeder psychische Entwicklungsprozeß ist zugleich in einen Sozialisationsprozeß eingebettet und erfährt von daher charakteristische soziale Relativierungen. Eine *kritische Psychologie* wird ihre Analysen daher ebenso durch soziologische Erklärungen ergänzen müssen, wie sie ihre Gegenstände in soziale Zusammenhänge einordnen muß, um deren objektiver Relativität mit wenigstens relativer Objektivität näherzukommen, Während Piaget diesen Sachverhalt in zahlreichen seiner Werke vernachlässigt, so betont er ihn doch im Programm seiner „genetischen“ Erkenntnistheorie (vgl. 1950b, Kap. XII, § 1) selbst. Denn daß zu einer kritischen Psychologie auch die wissenssoziologische Überprüfung und eventuelle Relativierung ihrer eigenen Erkenntnisse gehört, muß betont werden.

Was bedeutet es nun erkenntnistheoretisch, etwas *„erklären“* zu können? – Die induktive Aufstellung von Gesetzen oder allgemeinen Regelmäßigkeiten ermöglicht zunächst die Konstatierung der Allgemeinheit einer Tatsache. Erklärung beginnt dagegen erst mit der Koordinierung von Gesetzen, d. h. mit der Ableitung eines Gesetzes aus anderen, die als seine Ursachen angesehen werden können, soweit sie seine notwendigen und ausreichenden Bedingungen definieren. Darüber hinaus erfordert die Erklärung aber auch die Konkretisierung der Gesetzesdeduktion in Form von Modellen, die reale Prozesse darstellen und mithilfe deduktiver Operationen ausdrücken müssen. Die (Kausal-)Erklärung besteht dann in der Anwendung des deduzierten Gesetzes auf ein Modell realer Vorgänge: sie beruht also auf einer logischen Koordination, die auf eine reale Koordination projiziert wird (vgl. auch 1963a, 127/128 und 1970e, 233/234). Ihre Qualität (Präzision, Objektivität) steigt in dem Maße, wie ihre nomothetischen Strukturen den untersuchten realen Strukturen (d.h. den Ursachen und Folgen im realen Ereignisablauf) entsprechen (vgl. auch R. Mayntz 1967).

Für Piaget bedeutet die Erklärung menschlichen Verhaltens vor allem, seine *Entstehungsbedingungen zu rekonstruieren,* „reconstituer le mode de production des phénomènes" (1960a, 60-Anm.), – und zwar mithilfe von Reduktionen allgemeiner Gesetze auf bestimmte Verhaltensstrukturen und -mechanismen einerseits und durch Reproduktionen dieser Phänomene mit Modellen, in denen deren wichtigste relationalstrukturelle und Systemeigenschaften verkürzt dargestellt sind, andererseits (vgl. 1957b, 65). Insofern Reduktionen „höherer" Verhaltensweisen auf „niedere" für die psychologische und soziologische Erklärung ebenso unerläßlich sind wie die vor allem zur Erklärung der höheren Verhaltensweisen dienenden Modelle (vgl. 1963a, 145 oder 1950b, 136/137), sind die Haupttypen der Erklärung in diesen Wissenschaften einerseits „genetisch", historisch und reduktionistisch (sowie empirisch und verhaltenswissenschaftlich) und andererseits gleichgewichtsanalytisch, strukturalistisch, formal und modellkonstruktiv. Beide Typen müssen stets miteinander kombiniert werden, um sowohl dem Aspekt der Entwicklung als auch demjenigen der inneren Organisation und relativer Gleichgewichtszustände der psychischen und sozialen Phänomene angemessen Rechnung tragen zu können. Sie sind also wechselseitig aufeinander angewiesen und ergänzen sich zum Nutzen einer möglichst vollständigen wissenschaftlichen Analyse. Ihre respektiven Grenzen liegen jedoch erstens dort, wo kausale und implikative Prozesse unentwirrbare Mischungen miteinander eingehen, zweitens, wo die jeweils anderen eigenständige, „reine" Formen annehmen, und drittens natürlich, wo sich gerade der jeweilige Endpunkt der empirischen Forschung befindet.

Mit der *Reduktion* werden Isomorphien oder Entsprechungen und ggf. auch Interdependenzen oder wechselseitige „Assimilationen" zwischen den Phänomenen der beiden hier behandelten Grundebenen gesucht, insofern aus den erwähnten Gründen – streng genommen – die Annahme eines Kausalverhältnisses zwischen ihnen meist unbegründbar ist. Gerade in seinem psychogenetischen Haupterklärungsmodell, demjenigen der „Äquilibration", sieht Piaget allerdings die seltene Möglichkeit einer Kausalerklärung implikativer Prozesse sowie einer Überwindung einseitiger Reduktionismen.

Denn er hält auch die Annahme eines bloßen Parallelismus zwischen beiden Ebenen für unbefriedigend, da hiermit jede Interaktion zwischen ihnen geleugnet und dem Bewußtsein jene funktionelle Autonomie abgesprochen wird, mit der es weit über die kausalen Prozesse hinauszugreifen vermag. Dagegen begreift er das Verhältnis zwischen kausalen und implikativen Vorgängen als *„Isomorphie"*, jedoch nicht im parallelistischen Sinne der Gestaltpsychologie. Denn die Strukturen, die das konkrete Verhalten bildet, werden vom Bewußtsein als Instrumente der Bewertung und der Deduktion „benutzt" (vgl. 1963a, 151), also auch überschritten und weiterentwickelt. Das Bewußtsein kann als eine mehr oder weniger unvollständige *„Übersetzung"* der organischen Prozesse angesehen werden (vgl. 1950b, 175/176): d.h. logische und mathematische Implikationen können den „Text" der physischen Realität „übersetzen", auch wenn sie aufgrund der Einbeziehung einer Gesamtheit immaterieller Möglichkeiten zugleich weit über ihn hinausgehen.

PIAGET distanziert sich von zwei in der Psychologie gebräuchlichen Reduktionsformen ausdrücklich, insofern in diesen die funktionale, konstruktive Aktivität des Subjekts zu stark vernachlässigt wird. Dazu gehören die „psychologische" oder *„psycho-energetische"* Reduktion (z.B. in der Psychoanalyse), in der alles Verhalten mithilfe konstanter Kausalprinzipien (wie „Libido" oder „Energie") erklärt wird, – und die *„physikalistische"* Reduktion (eine Tendenz der Gestaltpsychologie), bei der psychische Phänomene auf physiologische und diese wiederum auf physikalische Strukturen („Felder") reduziert werden, wobei typischerweise meist die aktiven Kompensationen von Gleichgewichtsstörungen durch das handelnde Subjekt vernachlässigt werden. Mit dieser letzten Reduktionsform sieht PIAGET allerdings die Chance, eine Präzisierung der organismischen Reduktion sowie eine Öffnung für gewisse abstrakte Modelle erreichen zu können (vgl. 1963a, 130–137).

Da der Mensch für PIAGET nicht nur ein psychisches, sondern auch ein organisches und soziales Wesen ist, und da die Psychologie für ihn ihren wissenschaftstheoretischen Platz folglich zwischen der Biologie und der Soziologie hat, benutzt er vor allem die *„psycho-organismische"* und die *„psycho-soziologische"* Reduktion, mit denen der Rückgriff auf organische ebenso wie auf soziale Regulationen und Strukturen zur Erklärung menschlicher Verhaltensweisen verbunden ist. Der kritische Gebrauch, den er von diesen reduktiven Methoden macht, soll dem dialektisch-zirkulären Charakter der meisten (nicht nur der sozialen) Realitätszusammenhänge – wie gerade der Subjekt-Objekt-Beziehungen im Erkenntnisprozeß – Rechnung tragen. So betont er, daß linear-einseitige (d.h. nur in einer Richtung erfolgende) Reduktionen der Komplexität eben dieser Wirklichkeit nicht gerecht werden können und daß die *Reduktionen* zwischen zwei Realitätsebenen *immer in beiden Richtungen vollziehbar* seien und sein müßten. Z.B. kann die einseitige Reduktion psychischer (wie hier der kognitiven) auf neurale Strukturen die ersteren ebensowenig ausreichend erklären wie es ihre Reduktion auf soziale Interaktionsstrukturen könnte. Denn sie sind weder im Organismus enthalten noch vom Sozialisationsmilieu allein her in ihrer psychischen Genese erklärbar. Versucht man aber umgekehrt, die neuralen ebenso wie die sozialen Strukturen auf die in ihnen jeweils enthaltenen logisch-mathematischen (als die hier exemplarisch analysierten kognitiv-psychischen) Strukturen zu reduzieren, so wird man nicht nur die untersuchten Zusammenhänge besser verstehen, sondern häufig auch unerwartete neue Erkenntnisse gewinnen können.

Wenn es z.B. gelingen würde, die *Logik auf die Neurologie* zu reduzieren, d.h. die organischen Wurzeln der logischen Strukturen zu finden, so würde das gleichzeitig zu einer umgekehrten Reduktion der *Neurologie auf die Logik,* d.h. zu einer Mathematisierung und logischen Formalisierung der Nervenstrukturen führen, die ja die organischen Voraussetzungen für die Entstehung logischer Denkprozesse sind (vgl. 1957b, 38/39). Die in den USA seit den 50er Jahren mit Donald O. HEBB wieder aufgelebten Beschäftigungen mit den neurophysiologischen Korrelaten des Verhaltens – vor allem die Forschungen von MCCULLOCH & PITTS, ASHBY und PENFIELD – fanden bei dem stark an der Biologie interessierten PIAGET daher besondere Beachtung (vgl. bes. 1967c).

Da es im organischen Bereich einen Überfluß an mathematisierbaren Formen gibt, erschien es ihm „offenbar, daß man früher oder später auf analoge Weise eine Algebra oder eine Geometrie der organischen Strukturen konstruieren wird wie in der mathematischen Physik." (1961b, 217)

Wenn man z.B. eines Tages das organische Leben auf physikalisch-chemische Vorgänge reduziert hätte, könnten diese letzteren zugleich um bisher nicht bekannte Eigenschaften bereichert werden (1965a, 116, nach Ch.-E. GUYE). PIAGET folgert daher: „... in allen Fällen, wo man zu einer Reduktion des Höheren auf Niederes oder des Komplexeren auf Einfacheres gelangt ist, wird diese Reduktion reziprok, d.h. daß das Niedere durch gewisse Eigenschaften des Höheren bereichert wird und daß das ‚Einfachere' entsprechend komplexer wird." (1965a, 116; vgl. auch 1970c, 122)

Wenn man in der Soziologie des Denkens oder Wissens allerdings nur zu empirisch schwer belegbaren Korrelationshypothesen oder „relationierenden" Zuordnungen zwischen kausalen und implikativen Strukturen (wie ökonomischen Sozialfaktoren und schicht-spezifischen Ideologien) gelangen kann, so hat man damit nach dieser Interpretation doch immerhin „Reduktionen durch Entsprechung", auf die man angesichts der Notwendigkeit und Unverzichtbarkeit verhaltensbezogener Erklärungen sozialer Bewußtseinsphänomene (wie sie z.B. in der marxistischen Ideologiekritik realisiert wurden) nicht verzichten kann (vgl. 1950b, 193, 221, 232).

Was nun die Bildung von *Modellen* als konstruktivistischen Erklärungsinstrumenten betrifft, so greift PIAGET hierin vor allem auf zwei verschiedene Typen – einen mechanischen und mehrere abstrakte – zurück. Sie sollen die Phänomene deduktiv erklären, indem sie zeigen, warum die in ihnen dargestellten Zusammenhänge notwendig sind oder unter bestimmten Bedingungen wahrscheinlich werden. In dem Maße, wie der Forscher die Komplexität der Fakten in ihren nicht-deduzierbaren Details ohnehin nicht erfassen kann, ist mit der Konstruktion von Modellen als vereinfachenden Schematisierungen der untersuchten Realität bereits ein wesentlicher Schritt für die Erklärung getan.

Zur mechanisch-kausalen Erklärung benutzt PIAGET das kybernetische Modell der *„Äquilibration"*, mit dem alle Arten von Verhaltensweisen simuliert werden können, die Selbstregulation implizieren und die die Erhaltung und sukzessive Weiterentwicklung von Gleichgewichtszuständen bewirken: Vorbild dafür ist die mechanische Simulation selbstregulativer Prozesse durch den Homöostaten von ASHBY. Wie zu zeigen sein wird, ist es

„der große Vorteil eines solchen Modells ..., daß es die Analyse der konstitutierenden Prozesse und nicht bloß der Ergebnisse oder des Vollzugs (kognitiver Verhaltensweisen) möglich macht ..." (1970e, 268; Einfügung von mir, FGW)

Außerdem kann man mit ihm dem nichtlinearen, zirkulären (d.h. Interaktionen und Interdependezen implizierenden) Charakter menschlicher Verhaltensweisen gerecht werden. In PIAGETS Theorie repräsentiert dieses Modell den wichtigsten Mechanismus, der die denkstrukturelle Entwicklung erklärt. Die in ihr verwendeten abstrakten Modelle reichen – je nach ihrem speziellen Untersuchungsbereich – von der probalistischen Spieltheorie über die Entscheidungs- und Informationstheorie bis zu den *algebraischen Strukturen* der Netztheorie, der mathematischen Gruppentheorie und der formalisierten Aussagenlogik.

Mit stochastischen Modellen z.B. kann die Wahrscheinlichkeit des Auftretens eines Verhaltens in Funktion einer vorher gegebenen Grundstruktur kalkuliert werden, da der

Zufall im menschlichen Verhalten niemals rein ist. Der Mensch reagiert auf der Basis seiner vorhandenen Verhaltensstrukturen selbst aktiv auf Zufälle und handelt in eben diesem Maße berechenbar.

In der vorliegenden Untersuchung werden unter den abstrakten ausschließlich die logisch-algebraischen Modelle PIAGETS, vor allem dasjenige der *logischen „Gruppierung“* und der mathematischen „Gruppe“ in Betracht gezogen, da sie seine wichtigsten Analyseinstrumente darstellen. Diese abstrakten Modelle repräsentieren die Gleichgewichtszustände der untersuchten Zusammenhänge vor allem in ihren statisch-strukturellen Aspekten, während das Äquilibrationsmodell sie in ihrer Dynamik darstellen soll: der Ausdruck „Äquilibration“, der von „équilibre“, Gleichgewicht, abgeleitet ist, bezeichnet den endlosen Prozeß der Herstellung, Erhaltung und Verbesserung (Stabilisierung) von Gleichgewichtszuständen des Verhaltens. Während die *Logik* danach strebt, Gleichgewichtszustände zu formalisieren, stellt die *Kybernetik* als Theorie selbstregulativer Gleichgewichtssysteme die Verbindung zwischen ihr und den empirischen Wissenschaften her (vgl. 1970b, 16). Abstrakte Modelle können eine Anzahl möglicher konkreter Modelle erklären, dienen der exakten Definition von Gesetzen sowie der damit angestrebten Voraussagen und bilden eine Art Vermittlung zwischen zu allgemeinen (weil schlecht formalisierten oder formulierten) Hypothesen und speziellen Hypothesen (vgl. 1970e, 264/265). Ihre Benutzung in der Psychologie und der Soziologie führt im übrigen keineswegs notwendigerweise zu mechanistischen oder epiphänomenalen Interpretationen von Bewußtseinsphänomenen (wie das bei den „assoziationistischen“ Theorien der Fall war), sondern gerade zu einer klareren Unterscheidung zwischen den kausalen Prozessen der Materie und den implikativen des Bewußtseins. Bewußtseinsphänomene können insofern gut mithilfe abstrakter Modelle strukturell erklärt werden, als diese gerade *den Implikationscharakter* von Bewußtseinsbeziehungen mehr oder weniger rein *repräsentieren* und dabei von realen Substraten absehen können.

Bei elektronischen Rechenmaschinen, die eine mechanisch-kausale Simulation logischer Operationen liefern, ist zwar jede mechanische Operation den bewußten logischen oder mathematischen isomorph. Aber Wahrheit und Falschheit der Sätze beurteilt der programmierende Mathematiker aufgrund logisch deduzierter Notwendigkeitsurteile, die nichts mit Tatsachenurteilen (Faktenfragen) zu tun haben, sondern nur implikativen Strukturen innewohnen (vgl. 1963a, 151).

Der Nutzen formaler Modelle gerade bei der Analyse realer Denkoperationen liegt insofern auf der Hand, als beide ohnehin – wenn auch in unterschiedlichem Ausmaß – auf ähnlichen Abstraktionsprozessen beruhen, als also bis zu einem bestimmten Abstraktionsniveau eine gewisse Verwandtschaft zwischen den strengen Operationen des Logikers und den alltäglichen des „Durchschnittsmenschen“ (z. B. aufgrund ihrer gemeinsamen Teilhabe an derselben Kultur) gegeben ist, und als hier eben deswegen die Chance einer größeren Entsprechung zwischen Modell und Wirklichkeit als in komplexeren und mit formalen Strukturmodellen schwer beschreibbaren Verhaltensbereichen besteht. Hier ist die zirkuläre Situation gegeben, daß Menschen mithilfe von (logisch und wissenschaftlich reflektierten) Denkprozessen diese Prozesse in ihrer realen Entstehung und ihrem alltäglichen Ablauf bis zu diesem reflektierten Niveau selbst analysieren. Etwas nachlässig formuliert, könnte man sagen, daß *sich das Denken hier selbst zum Gegenstand nimmt.* Gerade weil auch im alltäglichen Denken des Nichtlogikers logische Denkprozesse nur zustandekommen, wenn er zugleich bestimmte Abstraktionsprozesse vollzieht, die denen des Logikers nahekommen, können logische Modelle für logische Denkprozesse nicht nur einen bloß heuristischen, sondern auch einen „realinformatorischen" Wert (H. KLAGES 1963, 105/106) gewinnen.

Von besonderem Interesse für das Verhältnis zwischen Kausalitäten und Implikationen des Verhaltens ist die Entwicklung des logischen Denkens auch deswegen, weil hier – nach PIAGETS begründeter Überzeugung – die Konflikte zwischen dem Normativ-Implikativen und dem Faktisch-Kausalen außerordentlich gering sind. Denn während ihre Entwicklung zwar im Bereich der Kausalität beginnt, gelangt sie doch andererseits – ohne mit dieser in Widerspruch zu geraten – dahin, sich gänzlich von ihr zu lösen, um dann aber schließlich auf ihren höchsten (rein implikativen) Stufen den Menschen wiederum zu einer vertieften Erklärung und mathematisch-exakten Beschreibung der kausalen Grundprozesse und -strukturen zu befähigen.

Besonderheit der logisch-mathematischen Denkstrukturen ist es, daß die Analyse ihrer Entwicklungsprozesse einen höheren Erklärungswert für ihre je aktuell erreichten Gleichgewichtszustände hat als Entwicklungen in anderen Verhaltensbereichen. Denn wie die Geschichte der Logik und der Mathematik zeigt, sind die jeweiligen Systeme dieser beiden Disziplinen Ergebnisse einer nicht willkürlich-zufälligen, sondern hochgradig „integrativen", d.h. *evolutionären Entwicklung:* trotz fortgesetzter Ergänzungen, Erweiterungen und Überarbeitungen der Ausgangspunkte bewahren ihre jeweils älteren Strukturen einen hohen Gültigkeitsgrad. Neue Strukturen widersprechen hier den alten nicht, sondern integrieren sich diese als Unterstrukturen und bewirken so ein bruchloses Fortschreiten ohne Überwindung (nur mit Relativierung) historisch früherer Strukturen – eine Entwicklung von „konstruktiver Dialektik" (1967c, 407).

Da ihre jeweiligen historischen Endformen zugleich Systeme maximalen Gleichgewichts vom Menschen erreichbarer rationaler Strukturen darstellen, können sie als optimale Modelle für die Analyse der Denkstrukturen beliebiger Menschen benutzt werden. – Insofern in keinem anderen Bereich des menschlichen Verhaltens und Denkens die Entwicklung in einer vergleichbar integrativen und *kontinuierlichen „équilibration progressive"* verläuft wie im logischen Denken, ist der Gegensatz zwischen „diachroner" (Kausal-)Erklärung und „synchroner" (Implikations-) Erklärung hier geringer als überall anderswo. Insbesondere in der komplexen und unüberschaubaren sozialen Realität haben Entwicklungsprozesse, wie auch PIAGET hervorgehoben hat, einen weit geringeren Erklärungswert für die je gegenwärtigen (sozialen) Gleichgewichtszustände als in diesem speziellen Bereich.

Die Schwierigkeiten der Erklärung ergeben sich aber in allen psychischen und sozialen Bereichen vor allem daraus, daß nur wenige Phänomene auch nur entfernt den idealen Gleichgewichtszuständen „reiner Implikationssysteme" nahekommen. Daher dürfte PIAGETS Versuch, das logische Modell der Gruppierung für die denkpsycho- und -soziologische Analyse fruchtbar zu machen, von besonderem Interesse sein.

Modelle können im übrigen nach Maßgabe ihrer forscherrelativen Konstitutionskriterien immer nur willkürlich sein und sich – wie der „kultivierte Erwachsene" als Hilfskonstruktion eines Prototyps rationalen Strukturgleichgewichts (dem die

Denkstrukturen des Kindes verglichen werden) – historisch ebenso willkürlich und nichtlinear entwickeln.

Es spricht für PIAGETS methodologischen Kritizismus, daß er sich dieser Tatsache selbst bewußt ist (vgl. 1957c, 31/32), obwohl er sie mit dem Hinweis auf die integrativ-deterministische Entwicklung der logisch-mathematischen Strukturen stets einschränkt.

I.3 Intelligenz, Organisation und Anpassung – Biofunktionale Aspekte[15]

Nach den wissenschaftstheoretisch-allgemeinen können nun die spezifischeren Aussagen der Theorie PIAGETS in der Reihenfolge ihrer funktionalistischen, strukturalistischen und entwicklungstheoretischen Aspekte behandelt werden. Auf einer konkreteren Ebene werden danach im Abschnitt II. die wichtigsten stadienspezifischen Einzelaussagen über die kindliche Denkentwicklung folgen.

Aus der funktionalen Perspektive der organischen Evolution gesehen, erscheint die menschliche Intelligenz als Organisation von Aktivitäten der unspezifischen, d.h. nicht an bestimmte Verhaltensweisen gebundenen, Anpassung: sie ist die am höchsten entwickelte, am differenziertesten organisierte und zugleich die beweglichste Form dieser Anpassung. In PIAGETS biofunktionalistischer Zuordnung ist sie gleichsam das differenzierteste Organ der organismischen Selbstregulation und somit selbst ein spezialisiert organisiertes Subsystem des Organismus. Dieser stellt seinerseits den Inbegriff einer lebenden Gesamtorganisation von Verhaltensweisen und organischen Prozessen dar. Die Intelligenz als Strukturensystem der flexibelsten Verhaltensweisen steuert in seinem Rahmen die Austauschprozesse mit dem Milieu vor allem auf der Ebene der höheren (sozialisierbaren) Verhaltensstrukturen.

„Organisation“ und „Anpassung“ sind die *„funktionalen a priori“*, die für die Intelligenz ebenso wie für jedes andere lebende System gelten. Die Intelligenz zu erklären, heißt demnach für PIAGET, die funktionale Kontinuität aufzudecken, die zwischen ihren höchsten (exemplarisch in den logischen und mathematischen Strukturen ausgebildeten) Strukturen und den elementarsten Formen der organischen Anpassung besteht (vgl. 1947a, 62/63 und FURTH 1969, 178).

Die bei PIAGET immer wiederkehrende Entlehnung von Begriffen aus der *Biologie* hat daher nicht nur metaphorische Bedeutung, sondern dient ihm zugleich als analytischer Hinweis auf die zahlreichen Strukturgleichheiten („Isomorphien“) zwischen lebenden Systemen sowie auf die funktional-adaptive Kontinuität zwischen der organischen und der denkstrukturellen Entwicklung. Die sensomotorischen Anpassungen des Kleinkindes wird er so einerseits als Fortsetzung der biologischen Anpassungen des Organismus und andererseits zugleich als Vorform der rationalen Anpassungen der abstrakteren Intelligenz ansehen können (vgl. 1936, 358).

Die *Intelligenz* ist für PIAGET weder eine spezifische „Bewußtseinsform“ (zumal ihre grundlegenden Strukturen nach PIAGETS Forschungsergebnissen unabhängig von ihrer symbolischen Repräsentanz entstehen) noch eine angeborene „Fähig-

---

15 Vgl. hierzu auch die gelungene Darstellung von FURTH 1969.

keit", „Begabung", „Kraft" oder ein „Vermögen", also etwa eine Verfassung, die ihre Realität unabhängig vom aktualisierten Verhalten besäße. Sie ist weder ein bloßes Arsenal besonderer „Reaktions"- oder „Assoziations"weisen noch allein eine faktorenanalytisch analysierbare Gesamtheit vielfältiger, mehr oder weniger voneinander isolierter, inhaltlich definierter „Leistungen", sondern vielmehr eine unter bestimmten, vor allem psychosozialen, Entwicklungsbedingungen erwerbbare, differenzierte und *bewegliche Organisation von Verhaltensweisen.* Als solche basiert sie vor allem auf dem operativen und operatorischen Strukturensystem der allgemeinsten Koordinationen des menschlichen Handelns und Denkens, durch die die verschiedenen kognitiven Einzelfunktionen und intelligenten „Leistungen" in ihrer Form strukturiert und in ihrem Anpassungs- sowie Erkenntniswert bestimmt werden. Nach dieser Auffassung beinhaltet sie also gleichsam die funktionalen Äquivalente der „apriorischen Formen des reinen Verstandes" im kantianischen Sinne.

Da die so verstandene Intelligenz aus einer nach bestimmten Koordinationsregeln ablaufenden Gesamtheit allgemeinster, strukturenbildender Aktivitäten besteht und in jedem Fall eine Form äußeren oder inneren *Verhaltens* darstellt, ist sie auch – außer in ihren höchsten Formen – nicht unbedingt an reflexives Wissen, verbalen Ausdruck oder rationales Verstehen gebunden (vgl. FURTH 1969, 170/171). – Definitionskriterien intelligenter Anpassung sind die Differenzierung, Mobilisierung und Ausdehnung der Verhaltensstrukturen in Richtung auf räumlich und zeitlich wachsende Distanzen – im Zuge einer die Umwelt durch explorative Aktivität organisierenden, verändernden und dadurch erkenntnisbildenden Praxis – sowie ein sich dynamisch weiterentwickelndes, offenes Gleichgewicht (ohne Expansionsbegrenzung) dieser Verhaltensweisen im Subjekt-Objekt-Kreis des Erkennens und Handelns. Die intelligent organisierte Anpassung unterscheidet sich von der bloßen organischen Anpassung im wesentlichen dadurch, daß sich der Mensch mit ihr ein viel umfassenderes und stabileres Milieu („Welt" im Gegensatz zur bloßen „Umwelt" nach A. GEHLEN) schaffen kann, als es ohne sie möglich wäre.

PIAGET benutzt diesen *Intelligenzbegriff* unabhängig von allen anthropologischen und metaphysischen Bestimmungen und ganz pragmatisch *in zweifacher Weise,* – einerseits modellartig in Bezug auf einen optimalen Zielzustand als Inbegriff der höchsten Organisations-, beweglichsten Anpassungs- und *stabilsten Gleichgewichtsformen* aller kognitiven Verhaltensstrukturen (vgl. 1947a, 5, 16/178) bzw. als jeweiliges Endstadium eines Entwicklungsprozesses – und andererseits aber auch unabhängig vom jeweiligen Entwicklungsniveau als Gesamtheit der alle kognitiven Einzelfunktionen (wie Wahrnehmung, Gedächtnis, Nachahmung, Vorstellung, Sprache usw.) strukturierenden, organisierenden und bedeutungsverleihenden, allgemeinsten und beweglichsten Aktivitäten welcher entwicklungsstadienspezifischen Ausprägung oder Differenziertheit auch immer. Diese Aktivitäten sind schließlich ganz allgemein mit der *strukturellen Dimension jedes Verhaltens* schlechthin identisch.

Die Begriffe Intelligenz, Denken und Erkennen werden bei PIAGET kaum voneinander unterschieden, sondern vielmehr in der ihnen gemeinsamen Definition derjenigen beweglichsten Verhaltenskoordinationen „aufgehoben", die die Umwelt und die eigenen Tätigkeiten (sowie die Abstraktionen von beiden) organisieren und dem Menschen dadurch Erkenntnisse vermitteln. Am meisten spricht PIAGET seit 1950 von „Erkennen" („connaissance"), was aber im Französischen noch allgemeiner auch „Wissen" bedeutet. Intelligent sind demnach primär diejenigen Verhaltensweisen, die dem Subjekt einen Zuwachs an Erkenntnis oder Wissen über sich und die Welt und damit an kognitiver Orientierungsstabilität vermitteln. Der analytische Akzent liegt dabei auf dem Tätigkeits- bzw. *„operativen" Aspekt* des Erkennens, der die formengebenden Aktivitäten, Handlungen oder Operationen der Intelligenz beinhaltet. Dagegen ist der Abbildungs-, Darstellungs- oder *„figurative" Aspekt* des kognitiven Verhaltens (wie er sich in der Wahrnehmung, den Vorstellungsbildern, dem Gedächtnis, der Sprache und der Nachahmung äußert) stets dem operativen untergeordnet und für PIAGETS Definition der Intelligenz unwesentlich. Das wird auch von FURTH unterstrichen (vgl. F. 1969, 61).

Kern und Ausgangspunkt der „genetischen" Erkenntnistheorie lassen sich am besten verstehen, wenn man mit der Bedeutung beginnt, die für sie der Begriff der *„lebenden Organisation"* hat. Das Lebenswerk PIAGETS, wie es in seinem „ouvrage de synthèse" über „Biologie und Erkenntnis" (1967c) eine seiner wichtigsten Ausdrucksformen gefunden hat, kulminiert in dem von Anfang an erstrebten Nachweis, daß beim Menschen die allgemeinsten Kennzeichen lebender Organisationen sowohl für die organische als auch für die kognitive Ebene ihres Funktionierens gelten. Dabei handelt es sich vor allem um folgende Merkmale:

- den Charakter des *„offenen Systems"* (trotz systemerhaltender und für die Anpassungsfähigkeit notwendiger „zyklischer Geschlossenheit"),
- die *„Dynamik der Austauschprozesse"* zwischen dem System bzw. dem Organismus und seiner Umwelt (wovon Funktionieren, Angepaßtheit und Stabilität des Systems abhängig sind),
- die *„primäre Aktivität"* (d.h. den Betätigungs-, Anwendungs- oder Funktionsdrang vorhandener Organe resp. Verhaltensweisen im Gegensatz zum Primat der Reaktivität),
- die entsprechende Tendenz zur *Ausdehnung des Aktionsfeldes,* zur Erweiterung der Strukturen und zur Integration neuer Elemente sowie
- die *„relationale Totalität"*, d.h. die Interdependenz der Systemelemente (bzw. Substrukturen), den zirkulären und den hierarchischen Charakter des Systems und vor allem schließlich
- die *„selbstregulativen Prozesse"* zur Bewahrung der bestehenden Strukturen, des Systemgleichgewichts gegenüber der Umwelt und der Kontrolle der systemimmanenten Funktionsabläufe (vgl. 1967c, 181ff. u. passim im Anschluß an L. v. BERTALANFFYS Systemtheorie).

In einem etwas engeren Sinne gebraucht PIAGET den Begriff der Organisation bzw. Organisierung neben demjenigen der Anpassung als *funktionelle Invariante* jeder Entwicklung lebender (also auch kognitiver) Strukturen. Diese organisatorische Grundfunktion, deren strukturelle Realisierungen („Organisationsformen", „Organe") aufgrund des beständigen Austauschprozesses mit der sich verändernden Umwelt vielfältig variieren können, besteht vorrangig in der Bewahrung der Strukturen und ihrer Kontinuität, in der intra- und inter-individuellen bzw. individuellen und sozialen Koordination und Interaktion der Verhaltensweisen untereinander sowie der Integration neuer Verhaltensweisen untereinander sowie der Integration neuer Verhaltensweisen in der Gesamtheit der alten. Anders gesagt: *lebende Organisation besteht in der Bewahrung einer Strukturgesamtheit interagie-*

render Prozesse und Verhaltensweisen, deren Unterstrukturen und Inhalte sich gleichwohl laufend ändern können:

„die Organisation ist im wesentlichen dynamisch und läuft darauf hinaus, einen beständigen Fluß variabler Objekte und Ereignisse (sowie Verhaltensweisen, Vorstellungen usw.) in permanente Formen zu integrieren." (1967c, 178; Einfügung von mir, FGW; mit „Formen" sind hier auf kognitiver Ebene vor allem Begriffe gemeint).

Diese umweltangepaßte Organisierung des Verhaltens hat primär nur als Funktionsweise und als notwendige Bedingung jedes Verhaltenserwerbs Kontinuität und Dauer, weniger aber als erworbener oder übertragener Inhalt (vgl. 1967c, 174). Die *Organisationsfunktion* besteht vor allem in der Bewahrung der Form eines Interaktionssystems (resp. invarianter Begriffsstrukturen im Subjekt-Objekt-Austauschprozeß des Erkennens). Das geschieht über einen kontinuierlichen Fluß von Transformationen hinweg, dessen Inhalt sich aufgrund der Austauschprozesse mit der Umwelt beständig erneuert (vgl. 1967c, 175). Als Grundtendenz des kognitiven Verhaltens bildet die Organisationsfunktion eine Art *Kohärenzstrebens*, mit dessen Hilfe die Vielfalt der Erfahrungen geordnet wird. Die Verhaltensweisen werden dabei (wie die Lebensprozesse allgemein) so untereinander koordiniert, daß sie einerseits nicht miteinander konfligieren oder in (subjektiv empfundenen) Widerspruch geraten, andererseits aber gleichzeitig gegenüber der Umwelt erfolgreich anpassungsflexibel bleiben (vgl. 1936, 325).

Der funktionelle Organisationsdrang ist, wie PIAGET in vitalistischer Überzeugung hervorhebt, eine Art biologischer Grundbedingung für die Bildung und Bewahrung lebender (organischer wie kognitiver oder sonstiger) Strukturen. Er ist ebenso Voraussetzung wie Ergebnis innerer und äußerer adaptiver Verhaltensweisen.

Man kann somit Erkenntnisse als Formen der Verhaltensorganisation ansehen, deren höchstentwickelter Ausdruck das System der logischen und mathematischen Denkoperationen ist (vgl. FURTH 1969, 206). Im Unterschied zur biologischen Organisation ist das Verhaltensfeld bei der kognitiven allerdings erheblich weiter, zumal sie sich auch auf abstrakte Strukturen sowie den Bereich der sozialen Interaktionen und Regulationen erstreckt. Die kognitive Organisation „verlängert" daher die biologische, wo diese im Interaktionsprozeß zwischen dem Menschen und seiner dinglichen wie sozialen Umwelt versagt (vgl. 1967c, 406). Das ist auch eine in der philosophischen Anthropologie häufig hervorgehobene Erkenntnis (vgl. z.B. bei M. SCHELER, A. GEHLEN oder H. PLESSNER).

Die Annahme funktioneller Konstanten im Rahmen einer Entwicklungstheorie erleichtert die Erklärung und Interpretation von *Kontinuitäten im Entwicklungsprozeß* und damit die Gewinnung von Hypothesen über die Herkunft von Verhaltensweisen. Im Rahmen seiner biologisch fundierten „genetischen Erkenntnistheorie" sieht PIAGET vor allem einen psychogenetischen Zusammenhang zwischen der biologischen Organisation, dem affektiven Kohärenzstreben des Kleinkindes und dem logischen Widerspruchsprinzip des Erwachsenen.

Während die Organisationsfunktion der Koordination der Strukturen untereinander dient, bezeichnet die andere Grundfunktion lebender Systeme, die der *Anpassung*, die Koordination zwischen den Strukturen des Organismus und denen der Umwelt – und dies ebenfalls auf allen Entwicklungsebenen organischer Prozesse und menschlicher Verhaltensweisen. Da es in den Strukturen des Lebens ebensowenig eine Anpassungsaktivität ohne Organisation geben kann wie es eine Organisation ohne Anpassung gibt (vgl. 1936, 340), bedingen diese beiden Grundfunktionen einander.

Die Organisation der Verhaltensweisen kann quasi als der „innere Aspekt" jeder Anpassung angesehen werden (vgl. daselbst).

Anpassung besteht sowohl auf der Ebene der kognitiven Psycho- und Soziogenese als auch auf der biogenetischen Ebene nicht einfach nur in einer einseitigen Angleichung des Organismus an sein Milieu. Sie stellt vielmehr einen *Austauschprozeß* zwischen diesen beiden Polen dar (vgl. 1967c, passim und 1970c, 62). PIAGET trifft daher im Rahmen dieses Begriffs die für seine ganze Theorie wohl wichtigste (und wiederum aus der Biologie entlehnte) Unterscheidung, nämlich die zwischen der *„Assimilation"* und der *„Akkomodation"*. Diese Begriffe bezeichnen die beiden unterschiedlichen Richtungen, Aspekte, Dimensionen oder Pole des Austauschprozesses zwischen dem Subjekt und seinen Objekten bzw. Milieus und damit die komplementären Seiten jedes Anpassungsverhaltens. Sie stehen in einem unauflöslichen Wechselverhältnis zueinander und sind nur begrifflich, nicht real voneinander trennbar: es gibt nahezu keine Assimilationsaktivitäten ohne akkomodierende und in keinem Fall akkomodative ohne assimilative. Wenn beide im folgenden um der rationalen Transparenz willen analytisch differenziert werden, so wird das immer eine gewisse Entfernung von der Notwendigkeit der Kennzeichnung ihres fließend-dialektischen Verhältnisse bedeuten (vgl. im gleichen Sinne FURTH 1969, 177).

Wenn die Strukturen und Einflüsse der Umwelt organisch oder kognitiv an die Strukturen des Individuums angepaßt oder in sie integriert werden, kann man von Assimilation sprechen. Werden die Verhaltensstrukturen des Subjekts im Falle ihrer akut bzw. bewußt werdenden Fehlanpassung oder Erfolglosigkeit durch Veränderung, Differenzierung oder Erweiterung an die Umweltstrukturen angepaßt, so handelt es sich komplementär dazu um eine Akkomodation. Hervorgegangen aus dem Nervensystem, unterliegen die Grundfunktionen der Kognition denselben Gesetzen wie der ganze Organismus.

Das unverhältnismäßige Überwiegen des einen Prozesses über den anderen – wie es in bestimmten Entwicklungsphasen und Situationen sowie gegenüber bestimmten Objekten häufig vorkommt – bedeutet ein Anpassungsungleichgewicht, eine Fehlanpassung des Verhaltens oder eine instabile Erkenntnis (vgl. auch PETTER 1966, 28–31). Erst wenn die Handlungsobjekte z. B. der Assimilation in irgendeiner vom Individuum registrierten Form Widerstand leisten (wenn ein Gegenstand sich z. B. nicht kauen, sondern nur schütteln oder betrachten läßt oder wenn ein Vorurteil beständig durch gegenteilige Erfahrungen erschüttert wird), d. h. wenn die bestehenden Verhaltensstrukturen nicht zur assimilativen Erfassung der Bewältigung der Umweltstrukturen ausreichen, korrigiert das Subjekt seine Handlungsschemata. Seine Verhaltensweisen werden dabei akkomodativ verändert, differenziert, erweitert oder untereinander besser koordiniert. Die Differenzierung der assimilierenden Verhaltensstrukturen (= „Assimilationsschemata") erfolgt aber nicht nur durch direkte akkomodative Korrektur, sondern auch indirekt über die wechselseitige Assimilation oder Koordination der verschiedenen Assimilationsschemata untereinander. Das entspricht einer verfeinerten Abstimmung bislang unzureichend beweglicher Verhaltensweisen aufeinander. Wenn der Säugling z. B. zu intelligent zielgerichtetem Verhalten fähig wird, so kann das dadurch erklärt werden, daß er seine Verhaltensschemata des Greifens und des Schüttelns miteinander koordiniert und dem umfassenderen Schema des Sehens unterordnet. Jedes Verhalten ist eine Mischung aus assimilativen und akkomodativen Komponenten und befindet sich jeweils in einem Zustand relativen Anpassungsgleichgewichts. Der Unterschied zwischen den elementaren und den höheren Formen der Anpassung ist ein *Unterschied der Gleichgewichtsstabilität* des Subjekt-Objekt-Verhältnisses, die vor allem durch die Beweglichkeit der Verhaltensstrukturen definiert ist. Ein biologisches Gleichgewicht wird gegenüber der Vielfalt beliebiger Umweltobjekte und -veränderungen nie den Stabilitäts- und Perfektionsgrad des rationalen Gleichgewichts der logischen Operationen und Struktursysteme erreichen können.

„Nur die *Intelligenz*", *– hier von* Piaget *als idealer Zielzustand begriffen –, „die im Handeln und Denken aller Umwege und Rückwege fähig ist, tendiert zum vollständigen Gleichgewicht, indem sie danach strebt, die Gesamtheit der Realität zu assimilieren und die Handlung zu akkomodieren, um diese damit von ihrer Unterworfenheit unter das anfängliche hic et nunc zu befreien." (1947a, 15)*

Entwicklung entsteht dadurch, daß sich die meisten realen Anpassungszustände in ihrem Gleichgewicht als labil erweisen, daß zwischen ihnen und der Umwelt und so zwischen Assimilation und Akkomodation Widersprüche, Lücken oder Koordinationsmängel offenbar werden und das Subjekt veranlassen, diese durch seine Handlungspraxis, d.h. durch Veränderung der eigenen Verhaltensstrukturen oder der Umweltstrukturen, aktiv zu überwinden, um zu besseren Gleichgewichtszuständen (d.h. kognitiv: zu stabileren und erfolgreicheren Erkenntnissen) zu gelangen. Die menschliche Denkentwicklung stellt angesichts ihrer prinzipiellen Unabschließbarkeit einen kontinuierlichen Prozeß der Herstellung, Weiterentwicklung und Erhaltung stabiler (störungsresistenter) Gleichgewichtszustände mithilfe individueller und sozialer Regulationsaktivitäten dar. Piaget hat diesen Vorgang daher „Äquilibration" genannt. Es ist auch richtig, in Bezug darauf von einem „fließenden Gleichgewicht" zu sprechen (wie Oerter 1968, 286). Besondere Aufgabe der verhaltenswissenschaftlichen bzw. kognitionstheoretischen Strukturanalyse ist es, die Merkmale der unterschiedlichen Gleichgewichtszustände auf den verschiedenen Entwicklungsebenen sowie die sie konstituierenden kognitiven Aktivitäten herauszuarbeiten.

Jede stabile Erkenntnis kann dabei als „ausgeglichener" Kompromiß zwischen assimilativen und akkomodativen Anpassungsweisen begriffen werden. Wie die soziologische Analyse zu zeigen hätte, bedingt die soziale Dimensionalität dauerhafter (kognitiver) Verhaltensanpassungen (= rationaler und somit normativ geregelter Erkenntnisse), daß

„es nur im sozialisierten Bewußtsein ist, wo dieser Kompromiß Gleichgewicht wird ..." (1928, 182)

Das heißt: rationales Denken ist nach dieser Auffassung zugleich stets sozialisiertes und sozialisierbares (sozial unbegrenzt koordinierbares und mitteilbares) Denken.

Eine der kennzeichnendsten Besonderheiten der Theorie Piagets ist es, daß in ihr die *Assimilation* als die Grundaktivität der menschlichen Intelligenz angesehen wird. Am Ausgangspunkt dieser Konzeption (1936) steht der Hinweis darauf, daß assimilative Aktivitäten psychogenetisch das Primärdatum menschlichen Verhaltens darstellen und daß sie auch für die weitere Entwicklung der Intelligenz konstitutiv sind.

„Die Eigenschaft eines Assimilationsschemas ist es, nach der Anwendung auf alles und nach der Eroberung des Universums der Wahrnehmung in seiner Totalität zu streben. Aber indem es sich derart verallgemeinert, muß es sich zwangsläufig differenzieren.“ (1936, 362)

Als „lebende“ Verhaltensstruktur impliziert jedes Assimilationsschema kraft seiner bloßen Existenz den vitalen Drang zu seiner Aktivierung: es ist Quelle beständiger Anwendungen, Wiederholungen, Wiedererkennungen, Ausdehnungen und Verallgemeinerungen seiner Verhaltensweisen (vgl. 1965a, 206 und 1968, 61). Dieser von Karl BÜHLER „Funktionslust“ genannte Drang hat im Rahmen der PIAGETschen Theorie neben Organisation, Assimilation und Akkomodation den Stellenwert einer weiteren funktionellen Invariante. J. H. FLAVELL hat diese treffend das *„kognitive Funktionsbedürfnis“* („cognitive need to function“, F. 1963, 263 Anm.) genannt.

Schon der Säugling benutzt die *Objekte* seiner Umwelt gleichsam *als „funktionelle Nährstoffe“* für die ihm zur Verfügung stehenden primitiven Assimilationsschemata (wie Saugen, Schütteln, Beißen usw.) und tendiert dahin, diesen so viele Gegenstände wie nur irgend möglich einzuverleiben (vgl. 1936, passim und 1959b, 43, 44/45). Mit ihrer ironisch gemeinten Kritik tut Susan ISAACS PIAGET nicht einmal Unrecht, wenn sie schreibt:

„wenn PIAGET von ‚Struktur‘ des kindlichen Intellekts spricht, scheinen wir eine kuriose Mischung zwischen den Begriffen der Biologie und der KANTschen Erkenntnistheorie zu erhalten, wobei ‚Struktur‘ etwas zwischen einer Kategorie und einem Verdauungssystem darstellt.“ (S. ISAACS 1929, 511)

Denn es geht PIAGET in der Tat gerade darum, die funktionelle Kontinuität aufzuweisen, die zwischen den Einverleibungstendenzen primitiver Assimilationsschemata gegenüber der inhaltlichen Vielfalt der jeweiligen Objektgesamtheiten und den Subsumtionstendenzen rationaler Assimilationsschemata (wie der allgemeinen Begriffe oder „Kategorien“ nach KANT) besteht.

Die Assimilation ist eine Grundfunktion, die der Kontinuität der Verhaltensorganisation, ihrer Entwicklung sowie der Integration neuer Elemente dient. Sie besteht in dem Maße zugleich in der Konstruktion neuer Verhaltensstrukturen, wie das Subjekt neue Objekte bzw. deren figurative Repräsentationen seinen Verhaltens- und Denkformen einverleibt. Jede Assimilation setzt somit zwar bestehende Verhaltensstrukturen voraus, führt aber auch selbst wieder zu neuen. Anders gesagt: jedes Verhaltensschema (wie jeder Begriff) ist sowohl Produkt vorgängiger Assimilationen als auch Quelle neuer Assimilationen (= Erkenntnisse). Kognitiv ist Assimilation diejenige Verhaltensweise, die einen Realitätszustand überhaupt erst zu einem Objekt des Erkennens macht, indem sie ihn (oder eine Vorstellung von ihm) den vorhandenen Denk- resp. Begriffsstrukturen des Individuums subsumiert.

„Jeder *Assimilationsvorgang* ist ein Akt der *Erkenntnis*.“ (B. INHELDER 1952, 358; Hervorhebungen von B. I.).

Einen Vorgang oder ein Objekt zu erkennen, bedeutet daher ganz allgemein, ihn oder es – wie auch immer – an die eigenen Verhaltens- oder Denkstrukturen assimilieren zu können (vgl. FURTH 1969, 15 u. 101). Jedes Wissen oder Erkennen kann als eine Assimilation von Objektinhalten an kognitive Verhaltensschemata des Subjekts angesehen werden. So kann Sinnesreizung z.B. erst dann zu einer Erkenntnis führen, wenn eine Verhaltensstruktur (und damit eine vorgängige Erkenntnisform) vorhanden ist, mit deren Hilfe die assimilativ-akkomodativen Aktivitäten die Reize sinnvoll verarbeiten können (vgl. daselbst, 180). – Die Assimilation ist *Quelle von Bedeutungen und Begriffen.* Verhaltensschema und Assimilation verhalten sich funktionell wie Begriff und Urteil zueinander, wobei der Begriff eine Konstante in einem Transformationssystem kognitiver Handlungen und Operationen darstellt (vgl. 1966a, 76/77). Das Urteil ist der Assimilationsakt, der die Begriffe unter sich vereinigt oder auf Objekte anwendet, d.h. diese den Begriffen einverleibt (vgl. 1958b, 56/57 oder 1959a, 55/56).

Schon bei G. H. MEAD, mit dem PIAGET zahlreiche Übereinstimmungen verbinden, heißt es ganz ähnlich:

„... die Bedeutungen der Dinge, unsere Vorstellungen von ihnen, antworten auf die Struktur des Organismus in seinem Verhalten ihnen gegenüber. Die Struktur, die dies möglich macht, wurde primär im zentralen Nervensystem gefunden.“ (M. 1934, 117)

Während eine Pflanze durch Assimilation anorganische Materie in organische Verbindungen umwandelt, assimiliert ein Säugling die verschiedensten Gegenstände – von seinem Daumen angefangen – an sein ererbtes Verhaltensschema des Saugens („generalisierende Assimilation“) und kann diese so als „Gegenstände zum Saugen“ „begreifen“. Unterhalb der ihm noch nicht zugänglichen Reflexionsebene ist dies jedenfalls deren praktische, sensomotorische oder gleichsam gebrauchsfunktionelle *Bedeutung.*

Wenn ein Wissenschaftler ein neu entdecktes Phänomen durch eine bereits vorhandene Theorie (d.h. ein Assimilationsschema abstrakterer, differenzierterer, umfassenderer und nomothetischer Art) erklärt, dann ist dies ebenfalls der Vorgang einer – wenn auch rationalen – Assimilation. Der Begriff „rational“ bezeichnet dabei nicht einfach nur das kognitiv höhere Niveau dieses Vorgangs, sondern die Integration in ein maximal subjektunabhängiges, dezentriertes, widerspruchsfreies, gleichgewichtsstabiles, dauerhaftes, bewegliches und offenes System von Begriffen, Operationen, Denkstrukturen oder erklärenden Gesetzen. Zu einem großen Teil ist der Unterschied zwischen der sensomotorischen und der rationalen (logisch-operatorischen) Assimilation ein Gradunterschied der Situationsspezifität, der Dezentriertheit gegenüber situativen Einzelaspekten und dem Subjekt selbst, der Reichweite, der Beweglichkeit, der Integrationskraft, der Differenziertheit, der Generalisierbarkeit usw. (vgl. 1958b, 55 und 1970c, 26).

Anders gesagt: die begriffliche oder rationale Assimilation ist deswegen stabiler, verläßlicher, umfassender und „informativer“ als die primitiven organischen oder sensomotorischen Assimilationen, weil sie zu kognitiven Verhaltensstrukturen („Invarianzbegriffen“) führt, die dauerhafte Orientierungen liefern und nicht gleich von Wahrnehmungsfeldänderungen widerlegt oder aus ihrem Gleichgewicht gegenüber der Realität gebracht werden.

PIAGETS Assimilationsbegriff ist für seine Theorie ungefähr von der Bedeutung wie der Assoziationsbegriff in den entsprechenden atomistischen Verhaltenstheorien. Er ermöglicht jedoch im Gegensatz zu diesem viel leichter die Einführung der Begriffe der Bedeutung (und der Implikation zwischen Bedeutungen) in die kognitive Verhaltenstheorie (vgl. 1965a, 186). Denn jede Assimilation stellt schon par définition einen ganzheitlichen und aktiven Vorgang der Integration von

Umweltreizen in die vorhandenen Verhaltensstrukturen des Organismus dar. Sie besteht nicht – wie die Assoziation oder die S–R-Verbindungen – aus isolierbaren, voraussetzungslosen und quasi-mechanischen Verknüpfungen von mehr oder weniger zusammenhangslosen Einzelsegmenten des Verhaltens mit Einzelreizen der Umwelt.

„Die Assimilation verhält sich auf der motorischen Ebene zu den bedingten Reflexen wie das Urteil auf der Ebene des reflektierten Denkens zu den Gedanken-Assoziationen, d. h. wie die konstruktive Aktivität selbst zu ihren automatisierten Ergebnissen." (F.-L. MUELLER 1960, 419)

Wenn auf einen Reiz reagiert wird, so nie isoliert auf der Basis einer „tabula rasa" (d. h. eines strukturlosen Organismus), sondern immer mithilfe schon vorhandener – anfangs angeborener – Assimilationsschemata. Fehlen diese für bestimmte Reizklassen, so kann darauf gar nicht adaptiv reagiert werden: dies ist z. B. in der Situation geistiger Überforderung der Fall.

Schon der Säugling mit seinem wenig umfangreichen Verhaltensrepertoire reagiert auf Objekte nicht mit einem mechanischen Spiel von Reiz-Reaktions-Verbindungen, sondern mit einer integrativen Assimilation an seine Handlungsschemata. Objekte werden von ihm nur „begriffen" (= erhalten eine praktische Bedeutung), wenn er sie mithilfe eines ihm zur Verfügung stehenden Handlungs-Gesamtablaufs im wörtlichen Sinne *„be-greifen"* kann.

„Das Primärfaktum ist also (psychogenetisch) weder die Wahrnehmung noch die Bewegung noch die Assoziation zwischen den beiden, sondern eben die Assimilation des wahrgenommenen Objekts an ein Handlungsschema, welches *zugleich* motorische Wiedergabe und perzeptive Wiedererkennung, d. h. reproduktive und rekognitive Assimilation, ist." (1954b, 24; das eingefügt Wort stammt von mir, FGW; die Hervorhebung ist von J. P.)

Die Assimilation verleiht den Verhaltensweisen des Subjekts eine *Richtung* (nämlich auf alle irgendwie „assimilierbaren" Objekte hin) und befriedigt die ihnen innewohnenden bzw. im Kontakt mit der Umwelt entstehenden Bedürfnisse und Interessen (zu ihrer Anwendung oder Ausdehnung). Das Assimilationsschema liefert dem Subjekt also zugleich eine *Motivation* für sein Verhalten und ein *Verstehen* der Verhaltensziele, -objekte und (im Grenzfall sogar der) -strukturen selbst: es ist daher Hauptquelle von Erkennen und Wissen (vgl. 1965a, 178/179 und 1959b, 33). Dementsprechend hat der Assimilationsbegriff auch einen weit höheren Erklärungswert für kognitives (wie jedes andere) Verhalten als der Assoziationsbegriff (vgl. auch Kap. I.6).

Das Niveau des durch Assimilation vermittelten Verstehens (bzw. der Erkenntnisse) sowie die Vielfalt der kognitiven Bedürfnisse (Interessen) ist eine Funktion des geistigen Entwicklungsstandes und der Differenziertheit der Verhaltensorganisation[16]. Eine Vielzahl kognitiver Verhaltensschemata impliziert ebenso eine Vielzahl verschiedener Interessen. Logisch-rational strukturierte Assimilationsschemata eröffnen ein größeres kognitives Verhaltensfeld und ermöglichen verläßli-

16 Die in der Tradition der deutschen „Geisteswissenschaften" gebräuchliche Unterscheidung zwischen „Erklären" und „Verstehen" muß im Rahmen dieser Auffassung übrigens als sinnlos erscheinen. Denn außer im Grenzfall rein logischen Verhaltens kann man, wie PIAGET betont, kein Verhalten „verstehen", ohne es damit gleichzeitig zu „erklären" – und umgekehrt (vgl. 1950b, 152).

chere Erkenntnisse als sensomotorische oder bildhaft-anschaulich zentrierte Verhaltensweisen. Denn sie liefern dem Subjekt begrifflich stabilisierte Koordinatensysteme der Umweltorientierung und der Ich-Dezentrierung. Generell kann die Assimilation auf allen Ebenen der Entwicklung als die schöpferische und erfindende, die verändernde und interpretierende, die konstruktive und generalisierende, koordinierende und schlußfolgernde, formengebende (strukturierende) und begriffsbildende Komponente der Intelligenz angesehen werden.

Die verschiedenen kognitiven Verhaltensweisen, Gedanken, Erinnerungen, Kenntnisse usw. können in ihrem Erkenntniswert (bzw. ihrem Objektivitätsgrad) nach dem relativen Anteil bemessen werden, den die assimilativen und akkomodativen Aktivitäten an ihrer Strukturbildung gehabt haben. Für schlecht angepaßte (oder genauer: mangelhaft anpassungsflexible) Verhaltensweisen gilt, daß in ihnen Assimilation und Akkomodation in einem unausgewogenen Verhältnis zueinander stehen, d.h. unzureichend miteinander koordiniert sind: so überwiegt im Symbolspiel des Kleinkindes die Assimilation und in der Echolalie oder im phänomenistisch-wahrnehmungszentrierten Denken die Akkomodation.

Da jede Erkenntnis als Produkt einer Subjekt-Objekt-Interaktion untrennbar aus einer Mischung von Elementen besteht, die von den Objekten und solchen, die von der eigenen Aktivität geliefert werden, ist für sie jeweils ein charakteristisches Verhältnis zwischen Akkomodation und Assimilation konstitutiv. Je rationaler und allgemeiner eine Erkenntnis ist, desto größer ist meist der Anteil der assimilativen Komponente in ihr, während der Anteil der akkomodativen Komponente mit der Situationsspezifität einer Erkenntnis zuzunehmen pflegt. Während es aber im Extremfall „reine Assimilationen“ (reine Subjekterkenntnisse) – vor allem auf den höchsten Ebenen des Denkens – gibt (reine Deduktionen oder Kombinationen assimilativer Strukturen untereinander), kann von „reinen Akkomodationen“ (reinen Objekterkenntnissen) – im Gegensatz zu der Annahme von Yvette Hatwell (in: Psy. Epist. Gén. 1966, 129) – nicht gesprochen werden. Denn ehe überhaupt eine akkomodative Aktivität auftreten kann, muß eine Verhaltensstruktur – und damit ein „Assimilationsschema“ – vorhanden sein: dies ist auch beim neugeborenen Organismus schon, nämlich mit den angeborenen instinktiven Verhaltensweisen, der Fall. Es kann nicht von „Akkomodationsschemata“ analog zu den „Assimilationsschemata“ gesprochen werden. Denn Akkomodationen führen nicht zu eigenen Organisationsformen, sondern immer nur zu Modifikationen der Assimilationsschemata.

Der Begriff der *Akkomodation* ist bei Piaget etwas unterbestimmt, hat dafür aber im zitierten Werk von Hans Furth eine sorgfältige Interpretation erfahren. Er bezeichnet annäherungsweise das figurative Wissen (im Gegensatz zum operativen Erkennen), die Wahrnehmung, partiell auch die Nachahmung sowie das Gedächtnis und das Lernen in einem engen Sinn, die Objekterfahrung (oder genauer: den objektbestimmten Anteil dieser Erfahrung), die Exploration neuer Phänomene und Umstände sowie generell die Inhalte der Kognition. Er bezieht sich also auf Dimensionen, die stärker vom Milieu bestimmt sind als die Assimilation.

Sehr vereinfacht könnte man sagen,

„daß die Organisation die formale Kohärenz ist, daß die Akkomodation die ‚Erfahrung‘ und die Assimilation der Urteilsakt ist, soweit er die Erfahrungsinhalte mit der logischen Form vereint.“ (1936, 359; vgl. auch 1945b, 170)

Für sich genommen, ist die Akkomodation sehr instabil und schwankend und bildet sozusagen nur das „*Negativ*“ derjenigen Objekteigenschaften, die der Assimilation Widerstand leisten. Sie führt nur zu einem Gleichgewicht gegenüber der Assimilation (d.h. zu stabilem Wissen und Erkennen), wenn der Erkennende sich von den Dingen eine Reihe von „Positiven“ verschaffen kann, d.h. mithilfe der Nachahmung konstruierte stabile Kopien oder Reproduktionen in der Gestalt von Vorstellungsbildern oder anderen Darstellungsformen. Die Akkomodation erfordert also immer irgendeine Form äußerer oder innerer Nachahmung, ist aber mit dieser nicht einfach identisch, wie FURTH (F. 1969, 159) richtig interpretiert.

Während die Produkte der Assimilation operativer Natur sind, nämlich verallgemeinerbare Verhaltensschemata („schèmes“), Begriffe, Invarianten und formale Strukturen, ist die Akkomodation Ausgangspunkt für alle *figurativen* und inhaltlich-partikularen Aspekte des Wissens, wie sie mit den frühesten Wahrnehmungsaktivitäten auftauchen (Erinnerungsbilder, Wahrnehmungen, situationsgebundene figurative Schemata = „schémas“)[17] (vgl. a.a.O., 157).

Akkomodation bedeutet daher ebenso die Anwendung eines Assimilationsschemas (bzw. einer allgemeinen Verhaltensstruktur) auf ein partikulares Wissensobjekt wie die Differenzierung jenes Schemas gegenüber diesem Objekt (s. a.a.O., 181).

Das *Gedächtnis* im engen Sinne mit seinen partikularen Bildern kann als Ergebnis differenzierter und individueller Akkomodationen angesehen werden, während die Erinnerungsaktivität und die Bewahrung der Erinnerungsbilder notwendigerweise an Assimilationsschemata gebunden sind (a.a.O., 158).

Die *Wahrnehmung* ist ebenfalls in erster Linie ein Produkt akkomodativer Aktivitäten, d.h. der Angleichung von Assimilationsschemata an die besondere Gestalt der Sinnesdaten sowie deren Exploration. Sie ist aber kein passiv Gegebenes oder ein „reines Akkomodat“, sondern besteht aus einer mehr oder weniger schnellen Organisierung von Sinneseindrücken mithilfe kognitiver (vor allem sensomotorischer) Aktivitäten (vgl. 1936, 341).

Die Akkomodation darf allerdings auch nicht einfach mit der äußeren (umweltbestimmten) Erfahrung gleichgesetzt werden. Denn, wie gezeigt wurde, objektiviert sich auch diese Erfahrung nur in dem Maße, wie die kognitiven Aktivitäten insgesamt – also das dialektische Wechselspiel zwischen assimilierenden und akkomodierenden Verhaltensweisen – zunehmen (vgl. 1936, 320).

Die dialektische Bipolarität dieses funktionalistischen Grunderklärungsschemas bedingt, daß PIAGETS Theorie mindestens zwei Richtungen psychologisch-verhaltenswissenschaftlicher Erklärungsweisen widersprechen muß. Dies sind einerseits die aprioristischen, biologistischen und Reifungstheorien, die gleichsam „Doktrinen der reinen Assimilation“ darstellen, und andererseits die empiristischen, assoziationistischen, behavioristischen und milieudeterministischen Theorien, die zur Überbetonung der akkomodativen Aktivitäten tendieren. Während in der ersten Gruppe die akkomodativen Aktivitäten des Subjekts zu kurz kommen, sind es in der zweiten die assimilativen Verhaltensweisen und in beiden die konstruktiven, kreativen und

---

17 Wenn im folgenden Text von „Verhaltensschemata“ gesprochen wird, so sind stets die „schèmes“ gemeint, d. h. die aktiven, operativen, assimilativen Schemata, von denen bei PIAGET auch unverhältnismäßig häufiger die Rede ist als von den figurativen „schémas“.

autonomen kognitiven Aktivitäten des Subjekts. Die Behauptung Yvonne HATWELLS, daß die vorwiegend zur letzten Gruppe zählenden angelsächsischen Psychologien durch die Überzeugungskraft und den höheren Erklärungs- sowie Erkenntniswert der interaktionistischen Theorie PIAGETS „tiefgreifend aus der Bahn geworfen" worden seien, mag daher nicht übertrieben sein (vgl. HATWELL in: Psy. Epist. Gén. 1966, 131). Dies würde auch die große Beachtung erklären, die PIAGETS Forschungen und Theorien nach wie vor und zunehmend in der nordamerikanischen Psychologie finden.

I.4 Strukturalismus als kognitive Handlungstheorie

Der strukturelle Aspekt des kognitiven Verhaltens hat in PIAGETS Theorie analytisch die größte Bedeutung, obwohl er nicht ohne Verfälschung der Gesamtkonzeption vom funktionellen und entwicklungstheoretischen Aspekt ablösbar ist. Der Strukturanalyse wird daher das umfangreichste Kapitel dieser Arbeit zu widmen sein. Der Strukturalismus PIAGETS, wie er diese analytische Komponente seiner Theorie seit den 60er Jahren in Analogie zu verwandten Konzeptionen anderer Humanwissenschaften selbst genannt hat, hat Verwandtschaften mit der Gestaltpsychologie, obwohl er evolutionistischer, konstruktivistischer und psychologisch-zentralistischer ist als diese, sowie mit dem anthropologisch-linguistischen Strukturalismus in Frankreich, von dem er sich gleichwohl ebenfalls in wichtigen Aspekten unterscheidet. Er ist älter als dieser letztere, aber jüngeren Ursprungs als der erstere und so unabhängig von beiden entwickelt worden, daß er hier als eigenständige Theorie behandelt werden kann.

Produkte und zugleich Voraussetzungen der behandelten funktionalen Grundaktivitäten des Menschen sind die *Strukturen* seiner Verhaltensweisen. Sie stellen die allgemeinsten Koordinationen zwischen diesen und damit deren universalste Organisationsaspekte dar. PIAGET lokalisiert sie ontologisch zwischen dem Nervensystem und dem bewußten Verhalten (1968, 119) bzw. *zwischen den organischen und den partikular-sozialen Strukturen* (1970e, 243) und meint damit, daß sie allgemeiner sind als die anthropo-organischen, die individuell-psychischen und die milieuspezifisch-sozialen Strukturen. Sie liegen dem beobachtbaren Verhalten sowie dem subjektiven Bewußtsein gleichsam als diese steuernde strategische Systeme, als deren „innerster Motor" (1968, 14) oder „Mechanismus" (1971a, 12, 14) zugrunde. Ihrem Schöpfer, dem Menschen, sind sie in der Regel völlig unbewußt, während er sich ihrer Ergebnisse gelegentlich und ihrer selbst im Falle von Fehlanpassungen, die eine reflektierte Verhaltenskorrektur nötig machen, selten – und dies auch immer nur sehr partiell – bewußt zu werden vermag (vgl. 1968, 58, 83 und 1971a, 12, 17, 18).

Diese Bewußtwerdung kann immer nur von einer höheren Strukturstufe ausgehen als von derjenigen der erkannten Struktur selbst. Denn sie stellt von dorther eine (dadurch „verbegrifflichend" wirkende) Rekonstruktion und Reorganisation der jeweiligen Substruktur dar. Das bedeutet nach PIAGETS Theorie auch, daß sie wie jedes Erkennen generell immer eine „operative Nachzeichnung" und nicht bloß eine Übersetzung oder Evokation des Erkannten bzw. Reflektierten voraussetzt (vgl. auch 1971a, 16–18): auf diesen operativistischen Grundakzent des PIAGETschen Strukturalismus wird immer wieder zurückzukommen sein.

Die Annahme mancher Interpreten, daß sich PIAGETS Kognitionstheorie nur auf die Dinge bezöge, die für das Kind Gegenstand „bewußten Verstehens“ seien (so z. B. Henry W. MAIER 1965, 183), ist daher falsch! Seine Theorie ist keine Bewußtseins-, sondern eine *Handlungstheorie*, die das Wesentliche am Erkennen, am Denken und an der Intelligenz in Strukturen des Verhaltens, des Operierens und des Interagierens sieht. Sie legt die von ihr untersuchten Strukturen daher nicht dem Bewußtsein, sondern dem konkreten und davon abstrahierten Verhalten zugrunde. Da sie außerdem davon ausgeht, daß sich der Mensch selbst im hoch-rationalen Denken in der Regel nur seiner Denkinhalte und -ergebnisse, selten seiner Denkoperationen und fast nie der diese regelnden Strukturen bewußt wird, spricht PIAGET in Analogie zum affektiven Unbewußten der Psychoanalyse neuerdings sogar vom „kognitiven Unbewußten“: damit meint er die Gesamtheit der dem Subjekt nicht bewußten Strukturen und Funktionsmechanismen seines Denkens (vgl. 1971a).

Das Hauptziel des PIAGETschen Strukturalismus ist es dementsprechend, die intelligentem Verhalten zugrundeliegenden, tieferen, allgemeinsten Strukturen (d.h. Regeln, Muster oder Koordinationen von Handlungen und Operationen) zu erschließen, um so die operative Intelligenz, das Denken und das Erkennen in ihren Grundmechanismen befriedigend erklären zu können. Daher ging und geht es ihm auch weniger um die aktuellen Denkabläufe bzw. die (nach seinen eigenen Aussagen) meist inkonsistenten und unvollständigen bewußten Denkprozesse als um die Vorläufer- und Grundstrukturen des „operatorischen“ und konsequent rationalen Denkens, die der logischen Axiomatisierung zugänglich sind (vgl. 1970f, 729). Wie manche Psychologen zu Recht bemängelt haben, hat er dabei die Beziehungen zwischen diesen Strukturen, dem aktuellen Problemlösungsgeschehen und den verschiedenen (weniger rationalen) kognitiven Strategien eher vernachlässigt (vgl. AEBLI 1963b; FLAVELL 1963; KAMINSKI 1964 oder AEBLI 1970b).

Obwohl sich die hier gemeinten Strukturen zwar nicht direkt beobachten, sondern nur indirekt aus dem Verhalten erschließen lassen, stellen sie für PIAGET doch nicht – wie Leo MONTADA annimmt (M. 1968, 11) – nur „hypothetische Konstrukte“ dar, sondern besitzen durchaus eine ontologische Qualität (vgl. 1968, 119 und 1970d, 23 Anm.). Er hätte ihnen sonst auch kaum einen bestimmenden Einfluß auf (und zentralen Erklärungswert für) intelligentes Verhalten zugeschrieben.

In einer Pariser Diskussion zwischen Philosophen und Psychologen hat er seinem Strukturkonzept daher einmal eine Verwandtschaft zum phänomenologischen Wesensbegriff zugeschrieben (1967d, 15/16), – allerdings nur, um damit zu unterstreichen, welche (für rationale Erkenntnis konstitutive) Allgemeinheit und Bedeutung er den damit bezeichneten Verhaltensweisen beimißt.

Ihrer allgemeinsten Definition nach sind Strukturen in PIAGETS Sinn solche individuellen und sozialisierbaren Verhaltenskoordinationen, die Handlungs-, Operations- und Interaktionssysteme *von universalisierbarer Allgemeinheit* bilden und die daher allen erkennenden Subjekten desselben Entwicklungsniveaus gemeinsam sein können. Daher spricht er auch seiner operativistischen Logik gemäß von den „*allgemeinsten Koordinationen jedes Systems von Handlungen*“ und nennt ihren hypothetisch abstrahierten Konstrukteur zur Unterscheidung vom psychologischen und individuellen Menschen und in Analogie zu den theoretischen Konstrukten des „homo sociologicus" oder des „homo oeconomicus" das „epistemische oder universale Subjekt" (vgl. 1961b, 254, 313, 329; 1965a, 70 Anm., 75; 1967c, 413 und 1968, 58f., 120).

Der Strukturalismus PIAGETS ist – ähnlich wie derjenige von Claude LÉVI-STRAUSS auf soziologisch erweiterter Ebene – eine wissenschaftliche Verfahrensweise (und PIAGET betont, daß er *nur eine Methode und keine Doktrin* oder Philosophie ist, vgl. 1968, 117, 123), die mithilfe prototypischer Modellstrukturen als präziser Beschreibungs- und analytischer Erklärungshilfen nach einer exakten Erfassung und optimalen Intellegibilität realer psychosozialer Strukturen kognitiven Verhaltens strebt. Diese Verhaltensweisen sollen so auf die in ihnen wirkenden, regelhaften, ganzheitlichen Zusammenhänge, eben „Strukturen", reduziert werden, daß sie in ihrer Funktionsweise und ihren Entstehungsmechanismen tiefgehender verstanden werden können, als dies mit vordergründigeren Analysen (wie z.B. behavioristischer oder funktionalistischer Art) möglich ist.

Die Phänomene werden hierbei in gewisser Weise deduktiv erklärt, indem ihre Strukturen mithilfe logisch-mathematischer Modelle rekonstituiert oder zumindest mit formalisierbaren oder mathematisierbaren Begriffen beschrieben werden. Mit der strukturalistischen Reduktion, die daher eher eine modellkonstruktive Analyse ist, geht eine begriffliche Formalisierung einher, deren Ideal die Benutzung einer mathematischen Sprache oder eines Logikkalküls ist.

Zur strukturalistischen Methodik gehört es auch, die jeweiligen Strukturmodelle auf möglichst zahlreiche Lebens- und Verhaltensbereiche des Menschen – bei PIAGET vor allem auf die verschiedenen psychosozialen Entwicklungsebenen, Äußerungsformen und Gleichgewichtszustände kognitiven Verhaltens – anzuwenden, um so eventuelle Zusammenhänge, Verwandtschaften oder Isomorphien zwischen ihnen aufdecken, sie auf etwaige gemeinsame Entstehungsmechanismen zurückführen zu können und (einem Grundanliegen PIAGETS entsprechend) vor allem die ihnen innewohnenden Möglichkeiten *„rationaler Universalisation"* zu finden. Grundlage für dieses Vorgehen ist die rationalistisch-kantianische Grundannahme, daß die schöpferische Intelligenz des Menschen den verschiedensten konkreten, geistigen, kulturellen oder sozialen Inhalten (Verhaltensweisen) vergleichbare oder identische Formen auferlegt.

Die strukturalistische Analyse ermöglicht außerdem hypothetische Analogieschlüsse von einem mit ihrer Hilfe bereits erfolgreich erforschten auf einen schwerer zugänglichen Bereich (wie vom kindlich-egozentrischen auf primitiv-soziozentrisches Denken oder von der Psychogenese eines Begriffes auf seine geistesgeschichtliche Entwicklung), sofern ihnen ähnliche oder isomorphe Strukturen zugrundeliegen. Da bei dieser Methode jedoch die Gefahr von unzulässigen Übertragungen oder Vermischungen groß ist, verfährt PIAGET mit ihr allerdings erheblich vorsichtiger als dies LÉVI-STRAUSS z.B. tut (vgl. L.-S. 1958).

I.4.a *Struktur und System – Strukturen kognitiver Verhaltensorganisation als selbstregulative Transformations- und Interaktionssysteme*

Insofern kognitive Strukturen Systeme darstellen, die dem beobachtbaren Verhalten in einer nicht direkt beobachtbaren „Tiefenschicht" (G. GURVITCH) zugrundeliegen und die die Organisationsformen seiner konkreten Aktualisierungen bestimmen, ist es eine berechtigte Interpretation dieser strukturalistischen Grundannahme, sie auch als „*Tiefenstrukturen*" des Denkens zu bezeichnen, wie AEBLI dies im Anschluß an CHOMSKY tut (AE. 1970a).

PIAGET bezieht sich – dem Repertoire der von ihm verwendeten Modelle gemäß – vor allem auf drei Grundtypen solcher Strukturen, die sich in erster Linie durch die Verschiedenartigkeit ihrer Zusammensetzung und ihrer Gleichgewichtsstabilität sowie der Beweglichkeit ihrer Verhaltenselemente unterscheiden:

a) Die *algebraischen* (und unter diesen die logischen) Strukturen stellen Idealmodelle des Strukturalismus dar, da sie dem Anspruch optimaler Transparenz am meisten entgegenkommen. Dies gilt insbesondere für das von PIAGET zur Analyse der (für die logisch-rationale Intelligenz konstitutiven) *operatorischen Strukturen* am häufigsten benutzte Modelle der logischen „Gruppierung" (bzw. der mathematischen „Gruppe"), für das die beliebige Zusammensetzbarkeit, die Umkehrbarkeit, die Umwegfähigkeit und die maximale Beweglichkeit ihrer Operationen kennzeichnend sind und dessen Struktur einer großen Zahl intelligenter Verhaltensweisen – von den Begriffsbildungsprozessen bis zum sozialisierten Kommunikationsverhalten „ko-operatorisch"-rationaler Struktur – zugrundeliegt. Im Prinzip gehört hier aber auch jedes System der Logik her, sofern es nur die anschließend behandelten strukturalistischen Grundkriterien erfüllt.
   Algebraische Strukturen wurden z.B. von LÉVI-STRAUSS zur Analyse von Verwandtschaftssystemen verwendet, während sie in der strukturalistischen Linguistik zur Analyse von sprachlichen und in der Volkswirtschaftstheorie zu derjenigen von ökonomischen Strukturen dienen. Die *Logik* repräsentiert für PIAGET generell „das bevorzugte Feld der Strukturen, da sie sich auf die Formen des Erkennens und nicht auf seine Inhalte bezieht" (1968, 25). Denn mit seinem Strukturalismus geht es ihm in erster Linie um die allgemeinsten Formen solcher Systeme von Handlungskoordinationen, die zur kognitiven (begrifflichen) Erfassung beliebiger Objekte führen können und somit den „Kategorien" in der Erkenntnistheorie von KANT gleichwertig sind. Die algebraischen Strukturen sind (als reine Formen) deterministisch (und rein „implikativ") zusammengesetzt, besitzen daher ein durch Einflüsse von außen nicht störbares, vollständiges Gleichgewicht gegenüber jeder Realität und sind außerdem unbegrenzt beweglich.
   Da PIAGET die Intelligenz des Menschen gerade unter dem Aspekt ihrer Entwicklung bis zum Niveau dieser Strukturen untersucht und sie als Modelle des stabilsten kognitiven Gleichgewichts benutzt hat, meint er häufig sogar nur sie, wenn er von „Strukturen" spricht.

b) Der kybernetische *Regelkreis* stellt unter strukturalistischem Gesichtspunkt den Prototypen für die Vielfalt der nicht steng-logischen oder mathematischen

Strukturen dar. Dieser Typ kommt in der gesamten Lebenswelt vor und kennzeichnet alle menschlichen Verhaltensweisen, in denen Rückkopplungsprozesse wirksam sind. Die sich in diesen Strukturen vollziehenden „Regulationen" bzw. systemspezifischen „Selbstregulationen" sind zwar nicht so vollständig wie die in den Operationen der algebraischen Strukturen verkörperten (die aufgrund ihrer unbegrenzten Reversibilität „perfekte Regulationen" darstellen), lassen sich aber mit Hilfe spieltheoretischer Berechnungen auch noch relativ genau bestimmen. *Regulative Verhaltensstrukturen* haben eine Mischung aus deterministischer und stochastischer (sowie kausaler und implikativer) Zusammensetzung, da sie inhaltsgebundener und milieuabhängiger sind als die algebraischen. Ihre Gleichgewichtsstabilität und ihre Beweglichkeit sind daher auch entsprechend geringer. Der Anwendungsbereich des kybernetischen Strukturmodells ist jedoch sehr groß und reicht von der Psychophysiologie bis zur Ökonomie. Die „structure par excellence" in diesem Sinne ist für PIAGET – wie im übrigen für zahlreiche andere Systemtheoretiker der Human- und Sozialwissenschaften seit Herbert SPENCER – der lebende *Organismus.*

c) Den dritten Grundtypen von Strukturen repräsentieren die *stochastischen* Modelle. Sie dienen der Erklärung von Zufallsstrukturen und finden in einer Vielfalt von Bereichen von der Wahrnehmungspsychologie bis zur Meinungsforschung ebenfalls eine sinnvolle Anwendung, soweit sie Charakteristiken des menschlichen Verhaltens entsprechen. Aufgrund ihrer großen zufallsbedingten Variabilität und ihrer starken Feld- oder Milieuabhängigkeit ist ihr Gleichgewicht jedoch sehr labil und ihre Beweglichkeit gering. Trotz der Unmöglichkeit ihrer deterministischen Kalkulierbarkeit sind sie mit Hilfe der Wahrscheinlichkeitstheorie einer gewissen Berechenbarkeit zugänglich.

Der Stellenwert dieser drei Grundtypen von Strukturen im Rahmen der Kognitionstheorie PIAGETS ist unterschiedlich. Sein Hauptinteresse gilt den logischen und mathematischen Strukturen, die allen kognitiven, intelligenten und vor allem begriffsbildenden Verhaltensweisen zugrundeliegen. – Dagegen ist sein Interesse an den regulativen Strukturen insofern schon sekundär und mittelbar, als er sie nur (in erster Linie) für die psycho-(und sozio-)genetische Erklärung der ersteren und (in zweiter Linie) aller übrigen Kognitionsweisen benutzt: in dieser analytischen Funktion nehmen sie allerdings den größten Raum ein (vgl. das Äquilibrationsmodell). – Die stochastischen Strukturen dienen ihm im wesentlichen nur zur Erklärung der perzeptiven Kognition.

Der im folgenden erläuterte, von PIAGET erst 1968 in dieser systematischen Form aufgestellte, Katalog der Grundmerkmale jener Strukturen bezieht sich offenbar nur auf die den ersten beiden Strukturtypen gemeinsamen Merkmale. Danach sind diese Strukturen *Beziehungssysteme prozessualer Elementengesamtheiten,* und ihre Elemente sind Transformationen, Operationen und Interaktionen. Die Struktur selber ist jeweils ein Produkt aus der Zusammensetzung dieser dynamischen Elemente und nicht eine von ihnen unabhängige „emanierende Totalität". Ihre wesentlichen Eigenschaften lassen sich in folgenden strukturalistischen Grundkriterien zusammenfassen:

1. Eine Struktur ist eine Prozeßgesamtheit, die als Ganzes bestimmten Totalitäts- oder Systemgesetzlichkeiten unterliegt, so daß die Veränderung eines ihrer

Elemente oder das Auftauchen neuer Elemente auch die Veränderung der Gesamtstruktur nach sich zieht (wie z. B. durch die Einführung der Multiplikationsoperation ins System der ganzen Zahlen). Entscheidend für den besonderen Charakter einer Struktur ist die Art der durch ihre Interaktionen bedingten Interdependenzen der Elemente.

Wenn PIAGET daher seinen Strukturalismus u. a. einen „relationalen" nennt (vgl. 1966d, 30), so grenzt er ihn bewußt gegen atomistisch-reduktionistische Konzeptionen (wie der klassischen Lerntheorien) einerseits als auch gegen holistische Theorien (wie in der Gestaltpsychologie oder in der DURKHEIMschen Soziologie) andererseits ab.

2. Die Systemgesetze beziehen sich auf *geregelte Transformationen* und nicht auf irgendwelche statischen Verhältnisse (im Zahlensystem-Beispiel etwa die Addition oder die Division als numerische Transformationen). Diese den Strukturen innewohnenden Transformationen bleiben gleichwohl im Rahmen der Systemgrenzen und -gesetzlichkeiten, obwohl sie Elemente hervorbringen können, die die Struktur erweitern.
Strukturgesamtheiten haben also nach PIAGET durchgängig einen dynamischen Charakter und befinden sich in einem beständigen, nach bestimmten Regeln ablaufenden, Prozeß der *Strukturierung,* dessen Inhalt sich aufgrund der beständigen Interaktionen mit der Umwelt und zwischen den Elementen gleicher oder verschiedener Strukturen unaufhörlich entwickelt und erneuert (vgl. 1967c, 175). Ausdruck dieses Prozesses ist das Funktionieren der Strukturen:
Dieses besteht im *Austausch* zwischen strukturinternen und externen Elementen, in der *Koordinierung* bzw. Integration der Elemente oder Substrukturen untereinander und in der *Produktion* neuer Elemente. Es setzt daher – von der biogenetischen bis zur sprachlich-sozialen und abstrakt-rationalen Ebene – unaufhörlich Entscheidungen, Informationen und Regulationen voraus (vgl. 1966d, 24).

3. Strukturen sind durch *Selbstregulation* gekennzeichnet; d.h. man kann ihre Transformationsgesetze (wie die Subtraktion oder die Multiplikation im Zahlensystem) in ihrem Rahmen ausführen, ohne über das System hinausgehen zu müssen, wenn man ein neues Element finden will. Im Falle des Organismus ist die Steuerung einer Struktur einer umfassenden Selbstregulation zuzuschreiben. Sie wird aber außerdem durch differenzierte Organe der Regulation gesichert. Die Selbstregulation, die als zentraler Funktionsmechanismus der Strukturen angesehen werden kann und die durch die verschiedensten Aktivitäten bzw. Prozesse erfüllt wird, dient der *Bewahrung, der Gleichgewichtserhaltung* und der *Grenzsicherung* der Struktur – Mechanismen, die trotz der unbegrenzten Konstruktion neuer Elemente funktionieren: neue Elemente führen nicht zu Gleichgewichtsstörungen, sondern nur zu regulativen Aktivitäten (Assimilationen) oder zu integrativen Erweiterungen (Akkomodationen) der Strukturen.
Da sie im Prozeß der Subjekt-Objekt-Interaktion zugleich die Weiterentwicklung der Strukturen regelt, spielt die Selbstregulation eine Schlüsselrolle für die Strukturen. Daher heißt es bei PIAGET:

„Wenn es einem gelingt, ein bestimmtes Feld von Erkenntnissen auf eine selbstregulative Struktur zu reduzieren, dann hat man den Eindruck, den innersten Motor des Systems erfaßt zu haben." (1968, 14)

4. Aus den vorangegangenen Struktureigenschaften ergeben sich eine relative *Geschlossenheit* und Abgegrenztheit der Strukturen gegenüber anderen (z. B. der Umwelt), aber ebenso eine relative *Offenheit* für die Austauschprozesse mit den umgebenden Strukturen innerhalb und außerhalb ihres Gesamtsystems und für *Erweiterungen* nach oben gegenüber umfassenderen oder nach unten gegenüber untergeordneten Strukturen. Denn die Elemente (d. h. die Prozesse) einer Struktur erhalten sich zwar durch beständige Interaktionen untereinander aufrecht, sie holen sich aber ihre „Nahrung" (= Informationen) von außerhalb des Systems (was wiederum für kognitive Systeme ebenso wie für organische gilt, vgl. 1966d, 24/25): ohne eine solche relative Offenheit wären daher das Gleichgewicht und der Fortbestand der Strukturen sowie die Produktion neuer Elemente nicht dauerhaft gewährleistet.

Systeme der Logik z. B., die übrigens generell alle genannten Strukturkriterien erfüllen, sind – was die Gesamtheit der in ihnen bewiesenen Theoreme betrifft – relativ geschlossen, aber trotzdem nach oben (zu den nicht bewiesenen bzw. aufgrund der Grenzen der Formalisierung nicht beweisbaren Theoremen hin) ebenso offen wie nach unten, „da die Ausgangsbegriffe und -axiome eine Welt impliziter Elemente umfassen". (1968, 27)

5. Strukturen bilden in der Regel *Hierarchien:* jede Struktur kann eine Unterstruktur in einem größeren System bzw. in einer allgemeineren Struktur darstellen und zugleich selbst begrenztere Substrukturen umfassen. Die jeweils niederen Strukturen werden durch ihre Integration in höhere (komplexere, allgemeinere) Strukturen bereichert (vgl. 1968, 14 und 1970d, 22/23): wird eine sensomotorische Handlungskoordination z. B. einer abstrakten Beziehungsbildung (einer Operation oder einem Begriff) untergeordnet, so kann sie reflektierter angewandt, besser mit anderen koordiniert, besser von übergeordneten gesteuert und dadurch beweglicher werden. Die hierarchische Gliederung von Struktursystemen beinhaltet außerdem die Möglichkeit, die Strukturen (d. h. die niederen den höheren) auch funktional einander zuzuordnen[18].

---

18 Der großen Allgemeinheit der genannten Strukturkriterien entsprechend, ließen sich in ihnen unschwer Ähnlichkeiten zu anderen – zumal ebenfalls kybernetisch inspirierten – Systemtheorien verschiedenster human- und sozialwissenschaftler Provenienz auffinden. – Dies gilt z. B. für die „strukturell-funktionale" Analyse in der makro-soziologischen Theorie von Talcott Parsons, der von dorther ebenfalls eine „allgemeine Handlungstheorie" anstrebt, die indessen wesentlich umfassender konzipiert ist als die klar abgegrenzte handlungstheoretische Erkenntnistheorie Piagets (vgl. T. P. 1951; 1953 und 1961 sowie T. P. & E. Shils 1951). Dort ist – allerdings in stärker funktionalistisch relativierter Sichtweise – die Rede von „funktionalen Imperativen jedes Handlungs- und daher auch jedes sozialen Systems" (Strukturerhaltung und Spannungsbewältigung, Zielerreichung, Anpassung und Integration), von „kybernetsich gesteuerten Hierarchien" der Handlungssysteme und ihrer Subsysteme (vom kulturellen über das soziale und das Persönlichkeits-System bis zum Organismus), von Kontrollmechanismen zur Gleichgewichtserhaltung u. dgl. m. – Dieser Strukturalismus mußte jedoch bald in der komplexen Vielgestaltigkeit der von ihm untersuchten Makrosysteme und im statisch-undialektischen Charakter seiner eigenen analytischen Begriffe seine wissenschaftlichen Grenzen erreichen, während derjenige Piagets trotz seiner schon in den 20er Jahren liegenden Ursprünge das Ende seiner wissenschaftlichen Entwicklung und Präzisierung bei weitem noch nicht erreicht hat.

Der menschliche *Organismus* ist als Prototyp einer Struktur im Sinne des Piagetschen Strukturalismus insofern von besonderer Bedeutung, als er – vor allem mit seinen neuralen Strukturen – selbst allen für den Menschen relevanten Strukturen zugrundeliegt. Denn einerseits besteht er als aus der Natur hervorgegangenes, lebendes Regulationssystem aus physikalisch-chemischen Strukturen, und andererseits ist er als Motor des menschlichen Verhaltens Quelle zugleich auch aller höheren (psychischen, sozialen, mathematischen usw.) Verhaltensstrukturen. Es kann daher kein Zufall sein, daß ein großer Teil der menschlichen Verhaltensweisen bis hin zu deren höchsten, rationalen Formen die eben behandelten allgemeinen Struktureigenschaften mit dem Regulations- und Strukturensystem des Organismus gemeinsam hat: derart allgemeine Zusammenhänge aufzudecken, gehörte zu den Grundanliegen PIAGETs von Anfang an (vgl. 1936; 1954a; 1966b; 1967c; 1972h).

Für eine Kognitionstheorie – und das heißt: eine Theorie menschlichen Verhaltens – ist es ohnehin sinnvoll, bei den organischen Strukturen des Menschen zu beginnen, insofern von diesen bereits Bedeutungen ausgehen, die dann für das Subjekt auf dem Gebiet des Verhaltens explizit werden. – Wie die Verhaltensforschung gezeigt hat, können Auslösemechanismen instinktiven Verhaltens gleichsam schon als erbliche Bedeutungsträger oder als „angeborene Formen möglicher Erfahrung“ angesehen werden (vgl. K. LORENZ 1943 und 1968; J. v. UEXKÜLL 1956; A. GEHLEN 1961 und ^{7}1962). Daß es solchen angeborenen Verhaltensweisen mangels Unabhängigkeit von den spezifischen Inhalten, an die sie gebunden sind, noch an Beweglichkeit fehlt, ist im übrigen einer der Ausgangspunkte für die Frage nach den Ursprüngen der Intelligenz in der modernen deutschen Anthropologie, die ihrerseits zur gleichen Zeit wie PIAGET den alten Gegensatz zwischen Organismus und Intelligenz bzw. „Leben und Geist“ oder „Körper und Seele“ stark reduziert und relativiert hat (vgl. H. PLESSNER 1928; M. SCHELER 1947 und A. GEHLEN ^{7}1962).

Würde man die Strukturen des Organismus genau kennen – so glaubt PIAGET daher annehmen zu können – könnte er u.U. den Schlüssel für einen präzisierten umfassenden Strukturalismus liefern (vgl. 1968, 40)[19].

Im wesentlichen kann der Organismus jedoch nur in einem *funktionalen* Sinne als Grundbedingung jeder Strukturenbildung und als oberste Gesamtstruktur für seine Substrukturen (die Organe und die einzelnen Verhaltenssysteme) sowie schließlich als ganzheitliches System gelten, das seine eigenen Transformationen, Anpassungen und Interaktionen mit der Umwelt (sowie seine strukturellen Systemelemente) selbst reguliert. Seine strukturellen „Vorgaben“ für kognitive Verhaltensweisen sind sehr begrenzt: eben daher hat PIAGET vor allem seine funktionelle Bedeutung für deren Entwicklung hervorgehoben und damit unter Beweis gestellt, daß er trotz dieser Akzentsetzung und trotz seiner biologischen Ausgangspunkte nicht als Organizist oder Biologist bezeichnet werden kann. – Die meisten kognitiven Verhaltensweisen und zumal die im Vordergrund seines Interesses stehenden allgemeinsten Denkstrukturen mit rationalem Notwendigkeitscharakter – wie diejenigen der Mathematik und der Logik – gehen weit über die Reichweite der Strukturen des Organismus hinaus.

---

19 Nach der Überwindung des Reduktionismus und des Vitalismus in der Biologie geben in neuerer Zeit die biologischen Strukturalisten wie BERTALANFFY, DOBZHANSKY und WADDINGTON zur Hoffnung auf Fortschritte in dieser Richtung Anlaß (vgl. auch 1967c, 181–184 u. passim).

Da die strukturalistische Analyse als Methode der Humanwissenschaften (und speziell der Kognitionsforschung) allerdings für sich genommen recht abstrakt ist und allein für die Untersuchung menschlicher Verhaltensweisen schwerlich ausreichen kann, müßte sie auf psychologischer Ebene mindestens durch funktionalistische, gleichgewichts-, motivations- und entwicklungstheoretische Untersuchungen (vgl. die folgenden Kapitel) sowie auf soziologischer Ebene durch interaktions-, kommunikations- und sozialisationstheoretische Analysen ergänzt werden, in denen außerdem noch einmal (in sozialer Form) Funktions-, Gleichgewichts-, Motivations- und Entwicklungsaspekte enthalten sein sollten.

I.4.b Struktur und Funktion

Da die im Kapitel I.3. behandelten Grundfunktionen menschlichen Verhaltens allgemeiner sind als die ihnen entsprechenden vielfältigen Strukturen, kann die funktionale Analyse als Vorbedingung jeder Strukturanalyse angesehen werden: sie wurde daher dieser auch vorangestellt.

Entwicklungsbiographisch und -geschichtlich gesehen, werden die allgemeinen Funktionen der Anpassung und der Organisation von den unterschiedlichsten Strukturen erfüllt. Denn aufgrund der beständigen Austauschprozesse zwischen den sich unaufhörlich ändernden „Polen" Organismus und Umwelt bzw. Subjekt und Objekt nehmen die Strukturen im Laufe der Entwicklung die unterschiedlichsten Formen an. Jede Funktion kann sich unterschiedliche Strukturen schaffen, während umgekehrt die gleichen Strukturen auch verschiedenen Funktionen dienen und diese auch wechseln können. Kann man also von invarianten, quasi-überzeitlichen Funktionen des Verhaltens sprechen, so doch nicht von invarianten Strukturen (zumal des Denkens): auch diese Feststellung gilt, wie alle folgenden, von der organischen Ebene bis hinauf zur kognitiven (vgl. 1967c, 165–172 u. passim).

Die funktionale Analyse hätte daher nach den bedeutungsstiftenden Gemeinsamkeiten, Entsprechungen und Kontinuitäten sowie nach Isomorphien zwischen den Strukturen der unterschiedlichen Entwicklungsstufen zu suchen, während die Strukturanalyse die stadienspezifischen Verhaltensweisen differenziert und detailliert für sich analysieren und ihre Unterschiede zu anderen Entwicklungs- und Gleichgewichtszuständen herausarbeiten müßte.

Die einheitsstiftende Organisationstendenz findet man auf der psychischen Ebene z.B. vom affektiven Kohärenzstreben bis zum logischen Widerspruchsprinzip: Assimilationsprozesse unterschiedlicher Differenzierung sorgen zwischen diesen für eine funktionale Kontinuität (vgl. z.B. 1950b, 306). Piaget hat in seinen denkstrukturellen Analysen vielfältige Kontinuitäten aufgedeckt, wie zwischen den sensomotorischen Verhaltensschemata und den späteren rationalen Begriffen (wobei das Schema der Objektpermanenz als sensomotorische Vorform der operatorischen Invarianzbegriffe begriffen werden konnte), zwischen dem kindlichen Daumenlutschen oder dem symbolischen Spiel und den rationalen Deduktionen der Wissenschaftler (als Assimilationen unterschiedlichen Strukturniveaus bzw. Differenzierungsgrades) usw.

Funktionale Kontinuitäten ergeben sich allein aus der großen Allgemeinheit der für alle menschlichen Verhaltensweisen jeglicher Strukturniveaus und Entwicklungsebenen konstitutiven Grundfunktionen, da diese jenen gleichsam den „roten" Faden" liefern. Die Organisationsfunktion bzw. das funktionelle Organisationsstreben ist für die Bildung der Strukturen eine ebenso unerläßliche, vitale und daher biologisch-allgemeine Grundbedingung wie die Anpassungsfunktion. – Ein weiterer Grund für die Kontinuität zwischen den unterschiedlichen Verhaltensweisen im Verlauf der Entwicklung liegt darin, daß sie im menschlichen *Organismus* ihr gemeinsames Zentrum, die *Quelle und Grundlage ihres Funktionierens,* haben und ihrerseits jeweils Substrukturen im Rahmen seiner Strukturengesamtheit darstellen. Der Erklärung des Zusammenhangs zwischen den Funktionsweisen vitaler Strukturen und dem Funktionieren des Organismus in seiner Gesamtheit pflegen Motivationstheorien und psychogenetische Analysen zu dienen. – Da alle Verhaltensweisen außerdem durch den in ihnen wirksamen, allgemeinen Entwicklungs-, Gleichgewichts- und Bewahrungsmechanismus der „Äquilibration" geregelt werden (vgl. Kap. I.5.a.e), können sie als das *Ergebnis selbstregulativer Prozesse der lebenden Organisation* selbst angesehen werden.

Die Transformations- und Austauschprozesse von Verhaltensorganisationen untereinander und mit der Umwelt dienen funktional der Bewahrung der Strukturgesamtheit (als umfassendster Form, nicht als Inhalt), und zwar nach innen gegenüber ihren Elementen sowie nach außen gegenüber anderen Strukturen. So dienen z.B. die Invarianzbegriffe im kognitiven Bereich der Organisierung des kontinuierlichen Flusses der äußeren Ereignisse, der Erfahrung oder der inneren Bewußtseinsprozesse und damit verläßlicher Orientierung im Rahmen der Interaktionsprozesse des Subjekts mit seiner Umwelt.

Da die Funktion einer Struktur biologisch-allgemein durch die Rolle oder Aktivität definierbar ist, die sie als Unterstruktur gegenüber der Gesamtstruktur (dem Organismus) oder als Oberstruktur gegenüber untergeordneten Strukturen erfüllt, ließen sich über die genannten Grundfunktionen hinaus zahlreiche andere Funktionen finden, zuordnen und untersuchen. Die Strukturanalyse ist jedoch insofern wesentlich wichtiger als die Funktionsanalyse, als sie z.B. mit Hilfe ihrer besseren Instrumente präzisere und objektivere Ergebnisse erbringen kann als diese. Die Funktionalanalyse steht ihr an Qualität und Zuverlässigkeit nach, da ihre Hauptschwäche in der Willkür der Zuordnung funktioneller Nützlichkeiten (der relativen Kosten und Gewinne von Strukturierungsvorgängen bzw. Produktions- und Austauschprozessen) liegt.

Der wissenschaftliche Streit um Piagets Theorie vom egozentrischen Sprachverhalten, bei dem die Mißverständnisse anderer Forscher vor allem darauf beruhten, daß Piaget eine Strukturanalyse beabsichtigt hatte und seine Kritiker eine Funktionsanalyse verstanden haben, ist dafür (wie im Vorwort erwähnt) bezeichnend. Die funktionale Analyse konnte etwa zeigen, daß die primitiven Diskussionen zwischen Kleinkindern die stadienspezifische Funktion haben können, gegenseitiges Verstehen zu üben, Solidargefühle zu bestätigen, die Perspektiven zu konfrontieren und zu koordinieren sowie soziale Kooperationsmotive zu entwickeln, – während sie aus strukturalistischer Perspektive noch egozentrische und labile Verhaltensstrukturen darstellen, die Ausdruck mangelhafter kognitiver (denk- und kommunikationsstruktureller) Sozialisiertheit sind.

I.4.c Struktur und Konstruktion

Einer der wichtigsten Unterschiede des Piagetschen Strukturalismus zu der in Frankreich seit den 50er Jahren bestehenden, gleichnamigen, vor allem linguistisch und ethnologisch orientierten, Geistesströmung besteht in seinem konstruktiven Charakter.

Wenn man einmal von ihren verschiedenartigen Ausgangspunkten und Hauptuntersuchungsbereichen absieht, die ja gleichsam nur als exemplarische Anlässe für einen letztlich als allgemein angestrebten Strukturalismus menschlicher Geistestätigkeit angesehen werden können, so lassen sich zwischen der Theorie PIAGETS und derjenigen des im französischen Strukturalismus führenden Claude LÉVI-STRAUSS die folgenden wesentlichen Differenzen erkennen.

PIAGET geht zwar ebenso wie LÉVI-STRAUSS davon aus, daß Strukturen das Ergebnis einer dem Menschen selbst weitgehend „unbewußten Geistestätigkeit" sind und daß diese darin besteht, verschiedensten Inhalten relativ (bei dem französischen Strukturalisten aber eher: absolut) gleichbleibende Formen aufzuerlegen. Während LÉVI-STRAUSS jedoch die Tendenz hat, diese Tätigkeit in eine undefinierte und „graue" Vorzeit zu verlegen, seit der sich ihre Produkte mehr oder weniger identisch immer wieder reproduzieren bzw. aktualisieren und als statische und universelle Strukturen resp. als „das System" Denken, Sprechen und sonstiges Verhalten des Menschen – früher wie heute und in allen Kulturen gleichbleibend – determinieren, betont PIAGET im Gegensatz dazu, daß

1. diese strukturbildende Tätigkeit des menschlichen Intellekts eine permanente und daher auch je gegenwärtige ist,
2. die Strukturen sich im komplizierten Wechselspiel des Menschen mit seiner Umwelt natürlich auch historisch und kulturspezifisch erheblich verändern (vor allem erweitern) und sich in Prozessen der Konstruktion, der Rekonstruktion und der Differenzierung beständig entwickeln sowie daß
3. jeder einzelne Mensch eine formenschöpferische Kognitionstätigkeit entwickelt, die sich außerdem im Verlaufe seiner individuellen Entwicklung ebenfalls noch verändert. Direkt gegen LÉVI-STRAUSS gewandt, sagt er daher:

„...wenn man sich von vornherein in Zuständen der Vollendung einrichtet, vergißt man die vielleicht spezifischsten Kennzeichen der menschlichen Kognitionsaktivität selbst: im Unterschied zu vielen Tierarten, die sich nur verändern können, wenn sie ihre Art wechseln, ist der Mensch dahin gelangt, sich selbst zu verändern, indem er die Welt verändert, und sich zu strukturieren, indem er seine Strukturen konstruiert, ohne sie kraft einer überzeitlichen Vorbestimmung von außen oder innen zu erfahren." (1968, 99/100)

Außerdem unterstreicht PIAGET,

4. daß die fraglichen Strukturen ohne diese permanente strukturierende Aktivität jedes Menschen ihren Realitätscharakter verlieren würden oder gar nicht bewahrt werden könnten.

Denn die Möglichkeit ihrer Bewahrung (im Kulturprozeß wie in der individuellen Biographie) setzt stets ihnen entsprechende (Re-)Konstruktionsprozesse voraus, so daß man daher sagen kann: „das ‚Sein' der Strukturen ist ihre Strukturierung." (1968, 120)

Das aktive und schöpferische menschliche Subjekt, das nicht bloß Sitz fertiger Strukturen ist, steht im Zentrum der Piagetschen Theorie, während es im französischen Strukturalismus gerade jene „quantité négligeable" darstellt, die ganz der Herrschaft einer unentrinnbaren, statisch-universellen Struktur untergeordnet ist.

Insoweit bei LÉVI-STRAUSS vorwiegend oder ausschließlich kulturell erstarrte Strukturen das lebendige Denken der Menschen bestimmen sollen, das dann quasi nur deren abgeleitete Aktualisierung wäre, läge in seiner Konzeption das Paradoxon einer Art von anthropologischen „Wesenslehre" ohne den „Anthropos", den lebenden Menschen, vor.

Um logische Strukturen – und das heißt: kognitive Verhaltenssysteme – in einer Gesellschaft erklären zu können, kann es nicht genügen, nur kristallisierte kulturelle Produkte der Menschen zu untersuchen: man muß auch deren alltäglich aktualisierte Denkweisen analysieren, zumal ja das Alltagsdenken nicht die Abstraktionshöhe der in den historisch erstarrten Produkten erscheinenden Logik zu haben braucht (vgl. auch 1968, 98).

„Die Geschichte der Intelligenz ist kein einfaches ‚Inventar von Elementen': sie ist eine Gesamtheit von Veränderungen, die sich nicht mit denjenigen der Kultur oder selbst der symbolischen Funktion vermischen, sondern die lange vor diesen beiden begonnen und sie hervorgebracht haben; wenn die Rationalität sich auch nicht ohne Rationalität entwickelt, sondern aufgrund von inneren Notwendigkeiten, die sich nach Maßgabe ihrer Austauschprozesse mit dem äußeren Milieu auferlegen, so hat sie sich doch trotzdem *entwickelt* – vom Tier oder vom menschlichen Säugling bis zur strukturalen Ethnologie von LÉVI-STRAUSS." (1968, 100; Hervorhebung von mir, FGW)

Auch Verwandtschaftsstrukturen, einer der erwähnten Untersuchungsbereiche dieses ethnologischen Strukturalisten, können nur das Produkt einer langwierigen kollektiven Erarbeitung sein. Wenn dieser wesentliche Sachverhalt bei ihm nicht berücksichtigt wird, so mag das daran liegen, daß gerade auf ethnologischem Gebiet Entwicklungsdaten nur sehr spärlich vorhanden und sehr schwer zu finden sind und daß, wie PIAGET ideologiekritisch vermutet, dieser Forscher deswegen nur „gute Miene zum bösen Spiel macht und sich damit abfindet, die Entwicklung als überflüssig zu betrachten" (1968, 121).

Obwohl PIAGET in seinen reduktiven Erklärungen kognitiver Strukturen bis zu den biogenetischen Strukturen und Mechanismen des Lebens zurückgeht, schreibt er ihnen gleichwohl kein statisches und vererbbares Sein, sondern ein *beständiges, psycho- und soziodynamisches Werden* zu. Wenn er betont, daß logische Strukturen primär aus Operationen bestehen, die bestimmten Verhaltensweisen entsprechen, so will er damit ebenso ihren „vitalen" Charakter wie die Tatsache unterstreichen, daß sie nur aus Konstruktionsprozessen entstehen, die jeder Mensch in Interaktion mit seinen Sozialisationspartnern selbst durchlaufen muß, um eben jene Strukturen erwerben zu können. Denn verhaltenswissenschaftlich (d. h. psycho- und soziogenetisch) gesehen, macht es das Vorhandensein bestimmter Strukturen im Kulturgut einer Gesellschaft keineswegs überflüssig, daß jeder einzelne Mensch die Strukturen mit Hilfe seines eigenen Verhaltens selbst mehr oder weniger kreativ konstruieren oder rekonstruieren muß, um sie erwerben, erkennen, bewahren, reproduzieren und weiterentwickeln zu können. Ganz im Sinne PIAGETS hat FLAVELL dies einmal mit folgendem Satz treffend formuliert:

„Jede Instruktion von außen setzt eine Konstruktion von innen voraus. (J. H. FLAVELL 1963, 406)

Will man daher diese geistigen und konkreten Verhaltensstrukturen des Menschen wirklich gründlich verstehen, so kommt man nicht umhin, ihre Konstruktionsmechanismen, Entstehungsbedingungen und Entwicklungsstadien zu untersuchen: eben hierin liegt einer der Schwerpunkte des „konstruktivistischen“ und „genetischen“ Strukturalismus von PIAGET.

Gemeinsam sind den Konzeptionen von PIAGET und LÉVI-STRAUSS indes gewisse rationalistische und universalistische Tendenzen. Denn beide gehen davon aus, daß bestimmte geistige Strukturen eine Kombinatorik enthalten, die als algebraische Struktur formuliert werden kann, und – noch allgemeiner – daß es einen universalen Kern des menschlichen Denkens gibt, „eine elementare Logik, die gleichsam der kleinste gemeinsame Nenner jedes Denkens ist“ (LÉVI-STRAUSS 1962, 130). Wenn LÉVI-STRAUSS der strukturalistischen Analyse außerdem die Aufgabe zugewiesen hat,

„die Kultur in die Natur und schließlich das Leben in die Gesamtheit seiner physikochemischen Bedingungen zu integrieren,“ (derselbe 1958, 284),

so entspricht dies ebenfalls einem strukturanalytischen Ziel PIAGETS, wie er es im biologisch-reduktiven Teil seiner Theorie verankert hat: allerdings geht er selbst nicht über die Strukturen des Menschen in Richtung auf diejenigen der übrigen, belebten und unbelebten Natur hinaus.

I.4.d Struktur und Motivation

Man kann zwar davon ausgehen, daß die motivationale Dimension des Verhaltens für eine kognitive und zumal denkstrukturalistische Theorie von geringerer Bedeutung sein wird als z.B. für eine Lern- oder Persönlichkeitstheorie (vgl. AUSUBEL 1971, 357). Aber da PIAGET keinen „reinen Strukturalismus“, sondern eine breiter angelegte verhaltenswissenschaftliche Kognitionsforschung betrieben hat, mußte er auch eine Motivationstheorie zur Erklärung der Entstehung des untersuchten kognitiven Verhaltens entwickeln.

Wenn manche Kritiker diesen Teil seiner Theorie übersehen und ihm hierin einen einseitigen Kognitivismus vorgeworfen haben, so mag das erstens daran gelegen haben, daß PIAGET die verbreitete Triebreduktionstheorie der Motivation ablehnt (vgl. auch MISCHEL 1971, 334), und zweitens der Vernachlässigung der Tatsache zuzuschreiben sein, daß er mit seiner Motivationstheorie ebenso wie mit seiner Kognitionstheorie insgesamt nur eine Erklärung für die Entwicklung der allgemeinsten Denkstrukturen bzw. der Grundbegriffe unseres rationalen Weltbildes, aber keineswegs eine umfassende Verhaltens- oder auch nur Denkpsychologie angestrebt hat (vgl. z.B. 1957c, 106). Man wird seine Motivationstheorie unter Berücksichtigung dieser analytischen Begrenzung daher gewiß – wie vorausgeschickt werden kann – als ihrem Gegenstand durchaus angemessen einschätzen können. Manche Autoren (s.u.) weisen ihr im übrigen aufgrund ihrer großen Allgemeinheit darüber hinaus sogar noch eine umfassendere Bedeutung zu.

Die Motivation zum Wissen, Denken oder Erkennen als Kognitionsverhalten ist bei PIAGET kein von diesen Verhaltensweisen unabhängiges Phänomen, das etwa wie eine selbständige „Kraft“ auf sie einwirken würde (vgl. 1960b, 117). Sie stellt vielmehr *einen Aspekt jedes Verhaltens* dar, nämlich den energetischen, affektiven oder dynamischen, der *einerseits Energie- und Antriebslieferant* und *andererseits* hauptsächlich *Steuerungsmechanismus* des Verhaltens ist und dessen Entwicklung verlangsamen oder beschleunigen, aber nicht hervorbringen und ursächlich erklären kann (vgl. 1954b, 2–7 und OERTER 1968, 67/68). Was dieser affektive Aspekt im einzelnen beinhaltet, ist dabei für seine Funktion verhältnismäßig zweitrangig: ob es sich um Bedürfnisse, Wünsche, Gefühle, Interessen und Werte oder um den bewußten Willen handelt, immer wirkt darin eine „energetische Regulierung, welche disponible Kräfte befreit" (1966d, 36). Z.B. sind Sympathien für andere Menschen Quellen der Energie und daher als soziale Motivationen Antriebsmechanismen („dynamogénisateurs") des Verhaltens. Während die *kognitiven Elemente* des Verhaltens ganz allgemein seine *Struktur* ausmachen und Erkenntnisse ermöglichen, stellen seine *affektiven Aspekte* demnach seine Energetik oder Dynamik dar und liefern die Motivation oder den Antrieb dazu. Der Grundsatz, daß es keine kognitiven Verhaltensweisen ohne affektive Elemente geben kann, läßt sich auch umkehren: es gibt keine affektiven Zustände oder primär affektiv bestimmten Verhaltensweisen, die keinerlei kognitive Strukturen oder Elemente enthielten (vgl. 1954b, 3) bzw. unabhängig von jeweils korrelativen kognitiven Verhaltensstrukturen bestehen könnten. Daher geht PIAGET auch von einem Parallelismus zwischen den Entwicklungsprozessen der jeweils primär affektiv und kognitiv bestimmten Verhaltensweisen aus. Z.B. wird gezeigt werden können, daß die affektiv bestimmte soziale „Objektwahl" im Sinne FREUDS erst möglich wird nach dem Erwerb der kognitiven Struktur des Verhaltensschemas der „Objektpermanenz" im Sinne PIAGETS (vgl. Kap. II.1.) oder daß die affektiv bestimmten Ideale und Phantasien der Adoleszenz nur auf der kognitiven Basis des Erwerbs der hypothetisch-deduktiven Denkoperationen möglich werden (s. Kap. II.3.b.).

Die Entwicklung der kognitiven Strukturen wirkt sich im übrigen auf die Entwicklung der Gefühle, die beim Kind anfangs stark flukturieren, schlecht kontrolliert werden und undifferenziert sind, strukturierend, systematisierend und stabilisierend aus (vgl. 1954b, 66). Z.B. ermöglicht erst die Bildung der Vorstellungsfunktion im zweiten Lebensjahr, daß die Gefühle von der aktuellen äußeren Verhaltenssituation unabhängig werden können, um schließlich (etwa in Form von Dankbarkeit oder Konkurrenzstreben) im Bewußtsein eine dauerhafte Bewahrung zu erfahren.

Der Grad der kognitiven (und zumal implikativ-rationalen) Strukturiertheit affektiv bestimmter Verhaltensweisen ist sehr unterschiedlich: am geringsten ist er bei den Instinkten und Emotionen, etwas größer schon bei den bewußter regulierten Interessen und am größten bei den normativ geregelten Werten (vgl. 1950b, 169). Mit dem Erreichen der Entwicklungsstufe der abstrakten Denkoperationen können rational organisierte und dauerhafte Werthierarchien konstruiert, d.h. Werte zu logisch strukturierten Hierarchien implikativ miteinander verbunden und „operatorisch gruppiert" werden. Denn dann kann der Mensch mit Hilfe seines bewußten *Willens* aktuelle Pflicht-Neigungs-Konflikte unter Abstraktion von der gegebenen Unmittelbarsituation, unter Berücksichtigung anerkannter sowie in Antizipation zukünftiger sozialer Werte regeln und bewältigen, indem er seinen höheren Werten zum Sieg über die niederen verhilft (vgl. auch 1954b, passim und MISCHEL 1971, 317–319). Durch Willensoperationen wird daher das Gleichgewicht einer jeweils anerkannten Werthierarchie bewahrt. Der Wille funktioniert aufgrund seiner sozialnormativen Kontrolliertheit resp. Diszipliniertheit und seiner Reversibilität wie ein rationaler Regulationsmechanismus und besitzt daher eine vergleichbare Organisierungs- und Bewahrungsfunktion. Er

„wirkt also genau wie eine logische Operation, wenn die Deduktion (= die höhere, aber schwache Tendenz) im Konflikt liegt mit dem perzeptiven Schein (= der niederen, aber starken Tendenz) und wenn das operatorische Denken den augenblicklichen Schein dadurch korrigiert, daß es zu den vorherigen Zuständen zurückkehrt. Es ist also natürlich, daß sich der Wille in derselben Periode wie die geistigen Operationen entwickelt, während sich die moralischen (d.h. normativ geregelten) Werte in autonomen Systemen organisieren, die den logischen Gruppierungen vergleichbar sind." (1943, 75; die letzte parenthetische Erläuterung ist von mir, FGW)

Man könnte PIAGETS Konzeption der Motivation in *zwei Komponenten* zerlegen, eine *funktionalistisch-assimilationstheoretische* und eine *gleichgewichts- und entwicklungstheoretische.* Während sich die erstere aus seinen biologischen Grundannahmen ableiten läßt, stellt die letztere eine sehr allgemeine verhaltenswissenschaftliche Auffassung dar, die sich aufgrund ihrer inhaltlichen Neutralität besonders gut auf die Vielfalt der kognitiven Motivationen anwenden läßt. Auch die Motivationstheorie PIAGETS kann am besten verstanden werden, wenn man sie wiederum auf der Basis seiner biofunktionalistischen Auffassung von den kognitiven Verhaltensstrukturen als lebenden Systemen interpretiert. Denn da diese u.a. durch das Merkmal der „primären Akitivität" gekennzeichnet sind (vgl. 1967c, 181), ist ihnen ein gewisser *Funktionsdrang* – also die Motivation zu ihrer Anwendung – inhärent. Anders gesagt: für PIAGET ist die Primär- oder Grundmotivation des Verhaltens schlechthin das seinen Schemata oder Strukturen kraft ihrer Existenz für das Subjekt innewohnende Funktionsbedürfnis und die entsprechende „Funktionslust" (K. BÜHLER):

„Das Bedürfnis manifestiert die vom Organismus oder einem beliebigen Organ empfundene Notwendigkeit, eine äußere Gegebenheit zum Zwecke seines Funktionierens zu benutzen. Das Primärfaktum ist also nicht das Bedürfnis, sondern sind die Assimilationsschemata, deren introspektiven Aspekt es bildet." (1936, 45)

Die bloße Existenz einer Verhaltensstruktur (= einer Organismus-Umwelt-Interaktion) ist somit also bereits ein ausreichender Grund ihres Funktionierens und beinhaltet eo ipso ihre adaptive Interaktion mit den ihr zugänglichen oder spezifischen Umweltsektoren oder -ereignissen (vgl. FURTH 1969, 244). Die ersten kognitiven Interessen des Säuglings richten sich daher vor allem auf die Möglichkeit der Reproduktion und der Anwendung seiner Verhaltensweisen, weniger direkt auf bestimmte Objekte (wenn es sich nicht um seine primäre Bezugsperson handelt): mutatis mutandis gilt dies auch noch für die höchsten Formen kognitiven Verhaltens, die rationalen Denkweisen, insofern diese gerade allgemeine Formen darstellen, denen beliebige Inhalte subsumiert werden können.

Gelegentlich scheint PIAGET sogar eine Art *Erkenntnistrieb,* „a certain intra-cognitive Sturm und Drang" (FLAVELL 1963, 418) anzunehmen, wenn er z.B. anläßlich einer Auseinandersetzung mit der Erklärung der Nachahmung durch assoziativen Transfer und der Verteidigung seiner assimilationstheoretischen Erklärung sagt:

„Es gibt vom Beginn der nachahmenden Verhaltensweisen an fast eine Art Eroberungswillen, den man unterschätzt, wenn man ihn auf das Modell des Transfer reduzieren wollte." (1945b, 87)

Dieses Wissens- oder Erkenntnisstreben ist bei ihm aber immer nur im Sinne eines elementar verwurzelten Aktivitätsdranges zu verstehen, wie er zuerst in der „Funktionslust" und später in dem vergleichbaren Bedürfnis zur Anwendung der höheren Assimilationsschemata seinen Ausdruck findet. Hieran wird besonders deutlich, wie sehr PIAGET ein Spontaneitätstheoretiker der Motivation und des Verhaltens insgesamt ist, obwohl er durchaus nicht etwa soziale Interaktionen aus dem Aktionsradius des kognitiven Subjekts ausklammert: diese werden vielmehr desto weitreichender, flexibler und differenzierter, je mehr es dem Individuum gelingt, sich von partikularen sozialen Entfremdungen zu befreien und sich der autonomen Disziplin des universalen Gegenseitigkeitsprinzips in der kooperativen, fortschrittsoffenen Kommunikation zu unterwerfen. Die relative Bedeutung der *Spontaneität* ist allerdings am Anfang der kognitiven Entwicklung besonders groß:

„Die Objekte haben am Beginn des mentalen Lebens nur in dem Maße Interesse, wie sie Nährstoffe für die eigene Aktivität bilden ..." (1939a, 8; vgl. auch 1945b, 24, 54)

Das bedeutet zugleich, daß das Subjekt nicht beliebige Umweltreize aufnimmt und aufzunehmen vermag, sondern nur die mit Hilfe seiner kognitiven Verhaltensstrukturen assimilierbaren, die deren Reproduktion entgegenkommen oder aber durch Auslösung kognitionsstruktureller Gleichgewichtsstörungen ihre akkomodative Veränderung veranlassen. Hieran wird der große Unterschied deutlich, der PIAGETS konstruktivistisch-interaktionistische von einseitig milieu-deterministischen Verhaltenstheorien unterscheidet: während z.B. für den klassischen Behavioristen Reizsignale Auslöser bedingter Reflexe sind und das Individuum ein reagierendes menschliches Objekt ist, stellen *Umweltreize* für PIAGET *„funktionelle Nährstoffe"* und sinnvoll benutzte Anzeichen für intelligente Explorations- und Assimilationsaktivitäten dar, wobei das Individuum in erster Linie ein agierendes kognitives Subjekt ist. Irrtümer des Verhaltenserwerbs, des Erkennens bzw. der Nachahmung erscheinen dann z.B. eher als falsche „Hypothesen" des Subjekts denn als falsche Konditionierungen oder assoziative Weichenstellungen. Der Vorteil der assimilationstheoretischen Verhaltenserklärung bei PIAGET ist evident: während z.B. für behavioristische oder für reduktionistisch-atomistische Lerntheorien die Erklärung der Motivation (als einer Beziehung zwischen dem Subjekt und einem Umweltereignis) meist ein besonderes Problem darstellt, kann er mit Hilfe seines an die Stelle der mechanistischen Konditionierungs- und Assoziationsbegriffe gesetzten Grunderklärungsmodells der Assimilation in einer ganzheitlichen Weise die Verhaltensmotivation zusammen mit und aus der Struktur des Verhaltens erklären:

„Während andere zu erklären haben, warum ein Schema überhaupt funktioniert und besonders, warum es sich auf andere Objekte generalisiert, postuliert PIAGET die Existenz dieser beiden Tendenzen als in einem lebenden Schema inhärent, und sein Problem ist es, wie Schemata stabilisiert werden..." (FURTH 1969, 228)

Objekte wirken motivierend oder „interessant" auf das Subjekt, weil sie ihm Anreize oder Anlässe zur Anwendung oder Differenzierung seiner Verhaltensstrukturen bieten. Insofern diesen letzteren kraft ihrer Existenz ein vitaler Anwendungsdrang innewohnt, kann das *Interesse* (an welchen als „funktionelle Nährstoffe" dienenden Objekten auch immer) als *der affektive Aspekt der Assimilation* angesehen werden (vgl. auch 1945b, 54). Wie schon im Kapitel I.3. erläutert,

„kann ein gleiches Assimilationsschema gleichzeitig Quelle von Bedürfnissen oder Interessen und von Wissen sein, insofern es gleichzeitig eine Dynamik und eine Struktur enthält"

(1959b, 33). Jedes „Assimilationsschema ist zugleich Motivation und Verstehen“ (1965a, 179).

Damit ist auf eine weitere Weise ausgedrückt, daß nicht nur *Struktur und Energetik zwei untrennbare Seiten jedes menschlichen Verhaltens* sind, sondern auch, daß jede kognitive Struktur eine „vitale“ Verhaltensform darstellt, – eine Auffassung übrigens, mit der sich PIAGETS verhaltenswissenschaftlich fundierter Strukturalismus von jedem formalistischen, logizistischen, statischen und ungenetischen Strukturalismus deutlich unterscheidet.

Allerdings darf diese Konzeption auch nicht in dem Sinne als subjektivistisch, biologistisch oder aprioristisch mißverstanden werden, daß in ihr etwa die Motivationsgenese vollständig dem Subjekt zugeschrieben würde. Für PIAGET besteht *zwischen Assimilationsstruktur und objektspezifischer Motivation* ebenso ein *zirkuläres Verhältnis* wie zwischen Assimilation und Akkomodation generell. Objekte wirken nicht nur in dem Maße motivierend, wie sie vom Subjekt spontan assimiliert werden, sondern sie können auch selbst motivbildend wirken, wenn sie das Subjekt zu einer Akkomodation seines Verhaltens veranlassen.

Während die Sensibilität gegenüber Reizen der Umgebung jeweils Funktion der dem Subjekt zur Verfügung stehenden Verhaltensschemata ist (vgl. 1967c, 33), setzt deren Erweiterung und Entwicklung allerdings eine bestimmte Qualität der Umweltreize voraus. Diese liegt – motivationstheoretisch definiert – in einer *„Zone des optimalen Interesses“* zwischen maximal vertrauten Objekten einerseits und maximal fremdartigen Erscheinungen andererseits. In einem solchen – für Entwicklungsfortschritte und Lernprozesse günstigen – Bereich ermöglicht ein Mindestmaß an Vertrautem eine Assimilation und ein Mindestmaß an Neuartigem eine akkomodativ-differenzierende Erweiterung der Assimilationsschemata, für deren „geistige Ernährung“ hier außerdem die Suche nach neuen Objekten angeregt wird. Wenn das Kind zu einem Verhalten motiviert werden soll, so darf also weder ein Schwellwert der Vertrautheit noch ein Schwellwert der Unvertrautheit überschritten werden (vgl. 1959b, 46/47; FURTH 1969, 229; MISCHEL 1971, 332 und OERTER 1968, 102–105). Sukzessive und quantitativ wohldosierte (d.h. den Aufnahmekapazitäten des Individuums angepaßte) Reizänderungen unterhalb dieser beiden Schwellen werden daher am meisten motivbildend, interessefördernd und wissenserweiternd wirken, d.h. die geistige Entwicklung vorantreiben. Je zahlreicher, differenzierter und weitreichender andererseits die Assimilationsschemata selbst (und die kognitiven Strukturen allgemein) sind, desto mehr Objekteigenschaften können erkannt, desto vielfältiger können die Interessen werden und desto eher können diese sich ohne äußere Verstärkungen „von innen her“ multiplizieren (vgl. FURTH 1969, 229). PIAGETS Theorie braucht daher nicht beständig neue – von außen kommende – Motivationen oder immer neue Grundbedürfnis-Spannungen als Erklärungsprinzipien des Verhaltens zu suchen. In bezug auf das abstraktere Denken dürfte dies ohnehin recht schwierig sein (vgl. auch FLAVELL 1963, 408). Man kann für die strukturimmanenten („intrinsischen“) Motivationen des differenzierteren Denkens kaum jeweils noch sinnvoll auf Triebreduktions-Erklärungen zurückgreifen.

Es gibt im Prinzip *so viele Motivationen, wie* es Variationen oder *Anwendungsmöglichkeiten der Assimilationsschemata* (bzw. geistigen Strukturen), also kognitive Bezugspunkte (= Erkenntnisobjekte) für diese gibt, oder – anders gesagt –

„so viele verschiedene Motivationen, wie sich Inhaltsklassen unterschiedlicher Person-Umwelt-Bezüge herausgebildet haben.“ (HECKHAUSEN 1963, 607)

Einer Kognitionstheorie wie derjenigen PIAGETS muß ein solcher Motivationsbegriff besonders gut entsprechen, da er sich weitgehender verallgemeinern läßt als die Triebreduktions-Konzeption und da seine Anwendbarkeit von den elementaren organischen Assimilationsschemata und -prozessen bis zu den hochdifferenzierten kognitiven Verhaltensweisen reicht. Er kann folglich auch besser als andere klären helfen, wie aus wenigen biologischen Grundbedürfnissen und -funktionen im Laufe der Entwicklung eine Vielzahl von Motiven und Interessen entstehen kann (vgl. OERTER 1968, 70).

Da PIAGETS ganze Erkenntnis- und Entwicklungstheorie auf dem Primat der subjektiven Aktivität und der explikativen Bedeutung der selbstregulativen Aktivitäten des Subjekts aufbaut (wonach kognitive Motivationen nicht etwas sind, was das Verhalten von außen „treibt“ oder „zieht“, sondern was ihm inhärent ist), ist seine Motivationstheorie eine *typische Theorie der „inneren Verstärkung“* oder – entsprechend dem angelsächsischen Sprachgebrauch – der „intrinsischen“ Motivation. Mit ihrer Hilfe wird es jedenfalls überflüssig, für alle kognitiven Verhaltensweisen, die offensichtlich nicht durch Triebsspannungen zu erklären sind, auf komplizierte Modelle sekundärer Verstärkung zurückzugreifen (vgl. FLAVELL 1963, 408). Ein amerikanischer Forscher nannte unter den bei PIAGET gewürdigten „doors opened by a giant“ daher sogar, daß er „das Wesen eines intrinsischen Motivationssystems, welches der Informationsverarbeitung und der Handlung innewohnt“, entworfen habe (J. McV. HUNT 1969, 55). Für die Entwicklung der allgemeinen Denkstrukturen hat PIAGET jedenfalls gezeigt, daß deren Konstruktionsverlauf vorrangig durch bestimmte innere Entwicklungs- und Strukturierungsgesetze bestimmt wird.

Insoweit *soziale Verstärkungen* (und z.T. auch andere „sekundäre“ Motivationen bzw. „äußere Verstärkungen“) diese Entwicklung im wesentlichen nur energetisch ermöglichen, anregen, beschleunigen, verlangsamen, behindern oder auch „deformieren“, verweist PIAGET für deren Analyse häufig auf die interkulturell vergleichende Psychologie, die differentielle Soziologie und die systemspezifisch analysierenden Sozialisationstheorien, obwohl er in seiner eigenen, universalistisch-interaktionistischen und emanzipatorischen Sozialisationstheorie gerade auch den strukturell konstitutiven Einfluß kooperativer Interaktionen auf die Genese der Rationalität betont hat (vgl. 1928; 1932; 1933a und HARTEN 1977a, 81, 148ff. sowie 1977b, Kap. 4).

Es erscheint in der Tat – zumal angesichts der noch zu behandelnden strukturellen Entwicklungsgesetzlichkeiten – möglich, daß „intrinsische“ Motivationstheorien bzw. Faktoren der „inneren Verstärkung“ die Bildung (wenn auch nicht die eher sozial kontrollierte Bewahrung und Stabilisierung) speziell so allgemeiner physikalischer oder mathematischer Invarianzbegriffe wie derjenigen der Menge, der Zahl, der geraden Linie, der natürlichen Koordinaten usw. sowie der dafür konstitutiven logischen Operationen weitgehender erklären können als alle möglichen anderen psychischen Verhaltensweisen, die sich aufgrund ihrer komplexen Art nicht auf so eindeutige Strukturzusammenhänge zurückführen lassen.

Es ist jedoch eine für PIAGET charakteristische Abwertung gezielter pädagogischer Einflüsse, zu sagen:

„Die einzige in den Bewahrung(sbegriff)en im Spiel befindliche Verstärkung ist dem funktionellen Vergnügen an der Suche und an der Entdeckung der Lösungen zuzuschreiben." (1957c, 106)

Dieses *„funktionelle Vergnügen"* ergibt sich nach seiner Theorie aus den selbsterzeugten Gleichgewichts(wieder)herstellungen, -verbesserungen und -stabilisierungen sowie aus der entsprechend aktualisierten Fähigkeit des Subjekts, mit Hilfe eigener kognitiver Verhaltensweisen zu neuen, jeweils befriedigenderen, Erkenntnissen zu gelangen. Als innere Verstärkung ist dafür nicht empirischer Erfolg, sondern eben jener Erfolg in der kognitiv-deduktiven Aktivität des Subjekts entscheidend. Bei Kindern ist z. B. nach PIAGETS Beobachtungen das Interesse groß, Gesetze zu finden, die schon in ihrem Besitz befindlichen Denkstrukturen entsprechen. In bezug auf die allgemeinen Denkstrukturen spricht PIAGET daher sogar von einem *„Bedürfnis nach Notwendigkeit"* (d.h. danach, einen notwendigen Grund zu finden und widersprüchliche oder unklare Zusammenhänge erklären zu können) sowie von der Befriedigung an der Entdeckung neuer allgemeiner Erkenntnisse oder Gesetze (vgl. z.B. 1959b, 30–33). Solche und ähnliche noch zu behandelnde Schlußfolgerungen fügen sich bei ihm zu einem grundlegend rationalistischen Bild vom Menschen (vgl. Schluß-Kapitel und WETZEL 1978).

In der zweiten Komponente der Motivationstheorie PIAGETS, die hier als gleichgewichts- und entwicklungstheoretisch bezeichnet wurde, kommen mehr das Wechselspiel zwischen Assimilation und Akkomodation sowie damit die Interaktionsprozesse zwischen dem Subjekt und seiner Objektwelt ins Blickfeld der Analyse. Nach dieser Konzeption ist im Rahmen jeder adaptiven Kognitionsaktivität

„jedes Bedürfnis ... Ausdruck einer Entsprechungsbeziehung zwischen einem äußeren Objekt und einem Assimilationsschema und jede Befriedigung (wie übrigens auch jedes erfolgreich angepaßte Verhalten und jede rationale Erkenntnis generell) Ausdruck eines Gleichgewichts zwischen der Assimilation und der Akkomodation." (1950b, 167; die parenthetische Ergänzung stammt von mir, FGW)

„Im Falle des Ungleichgewichts übersetzt sich die Fehlanpassung in die Form eines Bedürfnisses und die Wiederanpassung oder Gleichgewichtswiederherstellung (rééquilibration) in diejenige einer Befriedigung." (ibidem, nach CLAPARÈDE; vgl. dazu auch 1943, 13; 1947a, 8; 1954b, 44; 1957b, 75 und 1958b, 60)

In diesem allgemeinen Sinn definiert, wird die Motivation in jedem Augenblick *vom jeweiligen Gleichgewichtszustand der kognitiven Subjekt-Objekt-Interaktionen bestimmt.* Sie ergibt sich also auch unter diesem Aspekt aus dem entwicklungsspezifischen Strukturniveau der verfügbaren Verhaltensgesamtheit und „spielt gegenüber dem kognitiven Schematismus keine unabhängige Rolle" (1960b, 117):

„...das an die Bedürfnisse oder Fragen gebundene Ungleichgewicht und die an die Befriedigung oder die Antworten gebundenen Gleichgewichtswiederherstellungen zeugen stets ebensosehr von Veränderungen in der Strukturierung der kognitiven Schemata wie von motivationalen Veränderungen" (1960b, 117) – und damit von geistiger Entwicklung.

Anders gesagt: mit dem Erwerb neuer kognitiver Strukturen entstehen nicht nur neue Motive und Interessen, sondern werden auch neue (kognitive) Handlungsfelder zugänglich. – Indem sich Motive in Handlungsabfolgen übersetzen, mit denen ein Gleichgewicht wiederhergestellt oder ein neues durch Strukturerweiterung errichtet werden kann, läuft zugleich der von PIAGET als Grundmechanismus der geistigen Entwicklung angesehene Prozeß der *„Äquilibration* durch Selbstregulation" ab, d.h. die unaufhörliche Regulierung und Überwindung von (wie hinzugefügt werden muß: zumindest subjektiv als solche wahrgenommenen) Gleichgewichtsstörungen durch kompensatorische Verhaltensweisen. PIAGETS Motivationstheorie ist daher von seiner Äquilibrationstheorie wie von seiner kognitiven Entwicklungstheorie insgesamt nicht ablösbar. Im allgemeinsten Sinne ist Motivation zur Erhaltung der vitalen Austauschprozesse zwischen dem Subjekt und seiner Umwelt sowie zur Bildung von Verhaltensweisen generell notwendig:

„Ohne *jegliche* Motivation würden die ‚regelnden', also die operativen Denkprozesse, als solche gar nicht zustandekommen... Desgleichen würde der völlige Fortfall von Störungen aus der Außenwelt die operativen Denkfunktionen als solche aufheben. Zur Stabilerhaltung des Systems ‚Mensch-Außenwelt' und damit auch zur Aufrechterhaltung der Vitalfunktionen des Denkapparates bedarf es daher eines Mindestmaßes von ständig einwirkenden und in immer neuen Anpassungsprozessen auszuregelnden Störungen." (H. STACHOWIAK 1965, 10; Hervorhebungen von H. St.)

Es gilt für das Denken wie für alle anderen psychischen und schon die organischen Funktionen, daß ein *Mindestmaß an Umweltreizen* zu ihrer Aufrechterhaltung und Entwicklung unerläßlich ist, auch wenn sie mit steigendem Entwicklungsniveau von diesen Reizen unabhängiger werden. – Angesichts der ohnehin vom Kind gemäß seinem kognitiven Entwicklungsstand vorgenommenen Angebotsselektion dürften demnach reizarm-monotone Umwelten der geistigen Entwicklung des Menschen abträglicher sein als mit Reizen für die Kognitionsprozesse überladene Umwelten, sofern diese nicht die energetischen Entwicklungsbedingungen über ein gewisses Maß hinaus schwächen.

Wie aber übersetzt sich nun ein „Ungleichgewicht" bzw. eine *Gleichgewichtsstörung,* die ein kognitives Handlungsmotiv darstellt, dem subjektiven Bewußtsein, damit dieses den „marche vers l'équilibre" (1943, 86) antreten kann?

Dies geschieht in Gestalt von Diskrepanzen, die dem Subjekt zwischen seinen Erkenntnismöglichkeiten und neuen Erfahrungssituationen bewußt werden, in Form von geistigen Fehlanpassungen, von Ungewißheiten, Wissenslücken und -fragen, logischen Widersprüchen, Inkohärenzen oder mangelhaften Koordinationen zwischen eigenen Denkstrukturen untereinander oder diesen und wahrgenommenen Umweltstrukturen bzw. -ereignissen und allgemein in Form von Widerständen der Objekte des Erkennens gegenüber den verfügbaren Assimilationsschemata des Subjekts. Solche *bewußt gewordenen Widersprüche* bringen kognitive Regulationsaktivitäten zu ihrer Überwindung und damit in dialektischer Weise den Prozeß der geistigen Entwicklung in Gang. Dem Menschen muß in der Tat – wenn diese Theorie stimmt – als eine Art Grundmotivation so etwas wie ein „Wissensdrang", ein „Erkenntnisstreben" oder „Neugier" angeboren sein. Denn sonst wäre schwerlich zu erklären, warum ihn gerade solche „Frustrationen" wie die genannten Gleichgewichtsstörungen zu konstruktiven Entwicklungsprozessen bringen könnten, in denen er sich die „Belohnungen" großen- oder größtenteils nur durch eigene Aktivitäten verschaffen muß. Wie beschrieben, geht PIAGET daher von den *anthropologischen Prämissen* aus, daß allen Menschen Aktivitäts-, Anpassungs- und Organisations- oder Kohärenz-Strebungen als Grundfunktionen des Verhaltens angeboren sind.

Gerade allerdings die Annahme solcher „funktionellen Konstanten" des Verhaltens führt bei PIAGET nicht selten zu Zirkelschlüssen der Art, Verhaltensweisen einfach dadurch „erklären" zu wollen, daß man ihnen einen speziellen „Trieb" zugrundelegt. Wenn er z.B. die zunehmende Rationalität des Denkens durch einen Organisationsdrang, ein Streben nach Kohärenz und letztlich nach logischer Widerspruchslosigkeit sowie die diesen Grundfunktionen dienenden Selbstregulations- und „Äquilibrations"-Aktivitäten erklärt, so kommt dies dem *Zirkelschluß* nahe, *wachsende Rationalität durch eine Rationalitätstendenz erklären zu wollen.*

„Zu sagen, daß kognitiver Konflikt den Übergang zu ausgeglicheneren (‚rationaleren') Denkweisen motiviert, läuft eher auf die Aussage hinaus, daß das Erkennen eines Addierungsfehlers dasjenige sei, was einen motiviert, die Addierung zu ändern." (MISCHEL 1971, 345)

Insofern dies die Annahme beinhaltet, daß die größere Rationalität einer neu erworbenen Denkstruktur bzw. eines kognitiven Gleichgewichts quasi automatisch erreicht wird und sich aus sich selbst erklärt, handelt es sich hier – wie MISCHEL richtig betont – schon nicht mehr um eine psychologische Motivationstheorie (a.a.O., 346), sondern, wie man sagen könnte, nur noch um eine logisch-deduktive Strukturtheorie.

„Da die Gründe, die solches Denken rechtfertigen, ausreichende Motive für es sind, ist es nicht notwendig, irgendwelche anderen Motivationen in die Erklärung solchen Denkens einzubringen" (MISCHEL 1971, 349), wie sie für die Erklärung aller weniger rationalen Denkweisen weit eher naheliegen würden.

Dies scheint wiederum eine Konsequenz zu sein, die sich bei PIAGET aus der Beschränkung seines Untersuchungsbereichs auf die grundlegenden und allgemeinen Denkstrukturen ergeben hat: so berücksichtigt er vorrangig nur die diesen Strukturen gleichsam sinnverwandtesten, allgemeinsten Motive, mit denen dann in tautologischer Weise so etwas wie ein „Rationalitätsbedürfnis" zum Ausdruck kommt.

Menschen, denen dieses Bedürfnis fehlen könnte, kommen ebensowenig in die Betrachtung herein wie die verschiedenen individuellen Entwicklungsvariationen des Denkens generell (vgl. auch FLAVELL 1963, 440).

PIAGET hat nicht im einzelnen untersucht, wann und warum es zu jenen kognitiv motivierenden Gleichgewichtsstörungen bzw. bewußt werdenden Widersprüchen oder Wissenslücken usw. kommt. Denn dies setzt zugleich eine je bestimmte „kognitive Sensibilität" dafür voraus, die bei jedem Menschen verschieden ist und keinen allgemeinen Automatismus darstellt. Mit der Forderung nach detaillierten Motivationsanalysen würde man daher sicher von einer gleichgewichtstheoretisch-allgemeinen (und als solche wenig anfechtbaren) Motivationstheorie der Entwicklung – zumal rationaler Denkstrukturen – wenigstens so lange zuviel verlangen, wie sich die verschiedenen Einzelmotivationen unter die von ihr gelieferte Erklärung überzeugend subsumieren lassen.

Dieses letztere gilt bei PIAGET im übrigen auch für die von ihm in seiner Sozialisationstheorie enthaltenen – aber nicht in seine hier behandelte Motivationstheorie integrierten – *sozialen Motive* wie die Bedürfnisse nach sozialer Anerkennung, Achtung, Gleichheit, Gerechtigkeit, Autonomie, Anpassung, Übereinstimmung usw. Diese können als soziale Komponenten und Regulatoren der kognitiven „Äquilibrations"aktivität des erkennenden Subjekts wichtigere Mechanismen resp. „Motoren" der geistigen Entwicklung darstellen, als es PIAGET in der Regel selbst anzunehmen pflegt.

In bezug auf seine Motivationstheorie kann man PIAGET den Vorwurf rationalistischer, psychologistischer, individualistischer und biologisch-vitalistischer Tendenzen letztlich nicht ersparen, insofern er die bloße organische Existenz menschlicher Verhaltensstrukturen sowie die ihnen selbst innewohnenden Anpassungs- und Organisationsfunktionen bereits als ausreichende Gründe für ihr Funktionieren und ihre Entwicklung ansieht. Denn ihre Austauschprozesse mit der Umwelt erwähnt er – zumindest im Rahmen seiner engeren psychologischen Theorie – nur mit biologisch-globaler Allgemeinheit: seine sozialisationstheoretische Behandlung der sozialen Interaktionsprozesse koordiniert er damit nur unzureichend.

Völlig *vernachlässigt* wird bei ihm, daß bestimmte unverzichtbare *soziale* Einflüsse und *Motivbildungsprozesse* (wie die „emotionale Ernährung" des Kleinkindes) als *Grund- und Startbedingungen jeder* – auch aller mutmaßlich primär psychogenen – *menschlichen Entwicklung* überhaupt erst die „Lust" an der individuellen Aktivität, also auch die „Funktionslust" der Assimilationsschemata und die Dynamik aller psychischen und psychosozialen Verhaltensweisen generell ermöglichen. Denn die fundamentale „energetische Regulierung" aller spezifisch menschlichen (psychischen und soziokulturellen) Entwicklungsprozesse geht von jenen sozialen Startbedingungen mehr aus als etwa von organischen oder autogenen psychischen Faktoren: dies ist von Psychoanalytikern und Hospitalismus-Forschern in ihren Analysen zur primären Sozialisation eindringlich aufgezeigt und nachgewiesen worden (vgl. R. SPITZ ³1973; A. DÜHRSSEN 1958; D. CLAESSENS 1962).

STACHOWIAK hat daher zu Recht von den sozialkulturell bedingten Motiven als *„Motiven erster Ordnung"* gesprochen und die formalen Mittel- und Nutzen- oder Ökonomieprinzip-Motive (wie sie in PIAGETS gleichgewichtstheoretischer Konzeption – spieltheoretisch formulierbar – enthalten sind) als „Motive zweiter Ordnung" bezeichnet (vgl. H. STACHOWIAK 1965, 105–107).

Wenn PIAGET gelegentlich die unterschiedlich hohen Entwicklungsniveaus von Kindern unterschiedlicher Sozialmilieus erwähnt (vgl. vor allem 1966c), so versäumt er es doch, die dafür verantwortlichen Prozesse primärer Sozialisation und der elementaren sekundären Sozialisation zu konkretisieren und beschränkt sich meist darauf, auf das mutmaßliche Fehlen unbestimmter Interaktionsprozesse zu verweisen.

Er hat – auch in seiner Sozialisationstheorie – im wesentlichen *nur allgemeine Strukturanalysen,* die zudem primär von entwickelten Niveaus logischer Strukturen her konzipiert waren, und keine entwicklungsfaktoriellen Bedingungsanalysen betrieben. Diese letzteren laufen bei ihm immer auf die vorrangig struktur- und sekundär anpassungs- und interaktionsbedingten „Selbstregulationen" des Subjekts hinaus.

Mag man die Begründung dafür wiederum in der Allgemeinheit der Begriffe und Strukturen suchen, die er untersucht hat, so haben doch andere Forscher mehrfach darauf hingewiesen, daß die sozial nur provozierten strukturimmanenten Regulationen und Motivationen auch zur Erklärung der Entwicklung dieser Strukturen sicher nicht ausreichend sind.

Ähnlich wie BRUNER und Mitarbeiter hat SEILER in eigenen Experimenten mit allerdings selbst produzierten direkten sozialen Eingriffen gezeigt, daß direkte oder indirekte *verbale Vermittlungen* kognitiver Strukturen (wie der Invarianzbegriffe) *entscheidend* und nicht nur fördernd oder beschleunigend für deren Entwicklung sein können – (vgl. T. B. SEILER 1968, 138–165). In bezug auf den Trend der Entwicklung und damit die psychologische Emanzipationsthese PIAGETS gibt allerdings auch er diesem recht:

„Die innere, selbsttätige Auseinandersetzung des Individuums nimmt im Verlauf der Entwicklung immer mehr zu, dagegen nimmt die Abhängigkeit vom äußeren (sozialen) Reinforcement ständig ab; daher wird die aktive Problembewältigung und Begriffsbildung mit dem Alter progressiv bewußter." (SEILER 1968, 169)

Andererseits wächst, was auch PIAGET nicht übersieht, mit fortschreitendem Sozialisationsprozeß (zumindest in unserem Kulturbereich) in der Regel die innere Wirksamkeit derjenigen Sozialnormen, die der Steuerung der Motive zum rationalen Denken und Handeln, d.h. der Kontrolle und Bewahrung begrifflicher Identitäten und Widerspruchslosigkeiten sowie berechenbarer sozialer Handlungskoordinationen (Interaktionen) dienen. Daß dafür individuelle Selbstregulationen und Motivationen nicht ausreichen, weil sie zu labil, zu situations- und anschauungsabhängig, zu flukturierend und zu irreversibel sind, hat er selbst gesehen und betont, aber doch in zahlreichen seiner Schriften immer wieder vernachlässigt. Der Grund dafür scheint zu sein, daß er die *sozialen Regulationen* zu sehr in rationalistischer Vereinfachung als Komponenten des umfassend begriffenen „Äquilibrations"prozesses und der individuellen (aber auch: psychosozialen) Selbstregulationen des sozialisierten Subjekts versteht (vgl. auch HARTEN 1977a, 84–86 und 1977b, 122–126 + 133). Eine einfache Überlegung in den Begriffen seiner eigenen kybernetisch-gleichgewichtstheoretischen Motivationstheorie könnte aber zeigen, daß es zweckmäßig und notwendig wäre, die psychischen und sozialen Komponenten der Motivation analytisch zu trennen, zumal sie sich ohnehin meist auch qualitativ unterscheiden. Gleichgewichtstheoretisch gesehen, entstehen nicht nur Diskrepanzen zwischen subjektiven „Istzuständen" (Gleichgewichtsstörungen, Bedürfnissen) und autogenen „Sollzuständen" (Gleichgewichtswiederherstellungen oder -neubildungen, Befriedigungen), sondern vor allem auch solche zwischen subjektiven Zuständen, Bedürfnissen oder Motiven und sozial erwarteten Verhaltensweisen des Subjekts (sozialen „Sollzuständen", normativ geregelten Gleichgewichtszuständen). Die bloße Tatsache, daß hier eine Verhaltenskontrolle von sozialen Interaktionspartnern ausgeübt und artikuliert sowie eine Verhaltensregulation mehr oder weniger explizit gefordert wird, bringt es mit sich, daß solche *sozial bedingten Gleichgewichtsstörungen meist bewußter werden als die autogenen* bzw. subjektinternen und daß die soziale Gleichgewichtskontrolle konsistentere, dauerhaftere und stabilere Begriffe oder kognitiv-strukturelle Gleichgewichtszustände möglich macht. Mag das Kind gelegentlich auch logische Begriffe aufgrund eigener Deduktionen selbst entdecken, so können diese in seinem Bewußtsein doch nur aufgrund *sozialer Bestätigung, Verstärkung, Kontrolle, Bewahrung* und interindividueller Übereinstimmung Stabilität und Dauer erlangen. Besonders deutlich hat wiederum SEILER auf diesen Sachverhalt hingewiesen, indem er die vom Subjekt im Rahmen der sozialen Kommunikation erfahrene und jederzeit erfahrbare größere Nützlichkeit invarianter Begriffe im Unterschied zu varianten unterstrich.

„Nur interindividuelle Bewährungssituationen scheinen uns allein in der Lage zu sein, der Invarianzthese den absoluten Vorrang zu verleihen." „Im individuellen Entstehungsprozeß stehen darum beide Thesen (Invarianz vs. Varianz, FGW) gleichwertig nebeneinander, und es bedarf eines sozialen Anstoßes, um einer der beiden zum Durchbruch zu verhelfen." (SEILER 1968, 165)

Obwohl PIAGET diese denksoziologisch zentralen Erkenntnisse in seiner Sozialisationstheorie berücksichtigt, neigt er in seiner Denkpsychologie dazu, sie zu übergehen und dem Subjekt eine hohe autogene kognitive Motivations- und Regulationskraft zuzuschreiben.

I.4.e Struktur und Entwicklung

Jede Struktur ist – und dies gilt schon für die organische Evolution – das Ergebnis einer Entwicklung und häufig auch der Ausgangspunkt für weitere Entwicklungen, so daß Entwicklungsprozesse stets Erklärungswert für sie haben können. Da aber auch jede Entwicklung stets von einer bestimmten Struktur ausgeht und zu einer anderen hinführt, hat die Untersuchung der Ausgangs- und Endstrukturen von Entwicklungsprozessen ihrerseits für den Entwicklungsablauf Erklärungswert. Entwicklungen haben weder einen absoluten Anfang – zumal man bis hinunter zur Struktur der Materie jeweils elementarere Strukturen finden kann – noch ein absolutes Ende. Denn jede zeitweilig höchstentwickelte Struktur kann irgendwann wiederum in neue, umfassendere Strukturen integriert werden.

Es gibt nach dieser evolutionistischen Auffassung in der kognitiven wie in jeder anderen menschlichen Entwicklung weder eine anfängliche ‚tabula rasa' als absolut fixierbaren Beginn noch ein „endgültiges Endgleichgewicht". Als notwendige Ausgangsbedingungen lassen sich z.B. vor jeder kognitiven Verhaltensstruktur immer noch jeweils elementarere adaptive Strukturen bis hinunter zu den Reflexen, den Nervenzellen und schließlich der organischen Materie nachweisen. Von keinem gegenwärtigen Gleichgewichtszustand kognitiver Subjekt-Objekt-Beziehungen (= Erkenntnisse) läßt sich außerdem jemals vorhersagen, ob er endgültig sein wird.

Neue Strukturen (hier speziell des generalisierenden, begriffsbildenden Denkens) treten daher nie abrupt, d.h. ohne jede Anknüpfung an die schon vorhandenen Strukturen, auf, sondern stellen – in welcher Form auch immer – stets Differenzierungen oder konstruktive Weiterentwicklungen der letzteren dar, stehen also *immer in einer Mindest-Kontinuität zu den vorherigen Strukturen* (vgl. z.B. 1945b, 83, 157; 1950b, 316/317 oder 1960a, 65). Diese Annahme konnte bereits aus der Assimilationstheorie PIAGETS abgeleitet werden, wonach prinzipiell nur solche Strukturen erworben werden können, die irgendwie assimilierbar sind oder akkomodativ dazu gemacht werden können. Im Rahmen der Hierarchie der bis zu den beweglichen logischen Operationen führenden und für diese konstitutiven kognitiven Verhaltensstrukturen wird die Entwicklung durch die *Notwendigkeit* bestimmt, *die entwicklungsmäßig früheren und einfacheren Strukturen in die späteren, komplexeren und umfassenderen zu intergrieren:* die einfacheren Strukturen begrenzter Reichweite verschwinden also im Verlaufe der denkstrukturellen Entwicklung nicht einfach, sondern bleiben als Komponenten der höheren Strukturen erhalten.

Dies gilt in besonders eindeutiger Weise für die Strukturen der sensomotorischen Handlungskoordinationen, die sich bruchlos in den abstrakten logischen Strukturen bewahren lassen. Aber auch die *Vorbegriffe* und anschaulichen Zentrierungen des voroperatorischen Denkens können in dem Maße bewahrt bleiben, wie sie gleichsam „Teilwahrheiten", d.h. isolierte Einzelaspekte logisch richtiger Begriffe oder Erkenntnisse darstellen oder enthalten. Wenn Vorbegriffe z.B. Vermischungen und logisch-klassifikatorisch unrichtige Koordinationen zwischen individuellen Merkmalen eines Gegenstandes und seinen begrifflich generalisierbaren (Gattungs-)Eigenschaften oder Verabsolutierungen von Partialbeziehungen (bzw. Eigenschaften) oder aber Partizipationen zwischen Einzelgegenständen darstellen, so enthalten sie immerhin schon den Aspekt des Exemplarischen oder Typischen und im Falle verdinglichter Komponenten von Relationalbegriffen (wie Inländer/Ausländer, Norden/Süden, oben/unten) usw.) richtige Teilrelationen (so trifft es z.B. zu, daß Dänen in Dänemark immer Inländer und Belgier immer Ausländer sind, wenn in dieser Teilrelation auch noch nicht berücksichtigt ist, daß Dänen überall außerhalb Dänemarks Ausländer und Belgier in Belgien Inländer sind usw.). Die kindliche Anschauung schließlich, daß die am Horizont auf- und untergehende Sonne sich augenscheinlich um die Erde dreht (wozu freilich schon ein physikalisches Elementarwissen gehört), läßt sich als perspektivisch bedingte Wahrnehmungserkenntnis der (auf umfassenderem wissenschaftlichem Wissen beruhenden) richtigen physikalischen Erkenntnis durchaus als Teilwahrheit subsumieren. – Analog gilt aber auch für Phantasien, Tagträumereien, Fiktionsspiele, bildhafte Vorstellungsanalogien usw., daß der Erwachsene die Fähigkeit zu diesen mehr oder weniger rein assimilatorischen Kognitionsweisen kaum je ganz verliert. Im Unterschied zum Kind der voroperatorischen Periode des Denkens weiß er jedoch, sofern er eine ausreichend lange Denkentwicklung durchlaufen hat (und das ihm verfügbare kulturspezifische Wissen ein entsprechendes rationales und wissenschaftliches Niviau erreicht hat), deren Erkenntniswert zu relativieren, einzugrenzen und durch rationale sowie realitätsbezogene Erkenntnisse akkomodativ zu korrigieren.

Die These von der Kontinuität hat jedoch ihre Grenzen. In dem Maße nämlich, wie Piaget dazu zu neigen scheint, sie auf alle Verhaltensweisen und kognitiven Strukturen auszudehnen, wird sie überzogen. Denn es ist nicht einzusehen, warum beliebige Erkenntnisse, die sich als falsch erwiesen haben, ebenso wie Verhaltensweisen, die aufgrund von Fehlanpassung und wiederholten Mißerfolgen „diskreditiert" sind, nicht aus dem Verhaltensrepertoire des Individuums ganz verschwinden können sollten. Die Tatsache des konkreten Auftretens solcher Verhaltensweisen impliziert zugleich, daß die gesamte psychosoziale oder auch nur kognitive Entwicklung des Menschen keineswegs völlig kontinuierlich und bruchlos verlaufen kann oder ohne jegliche Regressionen auskommen könnte.

Piaget macht jedoch selbst zwei wichtige Einschränkungen. Die eine besagt, daß mit der Kontinuitätsthese *in erster Linie nur funktionelle Kontinuitäten* zwischen unterschiedlichen Strukturen gemeint seien: und da er, wie behandelt, von sehr allgemeinen Grundfunktionen des Verhaltens ausgeht, kann er auch recht zahlreiche Kontinuitäten zwischen den verschiedenartigsten Verhaltensweisen postulieren.

Denn nach seiner Theorie können sich die wenigen Grundfunktionen die unterschiedlichsten Strukturen „schaffen“ (wie sich das aus biologischer Perspektive formulieren läßt). Gerade diese „Diversifikation“ der Strukturen im Laufe der Entwicklung bedingt, daß eben das Studium ihrer Entwicklung für ihre Erklärung unerläßlich ist. Die andere Einschränkung der Kontinuitätsthese ist noch wichtiger: sie bezieht sich speziell auf die Entwicklung der logisch-mathematischen Handlungs- und Denkstrukturen, denen ja auch das Hauptinteresse PIAGETS gilt. In diesen sieht er „das auf der Welt einzigartige Beispiel einer evolutionären Entwicklung ohne Brüche“ verwirklicht (1967c, 407), da hier das strukturalistisch-rationalistische Ideal einer kontinuierlich-integrativen Erweiterung der Strukturen gegeben sei: alte Strukturen werden bruchlos in neue integriert, während neue durch „reflektierende Abstraktion“ und „Äquilibration“ aus den alten hervorgehen.

Insofern im Bereich der denkstrukturellen Entwicklung Strukturen eines relativ höheren Niveaus nur auf der Basis jeweils (um eine bestimmte Stufe) niedrigerer und einfacherer Strukturen erworben werden können, macht PIAGET folgende Annahmen:

1. Die Entwicklung der Strukturen erfolgt sukzessiv in einer bestimmten, unumkehrbaren Abfolge von *Stadien.*
2. Folglich sind auch nicht zu jeder Entwicklungszeit beliebige *strukturelle Neuerwerbungen* möglich, sondern nur solche, die *mit dem jeweiligen Entwicklungsstand* bzw. dem erreichten Strukturniveau *kompatibel,* also assimilierbar und integrierbar sind (worin ja auch eine Voraussetzung ihrer Verstehbarkeit und „Interiorisierbarkeit“ liegt).
3. Daraus ergibt sich, daß das Auftreten bestimmter neuer verhaltensstruktureller Konstruktionen im Rahmen dieser integrativ-kontinuierlichen Denkentwicklung ein Problem der *sequentiellen Wahrscheinlichkeit* ist, also in Funktion des erreichten denkstrukturellen Entwicklungsstandes – bei Berücksichtigung der gegebenen Entwicklungsbedingungen – wahrscheinlichkeitstheoretisch vorausgesagt werden kann. Daher konnte PIAGET auch von strukturlogisch *„notwendigen Entwicklungspfaden“* („Kreoden“ im Anschluß an einen in der Biologie benutzten Ausdruck) sprechen. Damit verbindet er jedoch nicht etwa die These von einer Reifung der kognitiven Strukturen, sondern diejenige eines integrativ-sequentiell determinierten Verlaufs ihrer sukzessiven Neukonstruktionen.
4. Aus den vorangegangenen drei Annahmen ergibt sich diejenige von der Existenz eines *optimalen Entwicklungstempos* für den Erwerb neuer Strukturen. Diese Annahme müßte psycho- und soziodynamisch bzw. lerntheoretisch begründbar sein. PIAGET betont zwar, daß wir dieses Tempo noch nicht kennen, es scheine aber sicher zu sein,

> „daß eine zu große Beschleunigung wie auch eine zu große Verlangsamung der Entwicklung die aktuelle und vor allem die zukünftige Assimilationsfähigkeit verringert.“ (1972h, 5)

Indessen läßt sich mit Bestimmtheit sagen, daß sich Leichtigkeit und Geschwindigkeit des Erwerbs neuer Strukturen oder Inhalte mit steigendem denkstrukturellen Entwicklungsstand (der ja zugleich eine größere geistige Beweglichkeit beinhaltet) verbessern (vgl. 1967c, 30–32; 1970a, 151 oder 1970f, 723).

Die unter 2. und 3. angeführten Annahmen PIAGETS enthalten jedoch – worauf AEBLI eindringlich hingewiesen hat – einen Zirkelschluß, der eine unangemessene

Abwertung pädagogischer Einflüsse auf den Verlauf der Entwicklung impliziert (vgl. zu letzterem auch die Kritik von SMEDSLUND in Psy. Epist. Gén. 1966, 159ff. sowie SONSTROEM, 214 und GREENFIELD, 226 in BRUNER u.a. 1966). Zwar erkennt PIAGET indirekte soziale Einflüsse als Entwicklungsfaktoren für die allgemeinen Denkstrukturen bzw. die Grundstrukturen rationaler Handlungskoordinationen ausdrücklich an, bleibt aber selbst im Rahmen seiner Sozialisationstheorie noch weitgehend – und außerhalb dieser nahezu durchgängig – ein ausgesprochener Spontaneitätstheoretiker (vgl. auch HARTEN 1977a).

Entsprechend den „notwendigen Entwicklungspfaden“ seien die Strukturen „zu ihrer Zeit“ vorhanden, so daß man ihr Auftauchen nicht durch „künstliche Eingriffe“ (womit er gezielte pädagogische Vermittlungsbemühungen meint) „erzwingen“ könne: AEBLI hat dies in pointierter Weise so charakterisiert:

> „Wenn PIAGET in seinen genetischen Untersuchungen nachweist, daß in einem bestimmten Alter eine Operation vorhanden ist, so braucht sie ihm (dem Kinde) *nicht mehr* beigebracht zu werden. Wenn die Operation aber noch nicht vorhanden ist, *so kann* sie ihm *noch nicht* beigebracht werden.“ (H. AEBLI 1963b, 88; Hervorhebungen von H. AE.)

Mag diese Interpretation angesichts der motivations- und entwicklungstheoretischen Erklärungen des Entwicklungsmechanismus’ und damit der effektiven Ansatzpunkte für pädagogische Maßnahmen in PIAGETS Theorie etwas überspitzt sein, so entspricht sie doch auch dem von ihm betonten Zirkel zwischen Struktur und Entwicklung bzw. zwischen vorhandenen und neu zu erwerbenden (ebenso wie zwischen individuellen und sozialen) Strukturen. Denn um neue Strukturen erwerben zu können, muß das Kind nach PIAGET stets vorhandene benutzen: das bedeutet, daß für den Neuerwerb die vom jeweiligen Strukturzustand ausgehenden und damit gleichsam subjektspezifischen, evolutionären Differenzierungs-, Generalisierungs-, Abstraktions- und Selbstregulationsprozesse für ihren Erwerb entscheidend sind. Pädagogische Einflüsse, die nicht an die jeweils stadienspezifischen Strukturen und die in ihnen enthaltenen, potentiellen kognitiven Aktivitäten anknüpfen oder sie fördern, die also unvermittelte Eingriffe darstellen würden, müßten demnach erfolglos bleiben. Aufgrund der von PIAGET postulierten, strukturlogisch und entwicklungssequentiell bedingten *Eigengesetzlichkeiten der denkstrukturellen Entwicklung* sowie der von ihm nachgewiesenen Tatsache, daß letztlich stets irgendwelche „äquilibratorisch“ regulierenden, koordinierenden, deduktiven, abstrahierenden usw. Kognitionsaktivitäten des Subjekts für den Erwerb der logischen Operationen entscheidend sind, meint er daher von einer weitgehend „autonomen Entwicklung der operatorischen Strukturen“ sprechen zu können, die durch die Notwendigkeit der Einbeziehung sozialer Operationen und Regulationen im Kern nicht widerlegt wird (vgl. 1961b, 262, 308 und 1959b, 15, 19/20).

Unter dem Eindruck der bei PIAGET immer wiederkehrenden logisch-strukturalistischen Analysen von Denkprozessen ist vielfach – so vor allem von Hans AEBLI – kritisiert worden, daß er die Denkvorgänge seiner Versuchspersonen (d.h. die Struktur ihrer Begriffe und Operationen) primär nur *logisch und zu wenig psychologisch* untersucht und es gar verfehlt habe, das „eigentliche Wie, Wann und Wo“ der psychischen Entwicklungsfortschritte sowie die Techniken des Verhaltenserwerbs während der durchgeführten Experimente (und zwischen ihnen) zu analysieren. Seine Konzeption der Denkentwicklung ergebe sich letztlich nur aus logischen Interpolationen zwischen experimentell-sondenstichartig aufgedeckten und logisch analysierten Strukturzuständen des kognitiven Verhaltens und darunter auch nur der erfolgreichen Konstruktionsschritte (vgl. AEBLI 1963b, passim sowie BRUNER u.a. 1966, 155, 185, 210, 223 und passim). – Daran ist in der Tat soviel richtig, daß PIAGET – seinem Hauptgegenstand entsprechend – großenteils logische Analysen betrieben hat (und welcher Wissenschaftler, ob Psychologe oder nicht, käme auch ohne Logik, logische Modelle und logische Analyseinstrumente oder Konstruktionen – zumal bei der Untersuchung realer logischer Denkweisen – aus!?), daß ihn Lernprozesse im engen Sinn wenig interessiert haben und schließlich, daß er die verschiedenen speziellen Strategien, Methoden und Instrumente des Verhaltenserwerbs kaum im einzelnen oder detailliert untersucht hat: insofern wäre er gewiß als „Strukturalist" im ursprünglichen Sinne dieses Wortes zu verstehen. Doch stellt jene Kritik eine überspitzte Vereinfachung und Vernachlässigung der Vielfalt der genuin psychologischen und soziologischen Erklärungsweisen PIAGETS dar: dies gilt vor allem für die funktionalistischen, die entwicklungspsychologischen, die motivationstheoretischen sowie die sozialisationstheoretischen Erklärungen der psychischen und psychosozialen Konstruktions- und Entwicklungsprozesse (zu den letzten vgl. wiederum die ersten Überblicke von HARTEN 1977a und 1977b, Teil II).

Gewiß bleiben diese bei PIAGET auf einem recht allgemeinen Niveau. Aber möglichst allgemeine nomothetische Erklärungen zu erlangen, ist gerade das Hauptziel seiner Analysen. Am Beispiel seiner Motivationstheorie konnte bereits gezeigt werden, daß diese Allgemeinheit auch den Vorteil einer größeren Reichweite und Erklärungskraft in sich birgt. Dasselbe läßt sich auch am Beispiel seiner Äquilibrationstheorie zeigen (vgl. Kap. I.5.a.e) In diesen Theorien wird das „Wie, Wann und Wo" (nur letzteres vielleicht am wenigsten) der Entwicklungsfortschritte durchaus – obschon eben meist in der für die genetische Erkenntnistheorie charakteristischen nomothetisch-universalistischen Form – erklärt.

Der Prozeß der Strukturenbildung, der beständigen Konstrukton neuer und der Rekonstruktion alter Strukturen, der Koordinierung der Strukturen untereinander, ihrer integrativen Erweiterung usw., also der Entwicklung intelligenter, verhaltens- und kognitionsstruktureller Aktivitäten insgesamt, steht im Zentrum der von PIAGET selbst zu Recht „genetischer Strukturalismus" genannten Konzeption. In der Prozeßeigenschaft der Strukturen selbst liegt überhaupt ihr psychosozialer Verhaltenscharakter und damit ihre „Vitalität" begründet, was zugleich einschließt, daß sie sich – wie alle vitalen Prozesse – beständig in Entwicklung befinden. Die Grundthese des „genetischen Strukturalismus" lautet: die *Entwicklung* ist für die Strukturen *„effectivement constitutive"* (1970c, 116). Sie stellt aber nicht bloß eine Entfaltung vorher bereits gegebener Anlagen im Sinne eines präformistischen Evolutionismus dar, sondern – in dem Maße, wie sie sich aus den endlosen Interaktionsprozessen zwischen dem Subjekt und seiner Objektwelt ergibt – einen Prozeß der beständigen Strukturenneukonstruktion im Sinne eines *dialektisch-konstruktivistischen Evolutionismus*. Da die jeweils älteren Strukturen in der denkstrukturellen Entwicklung immer erst „überarbeitet", reorganisiert, rekonstruiert und umstrukturiert werden müssen, um in den neueren, umfassenderen, sie bereichernden und erweiternden Strukturen „aufgehoben" bzw. in diese integriert werden zu können, schreitet die Strukturentwicklung nicht linear-kumulativ, sondern dialektisch und integrativ voran (vgl. 1960a, 61; 1967c, 263).

Z. B. müssen die sensomotorischen Strukturen nach Erwerb der Vorstellungsfunktion auf der Ebene der „operatorischen" Strukturen rekonstruiert werden, um in deren umfassenderen Bezugsrahmen eingeordnet und dadurch relativiert, flexibilisiert sowie mit anderen Strukturen koordiniert werden zu können: diese Notwendigkeit ist wiederum ein Hauptgrund für den unumkehrbaren Charakter der Entwicklungssequenz und die Existenz „notwendiger Entwicklungspfade" (1967c, 31) in diesem Bereich. Wie gezeigt werden wird, kann z. B. das sozial leicht vermittelbare sensomotorisch-verbale Zählenkönnen beim Kind nicht die für die Konstruktion des Zahlbegriffs notwendigen Entwicklungsschritte (ganz bestimmte operatorische Konstruktionsprozesse) ersetzen (vgl. Kap. II.3.a.)

PIAGETS konstruktivistischer Evolutionismus macht selbst vor der Erklärung der rationalsten und allgemeinsten Strukturen nicht halt. Danach sind selbst die von stärksten „Notwendigkeitsgefühlen" begleiteten logischen Deduktionen jeweils historisch und psychosoziogenetisch konstruierte Strukturen, obwohl sie – wenn einmal konstruiert – zeitunabhängig gültig werden, sich also gleichsam von ihrer Genese lösen können. Um sie aber zu erwerben, muß jedes Individuum prinzipiell eine bestimmte Entwicklungssequenz eigener Konstruktionsprozesse durchlaufen.

Mit dieser Akzentsetzung unterscheidet sich PIAGETS Theorie daher ebenso von den zu einem „Strukturalismus ohne Entwicklung" tendierenden präformistischen, gestaltpsychologischen oder phänomenologischen Strukturtheorien wie von den – grob gesagt – zu einem „Genetizismus ohne Strukturen" tendierenden lamarckistischen, assoziationistischen oder behavioristischen Positionen (vgl. z.B. 1936; 1964b; 1967c und 1968).

Der „Kompromiß", den Struktur und Entwicklung gleichsam „miteinander eingehen", kann durch den relativen *Gleichgewichts*zustand definiert werden, den die Strukturen der verschiedensten Entwicklungsebenen jeweils erreichen können. Dieses entwicklungsstufen-spezifische Gleichgewicht der strukturspezifischen kognitiven Verhaltensweisen kann so lange aufrechterhalten werden, wie das im Austauschprozeß mit der Umwelt ohne grundlegende gleichgewichtsstörende oder -verändernde Einflüsse eben mit Hilfe dieser kognitiven Aktivitäten möglich ist (d.h. nach Maßgabe ihrer Assimilations- und Integrationskraft, Beweglichkeit, Reichweite usw., vgl. a.a.O.). Wenn dies nicht mehr möglich ist, muß durch akkomodative Veränderung der Strukturen ein neues, im Falle ihrer Erweiterung umfassenderes und stabileres, Gleichgewicht hergestellt werden, und das bedeutet Weiterentwicklung der Strukturen. Die beständige, gleichgewichtsherstellende und -erhaltende, regulative Tätigkeit der kognitiven Verhaltensweisen sieht PIAGET als den wichtigsten Motor der denkstrukturellen Entwicklung an, den er daher „Äquilibration" nennt. Die entwicklungsstufen-spezifischen Gleichgewichtszustände der jeweiligen Verhaltensgesamtheiten eines Subjekts sind als Stadien definierbar: ihnen gilt das folgende Kapitel.

I.4.f Strukturen und Stadien

Insofern die Strukturentwicklung in einem fortschreitenden Übergang von einem strukturellen Gleichgewicht geringerer Stabilität zu einem solchen höherer Stabilität besteht, können eben diese qualitativ nach ihrer Gleichgewichtsstabilität und ihrer Zusammensetzung unterschiedenen Strukturen als Hauptkriterien zur Unterteilung des Entwicklungsprozesses in Stadien und Perioden dienen. Angesichts der relativen

Kontinuierlichkeit der Entwicklung und des Fehlens natürlicher Einschnitte in den meisten kognitiven Bereichen (wie vor allem in der Wahrnehmung und der Sprache) kann jedoch eine derartige Stadieneinteilung nie ganz ohne Willkür erfolgen: man muß sie daher besonders definierten Einschränkungen unterwerfen.

Idealiter wäre ein Stadium oder eine Periode dadurch gekennzeichnet, daß die potentielle Spannbreite der in ihrem Zeitrahmen neu auftretenden, typischen kognitiven Verhaltensweisen aus einer stadienspezifischen *Gesamtstruktur* erklärt werden könnte, die diese Verhaltensweisen als Elemente enthielte und so den ihr eigenen Totalitäts- und Gleichgewichtsgesetzen unterwürfe. Dies ist jedoch ein Grenzfall, dessen Geltung PIAGET im strengen Sinn – und dies auch nur mit psychologischen Einschränkungen – auf Struktursysteme logischer Operationen eingrenzt. In bezug auf solche logischen Verhaltenssysteme heißt es daher bei ihm:

„Indem man die Gesetze einer Gesamtstruktur kennt, kann man in der Tat daraus die Gesamtheit der möglichen Operationen des Systems deduzieren und folglich die Existenz von Verbindungen zwischen Operationen voraussagen, die scheinbar jeder Verwandtschaft entbehren, – wodurch ihr gleichzeitiges Auftreten erklärt wird." (1953a, 388)

Was allerdings *Voraussagen* über spezielle kognitive Verhaltensweisen betrifft, so muß man außerdem mindestens die Art des Bezugsproblems und die Analyse der zu seiner Lösung notwendigen Operationen gegeben haben. Dann beziehen sich die Voraussagen aber erst auf die Kompatibilität der Aufgabe mit dem gegebenen denkstrukturellen Entwicklungsstand (1967a, 281), ohne daß man damit bereits die Variationen der kognitiven Einzelverhaltensweisen mit den individuellen und sozialen Bedingungen berücksichtigen könnte. Individuelle Entwicklungsdifferenzen und -geschwindigkeiten (also zeitasynchrone und eventuell strukturell variierende Stadienabfolgen) voraussagen zu können, hat PIAGET weder je angestrebt noch je leisten zu können beansprucht. Hauptziel war bei ihm stets die emanzipatorische Frage nach den potentiellen psychischen und sozialen Entwicklungs-, Struktur- und Funktionsbedingungen (und schon weit weniger den Entwicklungsbehinderungen) der allgemeinsten begrifflichen Denkstrukturen bis zu dem in unserem Kulturkreis heute höchstmöglichen Niveau. Eine Einzelfallprognose könnte von der Theorie auch nur dann geleistet werden, wenn die individuellen und sozialen Merkmalsbedingungen des Subjekts ebenso bekannt wären wie die spezifischen Kennzeichen (Anschaulichkeit, Komplexität usw.) der Erkenntnisobjekte. Da PIAGET in seinen Experimenten neben diesen Objekten nur das chronologische Alter seiner Versuchsperson variiert hat, kann und will er auch in dieser Richtung (differentieller Prognosen) mit den Mitteln seiner Theorie keinerlei Aussagen machen (vgl. 1967a, 281). Manche Kritiker werfen ihm nichtsdestoweniger den geringen differentiellen prognostischen Wert seiner Stadientheorie gerade vor, ohne ihr allerdings zweckmäßigere Theorien entgegenstellen zu können (vgl. z.B. FLAVELL 1963, 16/17 + 36; AEBLI 1963b, 69 oder GREENFIELD in BRUNER u.a. 1966, 226).

Die relative, strukturimmanente Eigengesetzlichkeit der denkstrukturellen Entwicklung und Stadienabfolge drückt sich in dem von zahlreichen Psychologen in interkultureller Forschung bestätigen Phänomen aus, daß die Reihenfolge der von PIAGET angenommenen Stadien universell konstant ist (vgl. PINARD & LAURENDEAU in Stud. Cogn. Dev. 1969, 125/126; KOHLBERG 1969; PIAGET 1966c, 8–10 und 1970e, 281), während die Dauer bzw. die *Chronologie* und die Aktualisierung dieser Stadien mit den individuellen und sozialen Entwicklungsfaktoren variiert (vgl. 1956, 34; 1966a, 121; M. Almy u. a. 1966; Bruner u. a. 1966, u. v. a. m.). Die höheren Stadien könnten – bei entsprechend intensiven soziokulturellen Einflußnahmen – u. U. schon im Vorschulalter vollendet werden, während sie unter reizarmen Milieubedingungen in ganzen Gesellschaften selbst für Erwachsene unerreichbar bleiben (vgl. 1960c, 237; 1966c, 13 und Greenfield in Bruner u. a. 1966, 233 ff.). Piagets stadienspezifische Altersangaben sind also in erster Linie nur im engeren Sinne für soziokulturell privilegierte Genfer Kinder sowie im weiteren Sinne für Kinder der sozioökonomisch und pädagogisch begünstigten Mittelschichten in der nordamerikanisch-mitteleuropäischen Kultur zutreffend und daher in jedem Fall nur als variable Orientierungsdaten und Vergleichswerte zu verstehen.

Die Stadienabfolge schließt individuelle Regressionen in der Entwicklung nicht aus – eine Möglichkeit, die Piaget keineswegs übersieht und daher auch gelegentlich erwähnt (z. B. in 1939a, 13 und 1957c, 103). Aber mithilfe seiner Theorie, die nur die aufbauenden Konstruktionsprozesse und den progressiven Ablauf der gesamten möglichen denkstrukturellen Entwicklung zum Thema hat, könnte er sie nicht erklären, da er die dafür verantwortlichen Faktoren nicht untersucht und entsprechende Erklärungsformeln auch nicht in seine Theorie eingebaut hat. Entwicklungsverlangsamungen und -stillstände kann er dagegen mithilfe einiger soziologischer Thesen (vor allem durch Kooperationsmängel, Autoritätszwänge und Handlungsbeschränkungen in den Strukturen der sozialisierend wirkenden Interaktionen) schon eher erklären.

Er hat jedoch seine Experimente und seine Theorie außer nach dem Alter der von ihm untersuchten Kinder und nach der Art der Erkenntnisgegenstände nicht systematisch variiert und differenziert. Man hat demgegenüber nicht zu Unrecht hervorgehoben, daß jedes Entwicklungsstadium nicht nur eine Funktion des chronologischen Alters, sondern eben auch aller möglichen anderen Faktoren wie des Intelligenzquotienten (oder der „overall intellectual ability"), der Persönlichkeit, der Art der Erfahrungen, des soziokulturellen Milieus, der Erziehung, des emotionalen Zustandes zum Zeitpunkt der Untersuchung u. v. a. m. darstellt (vgl. z. B. Flavell 1963, 442). Fraglich ist bei aller Berechtigung solcher Kritik allerdings, ob man derart zahlreiche und komplexe Differenzierungen vorweg überhaupt in eine allgemeine Stadientheorie einbauen kann, ohne damit ihre Generalisierbarkeit und analytische Brauchbarkeit zu gefährden (die dagegen nachträgliche Differenzierungen in der Anwendung nicht ausschließt). Jede Stadientheorie ist notwendigerweise eine Vereinfachung realer Entwicklungsabläufe aus Gründen analytischer Transparenz und Zweckmäßigkeit: sie konstruiert dort „Treppen" im Fluß der Entwicklung, wo in Wirklichkeit eine mehr oder weniger kontinuierliche, kumulative, unregelmäßige und unterschiedlich starke „Steigung" besteht. Daher suggerieren die Begriffe des Stadiums, der Periode oder der Gesamtstruktur, was wiederum von zahlreichen Autoren an Piagets Stadientheorie kritisiert wurde, eine Einheitlichkeit bzw. „intra-age-homogenity" (Flavell), wie sie realiter nicht zu finden ist (vgl. Flavell 1963, 19–24, 442–446 oder Aebli 1963b). Diese Autoren haben jedoch übersehen, daß Piaget seine Stadientheorie bereits in Frage gestellt und relativiert hat, bevor er sie überhaupt vollständig entwickelt hatte:

„Es gibt also keine Gesamtstadien, die das ganze psychologische Leben eines Subjekts zu einem bestimmten Zeitpunkt seiner Entwicklung charakterisieren würden: die Stadien sind als aufeinander folgende Phasen regelmäßiger Prozesse aufzufassen, die sich wie Rhythmen auf den übereinander liegenden Gebieten des Verhaltens und Bewußtseins wiederholen" (1932, 91).

Diese Relativierung hat er schließlich u.a. in seiner Theorie von den zeitlichen *„Verschiebungen"* („décalages") in der Generalisation der stadientypischen Gesamtstrukturen (auf alle potentiellen Erkenntnisobjekte sowie auf alle kognitiven Verhaltensebenen) konkretisiert. Danach bezeichnen *„vertikale* Verschiebungen" die Tatsache, daß das Kind strukturgleiche Verhaltensweisen gegenüber denselben Objekten oder Aufgaben nicht gleichzeitig auf allen kognitiven Verhaltensebenen (der sensomotorisch-praktischen, der symbolisch-vorstellenden und der operatorisch-rationalen) vollziehen und somit synchronisieren kann. Denn jedes für den Aufbau der allgemeinen Denkstrukturen konstitutive kognitive Verhalten muß beim Kinde erst auf der Ebene des konkreten Handelns vollzogen werden, bevor es auf der abstrakteren Vorstellungsebene repräsentiert, nachvollzogen und rekonstruiert werden kann: zwischen beiden Vorgängen können Jahre vergehen (vgl. 1932, 66 + 123; 1939a, 13; 1947a, 175/176; PINARD & LAURENDEAU in Stud. Cogn. Dev. 1969, 125ff., aber auch die genannten Kritiker FLAVELL 1963, 21–24 und AEBLI 1963b, 27–30, 71ff. u. passim)[20]. Daher werden neue Denkstrukturen auch am kontinuierlichsten und dauerhaftesten erworben, wenn sie zuerst im konkreten Verhalten, danach im operativen Denken und zuletzt in der sprachlichen und bildhaften Repräsentation ausgebildet werden.

In der Regel ist das Denken dem Sprechen zeitlich voraus. Aber das Phänomen des Verbalismus, d.h. der rein sprachlichen Speicherung und Wiedergabe rational unverstandener Erkenntnisse, zeigt, daß eine Struktur auf sprachlicher Ebene vorhanden sein kann, während sie auf geistig-operativer Ebene (d.h. richtig verstanden als Denkstruktur) noch gar nicht erworben ist. Ähnliches gilt z.B. auch für die kindliche Anwendung von Spielregeln, die auf konkreter Ebene bereits richtig sein kann, während ihre Repräsentation im Regelbewußtsein noch dem vorhergehenden Entwicklungsstadium des konkreten Verhaltens entspricht (vgl. 1932). – Eine andere, eher umgekehrte und durch Wertentscheidungen bedingte Diskrepanz glaubte PIAGET zwischen dem moralischen Urteil und der realen Verhaltensorientierung (an sozialen Normen) annehmen zu können: „Ein einem Kinde vorgelegtes moralisches Problem ist von seiner moralischen Praxis viel weiter entfernt als ein geistiges Problem von seiner logischen Praxis" (1932, 123).

Strukturalistische Analogieschlüsse von einer Verhaltensebene auf die andere können daher leicht zu falschen Schlußfolgerungen führen, da alle für eine bestimmte Gesamtstruktur theoretisch typischen Einzelverhaltensweisen nicht gleichzeitig mit der Konstruktion der Grundstruktur erworben werden, bzw. da diese nicht gleichzeitig auf alle Verhaltensebenen generalisiert wird.

---

20 Auf makrosozialer Ebene entspricht diesem Phänomen die „cultural lag" genannte Zeitverschiebung zwischen materieller und geistiger Kultur (nach W. F. OGBURN), d.h. die „Verspätung" letzterer gegenüber der ersteren in Bewußtwerdung, Verarbeitung, Synchronisation und Anpassung.

Die Stadieneinteilung verliert dadurch sehr an analytischem Wert und dürfte, wenn sie überhaupt zweckmäßig sein soll, nicht zuletzt deswegen nur wenige Verhaltenskomponenten auf einmal umfassen.

Die „vertikalen Verschiebungen" müssen jedoch die Stadieneinteilung noch nicht vollends in Frage stellen, solange sie sich – wie PIAGET es auch postuliert – noch innerhalb der zeitlichen Stadiengrenzen ausgleichen: aber dies wird gewiß keineswegs bei allen Individuen jedweder Population der Fall sein. – Eine weitere Gefährdung der Stadieneinteilung stellen die *„horizontalen* Verschiebungen" dar: danach kann das Kind eine gegenüber einer bestimmten Gegenstandsgesamtheit erworbene Denkstruktur nicht gleichzeitig auch auf alle anderen anwenden, sondern wird dazu erst in einem mehr oder weniger großen zeitlichen Nacheinander fähig – oder gegebenenfalls (bei entsprechend geringerer Reichweite seiner geistigen Entwicklung) auch nie. Man kann hier also von Verschiebungen in der Ausdehnung und der Reichweite der Strukturen bzw. von ihrer *Bereichsspezifität* sprechen (vgl. SEILER 1973a). Die Invarianzbegriffe der Substanz oder der Menge, des Gewichts und des Volumens (vgl. Kap. II.3.a.) sowie die bereichsspezifische Anwendungsgeneralität der formalen Denkoperationen sind im Rahmen der denkstrukturellen Entwicklung charakteristische Beispiele für diese Art von Verschiebung. Es war wiederum PIAGET schon in seinem Frühwerk selbst, der daraus die Schlußfolgerung gezogen hat:

„Diese Verschiebungen in der Reichweite ... schließen wahrscheinlich die Möglichkeit aus, allgemeine Stadien zu errichten – außer während der zwei oder drei ersten Jahre des Lebens." (1939a, 13)

Daß er sich schließlich doch nicht damit begnügt, sondern trotzdem eine differenzierte Stadientheorie entwickelt hat, wird man Erwägungen über analytische Ökonomie zuschreiben können.

Die „horizontalen Verschiebungen" bzw. die Bereichsspezifität der erworbenen Denkstrukturen implizieren außerdem, daß die Erkenntnissubjekte nicht gegenüber allen strukturlogisch gleichwertigen Aufgaben mit Verhaltensweisen desselben Strukturniveaus reagieren (vgl. FLAVELL 1963, 20):

„Die Schwierigkeiten der Erfassung des Gegenstandes werden durch eine Verminderung des Strukturniveaus der Operation kompensiert." (AEBLI 1963b, 50)

Diese Schlußfolgerung ergibt sich in der Tat psycho-logisch zwangsläufig aus der Verschiebungstheorie.

Die Ursachen für die „horizontalen Verschiebungen" liegen außer im unterschiedlich großen Erfahrungsschatz des Subjekts in bezug auf die verschiedenen Gegenstandsbereiche (sowie in der intrapersonalen verhaltensdimensionalen Asynchronie und Unbeweglichkeit) vor allem im variablen Anschauungs- und Abstraktionsgrad der Erkenntnisobjekte oder -probleme und damit der unterschiedlich leichten oder schwierigen Anwendbarkeit der Begriffe und Denkstrukturen auf sie (vgl. 1947a, 176). Mit wachsender Unanschaulichkeit und Komplexität der Objekte und der Anzahl ihrer Komponenten sinkt das Strukturniveau der kognitiven Auseinandersetzung mit ihnen, wie es AEBLI in Fortführung dieser Gedanken ausführlich herausgearbeitet hat. Als Faktoren, mit denen die „Strukturhöhe des Denkaktes" außerdem variiert, hat er darüber hinaus die Lernprozesse während und außerhalb der Experimentalsituationen (die PIAGET entgegen seiner Kritik nicht generell übersieht, vgl. z.B. 1965a, 148), den Anteil der Wahrnehmung und Vorstellung während der Lösung eines Problems, die dafür zur Verfügung stehende Zeit und schließlich die Motivation der Versuchsperson genannt: durch Einflüsse aller dieser Faktoren können Verschiebungen entstehen (vgl. AEBLI 1963b, 72). Aus der Problematik des Phänomens der Verschiebung für die Stadientheorien geistiger Entwicklung hat AEBLI schließlich den Vorschlag abgeleitet, die Begriffe des Stadiums bzw. der „Strukturhöhe des Denkaktes" durch den Begriff der „geistigen Kraft" zu ersetzen. Dieser werde dem kontinuierlichen Charakter der Entwicklung gerechter, zumal er die Summe der genannten Entwicklungsfaktoren impliziere (vgl. a.a.O.).

Dieser mit einer Kritik an PIAGETS Stadientheorie verbundene Vorschlag konnte dem Adressaten jedoch nicht neu sein. Denn er hatte denselben Gedanken bereits vor Jahrzehnten erwogen, aber offenbar als vergleichsweise unbefriedigende Lösung nicht weiter verfolgt:

„Schließlich und vor allem (und man kann nicht genug auf diesem Punkt bestehen), ist jedes Entwicklungsstadium weniger durch einen festen Inhalt des Denkens als durch eine gewisse Kraft, eine gewisse potentielle Aktivitält gekennzeichnet, die – je nach dem Milieu, in dem das Kind lebt – zu diesem oder jenem Ergebnis gelangen kann." (1939a, 13; Hervorhebung in der Klammer von J.P.)

In neuerer Zeit hat PIAGET diesen Aspekt wieder aufgegriffen, indem er von der spezifischen „Kraft" der Strukturen spricht, die mit ihrer Komplexität und ihrem Umfang steige (vgl. 1968, 30 und 1970c, 84).

Es scheint dem Verfasser jedoch, daß mit dieser – von PIAGET selbst auch nicht als Alternative zur Stadientheorie angesehenen – Konzeption einer „geistigen Kraft" ein Verzicht auf spezifizierte Aussagen und Erklärungen überhaupt einhergeht. Denn wenn man den geistigen Entwicklungsstand und die Vielfalt der kognitiven Verhaltensweisen einfach durch eine unbestimmbare und unterschiedlich große „geistige Kraft" des Subjekts statt durch bestimmte, typische Gesamtstrukturen und strukturspezifische Kognitationsaktivitäten (sowie durch deren systematische Variation mit den verschiedenen Einflußfaktoren) erklären wollte, so hieße das, auf informative Aussagen zu verzichten und eine Art „Vermögens"-Psychologie gegen eine Verhaltenspsychologie einzutauschen. Der analytische Orientierungs- und Erklärungswert einer Stadieneinteilung und der damit verbundenen Strukturanalysen bewährt sich dagegen auch und gerade, wenn man hier die variierende Aktualisierung der Strukturen und ihrer Chronologie entsprechend der Wirksamkeit einzelner oder mehrerer der genannten Faktoren aufzeigt. – Trotz ihrer Kritik sind daher auch PINARD und LAURENDEAU zu einer ähnlichen Schlußfolgerung gelangt, indem sie betonen, daß die Verschiebungen die Zweckmäßigkeit des Stadienbegriffes weder in seinen hierarchischen noch in seinen integrativen, gesamtstrukturellen und gleichgewichtstheoretischen Merkmalen „kompromittieren" (P. & L. in: Stud. Cogn. Dev. 1969, 132). Seine Benutzung müßte nur unter entsprechenden Vorbehalten nicht nur nach dem Lebensalter, sondern auch nach dem soziokulturellen Milieu, dem Intelligenzalter (gemäß faktorenanalytischen Intelligenztests), den jeweiligen Verhaltensdimensionen u.v.a.m. ausdifferenziert werden. Dazu wäre in der Tat eine starke Erweiterung der PIAGETschen Theorie notwendig, die er wegen seines Verzichts auf differentialpsychologische Aussagen nicht als sein Anliegen zu betrachten brauchte.

I.4.g Struktur und Gleichgewicht

Der für die Strukturanalyse und das Verständnis der PIAGETschen Theorie wichtigste Begriff ist derjenige des Gleichgewichts, da sich in ihm Modell und Wirklichkeit begegnen: er ist gleichsam der „geometrische Ort" für die formalen Wissenschaften (vor allem Logik und Mathematik) einerseits und die hier in erster Linie „zuständigen" empirischen Wissenschaften (Biologie, Psychologie und Soziologie) andererseits.

Jeder kognitiven Struktur entsprechen (ein oder) mehrere spezifische Gleichgewichtszustände, und zwar nach innen im Verhältnis zwischen ihren Elementen oder Unterstrukturen und nach außen gegenüber anderen Strukturen einschließlich denjenigen der Umwelt. Ihre Herstellung ist den Wirkungen der funktionalen Grundprozesse – Anpassung und Organisation – und damit den Austauschprozessen des erkennenden Subjekts mit seiner physischen und sozialen Umwelt zuzuschreiben.

Logische Strukturmodelle können in dem Maße der Gleichgewichtsanalyse dienen, wie es eine gewisse Mindestentsprechung zwischen den logischen und den alltäglichen Denkformen bzw. deren respektiven Gleichgewichtszuständen gibt. Diese Entsprechung kann allerdings nicht in einer direkten und formalen Übereinstimmung zwischen beiden bestehen, sondern nur in einer partiellen Strukturgleichheit (Isomorphie) zwischen den logischen Strukturen als idealen und vollständigen Gleichgewichtsformen und den unvollkommenen Gleichgewichtsformen der konkreten und abstrakten Denkstrukturen des psychosozialen Subjekts. Denn in der Wirklichkeit des alltäglichen Denkens treten Gleichgewichtszustände selten rein, sondern immer nur approximativ und in stabiler Form nur auf den höheren Entwicklungsstufen auf (vgl. 1947a, 43 und 1951d).

Kognitives Gleichgewicht – d.h. relativ dauerhafte, verläßliche und stabile Erkenntnisobjektivität – ist als Zustand beweglicher (rationaler) Anpassungsfähigkeit des Subjekts im Interaktionssystem Subjekt-Objekt (bzw. als flexible Übereinstimmung zwischen den Strukturen dieser beiden Pole) zu verstehen.

PIAGET unterscheidet etwa acht grundlegende *Stabilitätskriterien* struktureller Gleichgewichtszustände, die hier auch abgekürzt als Gleichgewichtskriterien der kognitiven Strukturen bezeichnet werden sollen. Diese Komponenten oder Dimensionen des Gleichgewichts bedingen sich wechselseitig und kovariieren, wie man vereinfacht sagen kann, gleichsinnig. Einige von ihnen sind bereits bei der Definition des Organismus als lebender Organisation und der Strukturen als vitaler Verhaltenssysteme erwähnt worden, sollen aber an dieser Stelle etwas genauer analysiert werden. Die acht Gleichgewichtskriterien sind, zusammengefaßt:

1. Aktivität und Beweglichkeit;
2. Anwendungsfeld und Reichweite;
3. Integrationskraft und Öffnung;
4. Selbstregulation und Störungskompensation;
5. Reversibilität und Gruppierung;
6. Invarianz und Bewahrung;
7. Systemgesetzlichkeit und Interdependenz;
8. Hierarchie und Zentralisierung.

1. Allgemeinstes Gleichgewichtskriterium ist das Ausmaß an *Aktivität* und *Beweglichkeit* der kognitiven Strukturen, ihrer Substrukturen und ihrer Elemente, der einzelnen Verhaltensweisen. Je zahlreicher, differenzierter, beweglicher und schneller die für eine Objektwahrnehmung oder -erkenntnis investierten kognitiven (perzeptiven, sensomotorischen oder operatorischen) Aktivitäten des Subjekts sind, desto größer ist in der Regel die Chance für das Entstehen einer verläßlichen Objekterkenntnis bzw. stabilen kognitiven Verhaltensstruktur.

Zur Bildung der Vorstellungsfunktion kommt es z. B., weil die sensomotorischen Verhaltensweisen des Kleinkindes einen signifikanten Zuwachs an Beweglichkeit (in Koordination und Anpassung) erlangen. Später kommt es zur Bildung der Invarianzbegriffe, weil das voroperatorische Kind fähig wird, die verschiedenen Dimensionen und Zustände von Objekten gleichzeitig oder im schnellen Nacheinander zu berücksichtigen, sich also gedanklich die unterschiedlichen Objektaspekte zu vergegenwärtigen, sie miteinander zu vergleichen, von vorübergehenden oder vordergründigen zu abstrahieren usw.

Es kann daher heißen: „die Gründlichkeit des Wissens ist eine Funktion der für seine Assimilation aufgewendeten Aktivität." (1935b, 194/195). Zu stabilem Wissen (wie zur Begriffsbildung) kommt es – neben anderen Bedingungen – prinzipiell nur dann, wenn ein bestimmtes Ausmaß des Umfangs, der Beweglichkeit und der Geschwindigkeit (d.h. der relativen Gleichzeitigkeit) der kognitiven Aktivitäten erreicht ist, wenn also die Assimilationsakte relativ schnell aufeinander folgen. Diese Beweglichkeit wird an den räumlichen und zeitlichen Distanzen (zwischen den Objektelementen), die von den kognitiven Verhaltensweisen zurückgelegt werden, sowie am Umfang der Daten, die an einem Erkenntnisobjekt registriert und verarbeitet werden, zu erkennen sein.

Die Mobilität einer einzelnen Blickzentrierung ist praktisch gleich Null, während diejenige einer klassifikatorischen Aktivität oder einer Begriffsbildung wesentlich höher ist, da hierin verschiedene Objektfaktoren und Verhaltenselemente (Operationen) in einer Weise miteinander kombiniert werden, die sie auf verschiedene oder gar beliebige Objekte oder Inhalte anwendbar macht. Voraussetzung für logisch-rationales Denken und für zuverlässige Erkenntnisse ist allerdings – wie später gezeigt werden wird – keine beliebige, sondern eine bestimmte Form und Richtung der beweglichen Aktivitäten, die systematisch nach bestimmten Verfahrensregeln abläuft.

In den obigen Definitionen ist außerdem enthalten, daß diese Kognitionsaktivität auch eine Beweglichkeit in der Vorstellungskraft und in der Zeitdimension beinhaltet, d.h. die Fähigkeit, zwischen Erinnerungen und Antizipationen zu operieren und diese miteinander zu verbinden.

Als Kognitionsaktivität niederer Strukturstufe hat die Wahrnehmung stets eine geringere Beweglichkeit und ein begrenzteres Gleichgewicht als das Denken, weil sie von den konkreten Kognitionsinhalten, zufälligen Feldveränderungen, vordergründigen Erscheinungsformen der Objekte und unzuverlässigen Sinneseindrücken abhängig bleibt und nicht die berechenbare und formale Systematik des Denkens hat. Nichtsdestoweniger kann erhöhte Wahrnehmungsaktivität die Genauigkeit der perzeptiven Kognition verbessern.

„Dem *Maximum* des Gleichgewichts wird also nicht ein Zustand der Ruhe, sondern ein *Maximum* von Aktivitäten des Subjekts entsprechen, die einerseits die aktuellen Störungen, aber andererseits auch die potentiellen Störungen kompensieren werden ..." (1959d, 115; Hervorhebungen von J. P.)

2. Einer wachsenden Beweglichkeit kognitiver Aktivitäten entspricht eine Vergrößerung ihres *Anwendungsfeldes* und ihrer *Reichweite* in den geistig erfaßbaren räumlichen und zeitlichen Distanzen. Ihr Gleichgewicht ist desto labiler, je enger und kleiner ihr Anwendungsbereich ist, d.h. je weniger Elemente eines Gegenstandes verarbeitet (miteinander koordiniert, assimiliert) werden können. Gleichgewicht und Anwendungsfeld nehmen mit steigendem Strukturniveau und Entwicklungsstand der kognitiven Verhaltensweisen zu: zwischen einer einzelnen Wahrnehmungszentrierung und dem hypothetisch-deduktiven Denken oder zwischen den sensomotorischen und den formaloperatorischen Intelligenzakten besteht daher nicht nur ein Qualitäts- und Dimensions-, sondern auch ein Größenunterschied ihrer respektiven Kognitionsfelder (vgl. z.B. 1950b, 316).

Das kognitive Feld beginnt mit der Begrenzung auf das gegenwärtig Wahrnehmbare und erreicht seine maximale Ausdehnung, wenn es die Dimensionen der Vorstellung, der Vergangenheit und der räumlich unbegrenzten Zukunft mit umfaßt.

Da in einem Gleichgewicht von Operationsstrukturen auch das Mögliche psychologisch eine kausale Bedeutung hat, insofern die möglichen Operationen im Denken des Subjekts eine psychische Realität darstellen, ist ein kognitives Gleichgewicht nicht nur durch aktuelle, sondern auch durch eine Gesamtheit „virtueller" Verhaltensweisen bzw. Vorstellungen definiert. Anders gesagt: ein denkstrukturelles Gleichgewicht wird nicht nur durch empirische Kausalitätsbeziehungen zwischen realen und aktuellen Verhaltensweisen, sondern auch durch konditionale Notwendigkeitsbeziehungen zwischen möglichen Verhaltensweisen bestimmt (vgl. 1950b, 165/166 und 1959d, 130):

„Ein Gleichgewicht bildet somit einen Zustand, der ebenso ideal ist wie real, da er vom Möglichen und von der konditionalen Notwendigkeit abhängt, die dieses letztere kennzeichnet; das Reale kennt nur mehr oder weniger angenäherte Grade des Gleichgewichts im Verhältnis zu dieser idealen Form." (1950b, 165)

Am Beispiel der für unser rationales Weltbild konstitutiven Invarianzbegriffe wird dies besonders deutlich werden: das sich in ihnen ausdrückende Erkenntnisgleichgewicht kann nur durch die in ihrer logischen Struktur enthaltenen, potentiellen, notwendigen Operationen gewährleistet werden (vgl. Kap. II.3.). Außerdem sind das Mögliche, Konditionale, Notwendige oder Normative zu einem Großteil sozial definierte Dimensionen, die gerade aufgrund dieser Eigenschaft (d.h. wegen der darin ausgedrückten Erwartungen und damit verbundenen Motivationen) einen wirksamen Einfluß auf die individuelle Verhaltensregulation bzw. – „äquilibration" haben.

Den psychogenetischen Übergang von konkreten Verhaltensweisen zu Urteilen logischer Notwendigkeit (und somit abstrakt-überzeitlichen Gleichgewichtszuständen) zu erklären, kann als ein Grundanliegen PIAGETS angesehen werden.

3. Beweglichkeit, Reichweite und Gleichgewicht kognitiver Strukturen können nur nach Maßgabe ihrer *Integrationskraft* und *Öffnung* gegenüber neuen Elementen

und Strukturen einen Zuwachs erfahren. Zustände größten Gleichgewichts entsprechen einem Maximum an Öffnung der Strukturen im Subjekt-Objekt-Interaktionsprozeß (vgl. 1957c, 37). Denn die Gleichgewichtsstabilität ist eine Funktion der Assimilierbarkeit neuer Umweltdimensionen an die bestehenden Strukturen, der Anwendbarkeit der verfügbaren Erkenntnisinstrumente auf neue Inhalte, der Beziehungsbildung zwischen verschiedenen Dimensionen eines Erkenntnisgegenstandes (einschließlich der dadurch erfolgenden Vermeidung von Widersprüchen, vgl. Montada 1968, 15), der Integrierbarkeit alter Strukturen in die umfassenderen neuen (vgl. 1950b, 313) und damit der Möglichkeit der integrativen Bewahrung jener in diesen. Würde der Erwerb neuer Strukturen eine wesentliche Änderung der alten erfordern (statt diese als relativierte Unterstrukturen bewahren zu helfen), bedeutete dies eine Störung des Gleichgewichts der kognitiven Interaktionsstrukturen des epistemischen Subjekts mit seiner Umwelt. Alle Strukturen, die den im Kapitel I.4.a. behandelten Systemkriterien genügen – wie nach Piaget alle logischen Strukturen (und hier die für die höchsten Entwicklungsstufen charakteristischen „Operationen-Gruppierungen" im Rahmen seiner strukturgenetischen Klassifizierung) – sind insofern „integrativ", als sie sich aus den vorangegangenen (entwicklungsmäßig früheren) ergeben, sich diese als Unterstrukturen integrieren und die folgenden vorbereiten, um sich dann früher oder später wiederum neuen, umfassenderen Strukturen integrieren zu lassen. Entsprechend der behandelten evolutionistischen Auffassung Piagets kann keine Struktur jemals vollständig neu sein, da jede neue Struktur stets in irgendeiner Form eine weiterführende Generalisation und Abstraktion aus der vorangegangenen darstellt (vgl. 1957c, 114/115).

So werden die anfänglichen Wahrnehmungen mithilfe der sensomotorischen Intelligenz in den Wahrnehmungskonstanzen erhalten, während die sensomotorischen Schemata ihrerseits dem anschaulichen Denken als Teilstrukturen integriert werden. Danach werden die anschaulichen Strukturen mithilfe der konkreten Operationen korrigiert und relativiert, die auf der nächsthöheren Ebene von den formalen Operationen vervollständigt und integriert werden. Erst diese abstraktesten und beweglichsten Denkstrukturen können schließlich unbegrenzt erweitert und vermehrt werden, ohne zu Widersprüchen untereinander führen zu müssen (vgl. z.B. 1950b, 316f.).

Die Integration neuer Elemente und jeweils einfacherer Strukturen in diese kognitiven Verhaltenssysteme ist Voraussetzung ihres stabilen Gleichgewichts und ihrer dauerhaften Bewahrung. Neue, die bisherigen Strukturen „störende", d.h. von diesen nicht voll assimilierbare, Umweltdimensionen werden von gleichgewichtsstabilen Strukturen nicht abgewehrt, sondern durch Akkomodation in erweiterten Strukturen „aufgefangen", verarbeitet oder eben „integriert".

4. Die „Fähigkeit" eines Verhaltenssystems, Störungen des bestehenden Gleichgewichts zu begegnen und zugleich seine eigenen Veränderungen zu regeln, ist *Selbstregulation* bzw. *Störungskompensation* genannt worden: diese funktioniert wiederum nicht ohne Aktivität, Beweglichkeit, Integrationskraft und Öffnung eines Verhaltenssystems. Die Selbstregulation ist das wichtigste Gleichgewichtskriterium, weil selbstregulative Aktivitäten – wie erwähnt – zugleich die Bewahrung und die relative Geschlossenheit der Strukturen (bzw. die Stabilität ihrer Grenzen) trotz gleichzeitig ablaufender Prozesse der Konstruktion jeweils neuer Strukturen

ermöglichen. Es sind selbstregulative Aktivitäten, mit denen Feldveränderungen aufgefangen oder zum Anlaß für integrative Erweiterungen der Strukturen benutzt werden, so daß die bestehende Verhaltensorganisation in irgendeiner Form bewahrt bleibt. Sie sind daher ebenso Mechanismen der Gleichgewichtserhaltung und -herstellung wie der Entwicklung von einem Zustand niederen zu einem solchen höheren Gleichgewichts („Äquilibration"). Ihre beweglichsten Formen, die reversiblen Operationen, bestehen im Rahmen der denkstrukturellen Entwicklung darin, Objektveränderungen innerlich zu rekonstruieren, zu rekapitulieren, rückgängig zu machen oder zu antizipieren. Dadurch können die gleichbleibenden Merkmale der Objekte davon abstrahiert werden, um so für die Begriffsbildung und für stabile Denkstrukturen konstitutiv zu werden (vgl. 1957c, 46 u. passim). Ein kognitives Gleichgewicht ist also nicht – wie das physikalische – als Balance der Kräfte in einem Zustand der Ruhe zu verstehen, wie LEKTORSKI es mißversteht (L. 1968, 98), sondern als System kompensatorischer Aktivitäten in Reaktion auf die Veränderungen der Umwelt, – handelt es sich hier doch um vitale Strukturen menschlichen Verhaltens! Die Stabilität eines selbstregulativen Gleichgewichts wächst, wie oben betont, gerade mit der Zunahme solcher kompensierenden Aktivitäten.

Man könnte diese Verhaltensweisen auch spieltheoretisch in Form von (Kosten- und Ertrags-)*Strategien* sowie Reaktionswahrscheinlichkeiten beschreiben: dabei müßte man davon ausgehen, daß das Subjekt mit einem Minimum an kognitiver Aktivität (d.h. mit den einfachsten möglichen Transformationen) ein Maximum an Information zu erreichen sucht. So gesehen, „kosten" die einfachsten kognitiven Aktivitäten (einzelne Blickzentrierungen) fast nichts, – sie „bieten" aber auch ebensowenig. Dem Maximum an kompensatorischen Aktivitäten, wie sie in Systemen logischer Operationen realisiert sind, entspricht demnach auch ein Maximum potentiellen Erkenntnisgewinns, zumal mit ihnen, wie erwähnt, sowohl aktuelle als auch virtuelle Veränderungen kompensiert werden können (vgl. 1959d, 115).

Logische Operationssysteme können als gleichgewichtsstabilste Strukturgesamtheiten und als Systeme aller möglichen Transformationen definiert werden. Denn für die Bildung der Invarianzbegriffe (der von PIAGET hervorgehobenen, zentralen Orientierungspunkte logisch-rationaler Erkenntnis) ist die antizipatorische Kompensation aller möglichen sowie die retroaktive aller geschehenen Veränderungen des Erkenntnisobjekts (und damit die Umkehrbarkeit aller diese nachvollziehenden Operationen) konstitutiv:

„Ein Gleichgewichtszustand ist desto stabiler, je mehr die im Spiel befindlichen Transformationen sich einander kompensieren." (1957c, 42; vgl. auch 1953b, 41).

Während elementare Gleichgewichtszustände bei der Einwirkung neuer Faktoren bzw. der Wahrnehmung neuartiger Situationen beständig und leicht gestört werden können, sind die höheren Formen des „geistigen" Gleichgewichts deswegen wesentlich stabiler, weil dem Individuum auf ihrer Ebene eine weit größere Zahl kompensierender (korrigierender, dezentrierender), antizipierender, retroaktiver (Erinnerungen abrufender), koordinierender, vergleichender und vieler anderer Aktivitäten im „Störungsfalle" zur Verfügung stehen. Denn während in der Wahrnehmung die zentrierungsbedingten Illusionen (= kognitiv labile Zustände) immer nur teilweise und nachträglich durch sukzessive dezentrierende Regulationen korrigiert werden, können mit den rationalen Operationen (= vollständig reversiblen Regulationen) Veränderungen von Erkenntnisobjekten auch antizipatorisch kompensiert oder rückgängig gemacht, also virtuell aufgehoben und den begrifflich bedeutsamen invarianten Eigenschaften der Objekte untergeordnet werden. – Das Gleichgewichtskriterium der Selbstregulation ist für PIAGET schließlich insofern von besonderer Bedeutung, als es ihm mithilfe des kybernetischen Regelkreis-Modells eine sehr allgemeine kausale Erklärungsmöglichkeit für die Entstehung implikativer Strukturen bietet und zugleich den allgemeinsten Mechanismus der denkstrukturellen Entwicklung überhaupt bezeichnet (ausführlich dazu vgl. Kap. I.5.a–e.).

5. Das von PIAGET am häufigsten betonte Gleichgewichtskriterium ist die *Reversibilität* – und im weiteren Sinne die logische *Gruppierung* – derjenigen kognitiven Verhaltensweisen, die in die Strukturen als Elemente eingehen. Diese Reversibilität stellt die höchste Form der Selbstregulation dar, wenn diese in den formalen Operationen Unbegrenztheit erlangt und damit das Erreichen eines vollständigen und dauerhaften Gleichgewichtszustandes anzeigt. Das bedeutet, daß es die formalen Operationen – begriffen als „vollständige Kompensationen" und unbegrenzt bewegliche Regulationen – ermöglichen, jeglichen Objektfeldveränderungen bzw. neuen Informationen antizipativ oder integrativ zu begegnen, ohne das Gleichgewicht der kognitiven Strukturgesamtheit zu gefährden. Denn wenn mit ihnen jede mögliche Störung, Transformation oder Operation durch eine umgekehrte oder reziproke Operation kognitiv kompensiert (also beweglich „reguliert") werden kann, ist das Gleichgewicht des von ihnen kontrollierten Verhaltenssystems vollständig. Diese unbegrenzt reversible Beweglichkeit der Operationen ist eine Konsequenz ihrer Inhaltsleere und der Tatsache, daß sie Ausdruck allgemeinster – gegenüber beliebigen Objekten ausführbarer – Handlungskoordinationen sind:

„Die vollständige Reversibilität, wie sie für die Operation charakteristisch ist, kennzeichnet ... die Ebene, wo die Regulation sich nicht mehr nur auf die Ergebnisse, also auf die Irrtümer wie die Erfolge der Handlung, sondern in einer doppelten – antizipatorischen und retroaktiven – Richtung auf die Handlungen als solche bezieht: das ist dann die Schließung eines solchen (Handlungs- oder Operationen-) Systems, die zugleich seine notwendige Reversibilität und seinen überzeitlichen oder eigentlich logischen Charakter sichert." (1967a, 275; die Einfügung ist von mir, FGW)

PIAGET meint, die Entstehung dieser logischen Reversibilität psychologisch durch die aufeinander folgenden und sich vermehrenden regulatorischen Aktivitäten des Subjekts, d.h. durch den Mechanismus der „Äquilibration" erklären zu können (vgl. z.B. 1950b, 169; 1959d, 131/132; 1965a, 272 und 1970e, 262) und unterscheidet daher zwischen einer psychologisch-kausalen und einer logisch-implikativen Bedeutung seines Reversibilitätsbegriffes: die erstere bezieht sich auf die Verhaltensfelderweiterung und die Beweglichkeit (sowie die Bewußtheit aufeinander folgender Assimilationsakte oder Zentrierungen) und die letztere auf die Zuordnung umgekehrter und reziproker logischer Operationen (vgl. 1950b, 168 und MONTADA 1968, 67).

MONTADA hat daran kritisiert, daß die logische Reversibilitält nicht als Grenzwert der Regulationen angesehen werden könne, da die Ableitung so bestimmter wie der logischen, reversiblen Operationen aus unbestimmten psychologischen, beweglichen Operationen nicht plausibel möglich sei (MONTADA 1968, 67–69; vgl. dazu außerdem SEILERS Kritik an der meist zu einseitigen Erklärung reversibler-widerspruchsfreier Invarianzbegriffe durch indivi-

duelle Regulationsaktivitäten bei PIAGET statt durch „unregulierte" soziale Vermittlung, Bewährung und Kontrolle, SEILER 1968).
Da vom Standpunkt der Beweglichkeit z. B. kein Unterschied bestünde zwischen einer ‚oder'- und einer ‚und'-Multiplikation, während dies doch logisch eine wesentliche Differenz darstellt, sei diese Ableitung bei PIAGET unterbestimmt.
MONTADA versteht jedoch die „Regulationen" nach PIAGET zu einseitig als bloße „Wechsel der Zentrierung von einem Element des Handlungsfeldes auf ein anderes Element" (a. a. O., 68), während PIAGET selbst sie außerdem als „Kompensationen von Deformationen durch Retroaktion oder Antizipation" (1957c, 46) definiert und darauf hinweist, daß sie „zu Korrekturen gelangen, die in der umgekehrten Richtung der Deformationen wirken" (1950b, 169) und eben deswegen Vorläufer der Reversibilität seien, mit der diese Kompensationen und Korrekturen dann vervollständigt werden. Das bedeutet aber, daß für ihn Regulationen – wie im kybernetischen Sinne – mehr sind als unbestimmt-bewegliche Verhaltensweisen des Zentrierungswechsels, nämlich bestimmte, retroaktive und antizipatorische Kompensationsaktivitäten zur Wiederherstellung eines gestörten Gleichgewichts. Die (mithilfe von Operationen gebildeten) logischen Invarianzbegriffe lassen sich danach nicht einfach aus regulatorischen Wahrnehmungskonstanzen ableiten, weil sie eine „wesentlich höhere Komplexität" besäßen, sondern sind vielmehr eine Weiterentwicklung des sensomotorischen Verhaltensschemas der Objektpermanenz (der ersten intelligenten Invarianz), das mit der „praktischen Gruppe der Deplatzierungen" einen Beginn von Reversibilität enthält (vgl. z. B. 1966a, 39). – Das heißt aber, daß sich die logische Reversibilität für PIAGET nicht aus unbestimmten, sondern aus ganz bestimmten „psycho"-logischen Verhaltensweisen – der Handlungskoordination und der Regulation in bestimmter Richtung (Umkehrung und Antizipation) eher als des beweglich-unbestimmten Zentrierungswechsels – ergibt und daß daher der Übergang von der psychologisch-kausalen zur logisch-implikativen Ebene bei ihm nicht so unterbestimmt ist, wie MONTADA es verstanden hat.

Die Reversibilität der Verhaltensweisen nimmt mit deren wachsender Strukturhöhe und dem kognitiven Entwicklungsstand zu, bis sie im vollständigen Gleichgewicht der Operationen-Gruppierungen Unbegrenztheit erlangt.
Da sie zugleich psychologische Kriterien wie diejenigen der Beweglichkeit und der Verhaltensfelderweiterung einerseits sowie logische wie diejenigen der Inversion und der Reziprozität andererseits erfüllt, wird die Reversibilität von PIAGET nicht nur als entscheidendes Gleichgewichtskriterium und wesentliche Eigenschaft der (etwa nur abstrakt-formal betrachteten) rationalen Denkoperationen angesehen. Vielmehr gilt sie ihm auch als Grundeigenschaft der (zugleich bestimmte soziale Verhaltensweisen implizierenden) Intelligenz, die im Rahmen seiner Theorie ein ganz allgemeines, bewegliches Strukturensystemen von Verhaltensweisen darstellt, die alle denkbaren – also auch soziale – Umwege, Rückwege, Organisierungen, Anpassungen, Koordinationen usw. ermöglichen (vgl. 1947a, 16/17, 53/54 oder 1950b, 315/316).
So hat die Reversibilität als *„Reziprozität"* neben ihrer psychologischen Bedeutung als Kriterium kognitiven Gleichgewichts vor allem eine wichtige soziologische Bedeutung als Kriterium eines kommunikations- und interaktions-strukturellen Gleichgewichts. Sie stellt zugleich eine zentrale verhaltensstrukturelle Voraussetzung für das anpassungsbewegliche oder interaktionsflexible (vor allem: kommunikationsrationale, „kooperative") Sozialverhalten des Subjekts dar und ist somit eine Grundbedingung kognitiver als rationaler und emanzipatorischer Sozialisation. Sie ist nicht nur zum Verstehen von Relationalbegriffen notwendig, sondern auch zur Koordination und zum Nachvollziehen unterschiedlicher Perspektiven, Ansichten

oder Erwartungen der Mitmenschen, was z. B. die „Umkehrung“ oder das Verlassen der eigenen Perspektive und das Erkennen reziproker anderer beinhaltet. Reziprozitäts-Reversibilität ist unerläßlich zur Errichtung differenziert angepaßter und organisierter Sozialbeziehungen, d.h. sozialisierter, auf die jeweils reziproken Verhaltensweisen der Interkationspartner abgestimmter (sowie funktionierende Kommunikationsprozesse ermöglichender) Verhaltensweisen, und ganz allgemein zu einer der kognitiven strukturgleichen sozialen Beweglichkeit und „Dezentrierung“.
Diese Dezentrierung und die Reziprozitäts-Reversibilität sind wie die selbstregulativen Aktivitäten generell z. gr. T. Ergebnisse sozialer Anstöße, Interaktionen, Koordinationen und von sozialen Kontrollen, die der Befolgung von Verhaltenserwartungen wie der Bewahrung von Begriffen oder der Widerspruchslosigkeit von Aussagen dienen. Ohne solche sozialen Kontrollen würde die geistige Beweglichkeit des Individuums – vor allem aufgrund seiner starken anfänglichen Ichzentrierung, fehlenden normativen Disziplin und kognitiven Unsystematik – wesentlich geringer sein (vgl. 1945a, 159–170 u. 1950b, 263–272). – Unter dem Eindruck der Vernachlässigung dieser wichtigen denksoziologischen Erkenntnisse in den meisten seiner eigenen, primär experimentalpsychologischen Schriften durch PIAGET selbst hat SEILER kritisiert, daß Reversibilität bei ihm ausschließlich als Ergbebnis subjektinterner Regulationen erscheine. Er hat dem entgegengehalten, daß für die Konsolidierung der Reversibilität logischer Denkoperationen und der durch diese ermöglichten begrifflichen Erkenntnisse soziale Bewährungssituationen, Notwendigkeiten und Verstärkungen entscheidend seien, zumal eben Invarianzbegriffe gerade für die soziale Kommunikation nützlicher sind als fluktuierende individuelle Vorstellungen (SI. 1968, 165, 167). Das ist gleichwohl ganz im Sinne desselben PIAGET, der in seiner Sozialisationstheorie schon frühzeitig (z.B. 1928; 1934; 1935b; 1939b; 1945a oder 1947a) betont hat, daß stabile Invarianzbegriffe konstitutiv an soziale Interaktionen, Kontrollen und Konsolidierungen gebunden sind.

6. Das Gleichgewicht kognitiver Strukturen ist schließlich an die Existenz von *Invarianten* und *Bewahrungen* gebunden, die die orientierenden Konstanten verläßlicher Erkenntnisse bilden. Denn Invarianz- oder Bewahrungsbegriffe sind gleichsam die Kristallisationsmomente oder Stützpfeiler des Gleichgewichts und als solche die stabilsten Bezugspunkte unseres rationalen Weltbilds und Erkennens generell. Die Bedeutung der Kenntnis von der Invarianz der Objektbestimmungen liegt in deren Indikatorfunktion für die Objektivität des Wissens (vgl. LEKTORSKI 1968, 88). Sie stellen – denkpsychologisch betrachtet – die grundlegenden Koordinaten der Erfahrung und des Denkens dar und können mutatis mutandis als PIAGETS funktionelle Äquivalente der KANTschen Kategorien angesehen werden.

Es gibt zwar nicht nur rationale („operatorische“) Invarianten, sondern auch perzeptive, aber diese sind objekt-, situations- und wahrnehmungsfeldabhängig und erreichen nicht das Niveau und die Permanenz stabiler Begrifflichkeit: bei ihnen kann daher nicht von Invarianzbegriffen, sondern nur von Wahrnehmungskonstanzen (der Größe, der Form, der Farbe usw.) die Rede sein. Da für sie nicht die Bildung von Operationen notwendig ist, sondern perzeptive Regulationen ausreichen (d.h. Zentrierungswechsel, „Transporte“), werden sie bereits in der sensomotorischen Periode gebildet.

Wahrnehmungsgleichgewichte verlagern sich, wie erwähnt, mit jeder Feldveränderung und haben daher keine Dauer, da diese Veränderungen nie vollständig und dauerhaft kompensiert werden können.

Die vollständigen Bewahrungen, d.h. die eigentlichen Invarianzbegriffe, sind nicht nur Ergebnisse erhöhter kognitiver Aktivität und der Emanzipation von den ichzentrierten, figurativen, inhaltlichen, äußerlichen, fluktuierenden und statischen Aspekten der Erkenntnisobjekte und der eigenen Aktivität, sondern Ergebnisse ganz spezifischer Kognitionsaktivitäten, nämlich der reversiblen *Operationen*. PIAGET betrachtet diese Operationen daher als die besten Indikatoren für das Auftauchen und die Vollendung der invarianten rationalen Begriffsstrukturen, da diese gerade die Reversibilität und die Gruppierung der Operationen zu gleichgewichtsstabilen Gesamtstrukturen voraussetzen (vgl. 1956b, 138; 1963c, 119; 1970c, 37–39 und LEKTORSKI 1968, 97). Operationen (oder operatorische Transformationen) sind stets relativ zu einer Invariante, da sie Umkehrungen, Negationen, Umwege usw. implizieren, die einen Zustand oder ein Ziel, auf das sie sich beziehen, kognitiv über alle Fluktuationen der anschaulichen Wirklichkeit (äußere Veränderungen) hinweg bewahren (d.h. durch Kompensation der äußeren und antizipierter virtueller Veränderungen innerlich rekonstruieren; vgl. 1966a, 76/77). Operationen sind also stets innere Transformationen, die mindestens eine zentrale Dimension des Erkenntnisgegenstandes unverändert bewahren (invariant lassen). Das für die Bildung der dadurch zustandekommenden Bewahrungsbegriffe notwendige System der invarianten Gruppentransformationen (gemäß der mathematischen Gruppen- und logischen Gruppierungsstruktur, vgl. Kap. II.3.) ist für stabiles Erkennen eben wegen dieser Eigenschaften ihrer Operationen konstitutiv. Mithilfe der Invarianzbegriffe erkennt der Mensch diejenigen dauerhaften, wesentlichen und charakteristischen Eigenschaften der Objekte, die von den ständigen Veränderungen der Erkenntnisbedingungen unabhängig sind.

In der Physik gilt der Begriff der „Invariante einer Transformationsgruppe" (nach Max BORN) sogar als Schlüssel zum Begriff der Realität, wobei die Invarianz der Objektbestimmungen mit der realen Objektexistenz selbst identifiziert wird. Invarianz und Varianz der Objektbestimmungen dienen hier sogar als Grundlage für die Unterscheidung zwischen Objektivem und Subjektivem (vgl. LEKTORSKI 1968, 88/89). PIAGET ist darin jedoch erkenntniskritischer: bei ihm bleiben die Invarianzen vom Subjekt konstruierte, rationale Begriffe, die ihm zu einer intersubjektiv objektivierbaren Realitätserfassung verhelfen und nicht gleich in ontologischer Verdinglichung mit der „objektiven Realität" identifiziert werden dürfen.

Einmal gebildeten Strukturen schreibt PIAGET – und dies kann allerdings als unzulässige Verdinglichung angesehen werden – eine lebenslange, unverlierbare Dauer zu (vgl. z.B. 1947a, 51; 1959d, 118; 1965e, 19 oder 1966a, 121): wenn die logisch-mathematischen Strukturen einmal erworben seien, so heißt es bei ihm,

„bleiben sie tatsächlich das ganze Leben lang stabil: z.B. verändern sich die Folge der ganzen Zahlen, die logischen Strukturen der Klassen, der Relationen und der Aussagen im Subjekt nicht mehr, obwohl sie in komplexere Strukturen integriert werden können; im mentalen Leben verwurzelt und sich im sozialen Leben vollendend, stellen sie – einmal gebildet – erstaunliche Gleichgewichtsmodelle in der Geschichte wie in der individuellen Entwicklung dar." (1959d, 118/119)

Wenn PIAGET auch bisweilen en passant im selben Atemzug vom regressiven Charakter der Entwicklung spricht wie von ihrem progressiven Verlauf, so bleibt dies offenbar weitgehend nur eine verbale Konzession an seine Kritiker. AEBLI hat ihm daher zu Recht einen „Substantialismus" der geistigen Strukturen vorgeworfen, zumal diese bei ihm etwas von der Solidität und der Dauer einer „Substanz" hätten (AE. 1963b, 24/25, 34, 37): die Kinder bauten ihr Weltbild aus PIAGETS Sicht gleichsam mit „schweizerischer Zuverlässigkeit" auf ... Es scheint überdies, als ob PIAGET die logisch-rationale Konsistenz der von ihm untersuchten Strukturen auf deren psychosoziale Persistenz übertragen hätte. Allerdings muß daneben doch berücksichtigt werden, daß er nach seiner Grundfragestellung („wie objektiviert der Mensch sein Erkennen?" oder „welche Verhaltensweisen führen zur Bildung stabiler Begriffe und rationaler Denkstrukturen?") und nach seinem Bestreben, die Bildung der Gesamtheit möglicher Stadien dieses Aufbauprozesses in einer Entwicklungstheorie zu erklären, an Regressionen gar nicht interessiert ist. Von Interesse sind für ihn allenfalls die Bedingungen, die den progressiven Prozeß bis zum Erreichen aller potentiellen Entwicklungsstadien be- oder verhindern könnten. Seine Theorie bietet im wesentlichen also nur einen „Idealtyp" des sukzessiven Aufbaus aller (unter den gegenwärtigen geistesgeschichtlichen und optimalen soziokulturellen Umständen) möglichen Entwicklungsstadien logischer Strukturen.

Die stabilsten Gleichgewichtszustände dieser Strukturen übersetzen sich psychologisch durch *Notwendigkeitsurteile.* Denn das Kind erlebt die mit seiner Begriffsbildung verbundenen Invarianzerkenntnisse oder Bewahrungen nicht einfach als wahrscheinliche Induktionen, sondern als deduktive Gewißheiten mit Notwendigkeitscharakter (vgl. 1947a, 167 und FURTH 1969, 248). In dem Moment ihrer Konstituierung, wo es sich der operatorischen Invarianzbegriffe bewußt wird, hat es Evidenzerlebnisse, die ihm die bezeichneten physikalischen, mathematischen, sozialen usw. Sachverhalte (wie Mengenkonstanz, numerische Invarianz, Perspektivenrelativität) als völlig selbstverständlich und logisch notwendig erscheinen lassen. Es kann dann sogar vergessen, daß es noch kurz vorher dieselben Invarianzen (im voroperatorischen Stadium ihrer Genese) beharrlich geleugnet hat.

Z.B. erscheint dem Kind mit Beginn der operatorischen Periode seiner Denkentwicklung die Tatsache,

- daß die Anzahl einer Reihe von Gegenständen von deren anschaulicher Anordnung im Wahrnehmungsfeld völlig unabhängig ist (numerische Invarianz),
- daß „links" immer relativ zu einem „rechts" ist (Relationalbegriffe),
- daß „Großvater", „Vater", „Sohn" usw. als biologisch-soziale Relationalbegriffe in der asymmetrischen Reihe eines genealogischen Baumes sich einander implizieren (man kann z.B. logisch daraus ableiten, daß der Vater nur Vater im Verhältnis zum Sohn, aber selbst Sohn im Verhältnis zum Großvater ist usw.),
- daß man gleichzeitig „Tochter", „Schwester", „Mutter", „Tante" usw. sein kann,
- daß ein „Londoner" zugleich „Engländer" und „Europäer" ist (Klasseninklusionen und Relationenbildungen) usw.

als evident, weil es diese Zusammenhänge ohne anschauliche Erfahrung deduktiv erschließen kann, ohne daß sie durch zusätzliche Informationen zu erschüttern wären.

Logische Beziehungen können im Bewußtsein des Kindes selbst dann normativen Charakter erlangen, wenn sie ihm vorher nicht mit spezifischen sozialen Normen vermittelt wurden (während ihre Bewahrung, Verstärkung und Kontrolle gleichwohl solche Normen erfordert). Aus der allgemeinen Perspektive PIAGETS gesehen, entsprechen die normativen Faktoren des Denkens daher biologisch der Notwendigkeit des Gleichgewichts durch Selbstregulation (vgl. 1965a, 16). Das Auftauchen von Notwendigkeitsurteilen und die Erkenntnis logischer Selbstverständlichkeiten ergibt sich aus dem Erreichen bestimmter formaler Eigenschaften der Organisierung der kognitiven Aktivitäten, nämlich ihrer Gruppierung zu reversiblen Operationen im erwähnten Sinne. Dabei handelt es sich um solche kognitiven Verhaltensänderungen, die sich während der Aneignung der logischen Strukturen beobachten lassen und die sich nur durch deren Vollendung oder „Schließung" (im Sinne des Erreichens ihrer permanenten Gleichgewichtsstabilität, nicht der Abschließung nach außen) erklären lassen:

„Sobald das Gleichgewicht erreicht ist (durch reversible Operationen gesicherte Kompensationen), spielt sich alles ab, als ob das Subjekt aufhören würde, von seiner Vergangenheit abzuhängen und als ob die erreichte Struktur ein überzeitliches Instrument bilden würde, das je nach Fall auf neue Probleme angewandt oder in neue Strukturen integriert werden kann oder nicht ..." (1957c, 72)

Kognitiv geht das Erreichen dieses Gleichgewichts bzw. der Erwerb der operatorischen Strukturen und der (durch sie ermöglichten) Invarianzen mit einer Emanzipation der menschlichen „ratio" von zahlreichen Illusionen, Zufälligkeiten und Irrationalitäten der objekt- und wahrnehmungsbedingten Erfahrung einher: die Bildung der Invarianzbegriffe kann daher als ein Akt geistiger Befreiung angesehen werden. Daß die erworbenen Strukturen ihren Notwendigkeitscharakter nur mithilfe des Bewußtseins möglicher Operationen (virtueller Transformationen und ihrer Umkehrungen) erlangen können, wird nun noch verständlicher: das Gleichgewicht kann nur erreicht bzw. die Invarianz kann nur erkannt werden, wenn auch die potentiellen Varianzen (über die realen hinaus) antizipiert bzw. rekonstruiert werden können.

Für die Erkenntnis der Invarianz einer Gegenstandsdimension (wie des Volumens einer Flüssigkeit) – und damit die Bildung von Invarianzbegriffen – sind, woran mit PIAGET stets erinnert werden muß, konkrete oder vorgestellte, reversible logische Operationen notwendig, mit deren Hilfe entweder geschehene Transformationen von Gegenständen oder Gegenstandsdimensionen rückgängig gemacht oder potentielle Transformationen und ihre Konsequenzen vorgestellt werden – wie z.B. die Veränderung der anschaulichen Anordnung einer Menge, das Umgießen einer nach Quantität, Volumen und Gewicht gleichbleibenden Flüssigkeit in Gefäße unterschiedlicher Form u.dgl.m. Die bloße „Verinnerlichung" wahrgenommener Identitäten oder Identifizierungen statt dieser (logische Operationen implizierenden) kognitiven Konstruktionsprozesse kann für die Bildung stabiler Invarianzbegriffe nicht ausreichen, da diesen sonst gerade die Stabilität rationaler Begrifflichkeit fehlen würde.

Von psychologischen Kritikern dieser Theorie wie z.B. Jerome BRUNER und seinen Mitarbeitern am „Cognitive Center" der Harvard-Universität (vgl. BRUNER u.a. 1966) wird PIAGET jedoch entgegengehalten, daß er zu schnell von der Interiorisierung der Handlungen zu den logischen Operationen und weiter vom Vorhandensein der Operationen der Inversion (Rückkehr zum Ausgangspunkt einer Transformationsoperation) und der Kompensation (als logischer Multiplizierung oder „mise-en-relation" von Eigenschaftsrelationen oder -reziprozitäten eines transformierten Gegenstandes wie z.B. Länge/Dicke, Höhe/Breite u. dgl.) bei einem Kind auf die psychische Existenz von Bewahrungsbegriffen schließe (vgl. z.B. Sonstroem in ibidem, 210, 223). Dabei kämen die differentiellen psychologischen und kulturspezifischen Techniken des Subjekts zum Erwerb dieser Begriffe (wie als wirksamste die Sprache), die verbale Etikettierung („labeling") der Vorgänge durch Erzieher und schließlich die bildhaften Vorstellungen (in Ergänzung zur bloßen operativen Praxis) zu kurz (vgl. a.a.O., 214, 325). Obwohl Piaget diese partikularen sozialen Einflüsse auch nicht leugnet, so vernachlässigt er sie zugunsten seiner strukturalistisch-operativistischen Akzente in der Tat (vgl. auch Steiner 1974). Grund dafür ist, daß sie in seiner Theorie für die entscheidende Dimension der Denkentwicklung, die strukturellen Konstruktionsprozesse, nicht gleichwertig konstitutiv, sondern primär nur fördernd, anregend oder instrumentell sind: aus dieser Sicht können sie zwar notwendige, nie aber zentrale oder ausreichende Mechanismen der denkstrukturellen Entwicklung bzw. der Begriffsbildung sein.

Die restlichen Gleichgewichtskriterien sind bereits im Kap. I.4.a. bei der Definition der Strukturen behandelt worden: sie brauchen daher nur noch kurz rekapituliert zu werden.

7. Für die Stabilität der Strukturen sind auch ihre *Systemgesetzlichkeit* und die *Interdependenz* ihrer Elemente bestimmend. Die Operationen, die Strukturelemente rationaler Kognitionsstrukturen, sind par définition nie isoliert, sondern bilden Systeme, in deren Rahmen sie sich mit anderen wechselseitig implizieren, miteinander koordinierbar und auseinander ableitbar sind (Multiplikationen implizieren z.B. Divisionsoperationen ebenso wie Additionen Substraktionen implizieren). Ein dauerhaftes kognitives (genauer: denkstrukturelles oder erkenntnisbildendes) Gleichgewicht wird dann erreicht, wenn dieses ganze System sich wechselseitig tragender Operationen ausgebildet ist und damit zur Bildung beliebiger Begriffe sowie zur Assimilation beliebiger neuer Informationen befähigt. Als allgemeines Kennzeichen dieses Gleichgewichtskriteriums kann außerdem erwähnt werden, daß Gleichgewicht nur besteht, wenn weder die Gesamtstruktur ihre Teil noch die Teile die Gesamtstruktur einseitig verändern, d.h. wenn sich die Gesamtheit der logischen Strukturen und die diese bildenden logischen Operationen wechselseitig bewahren (vgl. 1966b, 140).

8. Entscheidend für das einmal erreichte Gleichgewicht ist schließlich, daß die *Hierarchie* und die *Zentralisierung* der kognitiven Strukturniveaus gewahrt bleibt, d.h. daß die an der Spitze der kognitiven Verhaltenshierarchie stehenden, beweglichsten und umfassendsten Strukturen (= rationalen Operationen) die weniger flexiblen und weniger allgemeinen („rhythmischen" und „regulatorischen") Verhaltensstrukturen in allen Bereichen, wo sie dies können, steuern oder zumindest in ihrem Einfluß begrenzen und sich unterordnen. Wenn dies nicht geschieht, bleiben Gleichgewichtsstörungen unkompensiert bzw. unvollständig reguliert und die möglichen Erkenntnisse daher unzuverlässig.

Die Form dieser Hierarchie der kognitiven Strukturebenen ist nicht einer statischen Pyramide, sondern einer sich unaufhörlich noch oben erweiternden Spirale vergleichbar (vgl. 1970c, 84), da das Verhaltenssystem für Weiterentwicklungen seiner Strukturen stets offen bleibt.

Vor allem nach dem Grad ihrer Beweglichkeit (bzw. Reversiblität) und ihrer Reichweite hat Piaget drei Verhaltensgruppen unterschieden, die sich wie hierarchische Ebenen einander überlagern und die im Rahmen der Entwicklung auch in der behandelten Reihenfolge aufeinander folgen: die „rhythmischen", die „regulatorischen" und die „operatorischen" Verhaltensstrukturen. Auf der psychischen Ebene des Verhaltens stellen „Rhythmen" die elementaren angeborenen Verhaltensweisen geringster Beweglichkeit dar, d.h. die Instinkte und Reflexe, die periodisch (bzw. nur in Reaktion auf bestimmte Schlüsselreize) auftreten, unumkehrbar in bestimmten relativ starren Handlungssequenzen ablaufen und – auch im Falle ihrer gelegentlichen partiellen akkomodativen Modifikationen – ohne Bewußtwerdungsprozesse funktionieren.

„Regulationen" (struktureller, nicht affektiver oder energetischer Art, vgl. 1947a, 203 und 1953a, 380) stellen die meisten menschlichen Verhaltensweisen dar, insofern sie durch kompensatorische Aktivitäten, d.h. flexible Anpassungen an Umweltveränderungen (= aktive Verhaltensmodifikationen ex post facto) gekennzeichnet sind. Dazu gehören Wahrnehmungen, anschauliche Vorstellungen und vorrationale Denkweisen, die alle noch durch eine gewisse Unbeweglichkeit und Zentriertheit auf isolierte Realitätsaspekte sowie auf unilineare Handlungs- oder Vorstellungsabläufe gekennzeichnet sind. Bei einer Veränderung der äußeren Gegebenheiten gibt es aufgrund der jeweiligen Akzentuierung einer Verhaltenstendenz eine Gleichgewichtsverlagerung der regulativen Strukturen, der durch Assimilation der neuen Faktoren begegnet wird. Die bei der Gleichgewichtswiederherstellung aktualisierte Tendenz zur Reaktion in der umgekehrten Richtung der äußeren Veränderung stellt die Regulation i.e.S. dar.

An der Spitze der Hierarchie intelligenten Verhaltens stehen die *„Operationen"*, da diese in ihrer abstrakten, hypothetisch-deduktiven Form aufgrund ihrer vollständigen Reversibilität und ihrer unbegrenzten Kombinierbarkeit untereinander unbeschränkt erweiterungsfähige logische Strukturen bilden, mit deren Hilfe antizipatorische Regulationen und „Kompensationen" beliebiger Realitätsveränderungen (d.h. flexibel anpassungsfähige und stabile kognitive Verarbeitungen beliebiger Objekte bzw. Ereignisse) möglich sind. Da sie die inhaltsleersten und zugleich beweglichsten kognitiven Verhaltensweisen darstellen, deren Gleichgewichtsstabilität sich eben in ihrer „Unstörbarkeit" durch neue Informationen ausdrückt, betrachtet Piaget die Ausbildung von Operationen-Gesamtstrukturen als eine – und sogar die entscheidende – Form des „Endgleichgewichts" der denkstrukturellen Entwicklung (vgl. 1947a, 199–207 und 1950b, 168/169).

Das Verhalten kann in dem Maße intelligenter und anpassungsflexibler werden, wie es auf allen Ebenen von derartigen Operationen strukturiert, „orientiert" oder gesteuert wird. So wird z.B. eine Wahrnehmungsillusion über die Vergrößerung einer anschaulich veränderten Menge durch das operatorisch-begriffliche Wissen von der Mengeninvarianz bei bloßen Formveränderungen einer Gegenstandsgesamtheit aufgehoben oder korrigiert.

Normen logischen Denkens müssen, obwohl sie auch sozial kontrolliert werden, vor allem strukturimmanent (durch die Bedingungen eines vollständigen, rationalen Gleichgewichts zwischen Denk- und Realitätsstrukturen, also durch Notwendigkeitsbeziehungen) begründbar sein, um gleichzeitig autonom zugänglich und universal geltend sein zu können.

Für sie sind daher sozialstrukturell im Prinzip ausschließlich Sozialisationseinflüsse größter Allgemeinheit bzw. Universalität (allgemeine Handlungskoordinationen) und im Grenzfall Strukturen *sozialer Operationen* konstitutiv. Das sind „ko-operatorisch" koordinierte und durch (implikativ miteinander verbundene) rationale Gleichgewichtsnormen geregelte soziale Interaktionen, d.h. durch kooperative Rationalität erzielte, „vernünftige" Übereinkünfte. Das Ausmaß des Vorhandenseins derartiger sozial- bzw. interaktionsstruktureller Einflüsse im kognitiven

Sozialisationsprozeß (deren Gleichgewicht durch die Bedingungen der Gleichheit bzw. Gleichberechtigung, der Reziprozität und der Autonomie der Interaktionspartner bestimmt wird) entscheidet darüber, bis zu welchem denkstrukturellen Niveau sich ein Individuum überhaupt entwickeln kann (vgl. WETZEL, IsE).

Abschließend könnten noch andere Gleichgewichtskriterien angeführt werden. Aber das würden im wesentlichen nur solche sein, die in den behandelten Zusammenhängen bereits enthalten (weil sie z. B. für die operatorischen Strukturen konstitutiv) sind. Dies gilt etwa für einen gewissen Mindest-Abstraktionsgrad der Strukturen, d. h. ihre relative Autonomie gegenüber Wahrnehmungen, Anschauungen und bildhaften Vorstellungen, denen die meisten Fluktuationen des Kognitionsfeldes (und damit Gleichgewichtsstörungen) zuzuschreiben sind. Die Reichweite dauerhafter kognitiver Gleichgewichtszustände im alltäglichen Denken ist gerade aufgrund der Häufigkeit solcher Fluktuationen und des relativen kognitiven „Gewichtes" der niederen Ebenen des Verhaltens auch verhältnismäßig begrenzt. Nichtsdestoweniger hat sich PIAGET auf der Suche nach den allgemeinsten Denkstrukturen, Begriffen und Erkenntnissen auf die Erforschung der Entstehungsbedingungen solcher stabilen Gleichgewichtszustände konzentriert und dabei die vielfältigen Abstufungen möglicher Gleichgewichtszustände sowie die inhaltliche Variabilität des Denkens stark vernachlässigt: es ist daher kein Zufall, daß das dabei entstandene Bild vom menschlichen Denken rationalistischer ausgefallen ist, als es der Wirklichkeit entsprechen dürfte. Wenn die Konturen dieses wissenschaftlich konstruierten „Bildes" den realen Tiefenstrukturen des alltäglichen Denkens aber doch grob oder partiell entsprechen mögen, so fehlen dem Gesamtbild allerdings gleichsam die „Farbe" der vielfältigen konkreten Inhalte unseres Denkens und die „Tiefe" der spezifisch sozialen Bedeutungen und Gewichtungen. Es liegt in der Konsequenz des PIAGETschen Strukturalismus, das Gleichgewicht einer kognitiven Struktur für desto größer halten zu müssen, je inhaltsleerer ihre Elemente (die logischen Operationen) sind. Denn je allgemeiner und formaler eine Denkstruktur, ein Begriff oder eine Erkenntnis ist, desto geringer ist die „Gefahr", daß sie durch irgendwelche neuen Inhalte in ihrer Geltung tangiert wird. Dies verweist erneut auf die bereits mehrmals hervorgehobene Begrenzung der PIAGETschen Theorie zurück: sie reicht in der Tat über den von ihrem Autor seit den 50er Jahren allerdings selbst immer wieder hervorgehobenen Anspruch, eine allgemeine („genetische") Erkenntnistheorie zu sein, nicht weit hinaus und stellt in diesem Rahmen im wesentlichen auch nur (wie er ebenfalls gelegentlich selbst einräumt) eine Entwicklungstheorie der logischen Operationen dar.

Daß der reale Einfluß dieser Theorie nichtsdestoweniger erheblich weiter gereicht hat und daß die meisten Forscher sich bislang primär nur am ersten Teil des PIAGETschen Lebenswerkes – nämlich an seinen Schriften der 20er bis 40er Jahre – orientiert haben, in denen seine wissenschaftlichen Ziele noch nicht mit der Klarheit, der Präzision und der Konzentration des Spätwerkes artikuliert waren, ist Ursache für eine Fülle von mehr oder weniger oberflächlichen und bedeutungslosen, zu weitreichenden und überflüssigen, ungerechtfertigten und voreiligen Kritiken, die sich aus der Sicht dieses Spätwerkes und der Kenntnis des Gesamtwerkes erübrigen: es konnte in der vorliegenden Arbeit auch nicht das Bestreben des Verfassers sein, auf alle derartigen Äußerungen einzugehen, zumal sich diese meist auch nur auf recht „unrepräsentative Stichproben" aus dem umfangreichen Werk PIAGETS gestützt haben.

Wenn PIAGET die Entstehung von Operationen, Erkenntnissen oder kognitiven Gleichgewichtszuständen aus einem Austauschprozeß zwischen dem Subjekt und seiner Umwelt betont hat, so implizierte das immer – obschon nicht jedesmal ausgesprochen und hinreichend berücksichtigt – zugleich auch *soziale Interaktionen* als bedeutsame Komponenten dieses Prozesses und soziale Regulationen als wichtigste Mechanismen der Stabilisierung und Bewahrung kognitiver Gleichgewichtszustände. Denn diese sind nicht unabhängig vom Gleichgewicht der im Sozialisationsprozeß wirksamen sozialen Interaktions-, Kommunikations-, Begriffs- und Normen-Strukturen. Logische Operationen werden nicht nur ausschließlich in sozialen Kontexten gebildet und erworben (– dem sozial isolierten, individuellen Denken würde es gerade an der für sie konstitutiven Reversibilität, Systematik und Regelhaftigkeit fehlen –); sondern sie werden auch erst aufgrund von sozialen Kontrollen bewahrt, stabilisiert, im strukturellen wie im energetisch-motivationalen Sinne mobilisiert und bekräftigt sowie vor allem in sozialen Interaktionen sinnvoll und erfolgreich angewandt, mit den Interaktionspartnern ausgetauscht, koordiniert und „gruppiert".

Durch diese soziale Austauschbarkeit, Koordination und Substitution werden die logischen Operationen überhaupt erst für das Individuum verständlich und beweglich einsetzbar, zumal die für sie entscheidende Reversibilität (vor allem als „Reziprozität") auch eine Grunderfahrung und -bedingung sozialer Interaktion und Verständigung schlechthin darstellt (vgl. 1947a, 195–198; 1950b, 267–272 und 1956b, 148).

In Zusammenfassung der allgemeinen – primär psychologischen – Gleichgewichtstheorie PIAGETS läßt sich abschließend sagen: das *beste Gleichgewicht* kognitiver Verhaltensstrukturen ist dasjenige, *das für das ausgedehnteste Objektfeld – und mit der größten, dem Subjekt möglichen Beweglichkeit – zum Maximum an Permanenz und Stabilität gelangt,* d.h. zu den mit geringstem Aufwand am einfachsten und besten kompensierten Feldveränderungen respektive *zu einem Minimum an Transformationen bei einem Maximum an Informationsgewinn* (= kognitiv hergestellten Verbindungen zwischen den Elementen eines Objektfeldes) (vgl. 1957c, 42/43).

Die inneren und äußeren Aspekte dieses kognitiven Gleichgewichts sind dabei als interdependent zu verstehen. Das potentielle (adaptive) Gleichgewicht zwischen den kognitiven Strukturen des Subjekts und den Strukturen seiner Umwelt ist stets ebenso eine Funktion des inneren (organisatorischen) Gleichgewichts jener Strukturen (entsprechend den behandelten Gleichgewichtskriterien) wie umgekehrt dieses strukturimmanente organisatorische Gleichgewicht (zwischen den Elementen der Strukturen, zwischen den verschiedenen Strukturen der Verhaltensgesamtheit untereinander sowie funktional zwischen den für ihre Bildung konstitutiven assimilativen und akkomodativen Verhaltenskomponenten) eine Funktion ihrer Anpassungsbeweglichkeit (Akkomodationsfähigkeit), Anwendungsreichweite (Assimilationskraft) und Bewährung (Geltung, Orientierungskraft, Verläßlichkeit, Übereinstimmung mit den Umweltstrukturen) im Austauschprozeß mit der Umwelt ist. Anders gesagt: je vollkommener eine kognitive Verhaltensstruktur organisiert (also je größer ihr inneres Gleichgewicht) ist, desto größer ist ihre adaptive Beweglichkeit und damit ihr Gleichgewicht gegenüber beliebigen potentiellen Umweltstrukturen. Umgekehrt besitzt eine gegenüber beliebigen Objekten im Gleichgewicht befindliche (auf sie anwendbare, unbegrenzt angepaßte, maximal inhaltsleere) Struktur – wie eine logische – zugleich auch ein maximales inneres Gleichgewicht. Es ist ein Charakteristikum rationaler Erkenntnisstrukturen, daß ihre innere Kohärenz mit ihrer maximalen Beweglichkeit, Reichweite und Geltung nach außen einhergeht.

I.4.h Struktur und „Gestalt"

Was den ganzheitlich strukturierten (durch Totalitäts- und Organisationsgesetze bestimmten) Charakter des kognitiven Verhaltens und was seine Tendenz zu optimalen Gleichgewichtszuständen betrifft, so bestehen zwischen PIAGETS strukturalistischer und der gestaltpsychologischen Kognitionstheorie grundlegende Übereinstimmungen – zumindest in bezug auf die Gültigkeit der Gestaltprinzipien im Bereich der einfachen Wahrnehmungen.

Insofern die Gestaltpsychologen jedoch mit ihrer Theorie von den psychophysikalisch aufgefaßten „Feldwirkungen", deren „Prägnanzen" (Gleichgewichtsgesetze der guten Form, der Einfachheit, der Symmetrie usw.), die sich dem Individuum durch unmittelbare „Einsicht" „offenbaren" sollen, implizit oder explizit in der Art eines physikalistischen Determinismus eine Konzeption „reiner Strukturen" ohne Entwicklung sowie ohne psychisch fundierte funktionale und strukturelle Beziehung zum Verhaltenssystem des Subjekts angestrebt haben, muß durch die vorangegangenen Ausführungen klargeworden sein, daß sich PIAGETS psychogenetischer, funktionalistischer, interaktionistischer und konstruktivistisch-operativistischer Strukturalismus von der Gestalttheorie erheblich unterscheidet. Sein Verfasser macht dem gestalttheoretischen Strukturalismus selbst vor allem drei Vorwürfe:

1. er *übertrage* Modelle von *Wahrnehmungsstrukturen* auf die qualitativ unvergleichbaren Denkstrukturen, nivelliere also den Unterschied zwischen Wahrnehmung und Intelligenz bzw. niederen und höheren kognitiven Strukturen;
2. er *vernachlässige* den *aktiven* und konstruktiven Charakter der kognitiven Verhaltensweisen auf allen Ebenen (und sogar schon auf derjenigen der Wahrnehmung) und leugne die hochgradige Beweglichkeit der Gleichgewichtszustände rationaler Denkstrukturen (die, wie gezeigt, gerade eine Funktion ihrer maximalen Feldunabhängigkeit ist);
3. er *übergehe* die Rolle früherer Erfahrungen und vor allem die Tatsache, daß alle kognitiven Strukturen (darunter auch schon diejenigen der Wahrnehmung) Endprodukte eines *Entwicklungs*prozesses und keineswegs nur Ad-hoc-Strukturierungen darstellen. (Vgl. 1936, 328–345; 1947a, 65–104; 1954c, passim; 1967c, 283–290 und 1968, 46–51ff.).

1. Während es für die Gestaltpsychologie ein implizites Ideal ist, die Intelligenz durch die Wahrnehmung zu erklären, will PIAGET umgekehrt die Wahrnehmung und die anderen kognitiven Verhaltensweisen durch die Intelligenz – d.h. durch die allgemeinsten Strukturen konkreter und abstrakter Handlungskoordinationen – erklären (vgl. 1936, 341). Er versucht, in den Verhaltensweisen jeweils die intelligenten operativen Strukturierungen aufzuzeigen, die ihren respektiven Erkenntnis- oder Anpassungswert bestimmen. Er betont die Existenz von Strukturen unterschiedlichen Niveaus sowie die Notwendigkeit, daß sich die Strukturen

höherer Organisation (der rational-operatorischen Intelligenz) die elementareren, unvollständiger organisierten Strukturen (wie diejenigen der Sensomotorik, der Wahrnehmung oder der bildlichen Vorstellung) unterordnen. Wie gezeigt wurde, implizieren gerade die rationalen Strukturen eine Lösung von den perzeptiven und damit eine größere Feldunabhängigkeit als diese. Mit steigendem Strukturniveau lassen die Feldwirkungen – was bereits für die Wahrnehmung selbst gilt – zugunsten autonomer bzw. zentral gesteuerter kognitiver Aktivitäten nach. Die Hauptunterschiede zwischen den rationalen Strukturen und den perzeptiven „Gestalten" sieht PIAGET vor allem darin, daß erstere additiv-summativ sowie deterministisch zusammengesetzt, reversibel, beweglich, feldunabhängig und im übrigen den Gruppierungsgesetzen (Komposition, Inversions- und Reziprozitäts-Reversibilitält, Identität, Assoziativität und Tautologie, vgl. Kap. II.3.) unterworfen sind, während Gestalten dagegen nicht-summativ, statistisch, irreversibel, relativ starr, feldabhängig und keiner der Gruppierungsregeln unterworfen sind. Daher könne die Intelligenz nicht durch die Umstrukturierungen sowie partiellen Dezentrierungen und Regulationen nach Gestalt- oder Wahrnehmungsgesetzen, sondern nur durch die Strukturbildungen und vollständig dezentrierenden, reversiblen Regulationen gemäß den operatorischen Transformationsregeln (= den Gruppierungsgesetzen) erklärt werden.

Berücksichtigt man allerdings, daß PIAGET seinen Struktur- und Intelligenzbegriff vor allem auf Systeme beweglicher Denkoperationen eingrenzt, braucht sich dies jedoch mit einem ergänzend auf die restlichen, nicht-operatorischen kognitiven Strukturen beschränkten Gestaltbegriff nicht zu widersprechen, wie MEILI richtig betont hat (M. 1966, 206).

Aus demselben Grund sieht dieser Autor für die Gestaltpsychologie die Chance, die anderen Dimensionen der kognitiven Gesamtorganisation umfassender in ihrem Einfluß auf das aktuelle kognitive Verhalten zu berücksichtigen (a. a. O., 211/212). Ob dies allerdings ohne eine explizite und differenzierte Entwicklungstheorie möglich sein kann, darf hier wohl mit Recht bezweifelt werden.

2. Da die operativen und operatorischen Strukturen der rationalen Intelligenz Produkte einer aktiven und konstruktiven Auseinandersetzung und Interaktion des Subjekts mit seinem Milieu sind, werden sie weniger von den wahrgenommenen Objekten als von den eigenen kognitiven Handlungen abstrahiert. Die Überbetonung des physikalischen Feldes und der angeborenen Nervenstrukturen durch die Gestalttheorie impliziert die Unterschätzung des autonomen Aktivitätsmoments in der Gestalten- resp. Strukturenbildung. Bereits in der Wahrnehmung sind dezentrierende, vergleichende, korrigierende, antizipierende u. a. kognitive Aktivitäten wirksam, die jeweils der Assimilation von Umweltstrukturen an bestehende Strukturen des Subjekts dienen. Das heißt: kognitive Gleichgewichtszustände können schon auf dieser niedrigen Strukturebene nicht einfach primär aufgrund der zwingenden Wirkungen des physikalischen Feldes entstehen, sondern vielmehr dadurch, daß das Subjekt mit seinen strukturierenden (sensomotorischen und operatorischen) Aktivitäten diese Feldwirkungen überschreitet, auf Störungen durch kompensatorische Regulationen antwortet und zunehmend feldunabhängigere Strukturen bildet. Diese Aktivitäten und Operationen bilden dynamische Transformations- und Selbstregulationssysteme, die im Idealfall beliebige Objektsituationen und Feldveränderungen kognitiv verarbeiten können.

Als schlagendsten Beweis für die These von der Unterordnung der Wahrnehmung unter die Handlungsschemata der Intelligenz sieht PIAGET das Experiment mit den Umkehrbrillen an, bei dem sich gezeigt hatte, daß die mit deren Hilfe umgekehrten Wahrnehmungsstrukturen nach einigen Tagen des Tragens von selbst zur Seitenrichtigkeit zurückpendeln: mithilfe seiner operativistischen Kognitionstheorie läßt sich dies durch die von den gewohnten sensomotorischen Handlungsschemata befehligten Reafferenzen leicht erklären (vgl. 1967c, 289 und H. ROHRACHER 1963, 124ff.)

In der Gestaltpsychologie wird jedoch kaum noch eine derartige Passivität automatisch wirkender Mechanismen angenommen, wie PIAGET es ihr einst unterstellt hat: das betrifft insbesondere die im Gestaltbegriff durchaus implizierten Wahrnehmungsaktivitäten und den Begriff der Feldwirkung als eines „sehr mobilen, dynamischen Geschehens" (MEILI 1966, 199/200). PIAGETS Vorwurf dagegen, daß sich der gestalttheoretische Feld- und Gleichgewichtsbegriff zu sehr an demjenigen des physikalischen Systems und Gleichgewichts orientiert, dürfte allerdings noch berechtigt sein (vgl. daselbst, 203, 205). Während das gestalthafte Gleichgewicht einer physikalischen Balance der Kräfte ähnelt und im Fluß der Ereignisse und Situationen bei Wahrnehmungsfeldveränderungen leicht gestört werden kann, enthält PIAGETS Gleichgewichtsbegriff gerade die Momente der jegliche Störungen kompensierenden, retroaktiv und antizipatorisch wirkenden Aktivität, der größeren Feldunabhängigkeit sowie Reichweite und der Beweglichkeit, so daß er – wie es MEILI als Gestaltpsychologe übrigens selbst eingesteht – den „höheren psychischen Prozessen" besser gerecht werden kann als die Gestaltpsychologie mit ihrem Erklärungsinstrumentarium. Wie PIAGET gezeigt hat, können die für unsere rationale Weltsicht konstitutiven Invarianzbegriffe gerade erst aufgrund derartiger beweglicher und das aktuelle Wahrnehmungsfeld weit überschreitender kognitiver Aktivitäten gebildet werden, um dann in ihrer Struktur auch ein wesentlich stabileres Gleichgewicht als die „Gestalten" darzustellen bzw. zu erlangen. Diese letzteren müssen eher als Gleichgewichtsformen mit sehr beschränktem Feld (gleichzeitig wahrgenommener Elemente) und mit schwacher Beweglichkeit angesehen werden, da sie bei jeder Feldveränderung (d.h. infolge nichtkompensierter Transformationen) gestört bzw. verändert und verlagert werden (vgl. 1957c, 45).

3. Daß schließlich eine *Entwicklung* der Gestalten von den Gestaltpsychologen so gut wie gar nicht in Betracht gezogen wurde, wird von diesen selbst eingestanden (vgl. wiederum MEILI 1966, 208f.). PIAGETS Vorwurf, daß damit auch frühere Erfahrungen ignoriert und Gestalten derart präformistisch aufgefaßt würden, als ob es eine biologisch determinierte Isomorphie zwischen äußerer Realität, neuraler Struktur und perzeptiver Reaktion gäbe, die in einem ungenetischen Vorgang ad hoc aktualisiert werden könnte, ist allerdings sicher etwas überspitzt (s.a.a.O., 209–211). Man nimmt unter Gestalttheoretikern zwar an, daß die Gestaltprinzipien auf allen Entwicklungsstufen mehr oder weniger unverändert wirken und gelten. Aber man leugnet nicht die Wirksamkeit früherer Erfahrungen und der aus Entwicklungsprozessen entstandenen kognitiven Organisation gegenüber dem aktuellen Prozeß. Es ist wiederum MEILI, der die gestalttheoretische Konzeption vom Erkennen mit den entwicklungstheoretischen Annahmen PIAGETS für durchaus vereinbar hält, sofern man die Annahme einer „Veränderung der Gestalttendenzen durch den fortschreitenden Aufbau psychischer Strukturen" (a.a.O., 202) in

die Theorie hineinnehmen würde. Denn auch für die Gestaltpsychologie werde die Entwicklung ähnlich wie bei PIAGET „durch eine allgemeine in allen Prozessen wirksame Tendenz zu ausgezeichneten Zuständen" a.a.O., 209), d.h. durch Prozesse der Koordination, der Integration, des Kohärenz- und Organisationsstrebens sowie der Selbstregulation, bestimmt.

I.4.i Struktur, Form und Inhalt

Der progressiven Entwicklung kognitiver Strukturen in Richtung auf zunehmende Rationalität und Reichweite entspricht eine fortschreitende Befreiung, Lösung und *Abstraktion allgemeiner Formen* des Erkennens von seinen besonderen Inhalten, die reflektierend-abstrahierende Konstruktion jeweils allgemeinerer neuerer Formen in Weiterentwicklung der begrenzteren und inhaltsgebundeneren alten (vgl. 1970c, 78/79). Dies geschieht allerdings nicht so, daß etwa vorgängig und rein gegebenen Wahrnehmungsinhalten oder Sinneseindrücken nachträglich Erkenntnisformen auferlegt würden. Vielmehr gibt es auf allen Ebenen der Kognition immer nur *Form-Inhalts-Verflechtungen* – wie es schon von KANT (in allerdings undynamisch aufgefaßter Weise) für das analoge Verhältnis zwischen „apriorischen" und „aposteriorischen" Komponenten jedes Erkennens betont wurde –, die bei PIAGET durch unterschiedliche Grade der „Formautonomie" gegenüber den Inhalten gekennzeichnet sind. Auch die elementarsten Inhalte des Erkennens sind bereits in operative Formen eingebettet. Keine Wahrnehmung z.B. basiert etwa auf bloßen Sinnesgegebenheiten, sondern enthält immer schon mehr oder weniger intelligente „Schematisierungen" bzw. Strukturierungen durch kognitive Aktivitäten. Selbst die allgemeinsten Erkenntnisformen sind nie völlig frei von Inhalten, d.h. figurativen oder symbolischen Vorstellungsaspekten. Dies schließt eine schroffe Gegenüberstellung logischer Formen und empirischer Inhalte aus. Es gibt *weder reine Inhalte noch reine Formen,* aber (in den Strukturen der Mathematik) Annäherungen an letztere eher als komplementär dazu ähnlich weitgehende Annäherungen an die ersteren (also fast-reine Inhalte). Was dabei im einzelnen Formen und Inhalte sind, ist allerdings je nach dem Entwicklungs- und Strukturniveau des kognitiven Verhaltens relativ.

Nach PIAGETS operativistisch-genetischer Erkenntnistheorie sind Formen und Inhalte des Erkennens Produkte einer zunehmenden *Differenzierung zwischen Handlungskoordinationen und Handlungsergebnissen.* Sie sind relative Elemente eines Verhaltenskontinuums, die beide (von der Wahrnehmung bis zur Sprache, von den nie rein möglichen „Konstatierungen" bis zu den logischen Schlußfolgerungen oder von „synthetischen" zu „analytischen" Urteilen) immer schon unterschiedliche Grade operativer Koordinationen resp. intelligenter Strukturierung enthalten. Ihr Gegensatz wird – und dies ist das entscheidende Moment bei PIAGET – daher operativistisch-handlungstheoretisch aufgelöst und kann sich folglich auch nicht mit den in Klammern erwähnten, vom logischen Positivismus betonten, Gegensätzen decken. Diese können, so gesehen, gar nicht so groß sein wie dort angenommen. Denn jede Verhaltensstruktur kann selbst zugleich einen Inhalt gegenüber den ihr übergeordneten Strukturen und eine Form in bezug auf ihre Unterstrukturen darstellen (vgl. 1968, 32 und 1970c, 84). Die Hierarchie der kognitiven Strukturen, die als System ineinander verschachtelter Verhaltensschemata begriffen werden kann, ist schließlich für Erweiterungen nach unten ebenso offen wie für Erweiterungen nach oben, so daß ihrer Formalisierung immer Grenzen gesetzt sind.

Formärmste Inhalte sind die elementarsten Sinneswahrnehmungen. Inhalte stellen tendenziell auch die partikularen situationsspezifischen Manifestationen und figurativen oder äußeren Aspekte des Verhaltens dar, d.h. die spezifischen akkomodativen Reaktionen (Wahrnehmungen, Nachahmungen, Vorstellungsbilder) auf Umweltereignisse, die dem Erkennen gleichsam Beschreibungen der statischen Gestalten der Wirklichkeit liefern und durch die „Objekt-Abstraktion" oder „physische Erfahrung" vermittelt werden.

Inhaltsärmste Formen – und um diese geht es in PIAGETS Erkenntnistheorie fast ausschließlich – sind dagegen die logischen und mathematischen (Denk-)Strukturen. Sie stellen psychologisch die generalisierbaren, operativen, dynamisch-prozeßhaften, inneren Aspekte, die Verhaltenskoordinationen oder Strukturen des Verhaltens dar, die aus den verschiedensten assimilativen Aktivitäten (Handlungen und Operationen wie Zusammenfügen, Integrieren, Unterordnen, Transformieren usw.) bestehen. Es sei daran erinnert, daß Strukturen im Sinne PIAGETS dynamische Formen sind, die kohärente Gesamtheiten aktueller und virtueller Aktivitäten oder Operationen bilden und in eben dem Maße zu allgemeinen Erkenntnissen führen, wie sie sich von besonderen Inhalten lösen können.

Den Prozeß, in dem die logischen Operationen als allgemeine Formen der Handlungskoordination (wie Komposition, Klassifikation, Addition usw.) von den partikularen Inhalten und speziell den konkreten, situationsspezifischen Handlungen abstrahiert werden, hat PIAGET *„Interiorisierung"*, „Handlungs-Abstraktion" und „logisch-mathematische Erfahrung" genannt. Dieser Abstraktionsprozeß ist von dem in der Sozialpsychoanalyse gebräuchlichen Begriff der „Internalisierung" zu unterscheiden, der sich auf die „Verinnerlichung" besonderer Inhalte oder akkomodativer Aktivitäten im Sinne der vorstellungsmäßigen Repräsentierung oder der Symbolisierung bezieht (vgl. FURTH 1969, 68, 73, 209 u. 262) und der in der PIAGETschen Theorie im Gegensatz zu demjenigen der Formenabstraktion keine nennenswerte Rolle spielt. Denn nach ihr ist der entscheidende Vorgang für die Denkentwicklung und jeden Erkenntnisgewinn gerade die operative Konstruktion abstrahierter und generalisierbarer Formen und nicht etwa die bloße „Internalisierung" sozial vorgegebener, fertiger Kognitionsinhalte. „Interiorisierung" ist demgemäß mit dem Prozeß der *Begriffsbildung* („conceptualisation") identisch und bedeutet, daß Handlungsschemata auf eine jeweils höhere Ebene transportiert, dort rekonstruiert und so in eigentliche (verbalisierbare) Begriffe transformiert werden. Sie stellt also ebenso einen Prozeß der „Formalisierung" wie der „Konzeptualisierung" dar (vgl. 1970c, 21). Dieser Prozeß der *Formalisierung* beginnt, wie PIAGET aufgezeigt hat, schon spontan beim Kind der sensomotorischen Periode mit den elementaren Generalisierungen, Koordinationen, Beziehungsbildungen usw. und erfährt mit der Bildung der Vorstellungsfunktion (vor allem der Sprache) sowie mit der Begriffsbildung i. e. S. eine besondere Beschleunigung. Denn erst auf dieser Ebene lösen sich Klassen und Relationen von den wahrgenommenen Objekten, um in deren Abwesenheit schließlich für sich selbst konstruiert und evoziert werden zu können (vgl. 1951d, 142).

So lassen sich die von den BOURBAKI-Mathematikern entdeckten drei „Mutterstrukturen" – die algebraischen, die ordinativen und die topologischen (Klassen und Zahlen, Relationen,

Nachbarschaften, Grenzen usw.) – trotz ihres relativ hohen Abstraktionsgrades z. T. schon als spontane bei 6- bis 7jährigen Kindern nachweisen (vgl. 1970d, 23–33), z.B. in einfachen Klassifikationen vor dem Verstehen der Klasseninklusionsbeziehung, in Reihenbildungen oder in topologischen Anordnungen (Geschlossenheit – Offenheit – Gliederung usw.) bei elementaren räumlichen Anschauungen (vgl. auch 1957b, 43–47). Am Beispiel der verschiedenen Begriffsbildungen mit Beginn der operatorischen Denkperioden wird darauf näher zurückzukommen sein.

Die Formalisierung des Mathematikers ist aus dieser Sicht eine Fortsetzung der natürlich-spontanen Formalisierung des Kindes. Im Gegensatz zu dieser erreicht sie allerdings einen Freiheitsgrad und eine kombinatorische Fruchtbarkeit, die weit und in allen Dimensionen die Grenzen des alltäglichen Denkens überschreitet (vgl. 1970c, 79).

Die Unterscheidung zwischen Formen und Inhalten des Erkennens ist vor allem in bezug auf dessen Spezifitäts- oder Unmittelbarkeits- und Allgemeinheitsgrad von Bedeutung. Die Spezifität einer Erkenntnis ist desto größer, je stärker ihre Form an bestimmte Inhalte (z.B. besondere Sinneseindrücke oder motorische Aktivitäten) gebunden ist. Mit steigendem Strukturniveau des kognitiven Verhaltens nimmt auch dessen Allgemeinheit zu. Diese ist in den auf eine unendliche Situationsvielfalt, also beliebige Inhalte, anwendbaren logischen und mathematischen Strukturen, die die universalsten Formen darstellen, am größten. Die maximale Lösung ihrer Formen von besonderen Inhalten ist zugleich eine Eigenschaft, die diesen Strukturen größtmögliche Beweglichkeit und Gleichgewichtsstabilität sowie einen maximalen Geltungs- und Anwendungsbereich verleiht.

In der *Beschränkung auf die allgemeinsten Formen* des Erkennens, die einerseits eine Bedingung des allgemeinen Charakters der PIAGETschen Erkenntnistheorie sowie eine Voraussetzung für seine kritisch-emanzipatorische Sozialisationstheorie ist, liegt andererseits eine zentrale Schwäche dieser Theorie. Zwar läßt sich diese Begrenzung leicht rechtfertigen mit dem Anspruch größtmöglicher erkenntnistheoretischer Reichweite und mit der Suche nach den Bedingungen maximaler rationaler Emanzipation des erkennenden Subjekts von der Bindung an alles Konkrete, Sinnliche, Situative, an soziale Zwänge, Ideologien, Irrationalismen usw. Aber mit dem Grad ihrer formalen Abstraktion nimmt auch die Entfernung der Theorie von der konkreten (vor allem sozial und ökonomisch bestimmten) Wirklichkeit des alltäglichen Denkens und Handelns zu.

Von vielen Forschern ist PIAGET daher auch vorgeworfen worden, daß die Experimentalanordnungen und Problemstellungen, mit deren Hilfe er die von ihm gesuchten Strukturen erforscht hat, für die Alltagserfahrung des Kindes recht untypisch seien und daher auch häufig erst während des Experiments die entsprechenden Strukturbildungen provozieren (vgl. z.B. AEBLI 1963b und SMEDSLUND in Psy. Épist. Gén. 1966, 159–162ff.). Dies trifft – wie für die meisten sozialwissenschaftlichen Experimente – gewiß zu (– welches Kind begegnet im Alltagsleben schon zwei Radfahrern, die auf zwei konzentrisch ineinander verschachtelten Kreisbahnen nebeneinander herfahren!? –). Aber es ist für die Geltung der Theorie unerheblich, wo und durch welche Anstöße die Strukturbildungen provoziert werden, wenn das im Rahmen der stadienspezifischen Wahrscheinlichkeiten geschieht.

Aufgrund ihrer rationalistischen Akzentsetzungen liefert PIAGETS Theorie zwar unaufhörlich Belege für den KANTschen Satz, daß *Anschauungen ohne Begriffe* (bzw. Erkenntnisformen) *„blind“* sind, vernachlässigt aber dessen komplementäre

Aussage, daß Gedanken ohne Inhalt (und ohne eine Mindest-Verbildlichung) „leer" sind (vgl. KANT, KdrV 1787, B 75). Obwohl er in seiner Erkenntnistheorie selbst nachgewiesen hat, daß „reine Verstandesbegriffe oder Kategorien" im Sinne KANTS noch weniger möglich sind als „apriorische Formen der sinnlichen Anschauung", läßt sich doch nichtsdestoweniger der Satz des ihm gleichwohl geistig sehr verwandten KANT kritisch gegen ihn wenden, wonach es

„ebenso notwendig (ist), seine Begriffe sinnlich zu machen, (d.i. ihnen den Gegenstand in der Anschauung beizufügen,) als seine Anschauungen sich verständlich zu machen (d.i. sie unter Begriffe zu bringen)." (KANT, a.a.O.)

Da er sich fast ausschließlich mit der *Begriffsbildung* und der *Formenabstraktion* beschäftigt hat, stellt seine Theorie in dieser Hinsicht tendenziell ebensosehr eine formale und „reine" Erkenntnistheorie wie eine psychosoziologisch-empirische dar (wie er sie ebenfalls beabsichtigt), die mit den Theorien des klassischen Rationalismus und KANTS in der Tat auch charakteristische Übereinstimmungen aufweist (vgl. WETZEL 1978 und das Schlußkapitel der vorliegenden Arbeit). Es ist daher von zahlreichen Psychologen auch kritisiert worden, daß er neben dem operativen Aspekt des Erwerbs kognitiver Strukturen vor allem den figurativen (bildhaften) und sprachlichen Aspekt vernachlässigt hat (vgl. z.B. BRUNER u.a. 1966 oder STEINER 1974).

Die *Inhalte* und damit die Vielfalt möglicher Ziele des Erkennens, die ja dem Kind gerade zum großen und wahrscheinlich größten Teil *sozial* vorgegeben und verbal vorstrukturiert vermittelt werden und die schließlich erst in sozialen Zusammenhängen ihre eigentliche – verhaltensrelevante – Bedeutung erlangen, bleiben bei PIAGET völlig unterbestimmt. Es mag zwar richtig sein, daß Bedeutungen – psychologisch gesehen – vom Subjekt nur durch Assimilationsakte erworben, rekonstruiert und verstanden werden können. Aber die für den Menschen als soziales Handlungssubjekt *wichtigsten Bedeutungen* werden ihm nichtsdestoweniger im Rahmen des Sozialisationsprozesses unter mehr oder weniger starken normativen Zwängen *gesellschaftlich „aufgegeben"* und auferlegt. Dies macht zwar die von PIAGET völlig legitimerweise untersuchten psychologischen Konstruktionsprozesse zu deren Erwerb keineswegs überflüssig, aber darüber hinaus doch eine weitergehende Analyse derjenigen sozialen Begriffe, Bedeutungen, Inhalte, Werte und Normen notwendig, die in die Erkenntnisprozesse des Subjekts eingehen und von seinem spezifischen Sozialisationsmilieu her ihr besonderen Gewichtungen erhalten.

PIAGET hat zwar die Bedeutung sozialnormativer Einflüsse auf die Prozesse der Begriffsbildung (und für die Konsolidierung logischer Denkweisen) in seiner Sozialisationstheorie nicht übersehen. Aber dies konnte – seinen allgemeinen erkenntnistheoretischen Zielen gemäß – nur unter interaktionistisch-universalistischen Aspekten geschehen: er hat primär danach gefragt, unter welchen interindividuell und interkulturell generalisierbaren Bedingungen logische Begriffe sowie rationale Denkstrukturen und Erkenntnisse gebildet und wie dadurch geistige und soziale Emanzipationsprozesse realisiert werden können. Dazu dienten ihm auch in der soziologischen Analyse ideale Modelle (wie die „autonome Persönlichkeit" und die „rationale Kooperation"), mit deren Hilfe allerdings erst in einem sekundären Analyseschritt partikulare Sozialmilieus auf ihre pro- oder anti-rationalen und -emanzipatorischen Einflüsse hin kritisch untersucht werden könnten.

Dagegen hat er weder konkrete Gesellschaften noch die Frage studiert, welche partikularen sozialen Bedingungen, Bedeutungen, interessen- oder ideologien-bestimmten Begriffe, Erkenntnisse oder Wissensinhalte alltägliche Kognitionsprozesse bestimmen, fördern oder behindern. Demzufolge ist die äquilibrations-kybernetische Komponente seiner Erkenntnis- und Motivationstheorie, wonach generell immer nur das zu einem Inhalt des Erkennens werden kann, was einen bestehenden kognitiven Gleichgewichtszustand des (mehr oder weniger isoliert betrachteten) Subjekts „stört", unter historisch-gesellschaftstheoretischem Aspekt geradezu unkritisch (vgl. auch HARTEN 1977a u. b). Die vielfältigen möglichen *Inhalte des Erkennens* erscheinen darin kaum konkret noch überhaupt inhaltlich, sondern nur *strukturalistisch-formal* und dementsprechend ganz unspezifisch-global als „Störungen", „Widersprüche", „Inkohärenzen", „Erkenntnislücken" usw., die eine akkomodative Kognitionsaktivität geradezu gar automatisch auslösen.

Die realen psychischen und sozialen Bedingungen oder Auslösemechanismen dieses kognitiven Prozesses werden dabei zugunsten der bloßen (obschon durchaus „psycho"- und „sozio"-) logischen Konstruktionsschritte und Strukturbildungen vernachlässigt.

Der Vorwurf gegenüber dem PIAGET des Spätwerks, daß er eher ein kybernetisch denkender Logiker als ein empirisch forschender Sozialwissenschaftler sei, ist insofern nicht ganz unberechtigt (vgl. z.B. AEBLI 1963b und HARTEN 1977b).

Wollte man auch als gegeben annehmen, daß jedem Menschen tatsächlich ein lebenslanges Streben nach Kohärenz und Gleichgewicht eigen ist, das ihn bewegt, Gleichgewichtsstörungen stets durch bestimmte kompensatorische Aktivitäten zu überwinden, so wüßte man damit z.B. noch keineswegs, unter welchen Bedingungen ein Subjekt derartige Einflüsse effektiv als motivierende oder aktivierende „Störungen" oder „Widersprüche" empfindet (vgl. MONTADA 1968).

Diese berechtigten Kritiken dürfen jedoch nicht zu einer Abwertung der durchaus bedeutsamen Grundaussagen PIAGETS verleiten. Denn insofern intelligente Verhaltensweisen in der Tat vorrangig aus jenen operativen und formalen Aktivitäten (wie Klassifikationen, Relationen- und Begriffsbildungen, Vergleichen, Äquivalenzbildungen, Äquilibrationen, Handlungs-Abstraktionen usw.) bestehen, deren Untersuchung er sich hauptsächlich gewidmet hat, sind diese zweifellos auch unerläßlich, um beliebige (soziale oder sonstige) Objekte oder Inhalte überhaupt erkennen, einordnen, gewichten, auswählen oder generell adaptiv bewältigen zu können.

Sozialisationstheoretisch hat PIAGET demgemäß auch berücksichtigt, daß diese kognitiven Strukturen auch bestimmte soziale Interaktionsstrukturen als soziogenetische Voraussetzung haben müssen, und er hat diese vor allem in rationalen Kooperationsprozessen gesehen.

I.4.j Strukturen und Schemata

Für die einzelnen generalisierbaren Handlungskoordinationen und nicht selten auch für alle Arten von Strukturelementen bis hin zu den Operationssystemen benutzt PIAGET häufig auch den Begriff der „Schemata" (schèmes) – gleich ob es sich dabei um funktionelle Vorformen, um Äquivalente oder die operativen Strukturen der Begriffe selbst handelt. So spricht er in bezug auf die Verhaltenskoordination, die zur Bildung der Dingkonstanz führt, vom „Schema des permanenten Objekts" (d.i.

der funktionellen, sensomotorischen Vorform des Begriffs davon), weil diese Koordination auf analoge Situationen übertragbar, also generalisierbar ist. Eine Instinkthandlung, die für die Unterscheidung eines Schlüsselreizes von anderen Reizen sorgt, ist ebenso bereits ein Schema (der Klassifizierung) wie ein beliebiger Invarianzbegriff (vgl. 1936; 1945b oder 1958b). Da logische Operationen auch noch Verhaltenskoordinationen darstellen, können sie unter diesem Gesichtspunkt ebenfalls als Schemata – nur eben höheren Abstraktions-, Allgemeinheits- und Beweglichkeitsgrades – bezeichnet werden.

„Das Schema (schème) einer Handlung ist par définition die strukturierte Gesamtheit der generalisierbaren Eigenschaften dieser Handlung, d.h. jener, die es erlauben, dieselbe Handlung zu wiederholen und auf neue Inhalte anzuwenden." (1961b, 251)

Schemata sind die strukturellen Ergebnisse und zugleich Quellen der assimilativen Aktivität. Denn jedes angepaßte Verhalten stellt bereits eine Koordination mehrerer Handlungen und Wahrnehmungen dar. In diesem Sinne sind Schemata zu unterscheiden von den figurativen Ergebnissen (Symbolen, Vorstellungsbildern) der akkomodativen Aktivität, die bei PIAGET allerdings – wie im vorigen Kapitel kritisiert – selten thematisch werden und die er „schémas" nennt. Man könnte daher mit FURTH das „schème" als operatives Schema und das „schéma" als figuratives Schema übersetzen (vgl. FURTH 1969, 157).

Jedes dieser operativen Schemata stellt ein System von Beziehungsbildungen und Klassifikationen dar (vgl. 1958b, 99), enthält also damit immer irgendwelche Verallgemeinerungen oder Schlußfolgerungen, die über Einzelerfahrungen und Inhalte bereits formenbildend hinausgehen. Schon der Säugling muß für das Schema des Greifens sensomotorische Koordinationen vollziehen, es dem allgemeineren Schema des Sehens unterordnen, mit demjenigen des Krabbelns koordinieren u. dgl. m. Systeme von Schemata enthalten somit stets eine logische oder prälogische Struktur.

Je primitiver ein Schema ist, desto enger ist es in seiner Anwendung auf bestimmte Inhalte begrenzt.

Wenn PIAGET z.B. von „affektiven Schemata" spricht, so meint er damit keine Alternativen zu den „kognitiven Schemata", sondern jeweilige Gesamtheiten primär affektiv bestimmter Reaktions- und Gefühlsweisen gegenüber bestimmten Menschen, die im Verlaufe der psychodynamischen Entwicklung und Sozialisation auf subjektiv analoge Situationen oder ähnliche Menschen übertragen werden können (vgl. 1945b, 200), die aber aufgrund ihrer Situations-, Gefühls- und Personen-Gebundenheit (bzw. -Zentrierung) nie den Allgemeinheitsgrad der operatorischen Schemata erreichen können. Im Prinzip haben Schemata in seinem Sinne – ebenso wie die kognitiven Strukturen generell – stets sowohl einen affektiven als auch einen kognitiven Aspekt.

Praktisch tendiert PIAGET dahin, den Begriff der Schemata für einfachere Strukturen zu reservieren, d.h. für solche, die den umfassenderen rationalen Strukturen jeweils untergeordnet sind:

„Dieses System der Assimilationsschemata umfaßt bestimmte allgemeine Formen der Koordination (die Reihenfolge von Bewegungen, das Einbauen eines Unterschemas in ein Gesamtschema, das Herstellen von Beziehungen, Überschneidungen), und wir müssen bis zu diesen Formen zurückkehren, um die Wurzeln der späteren logisch-mathematischen Strukturen zu finden." (1970a, 136; vgl. auch 1970d, 42)

Letzten Endes ist allerdings nicht ganz ersichtlich, warum PIAGET hier nicht gleich generell von Strukturen im weiten Sinn spricht, zumal er auch die Koordinationen mehrerer Schemata zu allgemeineren Oberschemata ebenfalls Strukturen nennt und davon spricht, daß sich Schemata nach dem Grad ihrer Allgemeinheit und Komplexität hierarchisch gliedern, nie isoliert sind, sondern ganze Netzwerke bilden, daß Erkennen in der Assimilation neuer Phänomene an bestehende Schemata bzw. in deren Reproduktion und Verallgemeinerung bestehe, daß sich Schemata durch Differenzierung und wechselseitige Assimilation oder Koordination vermehren und dadurch ihr Anwendungsfeld erweitern sowie ihr Gleichgewicht erhöhen usw.

Das Verhältnis einer assimilativen Aktivität zu einem Schema ist funktionell – wie im Kapitel I.3 schon erwähnt – demjenigen zwischen Urteil und Begriff vergleichbar: wie Urteile Begriffe miteinander kombinieren und sie auf Objekte anwenden, vereinigen Assimilationen Schemata oder wenden sie auf Objekte an (vgl. 1958b, 57 und 1959b, 55/56). Wie ein Begriff sich außerdem aus Urteilen ergibt und zu Urteilen führt, so ergibt sich ein Schema aus Assimilationen und führt seinerseits zu neuen Assimilationen. Das bedeutet nach PIAGETS Überzeugung zugleich, daß die Existenz eines Schemas funktional dem vitalen Drang zu seiner Anwendung und Expansion beinhaltet, und zwar am stärksten offenbar in der von „Funktionslust" bestimmten Zeit nach seinem Neuerwerb.

Während mit diesem Thema die systematische Behandlung der strukturalistischen Aspekte in PIAGETS Theorie zunächst abgeschlossen wird, muß jedoch darauf hingewiesen werden, daß damit nicht etwa ihr Strukturalismus erschöpfend erfaßt wäre. Vielmehr wurde in diesem Kapitelabschnitt (I.4.) erst der Versuch gemacht, das zentrale Kategoriensystem aus dieser strukturalistischen Theorie so weit zu abstrahieren, wie es nötig ist, um zum Kern ihrer nomothetisch-allgemeinen Erklärungsweisen zu gelangen. Daß dieser Strukturalismus indessen nicht so inhaltsleer-abstrakt ist, wie er wegen dieser Zielsetzung hier teilweise dargestellt werden mußte, wird sich im Teil II. zeigen, wenn es um seine konkrete Bewährung für die kognitive Entwicklungstheorie PIAGETS geht. Was nichtsdestoweniger schon bis hierher klar werden konnte, ist, daß PIAGETS erkenntnistheoretisch-biologisch fundierter Strukturalismus keine formalistische oder spekulative Geisteswissenschaft, sondern durchgängig eine allgemeine Handlungstheorie und somit primär eine verhaltenstheoretische Sozialwissenschaft darstellt. Insofern die Elemente aller von ihm analysierten Strukturen stets Handlungen sind – ob als Handlungs- oder Assimilationsschemata und -koordinationen oder als reversible Operationen und Operationenkombinationen –, bleibt hier die menschliche Aktivität, das Verhalten, stets im Zentrum des analytischen Interesses – auch und gerade für die Erklärung der kognitiven Strukturen und ihrer Entwicklung. Bevor dies im einzelnen konkretisiert werden kann, müssen jedoch – nach der Behandlung der operativistischen, funktionalistischen und strukturalistischen Aspekte der PIAGETschen Theorie – noch ihre allgemeinen entwicklungstheoretischen Annahmen behandelt werden.

I.5 Entwicklungstheorie rationaler Konstruktionsprozesse

PIAGETS allgemeine – stadienunabhängige – Entwicklungstheorie unterscheidet sich in charakteristischer Weise von anderen psychologischen Entwicklungstheorien in bezug auf die als entscheidend angesehenen Entwicklungsfaktoren, die Rolle des Subjekts im Entwicklungsprozeß und die Grundmechanismen der (denkstrukturellen) Entwicklung.

Mag zwar von zahlreichen Autoren (wie z.B. FLAVELL 1963; BALDWIN 1967 oder HUNT 1969) die unwiderlegbare Ansicht vertreten worden sein, daß diese Theorie auch für die gesamte psychische und psychosoziale Verhaltensentwicklung des Menschen von Bedeutung sei, so hält sich der Verfasser dieser Arbeit nichtsdestoweniger an den bescheideneren Anspruch PIAGETS selbst, in erster Linie eine Entwicklungstheorie der rationalen – speziell der „operatorischen" – Denkstrukturen (sowie i.w.S. der Intelligenz und der Kognition) des Menschen und damit eine allgemeine „genetische" Erkenntnistheorie liefern zu wollen. Es erübrigt sich daher an dieser Stelle eine Auseinandersetzung mit solchen Kritikern, die PIAGETS Entwicklungstheorie von einer umfassenden psychologischen Entwicklungstheorie her kritisieren wollten, die er weder intendiert hat noch mit seinen Kategorien leisten kann.

Dies gilt auch für seine Sozialisationstheorie, die diesen operativistisch-strukturalistischen und rationalistischen Rahmen nicht wesentlich überschreitet, obwohl sie vorrangig am analytischen Ziel einer sozialen durch geistige (sowie einer geistigen durch soziale Emanzipation orientiert bleibt und soziale Interaktionsstrukturen auch primär unter dem Aspekt ihrer Rationalität bzw. ihrer Strukturierbarkeit durch die rationale Intelligenz autonomer Sozialpersönlichkeiten betrachtet.

I.5.a Faktoren und Mechanismen denkstruktureller Entwicklung

Der Erklärungswert jeder Entwicklungstheorie bestimmt sich nach der Art und Weise, welche Entwicklungsfaktoren und -mechanismen sie berücksichtigt sowie welchen relativen Stellenwert sie diesen einräumt, auch wenn sie ihre Trennung nur analytisch, nicht aber empirisch zu vollziehen vermag. Bei PIAGET lassen sich drei Faktorengruppen – eine organische, eine soziale und drei primär psychische – unterscheiden: die organischen Anlagen und Reifungsprozesse, der soziale Einfluß und die soziale Erfahrung, die physische Erfahrung oder Objekt-Abstraktion, die logisch-mathematische Erfahrung oder Handlungs-Abstraktion und die „Äquilibration" durch Selbstregulation (wobei diese drei psychischen Mechanismen allerdings zugleich stets auch soziale Komponenten – sogar von entscheidendem Gewicht – mitbeinhalten). Diese Faktoren sind in der Realität sämtlich untrennbar miteinander verbunden (d.h. hier also nur analytisch getrennt) und beinhalten zudem den von PIAGET meist nicht gesondert aufgeführten Faktor der Übung.

I.5.a.a Anlagen, Instinkte und neurale Reifungsprozesse

Die biogenetischen Anlagen, das organische Wachstum und speziell die Reifung des Nervensystems, die selbst unabdingbare Voraussetzungen jeder psychosozialen Entwicklung darstellen, eröffnen einerseits eine Vielzahl von *Möglichkeiten* für diese Entwicklung, ziehen aber andererseits auch bestimmte Grenzen für sie. Diese Möglichkeiten sind allerdings primär nur *funktioneller* Art und bestehen vor allem aus einer wachsenden Fähigkeit zur Koordination und Selbstregulation zwischen den Verhaltensweisen, die schließlich die Entwicklung zu den logischen Strukturen – als den allgemeinsten Formen jeglicher Handlungskoordination im behandelten Sinne – eröffnet (vgl. 1967c, 32, 311). – Daß aber auch gewisse *strukturelle* Möglichkeiten organisch vorgegeben sind, kann seit der Entdeckung von McCulloch & Pitts (1947), daß eine Isomorphie zwischen den binär kodierten Nervenstrukturen und den algebraischen Strukturen (Operationen der zweiwertigen Aussagenlogik) besteht, als wahrscheinlich gelten. Es gilt nicht nur, daß die organischen Strukturen generell einen Überfluß an mathematisierbaren Formen, wenn auch keine präformierten logischen Denkstrukturen, enthalten (vgl. 1961b, 217). Man wird auch annehmen können, daß jene entdeckte *„Logik der Neuronen"* (in der bereits Negationen, Disjunktionen, Konjunktionen, Implikationen und Äquivalenzen enthalten sein sollen) die entscheidende organische Voraussetzung ist für die Art der dem Menschen möglichen denkstrukturellen Entwicklung (vgl. 1953a, 384/385; 1967c, 256–258, 421; 1970c, 74 und 1970f, 720).

Es ist möglich, daß beim Menschen außer den Instinkten auch einige spezielle kognitive Strukturen angeboren sind – wie etwa solche der Wahrnehmung (des Farben- oder Tiefensehens, vgl. 1929a, 158/159 und 1967c, 67, 307, 311/312) im Kant-Lorenzschen Sinne *„angeborener Formen möglicher Erfahrung"*. Aber selbst wenn dies der Fall wäre, besäßen diese apriorischen Strukturen noch *keine Universalität* oder logische Notwendigkeit, da sie sich phylogenetisch immer noch zufällig-willkürlich verändern und außerdem von einer Art zur anderen variieren können (vgl. 1967c, 120 Anm., 140, 360–363).

„Was durch die Gene übertragen wird, kann" – außerdem – „niemals über die sensomotorische Intelligenz hinausgehen, da biogenetisch übertragene Strukturen an spezifische Organe gebunden und daher untrennbar mit den Organen und dem sinnlichen Inhalt verbunden sind, auf den sie selektiv reagieren." (Furth 1969, 232; vgl. dazu auch Piaget 1966a, 122; 1970a, 137 und 1970f, 707, 713, 720).

Die erkenntnistheoretische bzw. kognitionspsychologische Bedeutung angeborener Verhaltensweisen (wie der Instinkte und Reflexe) liegt darin, daß man in ihnen wegen ihrer im Prozeß der Evolution erfolgten organischen Anpassung bereits eine Art von biogenetisch *antizipierten Wissens* von der Umwelt sehen kann (vgl. 1950b, 162 und 1967c, 67, 139f., 259ff.). Denn der Organismus ist mit seinen Strukturen für die Interaktion mit der Umwelt eingerichtet, zumal dies eine Bedingung seines Überlebens darstellt. Piaget spricht daher vom „unbewußten und ganz materiellen Wissen" (1936, 19), das in den *Instinkten* übertragen werde, bezeichnet die Instinkte als die „Prototypen des angeborenen Wissens" (1967c, 418), als „funktionelle Verlängerung der Organstrukturen" (1947a, 199) und sogar als die „Logik der Organe" (1947a, 199 und 1967c, 272). Denn sie enthalten bereits

Inklusionen und Ordnungsbeziehungen zwischen Verhaltenselementen oder -schemata, die somit als angeborene Komponenten in die sensomotorische Intelligenz eingehen (vgl. 1967 c, 265, 270/271 und 383)[21].

„Reine Instinkte" sind nur Grenzfälle menschlichen Verhaltens, da Instinkte beim Menschen kaum je ausschließlich angeborene Komponenten enthalten, sondern immer schon Produkte eines funktionellen Austauschprozesses zwischen dem Organismus und dem Milieu sind. Sie stellen elementare Anpassungsformen dar, die aufgrund ihrer Plastizität schon eine beachtliche Spannweite der Improvisation und spezifischer adaptiver Modifikation, also bereits organisierende und regulierende Einflußnahmen des Subjekts auf ihren Ablauf, zeigen (vgl. 1967c, 273/274 und 1970e, 259/260):

> „Der Instinkt enthält einerseits seine Programmierungen und vor allem seine ‚Logik' aus einer organisierenden Funktionsweise, die von den allgemeinsten Formen der lebenden Organisation bestimmt wird. Andererseits führt er aber diese Programmierung zu individuellen und phänotypischen Verhaltensweisen fort, die eine beachtliche Spannweite der Akkomodation und sogar teilweise erlernter und in gewissen Fällen quasi-intelligenter Assimilation enthalten." (1967c, 419)

Da die *Reifung* des Nervensystems etwa mit dem 15. bis 16. Lebensjahr abgeschlossen ist, ist es wahrscheinlich kein Zufall, daß in unserer Kultur die hypothetisch-deduktiven Operationen der formalen Logik in der Regel erst in eben in diesem Alter erworben werden. Auch für den Erwerb der Sprache ist ein Reifungsprozeß Voraussetzung, da sich die Möglichkeit ihrer Aneignung nicht allein durch soziale Einflüsse erklären läßt, sondern auf einer vorherigen Entwicklung der Sensomotorik basiert. Die spezifischen Beiträge der Reifung, die artspezifischen Organismus-Umwelt-Beziehungen (wie z. B. angeborene Tendenzen der Objektsuche) und die sensomotorischen Strukturen später Reifung sind jedoch von PIAGET nicht näher untersucht worden, so daß seine Äußerungen darüber hauptsächlich auf diesem allgemeinen Niveau bleiben (vgl. die Kritik von P. WOLFF in Psy. Épist. Gén. 1966, 240–243).

Ihrem *Stellenwert* nach verlieren die organischen Strukturen im Verlauf der psychosozialen Entwicklung an relativer Bedeutung im Verhältnis zu den anderen Entwicklungsfaktoren (vgl. 1950b, 162 und 1967c, 67, 139f., 259ff.). In der Denkentwicklung schlägt sich dies in der Tatsache nieder, daß die Chronologie sowie die Formen und vor allem die Inhalte der geistigen Erwerbungen mit wachsendem Alter zunehmend variieren, da sich die nicht biogenetisch vorprogrammierten Entwicklungsfaktoren immer stärker bemerkbar machen und da die Reifung eben nur Möglichkeiten eröffnet, nicht aber deren Aktualisierung beeinflussen kann.

Bekanntermaßen sind die kognitiv relevanten Regulationen, zu denen das Instinktverhalten befähigt, begrenzt und starr sowie für einen flexiblen Austausch mit einem sich ändernden Milieu kaum geeignet, weil sie zu eng an das erblich programmierte Wissen gebunden sind. Wie es von den Anthropologen (z. B. von A.

---

21 Dies ist von P. WOLFF, der gerade das Fehlen einer solchen Annahme bei PIAGET kritisiert, offensichtlich übersehen worden, obwohl sich bei diesem viele Belege dafür finden (vgl. WOLFF 1966, 241/242).

GEHLEN) jedoch immer wieder betont wurde, ist es gerade die *Instinktreduziertheit* und damit die „Plastizität" des Menschen, die eine sozial vermittelte und gestützte Differenzierung der kognitiven „Regulations-Organe" des Ich-Umwelt-Interaktionsprozesses und folglich eine erhebliche Ausweitung des potentiellen Verhaltensbereichs erst möglich macht. Die Diskrepanz, die zwischen den vom Organismus eröffneten Möglichkeiten und deren effektiver Aktualisierung besteht, wird durch vielfältige Austauschaktivitäten des Organismus mit seinem Milieu sowie durch darin entstehende Anregungen zur Ausübung, Übung und Entwicklung der Verhaltensweisen, d.h. durch die Wirksamkeit psychischer und sozialer Faktoren, überbrückt. Schon die organischen Anlagen selbst können nie unabhängig von diesen psychischen und sozialen Interaktionsprozessen zwischen dem Individuum und seinem Milieu zur Entfaltung kommen, da ihr Gebrauch oder Nichtgebrauch von diesen Umständen abhängt (vgl. 1936, 314). Auch die Reifung der Reflexmechanismen wird von deren effektiver Übung beeinflußt.

Eine eindeutige Grenze zwischen den angeborenen und den erworbenen Komponenten des Verhaltens wird im übrigen nie auszumachen sein, zumal die jeweils real aktualisierten Verhaltensweisen stets komplexe Produkte des Austauschs zwischen dem Organismus und dem Milieu sowie aller genannten Entwicklungsfaktoren gleichzeitig sind (vgl. 1970c, 66).

Zusammengefaßt, lassen sich in jedem instinktiven Verhalten drei für die denkstrukturelle Entwicklung relevante „hierarchische Ebenen" unterscheiden:

1. die allgemeinen Koordinationen wie die serielle Ordnung der Handlungen, die Ineinanderverschachtelung der Schemata, ihre Entsprechungen (z.B. zwischen den Verhaltensweisen männlicher und weiblicher Artgenossen), ihre variablen strukturellen Gestaltungsformen usw.;
2. die erbliche Programmierung des Inhalts der Verhaltensweisen;
3. die individuellen Anpassungen an vielfältige Umstände (= Akkomodationen an die Objekterfahrung), (vgl. 1970c, 69).

I.5.a.b Soziale Interaktionen, Normen und Bewahrungen

Die mangelhafte Beweglichkeit und Reichweite der angeborenen Verhaltensweisen einerseits sowie die Instinktreduziertheit des Menschen andererseits, die eine verläßliche Umweltorientierung und Überlebenssicherung nicht gewährleisten können, bedingen – anthropologisch gesehen – die Notwendigkeit sozialer Orientierungsvorgaben, Verhaltensstrukturierungen, -stabilisierungen und -bewahrungen. Denn ohne soziale Regulationen, Interaktionen, Koordinationen, Kontrollen usw. wäre eine Entwicklung des Denkens (geschweige denn seine innere Konsistenz und Kontinuität) nicht möglich.

„Die Intelligenz verzichtet auf die transindividuellen Zyklen des Instinkts nur, um sich den interindividuellen oder sozialen Interaktionen anzuvertrauen." (1967c, 421)

Man könnte daher – wie PIAGET – ganz allgemein sagen, daß die soziale Gruppe in kognitiver Hinsicht eine vergleichbare Rolle spielt wie die Genpopulation in biogenetischer Hinsicht. D.h. daß das Individuum nur in dem Maße zu kognitiven Konstruktionen gelangen (also eine Denkentwicklung durchlaufen) kann, wie es „Sitz" sozialer Interaktionen ist (vgl. 1967c, 421).

Soziale Einflüsse sind sowohl für die Inhalte als auch für die Formen des Denkens konstitutiv, und es versteht sich aus dem bisher Gesagten von selbst, daß sich PIAGET nahezu ausschließlich für den formativen oder *strukturierenden* Einfluß sozialer Interaktionen interessiert hat.

Seine denksoziologischen Annahmen beziehen sich in erster Linie auf den wechselseitigen, zirkulären und entwicklungsspezifischen *Bedingungszusammenhang zwischen kognitiven Handlungs- und sozialen Interaktionsstrukturen* (insbesondere zwischen Denk- und Interaktionsformen). Dabei tendiert er als Psychologe dazu, den Einfluß in der Richtung von den Denk- zu den Interaktionsformen stärker hervorzuheben. Der umgekehrte Einfluß der Interaktions- auf die Denkformen ließe sich daran ermessen, daß sich ein mehr oder weniger rein individuelles Denken ohne den Druck kommunikativer Notwendigkeiten und sozialer Normen von einem sozialisierten Denken ebenso stark wie von einem rationalen Denken unterscheiden würde, zumal sich nach PIAGETS denksoziologisch-rationalistischer Konzeption diese beiden Kognitionsdimensionen weitgehend decken.

Experimentell bzw. empirisch hat PIAGET in seinen Untersuchungen soziale Einflußfaktoren (wie z.B. milieuspezifische oder auch -unspezifisch-allgemeine Interaktionsweisen) nie systematisch variiert, so daß er ebensowenig differentielle Aussagen über ihre relative Bedeutung machen kann wie über diejenige der organischen Strukturen. In seiner auf eine allgemeine – und d.h. zugleich auch soziologisch (mit)begründete – Erkenntnistheorie zielenden Konzeption erhalten sie jedoch in wesentlichen theoretischen Überlegungen über ihre Grundformen je nach Qualität ein generelles strukturenkonstitutives oder vielmehr -stabilisierendes und -bewahrendes Gewicht.

Da zunächst alles, was unter sozialem Einfluß erwerbbar ist, vom Individuum mehr oder weniger aktiv angeeignet werden muß (was einer Assimilation mit Hilfe subjekteigener Strukturen entspricht), kommt – nach der Akzentsetzung PIAGETS – den psychischen *Konstruktionsprozessen* bei der Entwicklung der allgemeinen Denkstrukturen die letztlich entscheidende Bedeutung zu. Denn der soziale Einfluß ist denkstrukturell unwirksam ohne angemessene aktive Assimilationsprozesse des Kindes (vgl. 1966a, 123/124).

Insofern außerdem die kognitiven (operatorischen und präoperatorischen) Strukturen im Verlauf ihrer Entwicklung integrativ aufeinander aufbauen, können daher auch *nicht zu jeder Entwicklungszeit beliebige soziale Einflüsse* auf das Kind wirksam werden. Der Charakter des möglichen sozialen Einflusses auf den Menschen hängt also (wie PIAGET häufig betont) von dessen jeweiligem kognitiven Entwicklungsstand ab (vgl. z.B. 1966a, 118). Der Erwerb eines neuen kognitiven Verhaltens setzt eine je spezifische Entwicklungsstufe der ihm gemäßen kognitiven Strukturen voraus, die ihrerseits auf vorherigen organischen Reifungs- sowie psychischen Konstruktions- und Übungsprozessen beruht. Z.B. beginnt das Kind trotz frühzeitig ausgebildeter Sprachorgane und beständiger sprachlicher Sozialeinflüsse erst dann zu sprechen, wenn es die dafür notwendigen sensomotorischen Aufbauprozesse durchlaufen hat. Den Zahlbegriff versteht es trotz vorherigen verbalen Zählenkönnens erst, nachdem es die dafür denkstrukturell notwendigen Operationen in konkreter Form erworben hat. Daraus folgt, daß Methoden der Denkerziehung stets an das bestehende kognitive Strukturniveau des Kindes anknüpfen müssen, um eine nennenswerte (d.h. zu stabilen Verhaltenserwerbungen führende) Wirksamkeit zu haben: der Versuch, dabei eine Entwicklungsstufe zu überspringen, muß zwangsläufig pädagogische Mißerfolge nach sich ziehen. *Mit steigender Strukturstufe,* d.h. mit einem Zuwachs des kognitiven Verhaltensfeldes, der Beweglichkeit und der „Assimilationskraft" sowie der sprachlichen Artikulierbarkeit des kindlichen Denkens *nimmt der potentielle soziale Einfluß auf es in quasi-geometrischer Progression und ähnlich stark zu wie die geistigen Emanzipationsmöglichkeiten gegenüber partikularen Sozialeinflüssen.* Das bedeutet, daß mit fortschreitendem Entwicklungsprozeß auch gleichzeitig die Interdependenz zwischen den für die denkstrukturelle Entwicklung relevanten psychischen und sozialen Faktoren wächst (vgl. 1950b, 197) und daher analytische Ausdifferenzierungen beider Faktorengruppen erschwert.

Psychologisch gesehen, bestimmen die sozialen Einflüsse auf die Denkentwicklung somit einen Konstruktionsprozeß, zu dem das Individuum strukturell (obgleich nicht inhaltlich) ebensoviel (oder mehr) beiträgt, wie es von seiner Umwelt erhält. Soziale Zwänge können daher die Entwicklung der rationalen Denkstrukturen nicht fördern, wenn sie nicht zugleich die autonome *individuelle Konstruktionsaktivität anregen,* die für den eigentlichen Aufbau der kognitiven Strukturen unerläßlich ist. Ohne diese Aktivität könnten diese Strukturen allenfalls oberflächlich (z.B. nur verbal), unverstanden und nicht dauerhaft erworben werden. Wenn die Denkentwicklung in zwangs- und autoritätsbestimmten sozialen Interaktionszusammenhängen eine Retardierung erfährt, liegt das daran, daß die kognitive Konstruktionsaktivität des Individuums in diesem Rahmen (eng definierter und meist nur einseitig benutzbarer Kommunikationswege) weder ausreichende Anregungen und Motivationen noch einen hinreichenden operativen Entfaltungsspielraum erhält (vgl. 1939a, 13; 1960c, 237 oder 1966c, 8–10).

„...wenn die soziale Übertragung die individuelle Denkentwicklung beschleunigt, so geschieht dies, weil ... zwischen einer organischen Reifung, die – wenn auch ohne fertige psychologische Strukturierung – die Möglichkeiten liefert, und einer sozialen Übertragung, die die Elemente und das Modell einer möglichen Konstruktion liefert – aber ohne diese letztere en bloc vollendet aufzuerlegen – eine operatorische Konstruktion existiert, die die durch das Nervensystem angebotenen Möglichkeiten in geistige Strukturen übersetzt; diese Übersetzung vollzieht sie aber nur nach Maßgabe der Interaktionen zwischen den Individuen und folglich unter dem beschleunigenden oder hemmenden Einfluß der verschiedenen dieser realen sozialen Interaktionsweisen." (1950b, 197)

Indem Piaget immer wieder betont, daß das soziokulturelle Milieu die Bildung der allgemeinen Denkstrukturen zwar beschleunigen, verlangsamen, differenzieren und bereichern, aber nicht in allen Stücken determinieren oder hervorbringen kann (vgl. 1951d, 138 oder 1961b, 174), meint er zugleich, daß *partikular-soziale* (milieu-, sprach- oder kulturspezifische und primär inhaltlich bestimmte) Faktoren diese Strukturenbildung *zwar energetisch und motivational, aber nicht strukturell* – und das bedeutet: in ihrem Kern – wesentlich beeinflussen können. Insofern er sich in seiner Sozialisationstheorie ebensosehr wie in seiner Denkpsychologie nur für die Entwicklung der allgemeinen Denkformen – nicht jedoch für die potentielle Vielfalt ihrer milieuspezifischen und inhaltlichen Variationen (Anpassungen an besondere soziale Umweltbedingungen, an schichtenspezifische Ideologien, Rollenmuster usw.) – interessiert, können für ihn partikular-soziale Einflüsse allenfalls in dem Maße Bedeutung erlangen, wie sie für die Bildung jener allgemeinen Denkstrukturen notwendig oder hinderlich sein könnten.

Als entscheidend für deren Bildung – und damit für rational „universalisierbare" Erkenntnisse wie die Invarianzbegriffe – sieht er in erster Linie weitgehend inhaltsunabhängige und allgemeine, *universal-soziale Interaktionsstrukturen* an, in denen bereits wesentliche Züge rationaler Denkstrukturen in Form allgemeiner Handlungskoordinationen realisiert sind und die im Prozeß des sozialen Austauschs ihnen isomorphe, konstruktive kognitive Anpassungs-(d.h. operative und besonders operatorische Strukturbildungs-)prozesse anregen, auslösen und strukturieren. Solche allgemeinsten Formen sozialer Interaktionen könnten in interkulturell verbreiteten Strukturen sozialer Handlungskoordinationen gesehen werden, wie man sie als Basis- oder Tiefenstrukturen aller Sozialisationsprozesse unterhalb jeglicher kultur- und milieuspezifischen Variationen auffinden müßte (vgl. 1966c, 6/7 und 1970e, 246, 281):

„Ob man das Kind in Genf, in Paris, in New York oder in Moskau, aber auch in den Bergen des Iran, im Herzen Afrikas oder auf einer Insel im Pazifik studiert, man beobachtet überall gewisse soziale Verhaltensweisen des Austauschs zwischen Kindern oder zwischen Kindern und Erwachsenen, die durch ihr Funktionieren selbst wirken *unabhängig vom Inhalt* der erzieherischen Übertragungen." (1966c, 6, Hervorhebung von mir, FGW)

Ein sprachlich hochentwickeltes soziokulturelles Milieu ist z.B. für den effektiven Erwerb der hypothetisch-deduktiven Denkoperationen zwar entscheidend, zumal die Sprache Voraussetzung von Abstraktionsprozessen ist und unter den partikular-sozialen Faktoren bereits ein relativ allgemein-soziales Kommunikationsmedium darstellt. Aber die sprachliche Reproduzierbarkeit und Formulierbarkeit logischer Operationen hinkt nichtsdestoweniger in der Regel hinter deren operativ-struktureller Entwicklung hinterher. Für die Bildung dieser inhaltsarmen, allgemeinen Denkstrukturen (als Handlungskoordinationen i.w.S.) muß daher den ebenso allgemeinen und strukturgleichen Interaktions- und Kommunikationsformen im Sozialisationsprozeß die größere Bedeutung zugeschrieben werden. D.h., entscheidender als die Sprache ist offenbar eine spezielle operative oder (genauer:) *„operatorische" Strukturqualität der sozialen Interaktionen selbst,* in deren Rahmen die (von PIAGET allerdings in ihrer Bedeutung sicher unterschätzte) Sprache nur ein das Denken erleichterndes Artikulationsinstrument und nur eine Konstruktionshilfe unter anderen darstellt. Der Ursprung dieses Gedankens über den denkstrukturell konstitutiven sozialen Einfluß liegt bei PIAGET in einem formalsoziologischen, *rationalistischen Zirkelschluß.* Insofern nämlich der operative Ausdruck bzw. der psychosoziologische Kern logischer Strukturen (als psychosozial aktualisierbarer Denkstrukturen) in allgemeinsten Formen der Handlungskoordination gesehen werden kann, ergibt sich daraus in rationalistischer, gleichsam „sozio"-logischer Schlußfolgerung, daß sie ihre sozialen Ursprünge (bzw. günstigsten Entstehungsbedingungen) in ihnen isomorphen Koordinationen sozialer Handlungen (= kooperativen bzw. ko-„operatorischen" Interaktionen) haben müßten. So ließe sich der denkstrukturell relevante sozialstrukturelle Einfluß gleichsam tautologisch, aber strukturgenetisch-zirkulär notwendig aus den Bedingungen und Formen der logischen Strukturen selbst ableiten, insofern man diesen – wie PIAGET in seiner psycho- und sozio-genetischen Erkenntnistheorie – auch eine soziale Genese zuzuschreiben bereit ist: als korrespondierende soziologische Konzeption kann sich dafür nur ein allgemeiner, *formalsoziologisch-strukturalisti-*

scher Interaktionismus anbieten. Denn der großen Allgemeinheit der untersuchten Denkstrukturen muß erkenntnislogisch notwendigerweise eine isomorphe Allgemeinheit der dafür als konstitutiv angesehenen Interaktionsstrukturen entsprechen – ähnlich wie inhaltlich-partikulare Denkweisen wissenssoziologisch immer nur durch milieuspezifische Interaktionsweisen bzw. „ideo"-logische Einflüsse erklärt werden können. Wenn sich PIAGETS Erkenntnistheorie soziologisch möglicherweise auch gar nicht anders begründen ließe, so liegen hier gleichwohl auch ihre größten wissenschaftstheoretischen Probleme. Es geht in dieser rationalistisch-strukturalistischen Entwicklungstheorie des logischen Denkens und rationalen Erkennens schließlich darum, Strukturen zu finden, die sowohl allgemeiner sind als die (zufällig-mutativer Variation unterworfenen!) organischen Strukturen als auch allgemeiner als die meisten (nämlich willkürlichen, interessengeleiteten) partikularen Sozialstrukturen (vgl. 1970e, 243, 246–248).

Beim Versuch zur Bewältigung dieses Unternehmens hat PIAGET ein sozio-logisches Äquivalent zu seinem psycho-logischen Gleichgewichtsmodell der „gruppierten Operationen" (vgl. Kap. II.3.), das Modell der *„Kooperation"*, entwickelt. Er versteht es als Inbegriff operatorisch-rational gruppierter sozialer Interaktionen und der stabilsten Form eines sozialen Gleichgewichts zwischen „rationalen und autonomen Persönlichkeiten". Es dient ihm als wichtigstes Analyseinstrument für jene denkstrukturell relevanten Interaktionsstrukturen und ist in seiner Isomorphie zum logischen Gruppierungs-Modell zugleich Ausdruck für den dialektisch-zirkulären Charakter der erkenntnistheoretisch bedeutsamen Subjekt-Objekt-Interaktionen.

Gerade am Maßstab dieses aus der operativistischen Logik hervorgegangenen, sozialinteraktionistischen Strukturmodells, in dem die Prinzipien der Reziprozität und der Substituierbarkeit sozialer Verhaltensweisen in Interaktionsprozessen die größte Rolle spielen, kann er sozialstrukturelle Einflüsse nach ihrem Potential beurteilen, inwieweit sie rationale Konstruktions-(bzw. Strukturbildungs-)prozesse im operatorischen Sinn fördern können oder nicht.

Da PIAGET mit einer gewissen Berechtigung annehmen kann, daß die für die allgemeinen *Invarianzbegriffe* unseres rationalen Weltbildes konstitutiven logischen Operationen und Strukturen sich weitgehend unabhängig von gezielten oder direkten pädagogischen und sozialen Einflüssen zu entwickeln pflegen, und da diese Strukturen vor der umfassenden Rezeption seiner eigenen Forschungen in der internationalen Pädagogik auch selten Gegenstand expliziten Lehrens gewesen sein dürften, ist er (zumal angesichts ihrer von anderen Forschern, s.u., bestätigten interkulturellen Verbreitung) zu dem Schluß gekommen, daß für ihre Bildung offenbar indirekte soziale Einflüsse großer Allgemeinheit und universaler Reichweite verantwortlich sein müßten. Denn Invarianzbegriffe sind in der Tat in dem Maße in keinem Sozialmilieu Gegenstände expliziten Lehrens, sondern nur indirekter sozialisierender Interaktions- und Kommunikationsregulationen, wie die Bewahrung (oder Negation – in „primitiven" Gesellschaften) der in ihnen enthaltenen Generalisationen zu den unreflektierten kulturellen *Selbstverständlichkeiten* gehört.

Z.B. wird in „aufgeklärten" Kulturen mit Selbstverständlichkeit davon ausgegangen, daß der Begriff der Distanz einen rationalen, metrischen Bezugswert darstellt, der von den Inhalten der bezeichneten Raumdimension völlig unabhängig ist: dies ist jedoch eine Annahme, die dem vorrationalen oder voroperatorischen und „primitiven" Denken noch fremd ist.

Dasselbe gilt mutatis mutandis für die Unabhängigkeit der Geltung sozialer Normen sowohl von den ihrer Durchsetzung dienenden Sanktionen und Kontrollen als auch weitgehend (im Rahmen einer bestimmten Schwankungsbreite) schon vom Inhalt der in ihnen bezeichneten Verhaltensweisen.

Erscheinen Invarianzbegriffe – welcher Art auch immer – dem „Alltagsverstand" des aufgeklärten Erwachsenen unserer Kultur als irgendwie vorgegebene, unhinterfragbare Selbstverständlichkeiten oder Notwendigkeiten, so müssen sie doch de facto nichtsdestoweniger im Rahmen eines geistigen Entwicklungs- und Sozialisationsprozesses als allgemeine Formen konstruiert – und d.h. Schritt für Schritt von den partikularen Inhalten der primären Alltagsanschauungen und -erfahrungen sowie vor allem von den eigenen und interindividuellen Handlungskoordinationen des konkreten Umgangs mit diesen abstrahiert – werden: sie lassen sich nicht etwa unvermittelt ohne die entsprechenden kognitiven Konstruktionsprozesse z.B. allein mit der Sprache erwerben.

Insofern Invarianzbegriffe immer der *Bewahrung* irgendwelcher Werte, Orientierungsmaßstäbe oder gleichbleibender Gegenstandsmerkmale dienen, sind sie schließlich Objekte mehr oder weniger impliziter oder expliziter sozial-normativer Kontrollen. D.h. die in ihnen enthaltenen Erkenntnisse und Denkoperationen werden entweder mit explizierbaren sozialen *Normen* oder indirekt durch normativ wirkende Interaktions- bzw. Kommunikationsregulationen sanktioniert und kontrolliert. – Dies geschieht zumindest kultur- und milieuspezifisch in dem Maße, wie ein kognitiver sozialer Konsensus über diese Begriffe letztlich den jeweiligen gesellschafts- und schichtenspezifischen Kommunikations-Interessen und -Funktionen dient: gerade diese notwendige denksoziologisch-kritische Relativierung wird bei Piaget allerdings nicht explizit genug. Zwar wird der soziale Charakter logischer – wie anderer – Denknormen (als konkretisierbarer Verhaltenserwartungen) von ihm in allgemeiner Form betont. Aber die konkrete Interessenbestimmtheit der faktischen Normierung und Sanktionierung übergeht er. Dabei scheint er anzunehmen, daß sich logisch-rationale Notwendigkeiten eo ipso (also gleichsam automatisch oder aufgrund ihrer rationalen Überzeugungskraft) universell in soziale Normierungen „übersetzen", sobald sie von kreativen Individuen in einer Kultur einmal gebildet wurden. So gesehen, enthält seine theoretische Berücksichtigung des sozialen Einflusses als Entwicklungsfaktors häufig (nicht immer!) eine scheinsoziologische Argumentation, die sich wieder auf den erwähnten rationalistischen Zirkelschluß zurückführen läßt: was mutmaßlich stets zuerst nur autonom aufgrund spontaner Handlungskoordinationen, -äquilibrationen und -abstraktionen (deren soziale Mitbedingtheit von Piaget auch oft übergangen wird) als rationale oder epistemische Notwendigkeit erkannt zu werden pflegt, bekommt vom Analytiker deswegen nachträglich die Eigenschaft universaler sozialer Normiertheit zugeschrieben. Bestärkt wird er darin durch die Möglichkeit, daß sich rationale Notwendigkeiten auch in soziale übersetzen lassen, und die Tatsache, daß sie nur mit Hilfe sozialnormativer Kontrollen im menschlichen Bewußtsein bewahrt werden können. Nach dieser Auffassung würde sich die (allerdings kulturspezifisch unterschiedlich hoch entwickelte) „ratio" die ihr entsprechenden sozialen Realitäten letztlich selbst schaffen: dies entspricht bis zu einem gewissen Grade in der Tat unbestreitbaren sozial- und geistesgeschichtlichen Realitäten. Die sich dagegen komplementär dazu aus der Kultur- und Gesellschaftsbedingtheit der Intelligenz ergebende, tiefergehende denksoziologische Frage, an der PIAGET gleichwohl ebenfalls interessiert ist, wäre demnach, welche sozialen Faktoren die Entstehung dieser Erkenntnisse und der rationalen Strukturen selbst nicht nur im Ablauf der Geistes- und Sozialgeschichte, sondern vor allem auch in der individuellen Psychosoziogenese bestimmen.

Wie aus einer Reihe von Studien bei der Überprüfung der PIAGETschen Experimente in unterschiedlichen Sozialmilieus und Kulturen geschlossen werden kann, nehmen die Chancen der von PIAGET in ihrer gegenwärtig denkbaren Gesamtheit konzipierten denkstrukturellen Entwicklung in dem Maße zu, wie das technisch-ökonomische, das formal-schulbildungsmäßige und das sprachgeleitete Niveau der sozialen Interaktionen steigt und wie damit der soziale Geltungs- und Vermittlungsbereich rationaler Objektivitäts- und Denknormen größer wird (vgl. dazu am Beispiel der Invarianzbegriffe z.B. PELUFFO 1962; GOODNOW 1962; GREENFIELD in BRUNER u.a. 1966; GOODNOW in Stud. Cogn. Dev. 1969 sowie PIAGET 1966c). – Wenn PIAGET diese Chancen vorwiegend nur sehr global in den „meistbegünstigten Gesellschaften" realisiert sieht (1970e, 263), so meint er damit offenbar vor allem die hochentwickelten, industrialisierten, technologisch verwissenschaftlichten, zukunftsbezogenen, arbeitsteilig-rationalen und trotzdem sozialstrukturell mobilen sowie in weiten Bereichen *demokratisierten Gesellschaften* mit differenzierten Bildungssystemen und perfektionierten, multimedialen, öffentlichen Informationssystemen. In derartigen, relativ „offenen" Gesellschaften kommen nicht nur häufiger als etwa in traditionalistischen, relativ geschlossenen und statischen Gesellschaften – wie PIAGET es schon selbst in gelegentlichen Ansätzen erwähnt hat – reflektierte, rational geregelte und strukturierte sowie symmetrisch-ausgeglichene (auf Gleichheit, Reziprozitätsorientiertheit und Autonomie der Partner beruhende) Interaktionsweisen vor. Hier ist auch die soziale Verbindlichkeit *universalistischer Denknormen* entwickelt, und die kulturspezifisch realisierbare Kommunikation zwischen den Menschen ermöglicht eine offene, rationale Diskussion gemeinsamer Werte, Normen und Kenntnisse nach interindividuell objektivierbaren Kriterien. Darüber hinaus ist das Verhältnis der Generationen zueinander relativ zwangsfrei, aber emanzipations- und konfliktfreundlich, so daß sich auch Beziehungen zwischen Gleichaltrigen in einer Mindest-Unabhängigkeit von den Älteren vollziehen und entwickeln können – und der Handlungsspielraum des Individuums in ein optimales Gleichgewicht zu denjenigen seiner Mitmenschen gebracht werden kann. Nach den gesellschaftstypologischen Kriterien des soziologischen Systemtheoretikers Talcott PARSONS handelte es sich bei derartigen Gesellschaften vor allem um Sozialsysteme, in denen die soziale Wertorientierung eher affektiv neutral als affektiv, eher persönlich als kollektiv(-zwangskonformistisch), eher universalistisch als partikularistisch, eher leistungsbestimmt als zugeschrieben und eher spezifisch als diffus wäre (vgl. PARSONS' „pattern alternatives of value-orientation" in T. P. 1951, 67). –

Eine Andeutung über die Einsicht in die begrenzte soziologische Generalisierbarkeit der von ihm für prinzipiell universell bzw. „universalisierbar" gehaltenen logischen Denkstrukturen findet sich im Spätwerk PIAGETS selbst. Dort unterstreicht er die Notwendigkeit der zum Auffinden jener allgemeinsten, denkstrukturell relevanten Interaktionsstrukturen erforderlichen, aber von ihm selbst nicht durchgeführten, interkulturellen Untersuchungen und relativiert somit seine eigene Psychologie:

„... die Psychologie, die wir in *unseren Milieus* erarbeiten, die durch eine bestimmte Kultur, eine bestimmte Sprache usw. gekennzeichnet ist, bleibt im wesentlichen konjektural, solange man nicht das zur Kontrolle nötige, vergleichende Material zur Verfügung hat" (1966c, 12; Hervorhebung von mir, FGW).

In einem eigenen Aufsatz mit Interpretationen solcher von anderen Forschern durchgeführten vergleichenden Untersuchungen (mit Experimenten zur Bildung von Invarianzbegriffen nach der von ihm geprägten Methode) berichtet er daher, daß bei Kindern auf Martinique, die eine französische Primarschulbildung genossen hatten, ein ähnlich großer Rückstand in der Entwicklung der operatorischen Denkstrukturen entdeckt wurde wie bei persischen Landkindern (d.h. 4 Jahre, nach BOISCLAIR u.a. sowie MOHSENI, vgl. 1966c, 8, 10). Während die soziologische Erklärung des Rückstands bei den persischen Landkindern sowohl in Mängeln der erzieherischen Einflüsse, des Sprach- und Schulbildungsniveaus, des verfügbaren Spielmaterials usw., des sozial bedingten Niveaus der Aktivitäts- und Handlungskoordinationen als auch eines reduzierten allgemeinen Interaktionsniveaus (aufgrund von beschränkten Kommunikationsmöglichkeiten und Mängeln motivierender sozialer Handlungsanregungen usw.) gesehen werden konnte, kann die Erklärung bei den nach frankophonen Kulturprinzipien erzogenen Kindern primär nur in Mängeln der letzten beiden Faktoren gesehen werden (vgl. 1966c, 10).

Abschließend sei noch einmal auf das Problem des energetisch bedeutsamen oder motivierenden sozialen Einflusses eingegangen. Indem PIAGET sich in erster Linie nur für die allgemeinsten – interaktionstheoretisch-strukturalistisch formulierbaren – sozialen Einflüsse auf die Entwicklung der Denkstrukturen interessierte, hat er den Einfluß *sozialer Motivationsprozesse* bzw. „sekundärer Verstärker" stark vernachlässigt, zumal diese – wie gesagt – die (ihn primär interessierende) strukturell-kognitive Dimension im Kern, d.h. formal, nicht berühren.

In einer Erkenntnistheorie jedoch, die psycho- und soziogenetisch konzipiert ist, dürfte diese Dimension der Genese kognitiver Strukturen allerdings nicht so beiläufig behandelt werden wie bei ihm.

PIAGET war immer von der Eigendynamik, dem Aktivitätsdrang, der Neugier und der Spontaneität der Kinder fasziniert, hat diese Verhaltensmerkmale aber offenbar ausschließlich als vitale Naturgegebenheiten oder energetische Selbstregulationen aufgefaßt und ihre sozialen Bedingungen nicht reflektiert. Demgegenüber ist zu betonen, daß sie zum großen Teil von sozialen Einflüssen nicht nur gestützt, bewahrt und moduliert, sondern auch ausgelöst und affektiv „ernährt" werden.

Mögen die denkstrukturellen Konstruktionen des Kindes bis zu einem gewissen Grad strukturell (bzw. strukturenkonstitutiv) auch als autonom angesehen werden können, – energetisch und inhaltlich werden sie das nur zum geringeren Teil sein: auch und gerade „homo rationalis" ist weit mehr ein soziales als ein organisches oder nur-psychisches Wesen.

So verbirgt sich bei PIAGET hinter der Spontaneität und den weitgehend intrinsischen Motivationsprozessen, mit deren Antrieb die von ihm in Betracht gezogenen Kinder kognitive Strukturen aufbauen, die nicht hinreichend explizierte Annahme „optimaler" sozialer Stimulierungen oder Motivierungen der Kinder, die deren selbstregulative (autogen motivierte) Kognitionsaktivitäten doch wahrscheinlich überhaupt erst ermöglichen und unterhalten.

Psycho- und soziopathologische Studien über Hospitalismus, Regression, Objektverlust u. dgl. m., die die retardierte und gehemmte kognitive Entwicklung gerade auf bestimmte Mängel an sozialen Motivationen, Zuwendungen, Stimulationen und

Interaktionen zurückführen, bleiben bei PIAGET außer Betracht, obschon sie seine auf die Gesamtheit der ungehemmten potentiellen Entwicklung konzentrierte Theorie keineswegs in Frage stellen, sondern vielmehr sinnvoll ergänzen könnten (vgl. ANTHONY 1956 a + b, 1957, 1966; DÜHRSSEN 1958; WOLFF 1960, 1966; BELL 1970; SPITZ [3]1973). Sekundäre soziale Motive – wie die Bedürfnisse nach Anerkennung, Gerechtigkeit, Gleichheit, gegenseitiger Achtung – kommen bei ihm zwar eher (vor allem im Zusammenhang des Kooperationsmodells) zur Geltung, sind aber nicht systematisch in seine Motivationstheorie eingearbeitet.

Insgesamt zeigt sich somit, daß PIAGET den sozialen Einfluß als Faktor der denkstrukturellen Entwicklung nicht nur nicht empirisch-systematisch erforscht und variiert, sondern auch theoretisch nur in Bruchstücken und Ansätzen reflektiert hat. Trotzdem ist seine kognitive Sozialisationstheorie doch immerhin noch so reich an Aussagen und Hypothesen, daß sie (wie schon die Arbeiten von HARTEN 1977 a + b zeigen konnten) Stoff genug für umfangreiche Untersuchungen liefern kann.

I.5.a.c Physische Erfahrung oder Objekt-Abstraktion

Im Laufe der 50er Jahre hat sich bei PIAGET die Unterscheidung folgender drei Begriffe der für die Denkentwicklung wichtigsten psychischen und psychosozialen Faktoren herauskristallisiert.

Die Unterscheidung zwischen der physischen und der logisch-mathematischen Erfahrung deckt sich dabei in etwa mit derjenigen zwischen Akkomodation und Assimilation einerseits sowie mit der Unterscheidung zwischen dem figurativen und dem operativen Aspekt des Erkennens andererseits: die respektiven definitorischen Abgrenzungen lassen jedoch bei PIAGET selbst an Deutlichkeit zu wünschen übrig. Dies gilt insbesondere für die physische Erfahrung, die im Rahmen seiner Theorie – ähnlich wie die Akkomodation im Verhältnis zur Assimilation – als eine Art residualer Kategorie erscheint, die ihre eigentliche Bedeutung nur durch die formenbildende Abstraktion erhält.

Die physische, physikalische oder gegenständliche Erfahrung bzw. „Objekt-Abstraktion" entspricht etwa dem, was im „common sense" und im Empirismus unter Erfahrung verstanden wird, nämlich die Unmittelbarerfahrung der direkten Sinneswahrnehmungen, Anschauungen und Beobachtungen, die Akkomodation der Erkenntnisse an die Besonderheiten der Objektwelt, das Erlernen der Umwelteigenschaften, das Lernen als Wissen aus der Erfahrung mit partikularen Ereignissen (vgl. FURTH 1969, 249) bzw. in höherer Form das „Experimentalwissen" (1967c, 382), der Kenntniserwerb durch Abstrahierung von Objektmerkmalen (daher von FURTH, a.a.O., 4 + 66, auch „empirische Abstraktion" im Unterschied zur „formalen" genannt), die die Inhalte des Erkennens liefernde Erfahrung usw. Physische Erfahrung ist allerdings nicht als ein figurativer oder Verbildlichungsvorgang mißzuverstehen, mit dem Objekte unmittelbar erfaßt würden: wie die Akkomodation und die anderen „figurativen" Kognitionsfunktionen besteht sie auch schon aus einer aktiven Einwirkung auf die Objekte, da in ihr z.B. Faktoren isoliert und variiert werden (vgl. 1965c, 29). Entscheidendes Kriterium für sie ist nur die Abstraktion von *Objekt*eigenschaften und nicht solcher von eigenen Handlungen.

Die Zweckmäßigkeit der Bezeichnung „physische" Erfahrung muß allerdings bezweifelt werden, zumal sich der Begriff auf alle denkbaren – also auch die nichtphysischen – Inhalte des Erkennens bezieht, ob es sich nun um Bewußtseinsphänomene, kulturelle Erscheinungen, um Formen oder Handlungen oder beliebige andere Objekte des Erkennens handelt (vgl. 1967c, 382): der Ausdruck „Objekt-Abstraktion" trifft den Kern des Gemeinten daher präziser.

Die physische Erfahrung, das Objektwissen oder die Faktenkonstatierung stellen jedoch, was PIAGET stets besonders betont hat, keinen selbständigen Erkenntnisvorgang dar, sondern nur einen Aspekt nahezu jedes Erkennens. Denn zur Erkenntnis können sie immer nur aufgrund ihrer Einbettung in die Strukturen der jeweiligen Assimilationsschemata, d.h. in die Formen der logisch-mathematischen Erfahrung, der operativen Grundstrukturen der Intelligenz bzw. des handlungsabstrahierten Wissens, führen (vgl. 1950b, 291; 1958b, 103 und FURTH 1969, 227). Wenn z.B. Farben oder Gewichte von Gegenständen abstrahiert bzw. erkannt werden sollen, so sind dazu immer schon kognitive Aktivitäten des Subjekts notwendig (wie Vergleiche, Koordinationen, Konstruktionen asymmetrischer Relationen, Seriationen usw.). „Reine Objekterfahrungen" wie „reine Wahrnehmungen", „reine Akkomodationen", „reine Kopien", „reine Tatsachen", „reine Konstatierungen" usw. im Sinne eines irgendwie direkten oder unvermittelten Kontaktes zwischen dem Subjekt und den Dingen kann es daher – nach der erkenntniskritischen, rationalistischen und antiempiristischen Theorie PIAGETS – prinzipiell nicht geben (vgl. z.B. 1967c, 384–387).

I.5.a.d Logisch-mathematische Erfahrung oder Handlungs-Abstraktion

Da die Grundstrukturen des logischen Denkens in PIAGETs Theorie als Weiterentwicklungen elementarer (individueller und interindividueller) Handlungsschemata und Handlungskoordinationen angesehen werden, ist die Handlungs-Abstraktion oder die logisch-mathematische Erfahrung (neben der „Äquilibration") der entscheidende Mechanismus des Übergangs von diesen zu jenen. Denn in ihm und durch ihn vollzieht sich die *„reflektierende Abstraktion"* generalisierbarer (auf beliebige Objekte anwendbarer) Formen aus allen kognitiv relevanten Handlungskoordinationen. PIAGET gebraucht dafür außerdem den bereits erwähnten Begriff der „(reflexiven) *Interiorisierung*", der die Trennung allgemeiner Erkenntnisformen oder Begriffe von ihren besonderen Inhalten bezeichnet. Dieser Ausdruck ist komplementär zu dem für die physische Erfahrung alternativ (aber selten, weil offenbar nicht ganz plausibel) verwendeten Begriff der „(experimentellen) Exteriorisierung" zu verstehen (vgl. 1967c, 420 und 1970c, 69/70) und darf nicht mit dem psychoanalytischen Begriff der „Internalisierung" (der „Verinnerlichung") oder mit dem phänomenologischen Begriff der „Introspektion" verwechselt werden.

Der Begriff „logisch-mathematisch" ist bei PIAGET im weitesten Sinne aufzufassen: er bezieht sich nicht nur auf die logischen und mathematischen Operationen im engen Sinne, sondern generell auf alle *Handlungskoordinationen* wie Beziehungs- und Ordnungsbildungen, Vereinigungen, Klassifizierungen usw., die als Vorstufen zu jenen Operationen angesehen (und daher auf den höheren Entwicklungsstufen in ihnen „aufgehoben") werden können (vgl. 1961b, 250). Die „logisch-mathematische Erfahrung" ist demnach eine Vorbedingung zur Entwicklung der „logisch-mathematischen Operationen", deren erfolgte Bildung dann diese Art der Erfahrung überflüssig macht (vgl. 1961b, 251). Denn mit Hilfe der einmal ausgebildeten Operationen auf der einmal erreichten Ebene des formallogischen Denkens werden unbegrenzte, erfahrungsunabhängige Weiterentwicklungen und die rein deduktive Konstruktion beliebiger neuer Operationen möglich. Wenn ein Kind z.B. erkennt, daß die Summe einer Gegenstandsgesamtheit unabhängig ist von der Anordnung ihrer Elemente oder der Reihenfolge des Abzählens, so macht es eine „logisch-mathematische Erfahrung". Es entdeckt damit nicht irgendwelche den Objekten selbst innewohnenden Merkmale, sondern Strukturen seiner eigenen kognitiven Aktivitäten des Ordnens, Vereinigens, Trennens, Klassifizierens, Zählens usw. Diese intelligenten Verhaltensweisen können auf beliebige Objekte angewendet werden und stellen insofern operative Denkstrukturen von großer Allgemeinheit dar. Das Subjekt abstrahiert damit allgemeine Formen aus seinen eigenen Handlungskoordinationen. Die dabei entdeckten oder erkannten Begriffe und Bedeutungen hängen – und dies ist das erkenntnistheoretisch Bedeutsame (sowie an den Rationalismus und KANT Erinnernde, s.u.) – nur vom Sinn dieser Handlungen und nicht von den Eigenschaften der Objekte ab. Mag nun in einer Objektgesamtheit bereits eine bestimmte Ordnung enthalten sein, so muß das Erkenntnissubjekt doch eine Ordnung seiner explorativen Aktivitäten (im obigen Fall einen Zahlbegriff) anwenden, um diese Ordnung der Objekte überhaupt erst erkennen zu können. Diese *„activité ordinatrice"* ist eine Form der logisch-mathematischen Erfahrung und bildet psychogenetisch die Voraussetzung der späteren Ordnungsoperationen der operatorischen Intelligenz (vgl. 1963c, 150 und 1963f, 94/95).

Wenn Denkstrukturen aus eigenen Handlungskoordinationen abgeleitet werden, so bedeutet dies allerdings nicht, daß diese letzteren – wie bei der physischen Erfahrung – selbst Gegenstände dieser (logisch-mathematischen) Erfahrung wären oder werden müßten. Diese Erfahrung bezieht sich nur auf die strukturierte Gesamtheit der generalisierbaren Eigenschaften (also die „Schemata") jener Handlungskoordinationen, aus denen dann nach und nach die allgemeingültigen operatorischen Denkstrukturen konstruiert werden können. Sie bezieht sich nicht auf die Handlungen als physische Objekte oder als subjektiv-individuelle Verhaltensweisen. Beinhalten die Ausdrücke der Interiorisierung und der reflektierenden Abstraktion zwar eine gewisse Wendung nach innen oder zum Subjekt, so allerdings nur in dem Sinne, daß hier äußere Handlungskoordinationen in Systeme allgemeinerer, deduktiv-abstrakt koordinierbarer, innerlich-symbolisch bzw. hypothetisch-formal vollziehbarer Operationen transformiert werden (vgl. auch FURTH 1969, 209). Die reflexive Interiorisierung hat daher nichts mit einer Art von „Introspektion" zu tun, die sich auf das Subjekt als inneres Objekt beziehen würde:

„... die logisch-mathematische Erfahrung bezieht sich nicht auf die Handlung als individuellen Prozeß, sondern auf die Ergebnisse der Handlung als objektivierte und notwendige. In eine solche Erfahrung geht also keine Introspektion ein, die sich auf die subjektiven Eigenschaften der Handlung (als individuelle) bezöge: z.B. auf die Tatsache, daß die Handlung des Ordnens leicht oder schwierig ist, daß sie von Vorstellungsbildern begleitet wird oder nicht usw. Es ist allein das objektive, vom Individuum losgelöste, Ergebnis der Handlung wichtig, das jedem Subjekt eigen ist, welches dieselbe Handlung ausführt ..." (1961b, 250; – mit „Ergebnis" der Handlung meint PIAGET nicht irgendwelche inhaltlichen Folgen einzelner Handlungen, sondern die kognitiven Organisierungen und Orientierungsformen, vor allem Begriffe und deren Äquivalente, die sich – wie der Zahlbegriff als Ergebnis des Zählens – aus generalisierbaren Handlungskoordinationen = Schemata ergeben).

Gerade aufgrund des *Fehlens von Introspektion* hat, wie PIAGET betont, das Individuum bei logisch-mathematischen Erfahrungen häufig den Eindruck, physikalische Eigenschaften der Objekte entdeckt zu haben. Es merkt meist nicht, daß es sich dabei nur um seine eigenen, auf die Objekte angewandten, Handlungskoordinationen handelt (vgl. 1961b, 250–Anm.). Mit eben diesen allgemeinen Handlungskoordinationen und kognitiven Strukturen gelangt es überhaupt erst zu einer Objektivierung seiner Erkenntnisse in einer intersubjektiv generalisierbaren und rationalen Form und dezentriert sich dadurch von seinen Vorstellungen als Individuum, um an den universalen Denkstrukturen eines hypothetisch konstruierbaren „epistemischen oder universalen Subjekts" (1961b) teilzuhaben.

Wie bereits erwähnt wurde, ist z.B. die Invarianz einer Menge, deren äußere Form transformiert wurde und die so der Wahrnehmung ein verändertes Erscheinungsbild bietet, keineswegs mit Hilfe einer gegenständlichen Erfahrung als Eigenschaft des Objekts „ablesbar", sondern wird aus der konkreten Ausführung oder der vorgestellten Möglichkeit der Umkehrung des erfolgten Transformationsprozesses (also mit Hilfe allgemeiner, reversibler Handlungskoordinationen, d.h. Operationen) deduktiv erschlossen, also „abstrahiert".

Die *Bedeutung* logischer und mathematischer Begriffe wird demnach – wie es im Rationalismus tendenziell und vor allem von KANT prinzipiell erkannt, aber noch in statischer und präformistischer Interpretation verdinglicht wurde – durch die Struktur der kognitiven Aktivitäten, nicht jedoch durch spezifische Objekte dieser Aktivitäten bestimmt. Die Ebene rationaler Notwendigkeit und formaler Universalität erlangen diese Denkstrukturen in dem Moment ihrer Geschichte und Sozialpsychogenese, in dem sie die Stufe optimaler Organisation und unstörbaren adaptiven Gleichgewichts im definierten Sinne erlangen. Die logisch-mathematische Erfahrung kann daher ebensowenig aus der physischen Erfahrung abgeleitet (oder durch sie erklärt) werden wie umgekehrt diese aus jener. Gleichwohl sind beide nur im Falle der formalsten Denkstrukturen maximal, in den anfänglichen kognitiven Verhaltensweisen dagegen jedoch erst minimal voneinander getrennt und unterscheidbar. Daß die Wahrnehmungskonstanzen oder die „guten Gestalten" der Wahrnehmung psychogenetisch so früh auftreten, während die Invarianzbegriffe (und damit die logisch-operatorischen Strukturen) Jahre später auftauchen, ist ein weiteres Indiz dafür, daß die – längerer Konstruktions- und Handlungsprozesse bedürftigen – logisch-mathematischen Operationen nicht aus der physischen Erfahrung hervorgehen können (vgl. 1957d, 138).

Allerdings kann unter Bezug auf das früher erwähnte Primat der Assimilationsaktivität gesagt werden, daß die logisch-mathematische Erfahrung strukturell, funktionell und psychogenetisch der physischen Erfahrung vorausgeht, da sie *das strukturelle Gerüst sowie die funktionelle (organisatorische) und die psychogenetische Voraussetzung jeder Erfahrung und Erkenntnis* darstellt. Mit ihren Abstraktionen und Koordinationen liefert sie die unerläßlichen *operativen Formen* jeder Erfahrung im gleichen (wenn auch dynamischer aufgefaßten) Sinne wie die „Kategorien" des „reinen Verstandes" bei KANT. Denn die mit Hilfe der logisch-mathematischen Erfahrung abstrahierten und interiorisierten Handlungskoordinationen können zwar auch nur in Prozessen der Subjekt-Objekt-Interaktion, also in Handlungen mit physischen und sozialen Objekten, aktualisiert werden und sich entwickeln: sie enthalten daher nicht nur assimilative, sondern auch akkomodative Aspekte. Nichtsdestoweniger stellen sie für PIAGET in kantianischer

Weise so etwas wie die „apriorischen Formen" des Erkennens, die kategorialen Verstandesbegriffe oder – nach seinen eigenen Worten – „die dem Verstand und der Erfahrung gemeinsame Quelle" dar (1961b, 304). Als solche verweisen sie auf die *konstitutive Subjektivität* aller Formen des Erkennens.

Die in den frühen Assimilationsschemata bzw. Handlungskoordinationen schon vorhandenen logisch-mathematischen bzw. prälogischen und prämathematischen Strukturen bilden bereits vor jeder mutmaßlichen Objekterkenntnis oder sinnlichen Unmittelbarerfahrung *vorgängige* Instrumente des Wissenserwerbs, notwendige Formen des Erkennens und keine diesen nachträglich auferlegte Koordinationen (vgl. 1959d, 120). Sie schließen die Möglichkeit etwa „rein physikalischer, empirischer oder perzeptiver" Erkenntnisse von vornherein – und d.h. aufgrund des biologisch fundamentalen, primär aktiven und tätigen Charakters aller menschlichen Weltzuwendung und -erfassung – aus (vgl. auch 1957d, 137/138).

Anzumerken wäre schließlich, daß die Dichotomie physische vs. logisch-mathematische Erfahrung nicht identisch ist mit derjenigen zwischen „synthetischen" und „analytischen" Erkenntnissen oder Wahrnehmung und Sprache oder etwa „Konstatierung" und logischer Schlußfolgerung (wie im logischen Empirismus). Denn im Gegensatz zu diesen letzteren ist sie, wie beschrieben, vorrangig durch operative Strukturen kognitiver Aktivitäten oder Handlungskoordinationen, nicht jedoch durch sensualistische oder linguistische Kategorien wie solche der Wahrnehmung und der Sprache definiert (vgl. 1957d, 143/144). Formen und Inhalte des Erkennens sind demgemäß für PIAGET Produkte einer fortschreitenden Differenzierung zwischen den Koordinationen von Handlungen und den Handlungsergebnissen. Insofern sind sie nicht etwa – wie nach der Auffassung des logischen Empirismus – als diskontinuierliche und konträre analytische und synthetische Urteile unterteilbar in von der Sprache (als Instrument des hypothetisch-deduktiven Denkens) herstammende logische Formen einerseits und von der Wahrnehmung (als Instrument einer mutmaßlich möglichen „Konstatierung" herrührende Inhalte (vgl. 1957d, 1/2). Zwischen der Wahrnehmung und den Regeln der Sprache gibt es in der Tat nichts Gemeinsames. Aber aus dieser operativistischen Sicht sind sich „Konstatierung" und Deduktion weit näher als Wahrnehmung und Sprache:

> „Im Bereich der Handlung finden sich die Schlußfolgerung und die Konstatierung, die grob der Koordination als solcher (einerseits) und dem Ablesen der Ergebnisse besonderer Handlungen (andererseits) entsprechen, viel näher als die Wahrnehmung und die Regeln der Sprache ..." (1957d, 144).

Hier gibt es daher auch zwischen den fast (aber nie ganz) deduktionsfreien Konstatierungen (Wahrnehmungsurteilen) und den reinen Deduktionen (logischen Urteilen) – und damit letztlich zwischen „synthetischen" und „analytischen" Urteilen – vielfältige Zwischenstufen, obwohl sich die letzteren nicht aus den ersteren ableiten lassen (vgl. 1957d, 141–145). Übersetzt in die Sprache der anti-empiristischen Erkenntnistheorie PIAGETS, wäre eine „*analytische*" Erkenntnis als eine kognitive Aktivität zu definieren, deren Geltung („Wahrheit") ihre notwendige und ausreichende Bedingung in der Bedeutung (oder Schlußfolgerung aus der Bedeutung) der diese Aktivität konstituierenden Unteraktivitäten oder Operationen findet (während sich „synthetische" Erkenntnisse primär auf die Handlungsinhalte, -objekte oder -ergebnisse beziehen) (vgl. 1957d, 67, 69, 71 und passim).

Dieser Ansatz bietet auch die Möglichkeit, die Entstehung der *reinen Mathematik* als der höchsten Stufe der Abstraktion und als Inbegriff der reinen Denkformen zu erklären. Sie kann bis auf die Handlungskoordinationen der sensomotorischen Intelligenz zurückgeführt werden, aus denen durch fortschreitende reflektierende Abstraktionen bis hin zu den formalen Operationen des logisch-mathematischen Denkens immer allgemeinere Formen entwickelt werden. Mit empiristischen Reduktionen der Logik und der Mathematik auf „verbale Tautologien", S-R-Verbindungen oder bloße Assoziationen können reine Deduktionen, wie sie von einem bestimmten Abstraktionsniveau der logisch-mathematischen Erfahrung möglich werden, nicht plausibel erklärt werden (vgl. auch 1970a, 130, 132).

Vor dem Hintergrund der behandelten Strukturtheorie erlangt nun die „*Reflexion*" oder „reflektierende Abstraktion", die sich in der logisch-mathematischen Erfahrung ausdrückt, außer und neben der quasi-geometrischen Bedeutung einer Projektion oder Transposition von einer niederen auf eine höhere Verhaltensebene und der damit verbundenen „Interiorisierung" der niederen (vgl. 1967c, 366/367; 1970c, 79 und 1970d, 17/18) noch eine andere Bedeutung, die vor allem den konstruktiven Aspekt dieses Prozesses betrifft:

„... wenn man im Innern der reflektierenden Abstraktion die ‚Reflektion' im quasi-geometrischen Sinne der Projektion gewisser vorheriger Relationen auf eine neue Ebene des Denkens unterscheidet von der ‚Reflexion' im noetischen Sinn einer durch die *Rekonstruktion* dieser Relationen auf einer neuen Ebene notwendig gewordenen *Reorganisierung*, so gewinnt dieser zweite Aspekt gegenüber dem ersten zunehmend an Bedeutung, und die Rekonstruktionen schreiten dann durch immer beweglichere Rekombinationen und mit immer freieren Kombinationen voran..." (1970c, 79; Hervorhebungen von mir, FGW).

Denn damit die jeweils abstrahierte Struktur auf der neuen Ebene assimiliert werden kann, muß sie dort rekonstruiert oder reorganisiert werden (Reflexion im kognitiv-noetischen Sinn), d.h. mit den Strukturen oder Elementen der höheren Ebene koordiniert und in sie integriert werden. Dazu sind neue Koordinationen oder Operationen (sekundärer Art) notwendig, die denjenigen auf der niederen Stufe hinzugefügt werden. Die reflektierende Abstraktion ist also zugleich *konstruktiv*, da sie die reflektierten Koordinationen um neue Elemente, Aspekte, Koordinationen oder Operationen bereichert (vgl. 1950b, 303–304 und 1970f, 728):

„die Reflexion bereichert rückwirkend das vorherige Element im Lichte seiner Beziehungen zu dem späteren Element, während die Konstruktion es effektiv im Schoße einer neuen Struktur integriert" (1950b, 301).

Die ganze Zahl z.B. ist weder in den logischen Klassen noch in den asymmetrischen Relationen enthalten, deren „operatorische Synthese" sie bildet. Ist sie jedoch erst einmal konstruiert, dann wirkt sie auf diese zurück, indem sie den Mengenbezeichnungen ‚ein', ‚kein', ‚einige' und ‚alle' einen potentiellen numerischen Sinn verleiht (vgl. 1950b, 304).

Aus der logisch-mathematischen Erfahrung ergeben sich schließlich, wie vor der Einführung dieses Begriffes bereits dargelegt wurde, auf bestimmten Entwicklungsstufen rationale Evidenz- oder *Notwendigkeitsurteile* z.B. darüber, daß der Begriff ‚links' notwendig relativ ist zu einem Begriff ‚rechts' – unabhäbgig von den sich ändernden äußeren Koordinaten dieser relationalen Positionsbestimmung, – daß ein transormierter Gegenstand aufgrund seiner Formveränderung nicht auch sein Gewicht verändern muß usw.

„Für PIAGET ... ist logische Notwendigkeit die innere Notwendigkeit eines äquilibrierten Systems, nicht die äußere Notwendigkeit, die wir physischen Ereignissen zuschreiben. Logische Notwendigkeit kann in keinem engen Sinn des Begriffs erlernt werden, sondern sie wird von der sich entwickelnden Intelligenz selbst abgeleitet, soweit sie über ihr eigenes äquilibriertes Wirken reflektiert. Diese Reflektion ist keine introspektive Aktivität, sondern eine reflektierende Rückmeldung, die bisher unter dem Begriff der formalen Abstraktion erwähnt wurde“ (FURTH 1969, 233/234).

Wenn das Individuum – je nach seinem Intelligenzniveau – häufig (und nur im Prinzip allein von sich aus) zu solchen – von Evidenzgefühlen begleiteten – rationalen Begriffen oder logischen Normen gelangen kann, so werden diese doch in einem kultur- und milieuspezifisch variierenden Maße pädagogisch durch soziale Normen und als soziale Normen vermittelt. Dies geschieht vor allem dann, wenn ihre Befolgung für die Wirksamkeit oder den Erfolg sozialer Interaktionen nötig ist (vgl. 1950b, 278).

Diese soziale Normierung gilt sogar für die Mehrzahl der logischen und mathematischen Evidenzen, die dadurch als Verhaltensstrukturen (motivational) konsolidiert werden, obwohl ihre (strukturellen und funktionalen) psychogenetischen Wurzeln nichtsdestoweniger stets auch auf die behandelten Verhaltenskoordinationen und logisch-mathematischen Erfahrungen zurückgehen, die jedes Subjekt vorher selbst durchlaufen muß (vgl. 1961b, 211).

Neben den (zielgerichtet-sozialfunktional spezifizierten) sozialen Normen wirkt sich außerdem noch ein anderer (im vorvorigen Kapitel erwähnter) sozialer Einfluß indirekt auf den hier behandelten Entwicklungsfaktor aus, nämlich die Art und die Zusammensetzung der interindividuellen Handlungskoordinationen (also der Interaktionsstrukturen), ob diese durch artikulierte soziale Normen kontrolliert und sanktioniert werden oder nicht. Soweit das Individuum an Interaktionsprozessen teilnimmt, können bei ihm auch durch die Art seiner Beteiligung (z.B. seiner sozialen „Position“, seiner „Rolle“ usw.) und durch die Vielfalt der erfahrenen sozialen Koordinationen (zwischen den eigenen Verhaltensweisen und denjenigen der Interaktionspartner) reflektierende Abstraktionen angeregt werden, die von diesen aus zu generalisierbaren Operationsformen gelangen (vgl. 1961b, 209/310 und 1956b, 147/148). Von bestimmten Entwicklungsstufen ab dürfte dann die Unterscheidung schwieriger werden, ob eine rationale Verhaltens- oder Denkstruktur primär von individuellen oder mehr von sozialen Handlungskoordinationen abgeleitet wurde.

Auf der Grundlage der PIAGETschen Theorie ließe sich dabei außerdem die Annahme vertreten, daß die am stärksten sprachabhängigen Strukturen wie diejenigen der hypothetisch-deduktiven Operationen (zumindest im Prozeß ihrer Entstehung – vor ihrer potentiellen, inneren, gleichsam deduktiv-multiplikativen Verselbständigung) am meisten auf Abstraktionen aus sozialen Koordinationen (zwischen Handlungen, Perspektiven, Meinungen, Erwartungen usw.) in sprachlich hochdifferenzierten Milieus beruhen, zumal jene Strukturen eben auch in dieser Sphäre am intensivsten erfahren und geübt werden.

Der Akzent auf der Bedeutung der logisch-mathematischen Strukturen für die Intelligenz (als System operativer Verhaltens- und Anpassungstechniken) könnte schließlich auch – worauf sich PIAGET selbst allerdings nicht beruft – durch faktorenanalytische IQ-Messungen gerechtfertigt werden, wonach eine hohe mathematische Intelligenz mit allen anderen geistigen Fertigkeiten signifikant hoch korreliert (vgl. BERELSON & STEINER 1964, 214/215).

Bei dieser Gelegenheit sei aber daran erinnert, daß es PIAGET nie um die quantitative und differentielle Bestimmung des Intelligenzgrades oder die faktorielle Analyse der Intelligenzkomponenten gegangen ist, sondern vielmehr nur um die allgemeine, qualitative Strukturentwicklung der logischen Operationen im Sinne seiner ebenso allgemeinen Erkenntnistheorie.

I.5.a.e „Äquilibration" durch konstruktive Selbstregulation[22]

Die behandelten Faktorengruppen sind allerdings – für sich betrachtet – noch zu disparat, um allein bereits eine plausible Erklärung für die Entwicklung der operativen und operatorischen Denkstrukturen liefern zu können, zumal wenn man diesem Prozeß (wie PIAGET) eine gewisse berechenbare Gesetzmäßigkeit, einen evolutionären Ablauf und eine bestimmte Richtung zuschreiben will. Auf der Suche nach einer solchen *spezifisch entwicklungstheoretischen Erklärung,* die alle Faktoren gleichzeitig umfassen, aber auch dem schrittweisen Übergang von den kausalen zu den implikativen Strukturen – sowie schließlich dem konstruktiv-kreativen und zugleich sequentiell gerichteten Charakter des Entwicklungsablaufs – ohne Finalismus gerecht werden könnte, hat PIAGET die behandelten funktionalen Komponenten seiner Theorie (seine Begriffe der Anpassung, der Organisation, des Gleichgewichts und der Motivation) so miteinander kombiniert, daß er zu einer Art Generalerklärungsformel für die Entwicklung (der Denkstrukturen) gelangen konnte.

Diese Formel ist in seinem – dem kybernetischen Regelkreismodell entlehnten – Begriff der „Äquilibration durch Selbstregulation" enthalten, mit dem er – wiederum in Analogie zum allgemeinsten Ablauf der organismischen Selbstregulationen – den allgemeinsten und grundlegensten funktionalen *Konstruktionsmechanismus* der denkstrukturellen Entwicklung bezeichnet wissen will (vgl. 1966a, 126; 1968, 58/59 und PINARD & LAURENDEAU in: Stud. Cogn. Dev. 1969, 153/154).

„Äquilibration" (équilibration) kennzeichnet alle diejenigen (psychosozialen) kognitiven Verhaltensweisen adaptiver, organisierender, reflektierender, integrierender, koordinierender und störungskompensierender, also insgesamt regulierender und zugleich konstruktiver Art, mit denen das erkennende Subjekt zwischen unterschiedlichen Elementen seines kognitiven Objektfeldes, zwischen den (alten und neuen) Elementen oder Substrukturen seiner eigenen intelligenten Verhaltensstrukturgesamtheit sowie zwischen seinen Strukturen und denjenigen der Umwelt Beziehungen bildet und Gleichgewichtszustände herstellt.

Die zentrale, die anderen Entwicklungsfaktoren zu einem relativ widerspruchsfreien Gesamtablauf koordinierende, vereinheitlichend organisierende und miteinander integrierende, sehr allgemeine (von der organischen bis zur sozialen

22 Eine detaillierte Monographie zu diesem Kernproblem seiner Theorie hat PIAGET unter dem Titel L'équilibration des structures cognitives – Problème central du développement, veröffentlicht. EEG XXXIII, Paris 1975 (dt. Stuttgart 1976).

Verhaltensebene reichende und die Vielfalt der möglichen koordinierten Inhalte gleichsam als allgemeine funktionale Form überschreitende) Funktion des Äquilibrationsmechanismus verschafft dem Subjekt und damit den „äquilibrierenden" Verhaltensweisen eine gewisse *Autonomie* im Verhältnis zu den anderen Entwicklungsfaktoren und den unterschiedlichen Inhalten des Erkennens. Diese Autonomie drückt sich in jener erwähnten Eigendynamik aus, die alle selbstregulativen, lebenden Systeme kennzeichnet:

„... die Selbstregulierung bildet offenbar eine der universalsten Eigenschaften des Lebens und zugleich den allgemeinsten Mechanismus, der den organischen und den kognitiven Reaktionen gemeinsam ist" (1970c, 72).

Wenn PIAGET häufig die „biologische Grundlegung" seiner Erkenntnistheorie betont, so ist das primär in eben diesem Sinne der funktionalen Übereinstimmung aller lebenden Struktursysteme im Grundmechanismus ihrer regelkreisartigen Äquilibration durch Selbstregulation bei ihren Austauschprozessen mit der Umwelt zu verstehen und nicht etwa im Sinne einer etwaigen biogenetischen Übertragung fertiger kognitiver Verhaltensstrukturen.

Die vitale, funktionale Allgemeinheit dieses Mechanismus entspricht der Suche PIAGETS nach den universalsten, biopsychosozialen Entstehungsbedingungen der weitreichendsten, inhaltsleersten Erkenntnisformen und Denkstrukturen. Entscheidend dabei ist, daß der Mechanismus der Äquilibration wie der Selbstregulation universaler ist als seine biogenetisch vererbbaren Inhalte selbst, die sich ihrerseits von einer lebenden Art sowie von einer Mutation zur anderen ändern können.

Die Äquilibration als Entwicklungsmechanismus kennzeichnet den Organismus ebenso wie die Strukturgesamtheit der allgemeinsten Denkstrukturen als *offene Systeme selbstregulativer Aktivitäten,* die sich im Interaktionsprozeß mit der Umwelt durch retroaktive und antizipatorische Kompensationen gegenüber inneren und äußeren Störungen in einem dynamischen Gleichgewicht halten und auf höheren Entwicklungsstufen bzw. in stabileren Gleichgewichtszuständen auch mit komplexeren Regulationsformen (bis hin zu den formalen Operationen) „arbeiten".

„Ein solcher innerer Mechanismus ... ist nun faktisch beobachtbar während jeder partiellen Konstruktion und während jedes Übergangs von einem Stadium zum folgenden: es ist ein Äquilibrationsprozeß – nicht im Sinne einer einfachen Balance der Kräfte wie in der Mechanik oder eines Zuwachses an Entropie wie in der Thermodynamik, sondern im heute dank der Kybernetik präzisen Sinne einer Selbstregulierung als einer Folge von aktiven Kompensationen des Subjekts in Reaktion auf äußere Störungen und einer zugleich retroaktiven (Rückkopplungssysteme oder Feedbacks) und antizipatorischen Regelung, die ein permanentes System solcher Kompensationen bildet" (1966a, 124/125).

In der Wahrnehmung z.B. kompensieren regulierende Aktivitäten des Subjekts die deformierenden Wirkungen einzelner Zentrierungen der Sinnesorgane, die – unkorrigiert – zu Wahrnehmungsillusionen führen würden. Die bemerkenswertesten Äquilibrationen auf dieser kognitiven Ebene sind die Größen- oder Formkonstanzen entfernter oder sich entfernender Gegenstände: die (kognitiv) „reale Größe" wird mit Hilfe einer Art von retroaktiven Korrektur der „scheinbaren Größe" durch die registrierte Distanz des Gegenstandes konstruiert. – Auf der Ebene des „trial-and-error"-Lernens bestehen die äquilibratorischen Selbstregulationen in der Auswirkung des zurückgemeldeten Erfolges einer Verhaltensweise auf die folgenden Verhaltensweisen sowie in einer zunehmenden

Antizipation der mutmaßlich zu erwartenden Erfolge oder Mißerfolge. – Die Art der Selbstregulationen auf der Ebene des operatorischen Denkens liegt vor allem im Prinzip der vollständigen Reversibilität als der Möglichkeit begründet, jedwede Störung oder Transformtion des Kognitionsfeldes durch entsprechende Kompensationen aufzufangen oder durch Assimilation den Subjektstrukturen zu integrieren. – PIAGET meint generell, die Konstruktionen von operatorischen Strukturen in Form von äquilibratorischen Aktivitäten ausdrücken zu können: bei der Bildung der Seriations-Operation z.B. müssen die asymmetrischen Relationen ‚größer als' und ‚kleiner als' in ein Gleichgewicht zueinander gebracht werden. „Dort, wo der Assoziationismus die Lösung eines Problems durch die kumulative Wirkung der vorherigen Erfahrungen erklärt, besteht die Hypothese der Äquilibration darin, in dem gestellten Problem ... eine in das System der vorherigen Schemata des Subjekts eingeführte Störung zu sehen: seine doppelte Reaktion besteht dann darin, die Störungsgegebenheiten nach Maßgabe der Möglichkeiten an die vorherigen Schemata zu assimilieren und – in dem Maße, wie dies notwendig ist – dieselben Schemata zu verändern durch eine diese differenzierende Akkomodation an die Gegebenheiten" (1957c, 108).

Die Äquilibration kann ganz allgemein als der Mechanismus und der Prozeß der *Herstellung von Gleichgewichtszuständen steigender Strukturhöhe* zwischen den assimilativen und den akkomodativen Verhaltensweisen (bzw. zwischen „Affirmationen" und „Negationen") verstanden werden. Aufgrund seiner beständigen, selbstregulativ-strukturerhaltenden und -erweiternden Verarbeitung neuer Umwelteinflüsse besteht dieser Prozeß nicht nur in einer reaktiven Kompensation von Gleichgewichtsstörungen oder einer statischen Stabilisierung von Gleichgewichtszuständen, sondern zugleich in einer *fortschreitenden Konstruktion neuer Strukturen* jeweils beweglicheren Gleichgewichts (im Falle progressiver Entwicklung).

Wenn PIAGET gelegentlich von der Äquilibration als einem „inneren" Mechanismus der Entwicklung spricht, so doch nur in dem Sinne, daß es letztlich immer das Subjekt selbst ist, das die entsprechenden Verhaltensregulationen vollziehen muß. Dies hat jedoch zu zahlreichen Mißverständnissen geführt. So beinhaltet der Mechanismus nicht nur die „endogenen" Aktivitäten des Subjekts – wie FURTH annimmt –, sondern durchaus ebenfalls „exogene" oder „exogen bedingte" Aktivitäten wie die sozialen Verhaltensregulationen und -koordinationen (vgl. 1967a, 279; 1966a, 126), obschon PIAGET alle äquilibratorischen Verhaltensweisen zur Unterscheidung von anderen Techniken des Verhaltenserwerbs auf primär unbewußte und spontane Aktivitäten begrenzt wissen will (1959c, 183/184). Dabei tut für ihn der soziale Einfluß der Spontaneität des Verhaltens keinen Abbruch, zumal auch soziale Verhaltensweisen durchaus Produkte einer spontan vom Subjekt bestimmten selektiven Verarbeitung sozialer Einflüsse darstellen. Der biogene Faktor spielt bei der Entwicklung der logischen Denkoperationen anteilmäßig jedenfalls auch für PIAGET die relativ geringste Rolle: so betont er ausdrücklich, daß diese Operationen

„Ergebnis einer fortschreitenden Äquilibration vielmehr von psycho-soziologischer Natur sind als biologisch ererbt" (1966d, 32/33) und daß die spezifische Bedeutung der kognitiven Funktionen außerdem generell darin liege, „als Organe der Selbstregulierung oder der Äquilibration auf dem Gebiet der dem Verhalten eigenen Interaktionsprozesse" (1967c, 49) mit dem Milieu zu dienen.

Zahlreiche Forscher haben den Äquilibrationsmechanismus mit dem Faktor der Reifung gleichgesetzt und daher sogar angenommen, PIAGET fasse generell die denkstrukturelle Entwicklung primär als Vorgang der Reifung auf, zumal er tatsächlich die Wirksamkeit und

die Bedeutung gezielter pädagogischer und sprachlicher Einflüsse auf diese Entwicklung sehr gering veranschlagt (vgl. WOLFF 1960, 35; AEBLI 1963b, 89; SONSTROEM, 214 und GREENFIELD, 226 in: BRUNER u.a. 1966).
Dies ist jedoch ganz falsch, wenn damit (wie bei GREENFIELD) eine biologische Reifung oder Entfaltung fertiger Anlagen gemeint ist, und allenfalls halb-richtig, wenn (wie bei den anderen Autoren) eine Art psychischer Reifung gemeint ist.

Für PIAGET handelt es sich bei den „äquilibrierenden" Aktivitäten in jedem Fall um mittelbar (im Gegensatz zu unmittelbar – wie durch die Wahrnehmung) *erworbene* und sogar im weiten Sinne erlernte Verhaltensweisen, um originäre Neukonstruktionen, – nur daß die Art der Erwerbung erstens spontan ist im Sinne kompensatorisch-regulatorischer, organisierender, koordinierender, integrierender usw. Reaktionen auf Gleichgewichtsstörungen und zweitens nicht aus der Objekt-Erfahrung geschöpft wird, also etwa im engen Sinne erlernt würde (vgl. 1959b, 37/38; 1959c, 183/184). Durch Äquilibration erfolgte Verhaltenserwerbungen wären danach in der Verhaltenshierarchie zwischen dem Angeborenen und dem im üblichen (engen) Sinne „Erlernten" zu lokalisieren, und zwar auf der Ebene meist unbewußter, spontaner Handlungskoordinationen des Subjekts im eigenen individuellen und sozialen Handlungszusammenhang.

Im Rahmen der „genetischen" Erkenntnistheorie PIAGETS haben das Äquilibrationskonzept und das Selbstregulations-Modell für die Erklärung der Invarianzbegriffe bzw. der rationalen Grundstrukturen unseres Erkennens eine Reihe von Vorteilen, die im folgenden herausgearbeitet werden sollen: damit kann der Sinn des Äquilibrationsbegriffes weiter verdeutlicht werden.

1. Die äquilibrationstheoretische Erklärung der Entstehung logischer Strukturen *bleibt auf der Handlungsebene des psychosozialen Erkenntnissubjekts* und vermeidet es so, jene Strukturen unzulässig auf einen verdinglichten Faktorenbereich jenseits dieser Ebene zu reduzieren. So umgeht sie *einseitige Reduktionismen,* wie sie entweder in den Verabsolutierungen der angeborenen Strukturen (durch die verschiedenen Formen des Apriorismus) oder mit der Annahme von den als „Objektkopien" erwerbbaren Verhaltensstrukturen (im Empirismus oder etwa im soziolinguistischen Konventionalismus der Strukturen rein verbalen Ursprungs) vorkommen (vgl. auch 1965d; 1967c, 49). Statt an deren Stelle einen neuen deterministischen Reduktionismus zu setzen, liefert das Äquilibrationskonzept eine *konstruktivistisch-handlungstheoretische Erklärung,* in die die verschiedenen anderen Faktoren – in ihrem Stellenwert relativiert – gleichwohl als notwendige Komponenten eingehen. So bestimmen organische Reifungsprozesse und vitale Bedürfnisse die psychosoziale Äquilibrationsaktivität ebenso wie dies die sozialen Interaktionen, die Objekterfahrungen und vor allem die Handlungsabstraktionen tun. Alle diese Entwicklungsfaktoren erhalten aber gerade erst durch die organisierende, assimilierende, akkomodierende, koordinierende, integrierende usw., also insgesamt die selbstregulative, Äquilibrationsaktivität des handelnden Subjekts ihren funktionellen Zusammenhang und überdies ihre Entwicklungsrichtung. Unausgeglichenheiten, Widersprüche und Konflikte zwischen ihnen übersetzen sich dem Subjekt – wie in der Motivationstheorie dargelegt – (allerdings nur im Falle ausreichender kognitiver „Sensibilität") in entsprechende Motive zu „äquilibrierend" regulierenden

Handlungen, durch die es konstruktiv zu neuen Verhaltens- und Erkenntnisstrukturen jeweils stabilerer Gleichgewichtszustände gelangen kann. Entwicklungsverzögerungen oder -stillstände können jeweils durch Mängel an stadienspezifisch angemessenen „Eingaben" der verschiedenen Entwicklungsfaktoren – vor allem des sozialen – in den Äquilibrationsvorgang erklärt werden. So hängt die reale Aktualisierbarkeit und Erreichbarkeit der höheren Äquilibrationsaktivitäten (wie der formal-operatorischen Regulationen) entscheidend von entsprechend „äquilibrierten" sozialisierenden Interaktionen, d.h. von kooperativ (oder genauer: „kooperatorisch") strukturierten Interaktions- und verbal differenzierten Kommunikationsformen ab.

2. Das Äquilibrationskonzept macht zugleich deutlich, daß *Erkenntnisse* nicht allein oder hauptsächlich darin bestehen können, *Informationen* zu erwerben und zu akkumulieren, sondern auch und in erster Linie darin, sie – sofern sie nicht unverstanden bleiben sollen – zu *organisieren,* zu koordinieren und begriffsbildend zu strukturieren. Eben dies geschieht mit jenen Verhaltenssystemen äquilibratorischer Selbstkontrolle und -regulation, die sowohl für die subjektiv-pragmatische und der Problemlösung dienende Verwendung der Erkenntnisse als auch für ihre erreichbare adaptiv-beweglichste Übereinstimmung mit der intersubjektiv objektivierbaren Realität sorgen (vgl. auch 1967c, 77). Dabei ist das „Rückkopplungs"-Schema geeignet, das im Funktionieren der Intelligenz wirksame *Regulations*prinzip zu veranschaulichen. Denn es verbindet den Endpunkt einer Systemveränderung mit dem Ausgangspunkt dieser Veränderung (= der Kognitionsfeldveränderung als Gleichgewichts"störung") und verdeutlicht so die Notwendigkeit der zur Anpassung bzw. zur Lösung eines Problems führenden – auf Rückkopplung der Störung zum bestehenden Rezeptions- oder Verhaltenssystem beruhenden – Regulation.

3. Von größter Bedeutung ist für PIAGET offenbar, daß mit Hilfe des Regelkreis-Modells und des Äquilibrationsbegriffes die *Gerichtetheit* der denkstrukturellen Entwicklung *ohne* den anthropozentrischen Begriff der *Finalität*, ohne die mechanistische Vorstellung einer linearen Kausalität und ohne die Annahme einer biogenetischen Vorprogrammierung des Verhaltens oder eines vorher errichteten Entwicklungsplanes *kausalgesetzlich erklärt* werden kann. Außerdem braucht somit die These von der je individuellen Konstruktion der Denkstrukturen durch das erkennende Sozialisationssubjekt – bzw. von der konstitutiven Subjektivität alles Erkennens – nicht aufgegeben zu werden. Die Äquilibration stellt danach selbst den entscheidenden inneren Mechanismus dieser Konstruktionen dar (vgl. 1966a, 124), der ihnen gerade eine Richtung auferlegt, die *mit den kreativ-konstruktiven Selbstregulationen des Subjekts vereinbar* ist (vgl. 1968, 76).
Die Kybernetik als Theorie selbstregulativer Systeme hat Äquivalente einer verhaltenswissenschaftlich objektivierten Finalität im hier gemeinten Sinne geliefert, nämlich kausale Interpretationen auf der Basis einer *nicht-teleologischen „Teleonomie"* (bzw. einer nichtzweckhaft prädeterminierten, gesetzlichen Zielgerichtetheit, vgl. auch 1966d, 39) von gerichteten, zugleich selbstkorrigierenden und teilweise sogar antizipatorischen Prozessen. Damit konnte einmal klarwerden, daß der Begriff der Finalität im Bereich der Lebensprozesse (wie

derjenigen der Denkentwicklung) objektive Realitäten deckt, und zwar z.B. die funktionelle Nützlichkeit resp. Zweckmäßigkeit (Bewahrung, Verbesserung oder Erweiterung von Strukturen in einem hierarchischen Gesamtsystem oder einer Organisation), die Anpassung, die Gerichtetheit der Entwicklung oder schließlich die antizipatorischen Regulationen, die sich aus der Wiederholung der Rückkopplungen oder aus der Benutzung vorhandener Informationen ergeben (vgl. 1957b, 69–72ff; 1965a, 61 und 1966d, 39).

Zum anderen war es mit Hilfe jenes Erklärungsmodells auf dieser Basis möglich, die alte „causa finalis" und die lineare Kausalität durch die Auffassung von einer auf Rückkopplungs- und Selbstregulierungsmechanismen beruhenden *„zyklischen Kausalität"* zu überwinden (vgl. 1965e, 18; 1966d, 39 und 1967c, 155/156). Da die Strukturen kybernetischer Denkmaschinen, deren Operationen von ihren Konstrukteuren in bedeutungshaltige Bewußtseinsimplikationen übersetzt werden, gleichsam mechanisch-kausale Äquivalente von Implikationssystemen darstellen, wird mit diesem Modell außerdem der *Gegensatz zwischen implikativen Denk- und kausalen Verhaltensweisen vermindert.* – Dies kommt zugleich der PIAGETschen Kontinuitätsthese über den psychogenetischen Zusammenhang zwischen organischen und kognitiven Selbstregulationen entgegen. – Die selbstregulativen Äquilibrationsaktivitäten im Rahmen der menschlichen Entwicklungsprozesse (wie derjenigen des Denkens) können im übrigen nicht im Sinne einer zyklisch-statischen „Homöostase" (rein systemerhaltender, vollendeter Gleichgewichtszustände), sondern müssen im Sinne einer zyklisch-*progressiven „Homöorhese"* (nach WADDINGTON), d.h. als Prozesse der fortschreitenden Gleichgewichtsverbesserung aufgefaßt werden, die im Falle wirksam werdender Störungseinflüsse eine kompensatorisch-regulatorische Rückkehr auf einen einmal eingeschlagenen „Entwicklungspfad" vollziehen (vgl. 1967c, 22, 29, 34ff.), wie er im Falle der denkstrukturellen Entwicklung nach PIAGET der konstruktiv-integrativen und reflexiv-differenzierenden Strukturenerweiterung entspricht.

Das Regelkreis-Modell erleichtert schließlich auch die Erklärung des *dialektisch-zirkulären* Charakters der Subjekt-Objekt-Beziehungen – wie gerade der kognitiven – und wird daher besser als andere der Komplexität aller auf Interdependenzen, Interaktionen, Kreisen, Zirkeln oder „Spiralen" beruhenden Kausalverhältnisse gerecht:

> „So hat der Begriff des Gleichgewichts in den biologischen und den Humanwissenschaften nur Sinn in einer Perspektive der Selbstregulierung, was mehr oder weniger an dialektische Prozesse erinnert; denn in einer Folge von Ungleichgewichtszuständen oder Krisen und von Gleichgewichtswiederherstellungen (rééquilibrations), die den vorangegangenen voraus sind, kommen notwendigerweise Konflikte zwischen zuerst antagonistischen und schließlich ‚überholten' Tendenzen vor, die nicht aufgrund einer physikalischen Balance ihrer Kräfte, sondern mit Hilfe einer die *ausgeglichene Synthese* (synthèse équilibrée) bildenden Reorganisierung überwunden werden" (1965b, 12; Hervorhebungen von mir, FGW).

4. Mit Äquilibrationsprozessen und -mechanismen können auf jeder (von der organischen bis zur sozialen) Ebene vitaler Prozesse und menschlichen Verhaltens Übergänge von niederen zu höheren bzw. stabileren Gleichgewichtszustän-

den, also *Entwicklungsprozesse, erklärt* werden. In PIAGETS Theorie liefern sie daher auch nicht nur eine funktionale Kausalerklärung für die charakteristischen Regulationsaktivitäten der einzelnen Entwicklungsstufen, sondern auch für deren Endformen, die *reversiblen Operationen,* deren Gruppierungen Systeme unbegrenzter und vollständiger Regulationen darstellen (vgl. 1959d, 131; 1963c, 153; 1965a, 272 und 1970e, 262), – und damit für den *Übergang von „zeitlichen" zu „überzeitlichen" Strukturen,* d.h. von den inhaltlich bestimmten, individuell und soziokulturell variablen, partikularen Verhaltensweisen zu den maximal formalisierbaren, universalen Handlungskoordinationen der logischen Strukturen mit Notwendigkeitscharakter, wie sie in mehr oder weniger elementarer oder entwickelter Form in zahlreichen Verhaltensweisen aller Menschen als „epistemischer Subjekte" bereits generell vorkommen. Das auf derartige kognitive oder kognitiv relevante Verhaltensweisen angewandte Äquilibrationsmodell kann nach PIAGET deren *Übergang zu rationalen Verhaltensstrukturen* insofern erklären, als es die beiden dafür notwendigen *Bedingungen* erfüllt, nämlich ein *System geregelter Transformationen* darzustellen und eine *Öffnung für das Mögliche* zu enthalten (vgl. 1968, 96):

„Als Selbstregulation bildet die Äquilibration in der Tat einen *zeitlichen Prozeß* von annäherungsweiser, aber *wachsender Reversibilität.* Die für die Operation kennzeichnende vollständige Reversibilität bezeichnet dagegen die Ebene, wo die Regulation sich ... auf die Handlungen als solche bezieht: das ist dann die Schließung des Systems, die zugleich ... seinen *überzeitlichen* oder eigentlich logischen Charakter sichert" (1967a, 275 Anm.; Hervorhebungen von mir, FGW).

Das Äquilibrationsmodell ist daher bei PIAGET in erster Linie Produkt seines erklärenden Bemühens, einen der Allgemeinheit der logischen Strukturen angemessenen Hauptmechanismus ihrer psychosozialen Entstehung zu finden. Denn gerade dafür dürften kaum Faktoren oder Mechanismen als ausreichende Bedingungen herangezogen werden können, die zufälligen Variationen (wie Mutationen auf organischer, subjektiven Vorstellungen auf psychischer oder Interessen und Machtstrukturen auf sozialer Ebene) unterworfen sind. Schon auf organischer Ebene, wo sie als Vorbedingung biogenetischer Übertragungen dient, ist die Äquilibration durch Selbstregulation, wie erwähnt, *allgemeiner als der Inhalt der Vererbungen.* Als organisierend-adaptiver Grundmechanismus aller vitalen Prozesse stellt sie daher zugleich das einzige *„apriori"* dar, das PIAGET auch für die menschliche „ratio" anerkennt, die aufgrund ihrer hochdifferenzierten „Regulationsorgane" (der logischen Operationen) allerdings als die höchstentwickelte und stabilste Form dieses selbstregulativen Gleichgewichts gelten kann.

Denn insofern die *logischen Strukturen* des Handelns und Denkens (als auf beliebige Objekte oder Inhalte anwendbare operative Formen) *vollständig „äquilibrierte",* d.h. gegenüber der Objektwelt in einem unstörbaren Gleichgewicht befindliche *Systeme selbstregulativer Kompensationsaktivitäten* und Handlungskoordinationen darstellen, mit denen im Prinzip jede Realitätsveränderung geistig „aufgefangen" werden kann, läßt sich ihre allgemeinste, bio-, psycho- und soziogenetische Entstehungsweise eben auf jenen Äquilibrationsmechanismus zurückführen. Die für die logischen Strukturen charakteristischen

Invarianzbegriffe (die in hochentwickelten Kulturen Selbstverständlichkeiten darstellen und in der überwiegenden pädagogischen Praxis – jedenfalls bis zur gegenwärtigen Popularisierung der PIAGETschen Entdeckungen – auch gar nicht vermittelt wurden) werden daher nach PIAGETS Ansicht im Prozeß der kognitiven Psychogenese und Sozialisation weniger aufgrund spezieller Lernerfahrungen oder besonderer Umweltinformationen gebildet als aufgrund der unter dem indirekten Einfluß der Summe aller behandelten Entwicklungsfaktoren zunehmend beweglicher, reversibler und objektunabhängiger werdenden selbstregulativen (und daher weitgehend autonomen) Kompensationsaktivitäten. Diese werden gegenüber beliebigen kognitiven Gleichgewichtsstörungen aktualisiert aufgrund eines immer flexibleren Abstrahierens von (gleichsam handlungskoordinativ übersetzbaren und generalisierbaren) Transformationen statt von bloßen Zuständen oder Transformationsergebnissen (vgl. auch 1957c, 48 ff.; 1961b, 210; PINARD & LAURENDEAU in: Stud. Cogn. Dev. 1969, 151 und FURTH 1969, 225).
Es wäre sonst z. B. auch nur schwer erklärlich, warum etwa die Invarianzbegriffe der Menge, des Gewichts und des Volumens (trotz des häufig vorhandenen Angebots übereinstimmender sozialer Bezeichnungen des Bewahrungsphänomens bei allen physikalischen Objekten!) mit großer Regelmäßigkeit nur in einem zeitlichen Nacheinander von Jahren erworben werden. Dies läßt sich nur durch den unterschiedlichen Anschauungs- und Komplexitätsgrad dieser Phänomene sowie die stadienspezifische Begrenztheit der subjektiven Abstraktionsfähigkeit ihnen gegenüber und damit durch die verfügbaren regulativen Kompensationsaktivitäten erklären.
Die Theorie impliziert somit zugleich, daß die durch Äquilibrationen bewirkten Verhaltensänderungen Monate oder Jahre dauern und primär nur aus dem sequentiellen Charakter der Entwicklungsschritte erschlossen werden können: es wird daher im Einzelfall auch schwierig sein, die Äquilibrationsvorgänge genau zu erfassen.

5. Die Äquilibrationstheorie könnte nach PIAGETS Ansicht schließlich den *evolutionär-sequentiellen Charakter* der denkstrukturellen Entwicklung erklären helfen, indem sie aufzeigt,

> „daß der Äquilibrationsprozeß derart auf einer Folge wachsender, aber sequentieller Wahrscheinlichkeiten beruht, daß jedes Stadium das wahrscheinlichste nach dem vorangegangenen *wird*, ohne es von Anfang an zu sein..." (1965a, 272)

Das heißt, daß die Wahrscheinlichkeit des Auftretens der typischen Verhaltensweisen eines Entwicklungsstadiums in dem Maße wächst, wie die Verhaltensstrukturen des vorausgegangenen Stadiums ausgebildet sind, aber durch mit ihnen noch nicht bewältigte neue Probleme, Störungen eines erweiterten Kognitionsfeldes oder kognitive Bedürfnisse höherer oder komplexerer Art in ihrer (unbeschränkten) assimilativen Generalisierbarkeit (ggü. den neuen Objekten) behindert werden. Es werden dann neue akkomodative Strategien notwendig, welche vorher nicht beachtete Gegenstandsdimensionen berücksichtigen und so zur selbstregulativen Differenzierung der überholten Assimilationsschemata beitragen: dadurch ist der Äquilibrationsvorgang allgemein definiert. Die sukzessiven

Äquilibrationsphasen müßten daher auch spieltheoretisch in Begriffen kognitiver Strategien erklärt, formuliert und wahrscheinlichkeitstheoretisch interpretiert werden können (vgl. 1957c, 58ff., 109; 1961b, 211; 1970e, 262 und 1970f, 725).

Es hat sich in PIAGETS Schriften gleichwohl gezeigt, daß es schwierig ist, den Äquilibrationsbegriff genau zu konkretisieren und experimentell zu belegen, wie LAURENDEAU & PINARD richtig bemängeln (in: Psy. Épist. Gén. 1966, 203/204 und in: Stud. Cogn. Dev. 1969, 150/151). PIAGET hat die experimentelle Analyse derjenigen Faktoren, die den Äquilibrationsprozeß auslösen oder hemmen sowie seine Richtung und sein Tempo bestimmen, außerdem zugunsten seiner allgemeinen Strukturanalysen stark vernachlässigt, so daß der „Hiatus" zur Praxis in seiner Äquilibrationstheorie besonders groß ist (vgl. dazu auch MONTADA 1968 im Anschluß an AEBLI 1963b). Sie bleibt ein sehr allgemeines theoretisches Erklärungsschema, das sich auch nicht auf jeden Einzelfall denkstruktureller Entwicklungsschritte in gleicher Weise anwenden läßt.

So ist für die Aktualisierung von Äquilibrationsvorgängen wie z.B. die Integration neuer Verhaltenselemente oder Substrukturen in Gesamtstrukturen oder die Beziehungsbildung zwischen bislang unkoordinierten Strukturen oder Strukturelementen usw. eine wesentliche – von PIAGET vernachlässigte – Voraussetzung motivationaler und kognitionsstruktureller Art, daß das Subjekt die entsprechenden Widersprüche (Inkonsistenzen, Gleichgewichtsstörungen) effektiv erkennt. MONTADA hat daher darauf hingewiesen, daß dafür wiederum ein Mindestmaß an geistiger Beweglichkeit Bedingung ist: bei geringer Beweglichkeit werden solche den Äquilibrationsprozeß auslösenden und damit die denkstrukturelle Entwicklung vorantreibenden Widersprüche gar nicht empfunden. Er kritisiert außerdem auch wohl zu Recht, daß PIAGET die Beweglichkeit eher als ein Ergebnis des Äquilibrationsprozesses ansieht als umgekehrt. Es scheint, daß aus dessen Sicht dieses Problem der Frage gleichkommt, ob die Henne oder das Ei zuerst dagewesen sei. Äquilibrationsaktivität beinhaltet für ihn offenbar, insofern sie allen selbstregulativen und vor allem lebenden Systemen primär ist, eo ipso schon ein hohes Maß an Beweglichkeit – ebenso wie diese par définition Äquilibrationsaktivität bedeutet. Doch vernachlässigt er dabei gerade die „bewegenden" Faktoren und damit seine eigene Motivationstheorie, soweit diese auch nach der Energetik des Handelns fragt (vgl. MONTADA, a.a.O.).

Wenn er allerdings schließlich den Pädagogen zur Auslösung jenes für die denkstrukturelle Entwicklung zentralen Mechanismus nahelegt, daß „den Schülern und Studenten ein *Maximum* an eigener Aktivität erlaubt sein sollte" (1966e, vi; Hervorhebung von ihm selbst), so bedeutet dies offenbar, daß er – ganz wie MONTADA, SEILER, AEBLI und andere Forscher es ihrerseits gefordert haben – auch soziale Anregungen und Einflüsse als entscheidende Bedingungsfaktoren der Äquilibrationsaktivität ansieht und daher auch als Bestimmungsgründe für geistige Beweglichkeit anerkennt.

In dem Maße dagegen, wie er die sozialen Aspekte der Äquilibrationsaktivität in zahlreichen seiner Schriften zugunsten der rein psychischen immer wieder selbst vernachlässigt und den weitgehend autonomen Charakter der Selbstregulation betont hat, stellt das Äquilibrationsmodell bei ihm doch weitgehend ein psychologistisches Erklärungsmodell dar. Wenn er außerdem die relative Irrelevanz pädagogischer Einflüsse für die Bildung der Invarianzbegriffe und damit die denkstrukturelle Entwicklung insgesamt betont, so leistet er der Interpretation seiner Äquilibrationskonzeption als Reifungstheorie tatsächlich selbst Vorschub. Da der damit angenommene „Reifungsprozeß" allerdings nach seinen ausdrücklichen Feststellungen primär durch die spontanen Aktivitäten des Individuums in der Auseinandersetzung mit seiner Umwelt und damit vor allem auch durch seine sozialen Interaktionen („unterhalb" bewußter oder gezielter sozialer bzw. pädagogischer Einflüsse) in Gang kommt, könnte man hier allenfalls nur – wenn überhaupt – von einer Art psychosozialen Reifungsprozesses sprechen. Das setzte außerdem voraus, daß dieser Prozeß direkten und gezielten psychischen oder sozialen Eingriffen nur schwer oder gar nicht zugänglich wäre. Je präziser die Äquilibrationen aber wissenschaftlich faßbar gemacht werden könnten, würde dies im Gefolge der Vermittlungsprozesse einer wissenschaftlich orientierten Pädagogik immer weniger der Fall sein. Man würde dann auch hier von echten psychosozialen Konstruktionsprozessen sprechen können, die sich schließlich beliebig anregen und beschleunigen ließen.

I.5.b Dimensionen der Entwicklung logischer Denkstrukturen

Nach den Faktoren und Mechanismen der denkstrukturellen Entwicklung können anschließend die allgemeinsten Merkmale ihres Verlaufs behandelt werden. Zunächst sei noch einmal betont, daß der Gegenstand der Piagetschen Theorie nur der potentielle Gesamtablauf und die universal generalisierbaren Kennzeichen dieser kognitiven Entwicklung sind.

Das heißt, sie beschreibt und erklärt im wesentlichen nur die erfolgreichen Aufbauprozesse eines unter relativ günstigen Entwicklungsbedingungen erfolgenden, regelmäßigen, kontinuierlichen und progressiven Gesamtablaufs der Denkentwicklung bis hin zur Bildung des Verhaltenssystems der formallogischen Denkoperationen. Daß dies leicht zu einer gewissen Verdinglichung einmal erworbener Strukturen führen kann, wurde bereits erwähnt. An individuellen Differenzen, Variationen oder Bewältigungen dieses Ablaufs bzw. an Abweichungen vom statistisch durchschnittlichen (für ein sozial und psychophysisch begünstigtes Kognitionssubjekt unserer Kultur) als „normal" ansehbaren Entwicklungsverlauf, wie Regressionen, struktur- und stadienspezifischen Stagnationen oder pathologischen Prozessen war PIAGET im Prinzip nicht interessiert, obgleich er deren Vorkommen nicht geleugnet hat. Mit den Kategorien seiner Theorie sind sie jedenfalls entweder gar nicht oder nur sehr bedingt und global erklärbar. Andererseits schließt seine Konzeption aber auch nicht die Möglichkeit aus, daß durch theoretische Zusatzannahmen bzw. andere Theorien solche differentiellen Erklärungen an seine generellen anschließen, diese also auf den Einzelfall anwendbar machen können.

In den entwicklungstheoretischen Grundannahmen PIAGETS lassen sich wesentliche Übereinstimmungen mit den umfassenderen Entwicklungstheorien von Herbert SPENCER einerseits und Heinz WERNER andererseits erkennen. Außerdem wird sich zeigen, daß sie die meisten der von Hans THOMAE systematisierten qualitativen Modellvorstellungen psychischer Entwicklung (vgl. TH. 1959a, 13–15) – bis auf diejenige der Prägung oder Verfestigung – ebenso enthalten.

Allgemeines Kennzeichen der kognitiven Entwicklung ist nach PIAGET die *aktive Gestaltung* oder die Konstruktion aller erwerbbaren Verhaltensstrukturen: keine neue kognitive Struktur kann erworben werden, ohne daß sie vom Individuum mit Hilfe seiner eigenen Strukturen schöpferisch konstruiert oder rekonstruiert werden müßte. Dieser Konstruktionsprozeß besteht aus einer Kette von äußeren und inneren *Handlungsvollzügen* (mit fortschreitender Verlagerung von den ersteren zu den letzteren) und aus partiellen *Wiederholungen* der Handlungsschemata niederer Entwicklungsstufe im veränderten Zusammenhang der höheren Stufen, in die sie integriert werden und in denen sie folglich in reorganisierter Form wiederkehren. Denn jede Entwicklungsebene ist durch eine Neukoordination (Reorganisierung, Rekonstruktion) der durch die vorangegangene Entwicklungsebene gelieferten Elemente charakterisierbar (vgl. 1947a, 181).

Entwicklung ist stets ein endloser Austausch- oder *Interaktionsprozeß* zwischen dem Menschen und seiner Umwelt, der ganz allgemein durch diejenigen Gleichgewichts„störungen" vorangetrieben wird, die durch Veränderungen auf der Subjekt- und der Objektseite dieser Interaktion immer wieder auftreten. Haben neue Strukturen ihre Wurzeln in den jeweils vorangegangenen, so stellen sie doch selbst immer *Neukonstruktionen* oder „Schöpfungen" dar und sind keinesfalls in den vorangegangenen fertig angelegt, um etwa nur aktualisiert oder ausdifferenziert werden zu brauchen. PIAGET versteht die denkstrukturelle Entwicklung daher nicht im Sinne eines Prozesses der Reifung oder einer kontinuierlichen „Entfaltung" vorgegebener Strukturen, wie manche Autoren es mißverstehen (z. B. MAIER 1965, 92), sondern im Sinne *sukzessiver Konstruktionsschritte* und damit eines konstruktivistischen Evolutionismus.

Er hält sie in ihren inneren Ablaufsgesetzlichkeiten und ihrer Richtung weder primär durch biogenetische noch primär durch pädagogische Übertragungen für erklärbar. Gleichwohl ergibt sich aus den Bedingungen und Mechanismen der Entwicklungskontinuität und aus der spezifischen Gewichtung der als entscheidend angesehenen Entwicklungsfaktoren (reflektierende Handlungsabstraktion und selbstregulative Äquilibration), daß die Entwicklung für ihn *evolutionären* Charakter hat und daß, wie gesagt, Neuerwerbungen zu beliebiger Entwicklungszeit, das Überspringen von Entwicklungsstufen, der gleichzeitige Erwerb von Strukturen unterschiedlicher Stadien oder die Umkehrung der konstanten Entwicklungsreihenfolge auszuschließen sind.

Die Entwicklung verläuft in einer *Stufenfolge* mehr oder weniger kontinuierlich aufeinander aufbauender Stadien (mit konstanter Reihenfolge bei variabler Chronologie), wobei die funktionelle Kontinuität der stadienspezifischen Verhaltensweisen die strukturelle überwiegt. Das schließt zugleich die Auffassung der Entwicklung als eines *Wachstumsprozesses* im Sinne einer quantitativen und qualitativen Zunahme der vom Subjekt konstruierten Handlungs- oder Denkstrukturen ebenso ein wie diejenige der *Irreversibilität* der Entwicklungsrichtung. Strukturelle Konstruktionen der jeweils niederen Entwicklungsstufen sind in jedem Fall Voraussetzung für die Möglichkeit der Konstruktion von Strukturen höherer Entwicklungsstufen, so daß allein dadurch eine bestimmte Entwicklungsrichtung entsteht.

Die denkstrukturelle Entwicklung ist daher auch keine bloße Akkumulation mehr oder weniger unzusammenhängender oder zufälliger Erfahrungen, sondern ein *selbstregulativer Prozeß integrativ aufeinander aufbauender struktureller Neukonstruktionen:*

„Evolutionäre Entwicklung schreitet in der Weise einer organisierenden Totalität voran, – nicht im Sinne eines Außeneinflusses oder eines von vorn ziehenden Zweckes oder eines von hinten schiebenden Triebes, sondern als ein regulierender Faktor, der der Entfaltung der evolutionären Organisationen innewohnt.“ (FURTH 1969, 246)

Der evolutionäre Charakter der denkstrukturellen Entwicklung basiert auf dem integrativ-differenzierenden Verlauf der strukturellen Konstruktionsprozesse: danach werden einfache oder ältere Strukturen durch *Integration* (Reorganisierung, Rekonstruktion auf höherer Ebene, Koordination, Subsumtion) als Substrukturen in den durch *Differenzierung* (Reflexion, Abstraktion) gewonnenen neueren und komplexeren Strukturen aufgehoben. Integration und Differenzierung sind demnach komplementäre Konstruktionsprozesse.

Aus den strukturellen Konstruktionsgesetzen läßt sich daher, wie gezeigt, zugleich die *Gerichtetheit* der allgemeinen Denkentwicklung erklären. Alle kognitiven (wie bereits die organischen) Strukturen – von der Wahrnehmung über die sensomotorischen bis zu den begrifflichen Schemata – entwickeln sich tendenziell in der doppelten Richtung einer differenzierenden Verfeinerung und einer wachsenden Kohärenz (vgl. 1967c, 177). Der Begriff der Differenzierung bezieht sich dabei immer auf eine konstruktive *Strukturerweiterung* und nicht auf die bloße Neugliederung von Strukturen gleichbleibender Grundelemente: er ist für den deutschen Leser daher irreführend und von AEBLI zu Recht zum Anlaß einer entsprechenden Kritik genommen worden (vgl. AEBLI u.a. 1968, 12).

Das anfängliche Erkennen ist „synkretistisch“, d.h. ganzheitlich-undifferenziert, nicht-analytisch und enthält Vermischungen von (nach Erwachsenen-Maßstäben) unzusammenhängenden Dingen. Sofern anfangs Details wahrgenommen werden, bleiben sie doch in einem willkürlich, falsch oder nicht koordinierten Zusammenhang, werden isoliert nebeneinander aufgereiht oder subjektiv miteinander vermischt (vgl. Kap. II.2.b+c): erst im Verlaufe einer zunehmenden Teilstrukturenkoordination (Differenzierung und Integration) können die jeweiligen Gegenstandsbereiche objektiviert werden.

Wie andere psychische Entwicklungsprozesse ebenfalls verläuft auch die Denkentwicklung nach PIAGET von „diffus-ganzheitlichen“, „komplex-qualitativen“ und „global-undifferenzierten“ Primärstadien zu differenziert und hierarchisch-integrativ gegliederten Spätstadien (vgl. THOMAE 1959a, 14). Hieran zeigt sich entwicklungstheoretisches Gedankengut SPENCERianischer Prägung, da für PIAGET wie bereits für SPENCER die Entwicklung eine Integration zu zusammengesetzten Gebilden und eine Differenzierung innerhalb der Integration darstellt, wobei immer verschiedenere Teile immer abhängiger voneinander werden: insofern ist die Strukturentwicklung hier wie dort ein Fortschreiten von einer unbestimmten (bzw. uneinheitlichen, nichtzentralisierten) „inkohärenten Homogenität“ zu einer bestimmten (rational zielgerichteten, vereinheitlichten, zentralisierten) „kohärenten Heterogenität“ sowie ein *Fortschrittsprozeß* zu einer immer *besseren Anpassung* des Organismus an sein Milieu.

Die Prozesse der Integration, der Differenzierung, der Anpassung usw. gelten für PIAGET im übrigen auch in der sozialen Dimension der kognitiv-strukturellen Entwicklung, und zwar als Entwicklung (= Sozialisation) zu stets größerer kognitiv-sozialer Integrations- und zu flexibler Anpassungs- bei gleichzeitig erhöhter Differenzierungsfähigkeit:

„...die sozialen Interaktionen ... geben zu einem Prozeß der stufenweisen Strukturierung oder Sozialisation Anlaß, der von einem Zustand relativer Unkoordiniertheit oder Undifferenziertheit zwischen dem eigenen Gesichtspunkt und demjenigen anderer zu einem Zustand der Koordination der Gesichtspunkte und der Kooperation in den Handlungen und Kommunikationen übergeht." (1966a, 102)

Die denkstrukturelle Entwicklung verläuft daher in korrelativen Prozessen zunehmender *Individualisierung* und *Sozialisierung* des Denkens, die untrennbare Aspekte desselben allgemeineren Differenzierungs- und Anpassungsprozesses der psychosozialen Gesamtentwicklung des Denkens darstellen.

Mit der von ihm häufig betonten *Kontinuität* der Entwicklung meint PIAGET weniger spezifische Kontinuitäten zwischen den einzelnen Stadien als vielmehr die allgemeine aufgrund der funktionalen Grunddimensionen. Das entspricht der „SPENCERianischen Hypothese einer Kontinuität zwischen der Evolution des Lebens und derjenigen der Intelligenz" (1954a, 17).

Obwohl er nicht selten auf die Strukturgleichheit zwischen den Nervenkoordinationen und den allgemeinsten Handlungskoordinationen (= logischen Strukturen) hinweist, sieht er die eigentliche Kontinuität der Entwicklung zwischen den organischen und den logischen Strukturen doch nur in den funktionalen Mechanismen. Denn nur mit den assimilativen, akkomodativen sowie vor allem den organisierenden, selbstregulativen und äquilibratorischen Aktivitäten des psychosozialen „epistemischen Subjekts" werden auf allen Ebenen des Lebens die Interaktionsprozesse zwischen dem Organismus und dem Milieu in formal gleicher Weise aufrechterhalten.

„Die geistige Anpassung an das äußere Milieu und die innere Organisation, die sie beinhaltet, verlängern so die Mechanismen, die man von den elementaren vitalen Reaktionen ab verfolgen kann." (1936, 323)

Die operatorische Intelligenz kann so als die höchste Form oder das differenzierteste Organ der schon von der organischen Ebene ab vorkommenden menschlichen *Selbstregulationen* und *Anpassungsprozesse* an die innere und äußere Subjekt- und Objektwelt angesehen werden. Mit den logisch-mathematischen Strukturen besitzt der Mensch, wie betont, ein perfektes Instrumentarium der nicht mehr nur retroaktiven, sondern auch antizipatorischen „Selbstkorrektur" sowie der emanzipierenden Anpassung an beliebige Umweltstrukturen über die begrenzten Milieus hinaus, auf die er ohne diese flexiblen geistigen Anpassungsinstrumente beschränkt und eingeengt bliebe. In jenem Sinn übereinstimmender funktionaler Grundmechanismen wurzelt die Intelligenz für PIAGET wie für SPENCER „im Leben selbst" und stellt daher weder strukturell noch funktionell ein den Strukturen und Mechanismen des Lebens fremdes Verhaltenssystem dar.

Es ist hervorzuheben, daß PIAGET die Intelligenz trotz dieser biologischen Grundlegungen keineswegs etwa als eine angeborene „Fähigkeit" oder als eine „prospektive Kraft" ansieht, zu deren Erklärung metaphysische Konstrukte wie diejenigen eines „élan vital" (nach BERGSON) oder einer „Entelechie" (nach ARISTOTELES) nötig wären.

In ihrer Struktur sowie vor allem in ihren höheren Formen bleibt sie auch für ihn insofern ein psychologisches und soziologisches Problem der Erklärung, als zu ihrer Entwicklung eben primär eine Vielzahl psychischer Aktivitäten und sozialer Interaktionen nötig sind.

Wie schon mit Hilfe des Äquilibrationsmodells deutlich gemacht werden konnte, stellt die Denkentwicklung (zumal als Produkt komplexer Interaktionsvorgänge) in mehrfacher Hinsicht einen *dialektischen Prozeß* dar. So werden z.B. die jeweils einfacheren Strukturen in dem Maße in den komplexeren „aufgehoben", wie der Anwendungsbereich bzw. die Anwendbarkeit der alten Strukturen auf Widerstände stößt oder zu Widersprüchen und Inkohärenzen führt, die sich nur durch die Konstruktion neuer Strukturen bzw. durch die Erweiterung der alten Strukturen zu einer umfassenderen „Synthese" auflösen lassen. Der Entwicklungsprozeß beruht auf einem beständigen Wechselspiel zwischen Subjektstrukturen und Umweltstrukturen, einfachen und differenzierten, alten und neuen, unter- und übergeordneten, begrenzten und umfassenden Strukturen und hat schon deswegen nicht linear-kumulativen, sondern zyklisch-integrativen, retroaktiv-antizipatorischen (regulatorischen) und reflexiv-konstruktiven Charakter.

Es wirken nicht nur die vorhandenen Assimilationsschemata wegweisend für die neu konstruierten Schemata, sondern diese wirken auch ihrerseits integrativ zurück auf die älteren, indem sie sie durch Rekonstruktion und Reorganisierung im Rahmen des neugebildeten Zusammenhangs differenzieren und zu diesem in ein Gleichgewicht bringen, das seinerseits stabiler ist als die Gleichgewichtszustände niederer Strukturstufen.

Da PIAGET allerdings trotz seiner Tendenz zur Substantialisierung einmal erworbener Strukturen nicht annimmt, daß die heute historisch erreichten höchsten und allgemeinsten Denkstrukturen Endprodukte der möglichen Denkentwicklung sein könnten, betont er ihre prinzipielle *Offenheit für neue Entwicklungen*, ihre Revidierbarkeit (mit den im nächsten Kap. zu behandelnden Einschränkungen) und ihre beständige Erweiterungsfähigkeit:

„Das ‚natürliche' Denken ist niemals vollendet, sondern bleibt zu unbegrenzten Entwicklungen und Differenzierungen fähig." (1961b. 172)

Das anschauliche Modell für diese offene Entwicklung wäre eine nach oben offene *Spirale* (nach einer Vorstellung von Arnold GESELL), wonach mit jeder ihrer neuen Wendungen die Reichweite oder die Anwendungsuniversalität der jeweils neuen Strukturen endlos zunehmen können.

Denn mit der Strukturenerweiterung und -differenzierung, der wachsenden Allgemeinheit der kognitiven Handlungsschemata sowie ihrer zunehmenden Unabhängigkeit von partikularen Inhalten und Objekten steigt auch die raum-zeitliche und innere wie äußere Reichweite der geistigen Operationsmöglichkeiten, geht also eine *Vergrößerung des Handlungsfeldes,* eine Ausdehnung der kognitiv überbrückbaren Distanzen sowie eine *Komplizierung der Wege* in den möglichen kognitiven Subjekt-Objekt-Interaktionen einher:

„In dem Maße, wie die menschliche Intelligenz mit den logisch-mathematischen Strukturen ein Integrationsinstrument findet, das zunehmend von der Erfahrung unabhängig ist, gibt es gerade eine weiter und tiefer gehende Eroberung des erfahrenen Milieus." (1967c, 408).

Daher ist die Denkentwicklung generell auch ein Übergang von den vielfältigen subjektiven Zentrierungen auf das Ich in allen kognitiven Bereichen zu einer fortschreitenden *Dezentrierung* des Wahrnehmens, Handelns, Vorstellens und Denkens sowie zu einer abnehmenden Unmittelbarerfahrung, Konkretion und

Spezifizität des Verhaltens und Erkennens. Denn kognitives Verhalten entwickelt sich, wie im Kap. II. am Ablauf der Psychogenese im einzelnen beispielhaft belegt werden wird, vom konkreten Handeln über das bewußte Handeln zur Verbegrifflichung und zum abstrakten Handeln (= Operieren, operatorisches Denken) und verliert dadurch immer mehr seine anfängliche Unmittelbarkeit und Unvermitteltheit gegenüber den Objekten und dem Subjekt selbst. So werden die Objekte anfangs primär in ihrer subjektbezogenen Verwendbarkeit (ihrem Gebrauchswert) erkannt, dann in ihrer subjektunabhängigen Persistenz, später mit ihrem vorstellungsmäßigen Symbol, ihren einzelnen Eigenschaften und schließlich in ihrer relativen Objektivität, d.h. der Relativität ihrer äußeren Form, ihrer zeitlichen Ordnung, ihrer räumlichen Bezüge und ihren eventuellen variierenden Funktionen für den Menschen bei gleichzeitiger Invarianz ihrer konstituierenden Merkmale.

Erkenntnistheoretisch gesehen, geht mit diesem Prozeß der Dezentrierung des erkennenden Subjekts und seiner kognitiven Verhaltensweisen die Herstellung jeweils besserer und stabilerer Gleichgewichtszustände zwischen ihm (bzw. seinen Denkstrukturen) und den Strukturen seiner Umwelt einher. Denkstrukturelle Entwicklung stellt also zugleich einen Prozeß beständiger *Gleichgewichtsverbesserung* dar. Dieses und die bisher behandelten Merkmale bedingen, daß damit ein *Beweglicherwerden* der Strukturen im Sinne ihrer vergrößerten adaptiven und organisatorischen (oder „regulatorischen“) „Kraft“ korreliert (wobei allerdings bei Piaget im Sinne der Montadaschen Kritik die Frage nach den eigentlichen Quellen dieser „Bewegung“ unbefriedigend beantwortet bleibt). Zugleich nimmt die Geschwindigkeit zu, mit der innerlich und äußerlich die Elemente der Objekterkenntnis berücksichtigt bzw. miteinander verknüpft werden können.

Fortschreitende Denkentwicklung bedeutet somit zugleich eine zunehmende *Befreiung* des Denkens von den verschiedenen Zentrierungen, die auf den jeweils niederen Entwicklungsebenen stärker wirksam sind als auf den höheren: von Wahrnehmungsillusionen, ichzentrierten Anschauungen, anschaulich-vorbegrifflichen Denkweisen (Vorbegriffen, Vorurteilen), aber auch von geistig einengenden und irrationalen sozialen Konformitätszwängen, Autoritätseinflüssen, soziozentrischen Ideologien, kollektiven Mythen u.dgl.m. Insofern stellt sie einen Emanzipationsprozeß in Richtung auf einen Zuwachs an relativer geistiger Autonomie dar – ein Aspekt, dem in der kognitiven Sozialisationstheorie Piagets eine zentrale Bedeutung zukommt (vgl. dazu teilweise: Harten 1977a/III. und 1977b/II.).

Wenn die Prozesse der Integration und der Differenzierung bedingen, daß der denkstrukturelle Entwicklungsprozeß schließlich ein Vorgang der *Zentralisierung* (bzw. der hierarchischen Integration der Strukturen) ist, so bedeutet dies für Piaget, daß die allgemeinsten und beweglichsten Strukturen ihre spezielleren Unterstrukturen nicht nur integrieren, sondern auch ihrer Gesetzlichkeit, ihrer Dynamik und ihrem zentralen „Programm“ unterordnen: z.B. wird die Wahrnehmung in ihrer Zielrichtung, ihrer Selektivität und dem Strukturniveau ihrer Aktivitäten von den Grundstrukturen der operatorischen Intelligenz bestimmt. Aufgrund der ordnenden und unterordnenden Funktion dieser operatorischen Strukturen nimmt Piaget auch an, daß die denkstrukturelle Entwicklung einen Prozeß der *Vereinheitlichung* und zunehmend besseren Koordination der verschiedenen kognitiven Funktionen und Entwicklungsdimensionen darstellt – und zwar eben in dem Maße, wie diese den höchstentwickelten und beweglichsten Strukturen der operatorischen Intelligenz untergeordnet (bzw. von ihnen gelenkt) werden.

Diese Auffassung ist in den behandelten Konzeptionen der Gesamtstruktur, der Organisierung, des Gleichgewichts, der Integration und der Äquilibration zum Ausdruck gekommen. Danach macht eine immer gründlichere Integration, Koordination und zentrale Steuerung der verschiedenen kognitiven Verhaltensweisen ihre Ablaufsformen zentral kontrollierbar, steuerbarer, beweglicher und somit dem Milieu gegenüber nicht nur effektiver und offener, sondern auch autonomer. Außerdem werden die einzelnen Strukturen damit zugleich transparenter und zunehmend rational rekonstruierbar, also auch intersubjektiv austauschbar und verifizierbar.

In den Punkten wachsender Differenzierung, hierarchischer Integration, zunehmender Zentralisierung und Vereinheitlichung sowie abnehmender Unmittelbarkeit stimmt PIAGETS Theorie der Entwicklung, wie angedeutet, mit derjenigen von Heinz WERNER überein, der diesen Merkmalen in seiner vergleichenden Psychologie der geistigen Entwicklung eine noch umfassendere Reichweite zuschreibt (vgl. H. WERNER [4]1959 sowie hier: Kap. II.2.d).

Zu den wichtigsten Dimensionen der Denkentwicklung gehört nicht zuletzt die fortschreitende *Abstraktion* (und *Formalisierung* bzw. Interiorisierung) zunehmend allgemeiner Handlungs- und Operationsstrukturen von konkreten Handlungen und partikularen Inhalten. Bedeutungen, Klassen, Relationen und Begriffe werden als allgemeine Erkenntnisformen von den konkreten eigenen Handlungen abstrahiert und von den Objekten unterschieden, um schließlich unabhängig von diesen als Erkenntnisinstrumente benutzt werden zu können. Je inhaltsleerer und abstrakter diese Erkenntnisformen sind, desto größer und allgemeiner ist auch ihr Anwendungsbereich sowie ihre flexible Anpassungsfähigkeit an beliebige Umweltzustände bzw. Erkenntnisobjekte.

Als Prozeß der Abstraktion und der Formalisierung ist die Denkentwicklung schließlich auch ein Prozeß fortschreitender, wenn auch nie Vollständigkeit erreichender, *Bewußtwerdung* der kognitiven Verhaltensweisen, Handlungskoordinationen und kognitiven Schemata über die anfänglich nur erkennbaren Handlungsergebnisse und Kognitionsobjekte hinaus. Sie beinhaltet somit einen potentiellen Zuwachs an *Reflexion,* der vor allem durch die soziale Konfrontation mit anderen Menschen in Gang gebracht und durch die Beantwortung des eigenen Verhaltens in deren Reaktionen bestimmt wird.

I.5.c Die „Rationalität" in der Entwicklung der „Rationalität"

In der überwiegenden Mehrheit aller menschlichen (vor allem der sozialen) Lebensbereiche kann man aufgrund ihrer Komplexität, der geringen Trennbarkeit ihrer allgemeinen Formen von den diese ausfüllenden Inhalten, ihrer relativ hohen Zufallsbestimmtheit und ihrer weitgehend mangelhaften sowie generell unvollständigen rationalen Geregeltheit nur Entwicklungsprozesse finden, die weder kontinuierlich noch gerichtet verlaufen und deren Ablauf auf der Basis ihrer uns bekannten Entwicklungsmechanismen und vorangegangenen wie gegenwärtigen Gleichgewichtszustände nur schlecht oder gar nicht vorhersagbar ist. Hier ist überall die Vielfalt der historisch, kulturell, gesellschaftlich und milieuspezifisch mehr oder weniger beliebig und zufällig variierenden Faktoren und Objektinhalte für die Entwicklung von entscheidenderer und konstitutiverer Bedeutung als bei den inhaltsarmen bis -leeren logisch-mathematischen Denkstrukturen. Der Entwicklungsverlauf besitzt in jenen meisten Bereichen daher nur eine geringe Vorhersagbarkeit, Berechenbarkeit und Kontinuität, hat nur einen geringen Erklärungswert für die je gegenwärtigen oder zukünftigen Strukturverfassungen und erschwert es dem Forscher daher, dem Ideal universaler Deduktion und modelltheoretischer Rekonstruktion der Entwicklungsprozesse nahezukommen (vgl. 1950b, 213–216 und 1960a, 64). Dies trifft auch für die Bereiche aller stärker von den Erfahrungsinhalten bestimmten Erkenntnisse generell und sogar für die empirischen Wissenschaften selbst zu, zumal in diesen neue Theorien den alten bisweilen sehr stark widersprechen.

Im Gegensatz dazu besitzen die von Piaget untersuchten *logisch-mathematischen Denkstrukturen* eine deterministische Kompositionsart und durchlaufen deswegen sowie aufgrund ihrer Inhaltsarmut eine verhältnismäßig überschaubare, berechenbare und *gesetzmäßige Entwicklung,* die einen bestimmbaren Erklärungswert für ihre stadienspezifischen Gleichgewichtszustände hat. Da es sogar die „exklusive Originalität“ dieser Strukturen ist, sich gerichtet, kontinuierlich und integrativ zu entwickeln (vgl. 1957c, 32), bieten sie dem Forscher das einmalige, scheinbar paradoxe und für Piaget daher so faszinierende Phänomen,

„daß eine historische (soziale oder individuelle) Entwicklung, die in ihrem Detail nicht deduzierbar ist und einen Anteil Zufall enthält, zu Strukturen führt, die durch ihre innere Notwendigkeit gekennzeichnet sind.“ (1960a, 64)

Man würde daher sehr bald auf Schwierigkeiten stoßen, wenn man die von Piaget aufgestellten Struktur- und Entwicklungsgesetze in toto auf andere menschliche Entwicklungsprozesse oder auch nur auf die nicht-rationalen Dimensionen der kognitiven Entwicklung selbst zu übertragen versuchte.

Insoweit dagegen die Entwicklung der logisch-mathematischen Strukturen nach den behandelten Strukturentwicklungsgesetzen verläuft, liefert sie das *Paradigma einer evolutionären und gerichteten Entwicklung bruchlos-integrativer Kontinuität* und stellt daher bei Piaget den Kern seiner Modelle allgemeinster Denkstrukturen sowie das Ideal seines evolutionären Strukturalismus dar:

„Die logisch-mathematischen Strukturen bieten in der Tat das auf der Welt einzigartige Beispiel einer evolutionären Entwicklung ohne Brüche – derart, daß keine neue Struktur dazu geführt hat, die vorangegangenen zu beseitigen: diese letzteren können wohl als nicht-angepaßt an diese oder jene unvorhergesehene Situation angesehen werden, aber in dem Sinne, daß sie nicht ausreichen, ein neues Problem zu lösen – und nicht in dem Sinne, daß sie durch die Sachverhalte dieses Problems selbst widerlegt wären, wie das in der Physik vorkommen kann.“ (1967c, 407).

Trotz fortgesetzter Hinzufügungen, beständiger Überarbeitungen der Ausgangspunkte, neuer Konstruktionen und unaufhörlicher Weiterentwicklungen bewahren diese Strukturen einen hohen Gültigkeitsgrad, auch wenn ihr Geltungsbereich durch erweiterte Strukturen relativiert wird.

Im Verlauf ihrer Entwicklung – und dies gilt für ihre psychosoziale Ontogenese ebenso wie für ihre makrosoziale Geschichte – stellen neue Strukturen zugleich stets eindeutige *Fortschritte* in der Richtung auf je höhere rationale Gleichgewichtszustände dar (vgl. 1950b, 312–314). Wie bereits im Rahmen der strukturalistischen Gleichgewichtstheorie Piagets erwähnt wurde, ist die Gleichgewichtsstabilität von

Strukturen zu einem wesentlichen Teil eine Funktion der Integrationskraft und der Öffnung dieser Strukturen, d.h. der Bewahrung eines Maximums der bestehenden Strukturen im Falle der Konstruktion neuer sowie der möglichst unverfälschten Integration jener in diesen (vgl. 1950b, 313/314):

„... im Gegensatz zum äußeren Lernen und zu den auf die Erfahrung gegründeten Theorien ist es die Eigenart der logisch-mathematischen Strukturen, niemals ihre vorangegangenen (Strukturen) in Frage zu stellen, sondern sie zu überschreiten, indem sie sie als Unterstrukturen integrieren, während die anfänglichen Unvollkommenheiten durch die zu engen Grenzen der Ausgangsstrukturen zu erklären sind. Das ist ein Phänomen derselben Art, die die Kontinuität der allgemeinen Koordinationsformen sichert." (1970c, 93/94)

Gerade durch diese Eigenschaften einer zunehmend differenzierten *Integration* (der Strukturen untereinander), die die Entwicklungsprozesse immer mehr vom Milieu unabhängig macht, einerseits – sowie durch eine wachsende *Öffnung* der Strukturen für neue Möglichkeiten der Einwirkung auf das Milieu und folglich für die bewegliche Anpassung an immer ausgedehntere Milieus andererseits gewinnt die Entwicklung der logisch-mathematischen Strukturen ihre spezifische *Richtung* (vgl. 1967c, 408) und auch unter diesem Aspekt den Charakter eines kontinuierlichen Fortschritts. Daß diese Richtung oder (genauer gesagt:) *„Gerichtetheit"* auch ohne einen finalistischen, vitalistischen, teleologischen oder sonstigen metaphysischen Sinn angenommen werden kann, wurde im Kapitel I.5.ae. bereits dargelegt. Sie ergibt sich zwangsläufig aus den inneren Funktionsbedingungen der denkstrukturellen Entwicklungsprozesse, d.h. aus dem erwähnten, integrativ-kontinuierlichen Charakter der Strukturenerweiterung im Bereich der logisch-mathematischen Handlungskoordinationen einerseits sowie aus den äquilibratorischen Aktivitäten der Herstellung jeweils stabilerer Gleichgewichtszustände unter diesen wie zwischen ihnen und der Umwelt andererseits. Diese *„progressive Äquilibration"*, d.h. die sukzessive, schrittweise Konstruktion gleichgewichtsstabilerer, umfassenderer und beweglicherer Strukturen mit zunehmender Assimilationskraft und Akkomodationsreichweite macht, wie beschrieben, die Richtung der denkstrukturellen Entwicklung speziell in Begriffen sequentieller Wahrscheinlichkeit ihrer jeweils nächsten Konstruktionsschritte rational kalkulierbar. Eben in diesen Kennzeichen scheint Piaget die „Rationalität" in der Entwicklung der „Rationalität" – „la raison dans l'évolution de la raison" – zu sehen.

Denn wenn man sich im Bereich der geistigen Entwicklung (speziell der logisch-mathematischen Strukturen) nicht auf einen Anti-Zufall als „deus ex machina" zur Erklärung dieser Gerichtetheit beziehen will, muß man zu zeigen versuchen, wie angesichts der Ausgangsbedingungen einer vorhandenen Struktur, ihres Funktionierens und der jeweils wirksamen Milieufaktoren die folgende Struktur in Funktion der vorangegangenen die wahrscheinlichste wird, ohne dies von Anfang an gewesen zu sein (vgl. 1960a, 65).

In bezug auf eine solche Richtung ist allerdings die Feststellung wesentlich, daß es sich dabei nur um eine immer erst nachträglich feststellbare *„Vektion"* im mathematischen Sinn, d.h. ohne vorgegebenen Plan, ohne vorbestimmtes Ziel, ohne Vorhersagbarkeit des effektiven weiteren strukturellen Verlaufs (im Gegensatz zur funktionellen Richtung) sowie ohne jede Endgültigkeit der jeweils erreichten höchsten Gleichgewichtszustände handelt (vgl. 1950a, 17; 1957b, 257; 1966a, 124 und 1967c, 145). (Gewiß kann sich dieser Prozeß auch subjektiv durch Finalitätsurteile übersetzen: seine Erklärung durch Berufung auf diese wäre allerdings sinnlos!)

PIAGET nimmt also nicht etwa die Existenz präformierter, universaler, rationaler Strukturen oder überhaupt „apriorische“ strukturelle Gleichgewichtsformen in der Art von „Kategorientafeln“ oder bestimmten Gesamtheiten von formalen Prinzipien an („was gerade bedeuten würde, dem Gleichgewicht seine Grundeigenschaft der Beweglichkeit zu nehmen“, 1950b, 313), sondern nur (nach funktionellen Grundgesetzen erfolgende) fortschreitende Konstruktionsprozesse in der rationalen Strukturbildung, so daß man Art, Allgemeinheit und Geltung der Strukturen erst nach erfolgter Konstruktion erkennen kann. Diese These von der Gerichtetheit der denkstrukturellen Entwicklung bezieht sich also nicht auf eine Abfolge bestimmter Strukturen der Rationalität, sondern auf die funktionellen Mechanismen ihrer Konstruktion (Äquilibration, Organisation, Integration, Anpassung) und damit in zirkulärer Weise auf den durch die „unveränderlichen Funktionen der Rationalität“(raison) bestimmten Ablauf ihrer Strukturenkonstruktion selbst:

„Was das funktionelle Gleichgewicht der Rationalität(raison) betrifft, kann man zwar zugeben, daß sich alles in der Welt ohne Richtung entwickelt, wogegen eine Entwicklung der Rationalität ohne Orthogenese unmöglich nachzuweisen ist, zumal man *immer noch kraft eines reineren Rationalitätsideals von einem Stadium zum anderen übergeht.“* (1928, 181; Hervorhebungen von mir, FGW)

Da sich PIAGET nicht nur im Rahmen der Geschichte der Logik und der Mathematik, sondern auch in demjenigen der Entwicklung der logisch-mathematischen Denkstrukturen beim Kind nur für die progressiven, erweiternden (und damit gerichteten) Konstruktionsprozesse interessiert hat, mag ihm diese letztere Voraussetzung jeweils reinerer Rationalitätsideale gleichsam als Tautologie erscheinen (d.h. als Definitionskriterium für die Entwicklung der logischen und mathematischen Strukturen selbst). Reale psychosoziale Prozesse, die vom „Pfad“ dieser „gerichteten Entwicklung“ abweichen, gehen nicht in den engeren Bereich seiner – in der Grundtendenz rationalistischen – Analysen ein oder werden von diesen nur am Rande berührt. Während selbst biogenetische oder makrophysikalische Entwicklungsprozesse (von den erwähnten sozialen und historischen ganz zu schweigen) stets eine mehr oder weniger richtungsarme oder -lose „Epigenese“ darstellen, zumal man hier weder dauerhaft stabile Gleichgewichtszustände noch Strukturen mit Notwendigkeitscharakter finden kann (vgl. 1950b, 307), besitzen die logischen und mathematischen Strukturen eben diese beiden Merkmale, so daß ihre Entwicklung als der einzige Prozeß angesehen werden kann, der sich als *„Orthogenese“* bezeichnen läßt. PIAGET bewegt sich daher gleichsam – und dies offenbar wohlbewußt – in einem *rationalistischen Kreis:* da er sich primär dafür interessiert, wie rationale Strukturen konstruiert werden bzw. sich entwickeln, geht er davon aus, daß diese Konstruktions- oder Entwicklungsprozesse selbst nach rationaler Gesetzlichkeit bzw. rational geregelten Schritten erfolgen. Eine Entwicklung der Rationalität (wie hier der von ihm meist benutzte Begriff der „raison“ sinnvollerweise übersetzt werden soll, mit dem er die Gesamtheit der logischen und mathematischen Denk- und Handlungsstrukturen meint), die nicht rational gerichtet wäre, erscheint ihm offenbar als contradictio in adjecto und daher schon par définition nicht konzipierbar:

„*Die Rationalität entwickelt sich nicht ohne Rationalität,* und die Evolution ihrer Strukturen nimmt – obwohl (nur) nachträglich (als solche erkennbar) – den Verlauf einer Art von Orthogenese an.“ (1957c, 32; erläuternde Einfügungen in Klammern und Hervorhebung von mir, FGW). „Man kann in der Tat schwerlich annehmen, daß die Rationalität sich selbst ohne Rationalität entwickelt und daß die Rationalität einer Evolution der Rationalität etwas anderes als rational sein könnte.“ (1961b, 209; im Original: „il est, en effet, difficile d'admettre que la raison elle-même évolue sans raison et que le raison d'une évolution de la raison puisse être chose que rationelle.“). (vgl. dazu auch WETZEL 1978, 55f.)

Zweifellos führen diese Thesen unmittelbar zum Problemzentrum der PIAGETschen Theorie. Bevor einige der daraus entstehenden Fragen am Schluß dieses Kapitels skizziert werden, soll jedoch der Gedankengang PIAGETS zunächst noch weiter ausgeführt werden.

Jede logische Struktur enthält – in sich vordeterminiert (aber nicht präformiert!) – eine Gesamtheit von möglichen Weiterentwicklungen (nicht: realer Existenz – wie es die platonische Gnoseologie annahm!). – Die *Neuartigkeit* realer Konstruktionen von Strukturen besteht im wesentlichen darin, einige dieser determinierten *Möglichkeiten zu aktualisieren,* wobei die Wahrscheinlichkeit solcher Realisierungen von der sozialhistorisch und psychosozial relativen Konstellation der nowendigen Entwicklungsfaktoren abhängt. Bekannt können allerdings immer nur die bisher aktualisierten und nicht etwa alle potentiellen Strukturen sein – ebenso wie die Determination durch die jeweilige Ausgangsstruktur prinzipiell erst nachträglich erkannt werden kann (vgl. 1961b, 323). Die aus den allgemeinen Handlungskoordinationen durch reflektierende Abstraktionen, selbstregulative Äquilibrationen, differenzierend-integrative Erweiterungen usw. abgeleiteten und konstruierten logisch-mathematischen Strukturen sind daher *zwar neu, aber nicht willkürlich.* Denn sie bleiben im Rahmen der vordeterminierten Möglichkeiten, der durch die Notwendigkeit der jeweiligen Integration der alten Strukturen in die neuen und umfassenderen Strukturen definiert ist (vgl. 1961b, 232). Es wäre eine Aufgabe der Erkenntnistheorie, nach den wahrscheinlichsten der Möglichkeiten (unentdeckten inneren Konsequenzen der Strukturen, Modifikation einer ihrer Eigenschaften oder Empfang neuer Eigenschaften durch übergeordnete Strukturen u.dgl.m.) zu suchen, die in diesen menschlichen Denkformen enthalten sind (vgl. 1961b, 322).

Wenn nach PIAGET im Bereich der denkstrukturellen Entwicklung *neue Strukturen nie abrupt oder zufällig, sondern mit kalkulierbarer Wahrscheinlichkeit und Richtung immer nur in schrittweiser Weiterentwicklung der bestehenden entstehen,* so entspricht dies in etwa der Konzeption Thomas S. KUHNS von den möglichen Fortschritten im Rahmen „normaler Wissenschaft“ (vgl. KUHN 1967) oder der „gesetzesorientierten Innovation“ im Rahmen des als *„planvolle Organisation“* aufgefaßten Forschungsprozesses nach Helmut KLAGES (vgl. KL. 1967). Danach entstehen neue Strukturen primär durch Erweiterungen der alten, durch *Ausdehnung ihres Anwendungsfeldes* (in deren Verlauf schrittweise akkomodative Korrekturen nötig werden) oder durch *Reorganisierung, Rekonstruktion und Relativierung bisher anerkannter Begriffssysteme* („Paradigmata“ nach KUHN) im Lichte neuer. Wissenschaftliche „Revolutionen“ in diesem Bereich wären nach PIAGET folglich nicht im Sinne der Eliminierung ganzer Grunderklärungssysteme oder Strukturen, sondern nur in demjenigen ihrer Unterordnung als begrenzte Spezialfälle unter die neueren und allgemeineren denkbar, wie das auch in den empirischen Wissenschaften und auch nach KUHNS Ansichten häufig vorkommt.

Die Relativierung der NEWTONschen durch die EINSTEINsche Physik oder diejenige der gestaltpsychologischen Kognitionstheorie durch die PIAGETsche Erkenntnistheorie wären Beispiele dafür.

Während die Krisen der empirischen Wissenschaften allerdings häufig (d.h. jeweils im Falle geringer Bewahrbarkeit ihrer überholten „Paradigmata") Existenzkrisen für sie selbst darstellen, erfährt die Mathematik aufgrund der stets vollständigen Bewahrung ihrer relativierten Strukturen jeweils nur kurze „Wachstumskrisen" (1967c, 409), die letztlich immer einen Entwicklungsfortschritt in Richtung auf ein höheres Gleichgewicht ihres Strukturensystems erbringen.

So waren *die Logik und die Mathematik der Griechen keineswegs fehlerhaft, sondern einfach nur unvollständig,* so daß sie auf dem „bruchlosen" Wege integrativer Strukturenerweiterung allgemeineren logischen und mathematischen Struktursystemen untergeordnet werden konnten (vgl. 1961b, 150).

Die projektive Geometrie z.B. hat in der Mathematikgeschichte die euklidische nicht widerlegt, sondern sich mit ihr zu einer allgemeineren Metrik verbunden – ähnlich wie die Infinitesimalrechnung die endliche Algebra nicht in Frage gestellt, sondern nur erweitert hat.

Für die Erklärung der Strukturenkonstruktionen ist dabei allerdings von Bedeutung, daß die von den Mathematikern beständig hervorgebrachten Neuerungen *weder Entdeckungen* (zumal es sich um vorher nicht vorhanden gewesene Realitäten handelt) *noch Erfindungen* sind (da ihr Freiheitsspielraum nicht so groß und potentiell willkürlich ist wie derjenige der Erfindungen). Jede neue mathematische Struktur wird durch ihre innere Notwendigkeit gekennzeichnet, sobald sie konstruiert ist, ist nachträglich als durch die jeweils vor ihr dagewesenen Strukturen determiniert erkennbar und wird durch operatorische, *reflektierende* oder Handlungs-*Abstraktionen* (im Gegensatz zu einfachen oder aristotelischen Abstraktionen) im behandelten Sinne, also durch genuine Konstruktionsprozesse, hervorgebracht.

„Wir haben daher vorgeschlagen, diesen Prozeß der Rekonstruktion mit neuen Kombinationen, der die Integration einer operatorischen Struktur früherer Entwicklungsstufe oder früheren Niveaus in einer reicheren Struktur höheren Niveaus ermöglicht, ‚reflektierende Abstraktion' (im doppelten, physikalischen und mathematischen Sinne des Begriffs) zu nennen." (1967c, 367)

Die Mathematiker selbst schreiben die Neuerungen, die sie erzeugen, daher der Möglichkeit zu, unendlich Operationen über Operationen einzuführen (vgl. 1961b, 220–222; 1967c, 364f. und 1970c, 87).

Es sind, wie diese Beispiele und Erläuterungen zeigen, die Konstruktionsprozesse und die Entwicklungen der Mathematik sowie die zunehmende Mathematisierung der Wissenschaften, die bei PIAGET offenbar als Modell und Vorbild für seine Konzeption der gerichteten und wahrscheinlichkeitstheoretisch kalkulierbar verlaufenden Entwicklung der logisch-mathematischen Strukturenbildungen im Kindesalter (aber auch sonst) dienen. Was ihn an diesem Vorbild insbesondere fasziniert und interessiert, ist, daß im Bereich der mathematischen Strukturen *dauerhafte Gleichgewichtszustände trotz unaufhörlicher Konstruktionen neuer Strukturen* möglich sind und daß der Entwicklungsprozeß hier eben als kontinuierlicher Prozeß der „progressiven Äquilibration" aufgefaßt werden kann.

Über die effektive Realisierung bestimmter Strukturen muß dabei nichts präjudiziert werden: da die menschliche Rationalität viele Wege struktureller Realisierungen ermöglicht, lassen sich diese prinzipiell nicht inhaltlich voraussagen, sondern höchstens bis zur nächsthöheren Entwicklungs- oder Gleichgewichtsstufe wahrscheinlichkeitstheoretisch kalkulieren. PIAGET schließt daher nicht aus, daß sich – entsprechend der Annahme des frühen Lucien LÉVY-BRUHL (vgl. L.-B. [15]1960) – *statt unserer Logik im Rahmen einer anderen sozialhistorischen Entwicklung auch eine andere* hätte bilden können, ohne daß dies dem inneren Notwendigkeitscharakter der einmal gebildeten universalen Strukturen irgendeinen Abbruch zu tun gebraucht hätte. Wenn er daher zwar nicht die rationalistische These von den unveränderlichen Formen der „Ratio" vertritt, so könnte er gleichwohl auch nicht die Frage beantworten, warum sich in unseren Gegenwartskulturen gerade die Logik und die Mathematik gebildet haben, die wir benutzen.

„Die Rationalität ist formbar, und es sind verschiedene Typen logischer Systematisierungen vorstellbar... Auf die Prälogik der Primitiven ist unsere Logik gefolgt; aber wenn die zivilisierten Gesellschaften sich anders orientiert hätten, als sie es getan haben, wäre vielleicht ein dritter Typ von Logik entstanden." (1928, 174)

Insofern nun die *Geschichte der Wissenschaften* tatsächlich zu einem immer größer werdenden Teil als eine *zunehmende Reduktion der Wirklichkeit auf die Strukturen der Mathematik* begriffen werden kann, wie es DESCARTES vorausgesagt hatte, wäre auch daran die „Rationalität" in der Entwicklung der „Rationalität" ablesbar. Zweifellos hat sich der Mensch nach und nach immer weitere Bereiche dieser Wirklichkeit gerade mit Hilfe der von ihm selbst konstruierten logisch-mathematischen Strukturen assimiliert und damit einer präziseren Erfassung sowie erfolgreicheren Bewältigung zugeführt.

„Die meßbaren oder selbst die qualitativen Elemente der Dinge werden so nach und nach in ein Netz von Beziehungen und Rahmen einverleibt, die auf die konstruktive Kraft der rationalen Aktivität zurückgehen." (1929, 147)

Das erstmalige Bewußtwerden und der eigentliche *historische Beginn* der hier gemeinten Rationalität in der Entwicklung der Rationalität kann *in der Philosophie des Rationalismus* gesehen werden, in der das ursprüngliche, unvermittelte und der eigenen subjektiven Kognitionsaktivität unbewußte „Hintendieren" zu den Dingen (d.h. der naive „Realismus" im erkenntnistheoretischen Sinne einer unzulässigen Verdinglichung oder objektivistischen Interpretation subjektiver Erkenntnisse) erschüttert wurde durch die *Entdeckung des menschlichen „cogito"* und der eigenen konstruktiven Aktivitäten des Subjekts als letztlicher Quelle oder Strukturierungsinstanz aller Erkenntnisse (vgl. CASSIRER 1932 u. HIRSCHBERGER II. [6]1963). So konnte es auch erst in dem historischen Augenblick zu einer „reinen Mathematik" kommen, als man die mathematischen Strukturen nicht mehr von den Dingen, sondern von den eigenen Handlungen und Operationen des Menschen selbst abzuleiten strebte (vgl. 1965d, 38).

Aus einer allgemeinen, strukturalistisch-entwicklungstheoretischen Perspektive gesehen, lassen sich in der Geistesgeschichte der Mathematik, der Logik sowie teilweise auch der Erkenntnistheorien und der Wissenschaften vergleichbare Entwicklungstrends finden, wie sie für die strukturgleichen Prozesse der Psychosoziogenese des rationalen Denkens charakteristisch sind.

Dies gilt insbesondere für den Prozeß der Dezentrierung des Denkens, der aufgrund seiner primär sozialen Bedingtheit in der kognitiven Ontogenese soziologischen Analysen vorbehalten bleiben muß (vgl. z.B. SMEDSLUND 1966 oder

Keller 1976). Progressive Konstruktionsprozesse von Denkstrukturen in der Psychogenese, der Sozialisation und der Geistesgeschichte lassen sich generell als Entwicklungen von einer Vielfalt anfänglicher Zentrierungen zu immer weitergehenden Dezentrierungen des Wahrnehmens, Denkens und Sozialverhaltens ansehen.

„Die ganze Geschichte der Wissenschaften besteht aus Dezentrierungen – seit den sogenannten primitiven Volksstämmen, die den Lauf der Sterne durch ihre jahreszeitlichen Feste zu regeln glaubten, oder vom Geozentrismus von Aristoteles bis zu Newton, der aber noch an den absoluten Wert seiner Maße und Uhren glaubte, und bis zu Einstein, der uns von diesen letzten Zentrierungen befreit hat (den letzten bis zu den nächsten Dezentrierungen).“ (1965a, 193/194)

Die Richtung dieses Dezentrierungsprozesses ist auch in der Geistesgeschichte *zentripetal* verlaufen, d.h. von den Dingen als Erkenntnisobjekten über die Ergebnisse der auf sie ausgeübten Handlungen und Erkenntnisse sowie über diese Handlungen und Erkenntnisse selbst bis hin schließlich zur partiellen (am höchsten in der Mathematik entwickelten) Bewußtwerdung der allgemeinen Strukturen dieser Handlungen und ihrer Koordinationen. Daher konnte Piaget darin eine Strukturgleichheit zu den entsprechenden denkstrukturellen Abstraktionsprozessen in der kognitiven Ontogenese sehen:

„Es stimmt also mit den psychologischen Gesetzen überein, daß die Griechen die Operationen gehandhabt haben, bevor sie sich ihrer Bedeutung und ihrer subjektiven Realität bewußt geworden sind, was sie dahin geführt hat, das Produkt dieser Operationen in der Gestalt von Entitäten, die in die äußere Welt projiziert und von der Aktivität des Subjekts losgelöst wurden, zu ‚verdinglichen‘. Daher lokalisiert Pythagoras die Zahlen in der Wirklichkeit, ohne zu ahnen, daß er sie konstruiert, oder Aristoteles projiziert die Hierarchie der logischen Klassen in das physikalische Universum, oder Euklid schließlich vernachlässigt die Bedeutung der räumlichen Deplatzierungsoperationen, die er gleichwohl benutzt usw.“ (1947c, 139)

Gewiß haben, was eine umfassende genetische Erkenntnistheorie im einzelnen aufzuzeigen hätte, derartige Analogien zwischen der psychosozialen und der sozialhistorischen Ebene geistiger Entwicklungen ihre Grenzen. Aber die Erkenntnisse über die eine Ebene werden in manchen Fällen diejenigen über die andere bereichern oder gar präzisieren helfen können. So entspricht z.B., wie Piaget festgestellt hat, die Abfolge der Etappen der Geometrie-Geschichte nicht den Konstruktionsschritten der spontanen geometrischen Anschauungen der Kinder (unserer gegenwärtigen Kultur): während jene sich von der euklidischen über die projektive zur topologischen entwickelt hat, entwickeln sich diese von den topologischen Anschauungen zur gleichzeitigen Konstruktion metrischer und projektiver Operationen, entsprechen damit aber deren theoretischer Deduktion und axiomatischer Konstruktion in der modernen Mathematik besser, wonach die Topologie für die anderen Geometrien grundlegend ist (vgl. 1965d, 38/39; 1966a, 84 und 1967a, 282).

Wie gerade dieses von Piaget häufig angeführte Beispiel zeigt, scheint er einerseits von der Annahme auszugehen, daß der erfolgreiche Aufbau logischer Strukturen beim Kind in eindeutig bestimmbaren konstruktionslogisch bzw.

strukturgesetzlich notwendigen, rational nachvollziehbaren Schritten erfolgt, aber auch andererseits anzunehmen, daß die mehr oder weniger spontane Entwicklung der rationalen Denkstrukturen in der noch zu behandelnden, irreversiblen Stadiensequenz zugleich der rationalsten Abfolge der Entwicklungsschritte bei der Bildung der logischen Strukturen entspricht.

Insoweit sich die Spontaneität der menschlichen Strukturenkonstruktion mit den immanenten Gesetzlichkeiten rationaler Strukturenbildung decken würde, fragt sich, wo denn hier noch ein Spielraum derjenigen Freiheit und Kreativität bleiben soll, die PIAGET immer wieder betont. Offenbar gehört es zur besonderen *Freiheit des „homo rationalis"*, in der Lage zu sein, *die „notwendigen" Strukturen universaler Rationalität spontan entdecken und konstruieren zu können* oder ggf. auch neue zu erfinden bzw. (genauer:) „reflektierend zu abstrahieren". Diese Kernproblematik der PIAGETschen Theorie hat in der Sekundärliteratur bisher meist zu Schwierigkeiten, Widersprüchen, offenen Fragen oder unzulässigen Vereinfachungen geführt.

Indem PIAGET sich z.B. von vornherein an logisch-mathematischen Modellen und Strukturbildungsprozessen orientiert, sucht er auch bei den von ihm analysierten Kindern die jenen Leitmodellen entsprechenden Konstruktionsprozesse auf und entgeht daher auch nicht den Nachteilen der entsprechenden Konsequenz, die Vielfalt potentieller psychischer und psychosozialer Kognitionsprozesse und -strategien stark reduzieren oder sogar übergehen zu müssen und so den rational, deterministisch, linear und abstrakt-eindeutig bestimmbaren, sich selbst genügenden logischen Aufbauprozessen im engen Sinne zu assimilieren (vgl. dazu wiederum AEBLI 1963b).

Auch in seinem engeren Untersuchungsbereich – demjenigen der logischen Denkoperationen und der Invarianzbegriffe – vernachlässigt er die nicht-operativen und nicht-operatorischen Dimensionen des Kognitionsverhaltens (wie vor allem die Sprache und die bildhaften Vorstellungen) in einem Ausmaß, das viel zur Kritik Anlaß gegeben hat (vgl. paradigmatisch für viele: BRUNER u.a. 1966).

Infolge der für PIAGETS Konzeption typischen, erkenntnistheoretisch generalisierenden und logisch formalisierenden Verdünnung der realen Vielfalt komplexer Denkprozesse ist es sicher kein Zufall, daß sein Bild vom menschlichen Denken, das gleichwohl noch immer reichhaltiger, präziser und fundierter ist als jedes andere vergleichbare wissenschaftliche „Gemälde" dieser Art in der Gegenwart, dezidiert rationalistische Züge annehmen mußte.

Der in dieser brillanten wissenschaftlichen Konstruktion wiederentdeckte *„homo rationalis"* spiegelt gewiß menschliche Verhaltensrealitäten und -möglichkeiten wider, die uns in der weitreichend durchrationalisierten Arbeitswelt unserer Kultur täglich begegnen, und die die Aktualisierung von spezifisch menschlichen Entwicklungschancen darstellen.

Doch bleibt das „epistemische Subjekt" PIAGETS, in dem sie formal ausgedrückt werden, ähnlich wie der „homo oeconomicus" oder der „homo sociologicus" in den respektiven Spezialdisziplinen der Sozialwissenschaften insoweit unvermeidlicherweise ein Abstraktum, als in ihm die komplexe Lebensrealität der menschlichen Verhaltensgesamtheit analytisch ihrer existentiell bedeutsamen Sinngehalte entkleidet wird (vgl. HARTEN 1977b).

PIAGET hat zwar selbst gesehen, daß das operatorisch-rationale Denken nicht allein der realen Fülle des alltäglichen menschlichen Denkens entsprechen kann.

Aber dies konnte ihn – gewiß auch aufgrund der unvermeidlichen Grenzen systematisch-rationaler wissenschaftlicher Analyse (zu der die Beschränkung auf die vom Forscher kontrollierbaren Untersuchungsdimensionen gehört) – gleichwohl nicht daran hindern, in seinen wesentlichen Annahmen über jenes Denken zu einem großen Teil zirkulär zu argumentieren und primär Bestätigungen seiner rationalen Modelle zu suchen, selbst zu erzeugen oder zu provozieren. Wenn diese Vorgehensweise in einer nomothetischen Wissenschaft auch weder unüblich noch unzulässig ist, und wenn sich die gefundenen Bestätigungen auch größtenteils als richtig erweisen und effektiv bewähren sollten (wie das bis jetzt schon gesagt werden kann), so bleibt man auf ihrer Abstraktionsebene nicht nur im unüberwindbaren Subjekt-Objekt-Zirkel allen Erkennens. Man bewegt sich auch in jenem rationalistischen Kreis, den PIAGET mit seiner zitierten Formulierung selbst angesprochen hat, wonach es schwer vorstellbar sei, daß die „Rationalität einer Entwicklung der Rationalität etwas anderes als rational sein könnte" (1961b, 209). Die wissenschaftliche Redlichkeit, mit der PIAGET die Grenzen seiner eigenen Forschungen gesehen und außerdem den geistesgeschichtlich unbezweifelbar exzeptionellen Charakter jener speziellen Entwicklung der rationalen Strukturen (wie sie hier beschrieben wird) auch selbst wiederholt unterstrichen hat, muß zweifellos anerkannt werden. Schließlich hat er selbst häufig davor gewarnt, jene „Orthogenese" auch auf andere menschliche Verhaltensbereiche zu übertragen.

I.6 Lernen und intelligenter Verhaltenserwerb[23]

Die strukturalistischen sowie kognitions- und entwicklungspsychologischen Thesen, die für die „genetische" Erkenntnistheorie bei PIAGET konstitutiv sind, gelten auch für seine Auffassung vom Lernen. D.h. seine Lerntheorie ist ein integrierter Bestandteil (oder gleichsam eine „Substruktur") seiner umfassenderen Erkenntnistheorie, da er das Lernen als eine von mehreren Formen intelligenten (vom jeweiligen Entwicklungsstand und Denkniveau bestimmten) Verhaltenserwerbs ansieht. Auch hier betont er das Primat der strukturell konstitutiven Subjektivität vor jeder Objektdeterminition des Verhaltenserwerbs sowie den Vorrang der operativen Denkentwicklung vor den Einzelbeiträgen der untergeordneten (figurativen) kognitiven Funktionen wie der Wahrnehmung, des Gedächtnisses oder des Lernens selbst.

So unterscheidet sich PIAGET von vorwiegend lerntheoretisch orientierten Kognitionspsychologen dadurch, daß er die Denkentwicklung (als Prozeß der Konstruktion logischer Strukturen) nicht als ein Ergebnis des Lernens oder einer Summierung von Lernprozessen – zumindest im engen Sinne kumulierter Objekterfahrungen – ansieht. Vielmehr bestimmt und erklärt bei ihm umgekehrt der

23 Vgl. ausführlicher dazu: 1959a; 1959b; 1959c; 1960b; FURTH 1969, 220–234; HUNT in: Stud. Cogn. Dev. 1969, 11–21 und MONTADA 1970 (mit übersetzten Originaltexten).

jeweilige – von Lernvorgängen im engen Sinne relativ unabhängige – Entwicklungsstand der Denkstrukturen das Lernen.

„Für die meisten Lerntheoretiker ist Lernen ein primärer Prozeß: er ist unabhängig von der Entwicklung, und die geistige Entwicklung wird sogar als die Summe sukzessiven Lernens und nicht als ein autonomer Gesamtprozeß betrachtet." (1966e, IV)

Das heißt, *Lernen* ist für PIAGET in dem Sinne ein sekundärer Prozeß und eine *Funktion der gesamten kognitiven Entwicklung,* daß die entwicklungsstadien-spezifischen geistigen Kompetenzniveaus oder Strukturzusammenhänge nicht nur das Lernen in seiner Form strukturieren, sondern überhaupt Möglichkeit, Spielraum, Reichweite und Qualität des Lernens bestimmen (vgl. 1970a, 146).

Denn da jeder dauerhafte Kenntniserwerb und Erkenntnisgewinn nur mit Hilfe der operativen Assimilationsschemata (Koordinationen, Operationen, Begriffe) möglich ist, wird auch jedes Lernen durch diese Strukturen der Intelligenz bestimmt, von deren Entwicklungsstand man es nicht unabhängig betrachten kann (vgl. 1970e, 254 und 1970f, 715).

Es geht PIAGET demzufolge in erster Linie darum, gegenüber allen mehr oder weniger milieutheoretisch und deterministisch orientierten Lerntheoretikern und ihrer Überbetonung des Aspekts der Objekterfahrung bzw. des umweltbestimmten Wissenserwerbs zu betonen, daß die Bedingungen der (inneren) *Verhaltensorganisation* des Subjekts (als der strukturellen Voraussetzung jedes Verhaltenserwerbs) *stärker berücksichtigt* werden müssen als dies aus jener Perspektive meist geschieht. Gegen die von empiristischen Konzeptionen (vor allem in der Tradition des Behaviorismus) genährte Vorstellung, daß ein „reines" Lernen im Sinne eines ausschließlich durch Umwelteinflüsse bestimmten Verhaltenserwerbs möglich wäre, sprechen in der Tat eine Reihe von Argumenten.

Zunächst ist Lernen generell nur möglich auf der Basis und mit Hilfe logischer oder prälogischer Äquilibrationen der erlernten Verhaltenselemente, d.h. mit Hilfe operativer, assimilatorischer Aktivitäten (der Beziehungsbildung, Klassifizierung, Koordination usw.) und daher intelligenter Verhaltensstrukturen. Schon das erste Lernen als akkomodative Differenzierung der einfachsten Assimilationsschemata besteht von Anfang an in einer Anwendung dieser Schemata und damit operativer Strukturen der intelligenten Verhaltensorganisation. Wenn das Lernen nur auf einer einfachen „Rückmeldung" durch die Umwelt statt auf der Übung und Anwendung dieser operativen Schemata beruhen würde, könnte es geistig nur sehr begrenzt sein. Dauerhaft erworben werden kann nach PIAGET nur das, was im Aneignungsvorgang mit Hilfe der Assimilationsschemata des Subjekts (optimalerweise mit rationalen Operationen) strukturiert und somit (in welch vorläufiger oder vollständiger Weise auch immer) „verstanden" wird. So hängen die Lernfortschritte, die gemacht werden können, mehr von den konstruktiven *Strukturierungsaktivitäten* des Subjekts als von den Strukturierungsvorgaben der Objektwelt ab. Die Grundempfehlung PIAGETS an die Pädagogen bezieht sich daher auch stets auf die maximale Anregung der subjekteigenen Kognitionsaktivitäten bzw. Techniken des Wissenserwerbs.

Der zirkuläre Charakter des Erkenntnisprozesses, wonach man neue Objektstrukturen prinzipiell nur mit Hilfe bestehender Subjektstrukturen erwerben kann, bedingt außerdem, daß Lernen immer nur aus einer differenzierenden und konstruktiven *Weiterentwicklung* der bisherigen Verhaltensstrukturen bestehen kann und nie einen unmittelbaren, unvermittelten, abrupten, ex nihilo erfolgenden oder rein objektbestimmten Verhaltenserwerb darstellt. Prinzipiell gilt hier festzuhalten:

„Der strukturierende Beitrag des assimilierenden Organismus geht als notwendige Komponente in jede Lernsituation ein und erklärt, warum kein Lernergebnis bloß eine Funktion von Faktoren sein kann, die dem Lernprozeß selbst äußerlich sind." (FURTH 1969, 234)

Insofern Lernen nach dieser Auffassung in erster Linie die *Inhalte* des Erkennens betrifft, sind die Struktur der operativen (Kognitions-)Schemata und die assimilative Aktivität eher Bedingungen als Produkte des Lernens (vgl. 1959b, 62). Die Form oder Struktur des Lernens wird durch die vorwiegend nicht erlernten (bzw. nicht im engen Sinn erlernten) intelligenten Assimilations-, Äquilibrations- und Abstraktionsaktivitäten erworben.

Wäre die denkstrukturelle Entwicklung primär von Lernvorgängen bestimmt, denen ja angesichts der Vielfalt, der Willkür und der Heterogenität der Umwelteinflüsse ein hohes Maß an Zufallsbestimmtheit zugeschrieben werden muß, so würde sie auch gar nicht so gesetzmäßig und gerichtet ablaufen können, wie PIAGET sie beschrieben hat. – Es widerspräche nicht zuletzt dem allgemeinen Charakter der logischen Denkstrukturen und der Intelligenz, könnte man sie quasi durch bestimmte Objekterfahrungen erlernen (vgl. 1961b, 304). Insofern Lernvorgänge (im engen Sinn) auf partikularen, inhaltlichen Umweltinformationen beruhen, können sie das Wesentliche an der Bildung der allgemeinen Denkstrukturen daher gar nicht berühren (vgl. FURTH 1969, 225). Entscheidend für diese müssen vielmehr die behandelten strukturierenden Subjektaktivitäten und zufallsunabhängigen Entwicklungsmechanismen sein, wenn man nicht in erhebliche Schwierigkeiten bei der psychogenetischen Erklärung der logisch-mathematischen Strukturen kommen will, um die es PIAGET auch in seiner Lerntheorie vorrangig geht.

Die Grundelemente des Verhaltens nach PIAGETS Theorie konnten daher auch nicht Reize, Reaktionen und deren objektadäquate Verknüpfungen (Assoziationen), sondern nur die gleichsam primär subjektadäquaten Aktivitäten der Organisation, der Assimilation und der Akkomodation sein, die im Rahmen kognitiver Verhaltenserwerbungen *Approximationsprozesse der Objektivierung,* aber keine Abbildungsprozesse oder gar Objektkopien ermöglichen:

„In einer ausschließlich LAMARCKschen Perspektive des Behaviorismus ist die Reaktion nur eine Art ‚funktioneller Kopie' (HULL) der den Reizen eigenen Sequenzen, also ein einfaches Gegenbild des Reizes: das hat zur Folge, daß der Grundprozeß des Erwerbs das Lernen ist – begriffen in empiristischer Weise als Registrierung der äußeren Gegebenheiten: wenn das wahr wäre, dann folgte daraus, daß die Entwicklung in ihrer Gesamtheit als das Ergebnis einer ununterbrochenen Folge von derart interpretierten Lernvorgöngen zu begreifen wäre. Wenn dagegen das grundlegende Ausgangsfaktum die Fähigkeit ist, gewisse Reaktionen, also die ‚Kompetenz', zu liefern, ergäbe sich daraus umgekehrt, daß das Lernen auf den verschiedenen Entwicklungsebenen nicht dasselbe wäre (...) und daß es hauptsächlich von der Entwicklung der ‚Kompetenzen' abhinge: das eigentliche Problem wäre dann, diese Entwicklung zu erklären, und das Lernen im klassischen Sinne des Begriffs würde hierzu nicht besser ausreichen als der LAMARCKismus zu seiner – erfolglos gebliebenen – Erklärung der Evolution (...)" (1970c, 63/64; vgl. dazu auch 1970a, 128).

Analysiert man PIAGETS Lerntheorie mit den behavioristischen Kategorien[24] Reiz, Reaktion, Reiz-Reaktions-Verknüpfung und Verstärkung, so erscheinen neue *Reize* für das Subjekt primär als Störungen eines bestehenden kognitiven Gleichgewichts und unterliegen daher den Mechanismen der Äquilibration, der Assimilation und der Akkomodation. Dabei betont PIAGET im Gegensatz zu den empiristischen Theoretikern, daß Reize erkenntnistheoretisch und psychologisch nicht etwa als reine Umweltmerkmale angesehen werden können, sondern insofern vom Organismus untrennbar sind, als sie von diesem verarbeitet und interpretiert, also „assimiliert" bzw. durch subjekteigene Verhaltensweisen nach Maßgabe der schemata- und niveaubedingten Strategien des Subjekts „kompensiert" werden, bevor der Organismus auf sie reagiert. Das erkenntnistheoretische Problem des Lernens stellt sich nach dieser Konzeption daher zuerst auf der Ebene S-O (Reiz-Organismus). Der dabei ablaufende Prozeß ist außerdem kein linearer, vom „Stimulus" zur „Response" führender, sondern ein *zirkulärer* Vorgang: erst wird S an ein Assimilationsschema mit Reaktionspotential (oder kurz: Reaktionsschema) assimiliert, bevor der von diesem somit „interpretierte" Stimulus zu einer „Response-Emittierung" führen, also Anlaß zu einer Akkomodation werden kann (vgl. 1959a, 12). Während empiristische Theorien dazu tendieren, das S-R-Schema ausschließlich auf die Wirkungen äußerer Objekte auf das Subjekt zu reduzieren und das Lernen somit primär auf Umwelteinflüsse zurückzuführen, wird in PIAGETS Theorie stärker der Austausch- und Interaktionscharakter der Subjekt-Objekt-Beziehung betont.

Reaktionen sind hier keine bloßen Antworten auf Reize oder deren Spiegelbilder, sondern Aktualisierungen von Verhaltensschemata, die den Reizen ihre Bedeutung verleihen (vgl. 1959b, 28). Im Bemühen um deren Erklärung werden allerdings auch im Neobehaviorismus „implizite", „innere", „verdeckte" o.dgl. Reaktionen und Reiz-Reaktions-Verknüpfungen angekommen (vgl. z.B. D. BERLYNE 1966), so daß man heute beide Konzeptionen bis zu einem gewissen Grade einander annähern kann (vgl. z.B. OERTER 1968, 366–369). Da der Organismus – wie beschrieben – von Anfang an (mit den primären Kreisreaktionen und Instinkten) Reaktionsschemata besitzt, die sich im Interaktionsprozeß mit der Umwelt und ihren Reizen weiterentwickeln, haben diese (Re-)*Aktionsschemata* das psychogenetische und psychologische *Primat vor den Reizen.* PIAGET konnte daher mit den Worten des von ihm teilweise zu einer operativistisch modifizierten S-R-Theorie „bekehrten" neobehavioristischen Lerntheoretikers Daniel BERLYNE ausrufen: „Am Anfang war die Reaktion!" (1959c, 188 und 1960b, 123), d.h. die *Reaktionskompetenz* und mit ihr die spontane Assimilation:

---

24 Es ist in diesem Zusammenhang ohne Bedeutung, daß PIAGET selbst sich aus Gründen der begrifflichen Präzisierung seines assimilationstheoretischen Ansatzes in seinen älteren Schriften weitgehend ein vereinfachtes und am klassischen Empirismus orientiertes Bild des Behaviorismus (nach dem sich das Subjekt passiver und mechanischer verhält als dort heute noch angenommen wird) als „Strohpuppen-Gegner" aufgebaut hat (vgl. die Kritiken von FLAVELL 1963, 429 und BALDWIN 1967, 581). Die Auseinandersetzung, die er in neuerer Zeit z.T. unmittelbar mit den Vertretern des Neobehaviorismus (wie D. BERLYNE) im Rahmen des ‚Centre International d'Epistémologie Génétique' ausgetragen hat, hat sich in den Jahren 1958–1960 in sechs Bänden der Reihe ‚Études d'Épistémologie Génétique' (V, VII, VIII, IX, X und XII) niedergerschlagen.

„Am Anfang ist also nicht der Reiz, sondern die *Sensibilität für den Reiz* (wie im Instinktverhalten die ‚Appetenz') und diese hängt natürlich von der Reaktionsfähigkeit ab. Das Schema muß also nicht S→R, sondern S⇄R oder genauer S(A)R geschrieben werden, wobei A die Assimilation des Reizes an ein bestimmtes Reaktionsschema darstellt, das die Quelle der Reaktion ist." (1970c, 63; Hervorhebung und Einfügung von mir, FGW; vgl. auch 1970e, 232 und 1970f, 707 sowie bei dem „Sozialbehavioristen" G. H. MEAD den Hinweis darauf, daß Reaktionstendenzen das Subjekt gegenüber bestimmten Reizen nur empfänglich machen, wenn sie von fest organisierten Gewohnheiten befreit sind, M. 1934, 124 Anm.).

Damit ein Reiz überhaupt eine Reaktion auslösen kann, muß das Subjekt ihn zunächst überhaupt assimilieren können, – und das heißt, daß es bereits eine entsprechende Reaktionskompetenz bzw. angemessene (ihm gewachsene) Assimilationsschemata und Akkomodationsfähigkeiten haben muß. Wenn ein solches Schema aufgrund der Begegnung mit einem neuen Reiz an diesen akkomodiert und daher differenziert wird, so ist dies erst ein sekundärer Vorgang nach der vorgängigen (primären) und *von der strukturellen Gesamtsituation des Organismus bestimmten Assimilation.* Diese unterschiedlichen Akzentsetzungen unterstreichen den strukturalistisch-ganzheitlichen und konstruktivistischen Charakter der PIAGETschen Konzeption im Gegensatz zu den empiristisch-atomistischen und milieudeterministischen Grundtendenzen der meisten behavioristischen Lerntheorien. Im Vergleich zu diesen wäre allerdings an PIAGETS Ansatz zu kritisieren, daß bei ihm Reizsituationen resp. Milieueinflüsse zu wenig zur Geltung kommen (die Wirksamkeit von Reizen wird immer nur durch den Entwicklungsstand der jeweiligen Assimilationsschemata erklärt) und daß er das Verhaltenssubjekt zu weitgehend als ein spontan Reaktionen produzierendes und sich selbst verstärkendes System ansieht. Reize, Reaktionen und Verstärkungen sind im Rahmen seiner Theorie und der von dieser angenommenen „genetischen Zirkel" gar nicht eindeutig voneinander zu trennen, sondern im Assimilationskonzept miteinander verschmolzen. So finden die Verhaltensweisen letztlich nur im Zustand bzw. in den Charakteristika der Strukturen selbst, deren Ausdruck sie sind, ihre Erklärung.

Die *assimilierende Aktivität,* die nach PIAGET die S-R-Verbindung kennzeichnet, *enthält immer schon* mehr oder weniger entwickelte *Formen logischer Beziehungsbildungen,* also Strukturen und Strukturierungen des Subjekts. Da jeder Reiz einem Reaktionsschema assimiliert wird, beinhaltet bereits das elementare Lernen stets eine praktische Art der Begriffsbildung (vgl. 1959b, 55/56). Die S-R-Verbindung, die den Grundannahmen der behavioristischen Lerntheorien entspricht, kann für PIAGET nicht eo ipso die Entstehung neuer Verhaltensweisen, sondern höchstens ihre Automatisierung erklären. Außerdem ist sie im Verhältnis zur Assimilation psychogenetisch ein sekundärer, abgeleiteter Mechanismus (vgl. 1945b, 87). Sie stellt allenfalls einen partiellen und nur analytisch aus dem Gesamtprozeß der Assimilation herauslösbaren Faktor dar (vgl. 1967c, 14). Ohne die *Assimilation als Quelle der ganzheitlichen Verhaltensschemata* könnte eine S-R-Verbindung weder gebildet noch dauerhaft bewahrt werden. Auf der motorischen Ebene ist sie z. B. für die bedingten Reflexe das, was auf der Ebene des reflexiven Denkens das Urteil (= die bedeutungsbildende, konstruktive Subjektaktivität) im Verhältnis zu den gedanklichen Assoziationen (= ihren automatisierten Ergebnissen) darstellt. *Sie verleiht den Assoziationen nicht nur Zusammenhang, Struktur und Bedeutung, sondern liefert auch die Motivationen für sie.* Ohne die Assimilationsschemata bedürften die bedingten Reflexe bzw. die Assoziationen beständiger, periodisch wiederkehrender, motivationaler Verstärkungen, um überhaupt aufrechterhalten werden zu können.

Das Subjekt wird bei PIAGET nicht auf eine „Lernmaschine" reduziert. Es ist vielmehr stets Quelle schöpferischer Verhaltensbildungen, die ihrerseits jedes Lernen und jede Erfahrung strukturieren. Das *Erlernen logischer Strukturen* besteht (wie alle anderen kognitiven Aktivitäten) aus einer *Konstruktion neuer Koordinationen durch progressive Differenzierung und Weiterentwicklung der alten.* Es unterliegt somit, wie beschrieben, den für die denkstrukturelle Entwicklung geltenden Konstruktionsmechanismen und Strukturgesetzen. Dieses Lernen ergibt sich daher auch nicht aus einer kumulativen Wirkung sukzessiver Erfahrungen oder gar aus einer „Prägung" durch die Umweltbedingungen, sondern geht aus einem *dialektisch-integrativen Prozeß aktiver und konstruktiver Auseinandersetzungen des Subjekts mit seiner Umwelt* hervor.

Gegenüber dem eher sprach- und milieutheoretisch orientierten Kognitionstheoretiker Jerome BRUNER sowie generell gegenüber den in den USA und den UdSSR traditionell dominierenden neobehavioristischen und positivistischen Lerntheoretikern konnte PIAGET daher ausrufen:

„... ich kann mich immer nur wundern, daß die Vertreter großer Länder, die sich die Veränderung der Welt vorgenommen haben, keinen anderen Ehrgeiz zur Charakterisierung der Verhaltensweisen des Subjekts besitzen, als es realitätsgetreue Vorstellungsbilder oder eine angepaßte Sprache konstruieren zu lassen. Bis ich eines Besseren belehrt wurde, glaubte ich, daß *das Verhalten darin besteht, die Wirklichkeit zu verändern* und keineswegs, sie nachzuahmen, – und ich hätte nicht geglaubt, daß man Sputniks konstruiert oder Reisen zum Mond plant, indem man sich mit Kopien der beobachtbaren oder schon beobachteten Gegebenheiten zufriedengibt. Daß ein altväterischer Schulmeister, der niemals etwas Neues erdacht hat, das Ideal optimistisch nennt, die Schüler so viel wie möglich und so früh wie möglich zu lehren, mag sein, aber daß sich schöpferische Geister vor dem Gedanken ängstigen, *jedem Kind eine Fähigkeit zur Erfindung und zur Rekonstruktion* (...) zuzuschreiben, ist mir unbegreiflich. Kurz, die Operationen und die operatorischen Strukturen ernst zu nehmen, beinhaltet die Überzeugung, daß das Subjekt die Wirklichkeit verändern kann, während das Primat der Vorstellungsbilder und der Sprache zu einem grundlegend konservativen Modell der Intelligenz und des Menschen führt." (1966b, 153; Hervorhebungen von mir, FGW).

PIAGETS dialektisch-konstruktivistische und operativistische-strukturalistische Kognitionstheorie impliziert daher auch, wie dieses Zitat in konzentrierter Form deutlich macht, ein ganz anderes – anti-deterministisches, rationalistisches, aufklärerisch-progressistisches und emanzipatorisches – Menschenbild als die mehr oder weniger positivistisch, atomistisch-reduktionistisch und milieutheoretisch konzipierten meisten Lerntheorien.

Der große Unterschied zwischen diesen beiden Grundkonzeptionen läßt sich auch an ihren respektiven Auffassungen von der *Lernmotivation* herausarbeiten. So kann ein bedingter Reflex aus der Sicht der Piagetschen Theorie niemals allein durch das Spiel bloßer Verknüpfungen oder Assoziationen stabil erworben werden, sondern nur durch eine *bedürfnisadäquate Integration in ein Assimilationsschema,* also durch seine aktive Einverleibung in die bestehende Verhaltensorganisation. Demgemäß können auch „äußere Verstärker", wie sie für die Behavioristen klassischerweise entscheidend sind, das Lernen zwar beschleunigen, aber weder unerläßlich für es sein noch seine Ursache bilden. Dafür ist vielmehr eine „innere Verstärkung" im behandelten Sinne von Funktionslust oder Anwendungsdrang der Assimilationsschemata bzw. des Kohärenzstrebens und der Äquilibrationstendenz wesentlich wichtiger. Die Verstärkung zumindest der denkstrukturellen Verhaltenserwerbungen sieht PIAGET daher vor allem der *dem Äquilibrationsmechanismus* (und nur mittelbar den von außen kommenden Gleichgewichtsstörungen) *inhärenten Motivproduktion* bzw. Motivationsdynamik untergeordnet. Diese ist außerdem, wie erwähnt, auch schon den Assimilationsschemata primär eigen, da äußere Ereignisse diesen als bloße Auslöser für ihre Aktivität dienen. Eine bedingte Reaktion kann folglich auch nur so lange bestehen, wie das Interesse oder das Bedürfnis zu ihrer Verknüpfung mit einem Reiz auch befriedigt wird:

„Anders gesagt, die Konditionierung ist einem Äquilibrationsprozeß untergeordnet: das Ungleichgewicht, dem das Bedürfnis entspricht, ermöglicht die Anregung der bedingten Reaktion; aber diese erreicht nur Stabilität, wenn die Bedingungen des Gleichgewichts erfüllt sind, d.h. die effektive Befriedigung oder Benutzung." (1958b, 60).

Das die Reaktion auslösende *Signal* wird schließlich *nur durch* seine *Assimilation* an die vorhandenen Verhaltensstrukturen *zu einem sinnvollen Anzeichen,* dessen ganze Bedeutung auf einer Erwartung oder Antizipation ruht, die enttäuscht oder bekräftigt werden kann: wird sie enttäuscht, verliert das Signal seine Bedeutung, – wird sie erfüllt, so wird es bewahrt: nur dann ist die Beziehung kognitiv im Gleichgewicht (vgl. 1958b, 61). Unter Bezug auf den reflexologischen Behaviorismus am Beispiel des Pawlowschen Hundeexperiments betont PIAGET daher:

„Die Verknüpfung als solche ist keine natürliche und konstante Einheit und wirkt nur innerhalb eines breiteren Rahmens; der das anfängliche Bedürfnis und seine schließliche Befriedigung umfaßt. Sie ist daher eine Assimilation, wobei der gehörte Ton nur insofern eine Bedeutung hat, als er an das Nahrungsmuster assimiliert wird. Selbst dann ist sie eine antizipatorische Assimilation, zumal das Signal sein Kommen, aber nicht seine Gegenwart ankündigt." (1970e, 237; vgl. dazu auch 1958b, 61)

Fazit: die S-R-Verbindung, die Konditionierung oder die Verknüpfung kann nur Fortbestand und Stabilität haben, wenn sie Teil eines assimilatorischen Schemas und seiner Befriedigung (einschließlich seiner äquilibrierten Akkomodation an die gegebene Situation) ist.

Während die natürliche Tendenz der Assimilationsschemata darin besteht, sich alles Mögliche einzuverleiben, also sich über eine maximale Objektgesamtheit hin zu generalisieren, sind *neue S-R-Verbindungen normalerweise instabil,* zumal und soweit sie akkomodativ-differenzierende Änderungen der bestehenden Assimilationsschemata erfordern. Denn deren Generalisationsdrang steht ihrer akkomodativen Differenzierung oder Erweiterung entgegen. Primäres Problem ist in PIAGETS Theorie demnach, die Stabilität der neuen S-R-Verbindungen zu erklären (wenn dies nicht assimilationstheoretisch möglich ist), während Behavioristen wie HULL, TOLMAN oder GUTHRIE dazu tendieren, die S-R-Verbindung als normalerweise stabil anzusehen, um ihre Generalisation für erklärungsbedürftig anzusehen (vgl. HILGARD [2]1956 und PIAGET 1959b, 42).

Schließlich kann PIAGET auch gegenüber den „Trial-and-Error"-Lerntheorien betonen, daß die „vortastende" Aktivität des Subjekts von vornherein durch ein relatives (vorläufiges, unbefriedigendes) Verstehen der äußeren Situation eine Richtung erhält: es kann daher im Lernprozeß niemals ein reines, zufallsgeleitetes „Herumtasten" geben (vgl. schon 1936, 347). Dieses „Tasten" kann danach immer nur aus Assimilationsversuchen oder aus zunehmenden akkomodativen Modifikationen der Assimilationsschemata bestehen und wird daher stets durch die stadienspezifischen Schemata bestimmt und geleitet. Die vorhandenen *Assimilationsschemata* des Subjekts definieren und *begrenzen* letztlich auch *den Bereich dessen,* was als Verhaltensziel gewählt werden bzw. *was als Reiz für das Subjekt überhaupt wirksam werden kann.* So wird auch im bedingten Reflex das Signal z. B. nicht einfach mit den Verhaltensweisen (im obigen Beispiel PAWLOWS: des Speichelflusses oder des Saugens), sondern mit einer Antizipation der Nahrung „assoziiert". Eine *antizipatorische Reaktion* bildet aber mehr als nur eine reine Verknüpfung oder Assoziation, nämlich eine Assimilation. Denn darin gibt es gleichsam eine vorwegnehmende Verknüpfung („préinférence") zwischen dem antizipatorischen Signal und der antizipierten Realität:

> „Wenn es Konditionierung gibt, so bedeutet dies, daß das als Signal wahrgenommene Ereignis an die antizipierte Handlung oder genauer an das Schema dieser Handlung ‚assimiliert' wird." (1958b, 61)

Die Assimilation ist also für PIAGET (im Gegensatz zur bloßen Reiz-Reaktions-Verknüpfung) auch das Grundelement jedes Lernens.

Mit der damit verbundenen Betonung der für den Erwerb der logischen Denkstrukturen entscheidenden Faktoren der Äquilibration und der Handlungsabstraktion – also konstruktiver Subjektaktivitäten – kann er schließlich zugleich die *einseitige empiristische Dichotomie zwischen Reifung und Objekterfahrung* bzw. Anlageentwicklung und Milieueinfluß konstruktiv *überwinden.* Mit seinen die Denkentwicklung ausmachenden konstruktiven Verhaltensweisen integriert das Subjekt die Einflüsse aller Entwicklungsfaktoren und -mechanismen miteinander und bringt sie zueinander in ein subjektiv kohärentes Gleichgewicht.

So werden die *partikularen Objekterfahrungen* (Akkomodationen), mit denen bei PIAGET *Lernen im engen Sinne* gemeint ist, zwar durch den „Widerstand" der Objekte (gegenüber ihrer Assimilation an die bestehenden Verhaltensschemata des Subjekts) ausgelöst. Aber sie werden nichtsdestoweniger doch strukturell nicht direkt von diesen, sondern von den Aktivitäten bzw. Operationen des Subjekts – *und damit von den subjektiven „Objektverarbeitungen" (= Assimilationsschemata)* bestimmt, die ihre „Störungen" im behandelten motivationstheoretischen Sinne kognitiv kompensieren (vgl. 1959b, 44). Auch hierin kommt wiederum PIAGETS Grundthese zum Ausdruck, daß dem erkennenden Subjekt nicht die Tendenz zur Akkomodation, sondern diejenige zur Assimilation bzw. zur Einverleibung der Objektinhalte in die eigenen Handlungsschemata primär ist. Das Erlernen logischer Strukturen als Akkomodationsvorgang unterliegt daher prinzipiell dem Entwicklungsstand und der Dynamik der bestehenden Assimilationsschemata des Subjekts, die nach PIAGETS Konzeption selbst – wie gezeigt – weniger durch umweltbestimmte Lernvorgänge als durch weitgehend spontane und sukzessiv aufeinander aufbauende Äquilibrationen des Lernenden (Abstraktionen, Koordinationen, Regulationen usw.) erworben werden.

Lernprozesse durch Objekterfahrungen sieht PIAGET allerdings für die Denkentwicklung keineswegs als überflüssig an, zumal sie für diese gerade die *notwendigen*

Anregungen, Auslöser, Anstöße, Anlässe, Anwendungsobjekte und Inhalte liefern und sie somit beschleunigen oder verlangsamen können. Solche Lernprozesse können *allerdings neue logische Denkstrukturen* – zumindest dann, wenn das Kind sich gerade nicht in der strukturell dafür „reifen" Entwicklungszeit befindet – *nicht* von außen einführen oder *vermitteln* (vgl. 1964b, 176). Für deren Erwerb gilt PIAGETS Zirkelthese, daß solche denkstrukturellen Ausgangsbedingungen (also logische oder prälogische Strukturen) gegeben sein müssen, von denen aus das Subjekt – durch Lernvorgänge allenfalls gefördert – mit *Abstraktions- und Äquilibrationsaktivitäten* die neue logische Struktur konstruiert:

„Um eine logische Struktur zu ‚erlernen', ist es notwendig, andere logische oder vorlogische, d.h. gewisse im Verlauf des betrachteten Experiments nicht erlernte Strukturen, zu benutzen." (1959c, 181/182; vgl. auch 1959a, 15 und 1959b, 51)

Insofern der Erwerb dieser Strukturen nur auf der Basis ihrer strukturellen Vorläufer und der denkstrukturell-stadienspezifischen Assimilationsfähigkeit des Kindes möglich ist, bedeutet dies also, daß er nur mit Hilfe der beschriebenen selbstregulativen Äquilibrationsaktivitäten und der logisch-mathematischen Abstraktion (der beiden wichtigsten Techniken des nichterlernten Verhaltenserwerbs) als *konstruktiv-reflexive und differenzierend-integrierende Weiterentwicklung* vollzogen werden kann:

„Das Lernen einer logischen Struktur (Klasseninklusion usw.) vollzieht sich nicht durch äußere Verstärkung (als durch die Ergebnisse bestimmter Erfolg oder Mißerfolg) ..., sondern basiert auf der Verallgemeinerung und Differenzierung früherer logischer oder prälogischer Strukturen." (1970e, 254)

Aus diesem Grunde läßt sich auch nach übereinstimmender Ansicht von PIAGET wie von INHELDER & SINCLAIR der Erwerb der logischen Strukturen kaum durch Objekterfahrungen oder sprachliche Übungen, sondern *nur durch „operatorische Übungen"* fördern, d.h. dadurch, daß beim Kind die für diese Strukturen konstitutiven (oder ihnen verwandten) operativen oder operatorischen Handlungsvollzüge und -abstraktionen angeregt und ausgelöst werden (vgl. 1959a, 16 und INHELDER & SINCLAIR 1969). Dagegen erleichtert der bereits vorhandene Besitz logischer Strukturen seinerseits den beschleunigten Erwerb von Objektwissen, sprachlich vermitteltem Wissen sowie komplexeren logischen Strukturen. Wie INHELDER & SINCLAIR gefunden haben, ist die Fähigkeit zum Erlernen neuer logischer Strukturen (wie der Operationen der Volumenvarianz) bei Kindern, die bereits (mit den Operationen der Mengeninvarianz) die Schwelle zur operatorischen Entwicklungsperiode überschritten haben, signifikant größer als bei (voroperatorischen) Kindern unmittelbar unterhalb dieser Entwicklungsschwelle. Jene können offenbar ihre ersten logischen Begriffe (wenn auch nur nach einer gewissen Mindestzeit assimilativer Übung) *durch Differenzierung und Abstraktion auf zunehmend komplexe Situationen ausdehnen* (vgl. INH. & SCL. 1969, 18/19ff.).

Alles bisher Gesagte beruht jedoch auf einem engen Lernbegriff, der als Verhaltenserwerb durch Objekterfahrung nur mit einer gewissen Willkür von allen anderen Arten des Verhaltenserwerbs analytisch abstrahiert werden kann. Zwischen erlernten und nichterlernten Verhaltenserwerbungen (– die Generalisation als primäre Tendenz aller Assimilationschemata kann z.B. als eine Form des nichterlernten Verhaltenserwerbs gelten –) besteht jedoch in der Regel eine enge

Verflechtung. So bedürfen – nach PIAGETS eigenem Eingeständnis – auch die selbstregulativen (nichterlernten) Verhaltenserwerbungen einer Sanktionierung durch die Erfahrung (also doch eines Lernanteils), um eine Übereinstimmung mit der Umwelt herstellen und einen kognitiven Gleichgewichtszustand aufrechterhalten zu können (vgl. 1959c, 185).

PIAGET unterscheidet daher analytisch ein Lernen im engen Sinne von einem Lernen im weiten Sinne (vgl. 1959b, 38–41). Das *Lernen im engen Sinne* bezieht sich primär auf die Inhalte des Erkennens (im Gegensatz zu den formenbildenden operativen und operatorischen Aktivitäten) und – soweit diese Inhalte selbst aus Handlungsstrukturen bestehen – nur auf die nicht-operatorischen Verhaltensweisen wie z.B. die irreversiblen Gewohnheiten. Es stellt also einen Wissenserwerb oder Erkenntnisgewinn durch Objekterfahrung dar und bezieht sich daher primär – wie FURTH richtig hervorgehoben hat – auf die figurativ-akkomodativen Aspekte des Erkennens (FURTH 1969, 227). – Objekterfahrungen werden allerdings mit Erreichen der formal-operatorischen Entwicklungsperiode für den weiteren Fortschritt der logisch-operatorischen Denkstrukturen überflüssig, weil dann neue logische Strukturen aufgrund der Deduktionsfähigkeit des Kindes auf diesem Niveau durch bloße reflektierende Abstraktionen und Abstraktionsprozesse aus den vorhandenen konstruktiv herausentwickelt werden können (vgl. 1961b, 251).

PIAGET betont daher, daß das Lernen i.e.S. nur zur Induktionsfähigkeit und zur Bildung von Gewohnheiten führt, während man aufgrund der bisher als „nichterlernt" bezeichneten Wissensaneignungen (Äquilibration, Assimilation) zur Deduktion sowie zur Entdeckung allgemeiner Gesetzmäßigkeiten und Erkenntnisse gelangt (vgl. 1959b, 39).

Diese letzteren – nach seiner Theorie entscheidenden – Wissensaneignungen subsumiert er allerdings zusammen mit dem Lernen i.e.S. unter einen Begriff des *Lernens im weiten Sinne.* Diesem gemäß liefern sie die Formen des Erkennens, und zwar zuerst die Formen der operatorischen Handlungen und Deduktionen und danach diejenigen der auf die Objektfolgen angewandten Deduktionen (= „Induktionen"). Denn diese Erkenntnisformen werden zuerst nur an den eigenen Handlungsvollzügen erkannt, bevor sie auch auf die Umweltobjekte angewandt werden können.

Insgesamt unterscheidet PIAGET somit *7 Formen des kognitiven Verhaltenserwerbs* bzw. der Wissensbildung und somit Komponenten der Denkentwicklung (vgl. 1959b, 38–39):

Vererbung	Aneignung			
	unmittelbare	Aneigung	mittelbare	Aneignung
(1) Reifung	Ablesen: (2) Wahrnehmung	sensomotorische oder begriffliche Interpretation (nicht vollständig deduktiv): (3) Voroperatorisches Unmittelbarverstehen	durch Erfahrung nicht-systematische Kontrolle: (4) Lernen i. e. S. systematische Kontrolle: (5) Induktion	nicht durch Erfahrung nicht-systematische Kontrolle: (6) Voroperatorische Kohärenz (Äquilibration) systematische Kontrolle: (7) Deduktion (und im Grenzfall operatorisches Unmittelbarverstehen)

Nach diesem Schema wäre Lernen i. w. S. die Kombination zwischen (4) und (6). (3) spielt eine Rolle bei (6), ist aber selbst eine Funktion schon vorher erfolgter Äquilibrationen. – (4) führt zu (5), während (6) zu (7) führt (wobei PIAGET hier die Äquilibration auf die zur Operationenbildung führenden Prozesse einschränkt). – Während die Induktion (5) als Anwendung der Deduktion auf die Erfahrung die Deduktion (7) voraussetzt, bedarf es zur Deduktion jedoch nicht umgekehrt der Induktion.

Die wichtigsten Vorteile der Lerntheorie PIAGETS im Vergleich zu den behavioristischen Konzeptionen lassen sich abschließend wie folgt zusammenfassen:

1. Sie berücksichtigt die strukturierenden Beiträge und autonomen *Aktivitäten des Subjekts* im Lernprozeß stärker.
2. Sie macht komplizierte Zusatzannahmen zur Erklärung der *Motivation des Verhaltenserwerbs* überflüssig und liefert doch gleichzeitig eine allgemeine Erklärung für die vielfältigsten Motivationen, ohne sich dabei auf die Willkür und Zufälligkeit von Triebkatalogen oder stimulierenden Objektinhalten beziehen zu müssen.
3. Theoretische Zusatzkonstruktionen werden auch durch die Grundannahme überflüssig, daß den vitalen Assimilationsschemata des Subjekts als eines lebenden Organismus eine *Generalisationstendenz* (als Anwendungs- und Expansionsdrang) natürlicherweise innewohnt.
4. Ebenso läßt sich auch die Bildung und das Erkennen von *Bedeutungen* assimilationstheoretisch wesentlich überzeugender, stichhaltiger und einfach erklären als assoziations- bzw. S-R-theoretisch.
5. Wie wahrscheinlich keine andere Konzeption vermag die strukturgenetische Theorie PIAGETS gerade *Entwicklungsprozesse*, die einen so gesetzmäßigen und

gerichteten Verlauf nehmen wie diejenigen der logischen Denkstrukturen (und die daher eine gewisse Autonomie gegenüber den Zufallseinflüssen des Milieus besitzen) schlüssig zu erklären, während Lerntheorien generell nur mehr oder weniger miteinander unverbundene, einzelne Entwicklungsschritte zu erklären vermögen.

6. Von einem strukturalistisch-ganzheitlichen Ansatz und dem Bezug auf Gesamtsysteme von Verhaltensstrukturen her läßt sich schließlich auch leichter verstehen, warum ein Subjekt zum Erlernen bestimmter Verhaltensweisen fähig oder noch unfähig ist und warum es auf die ihm angebotenen Umweltreize in bestimmter Richtung *selektiv reagiert:* das Lernen selbst wird so durch den jeweiligen geistigen Entwicklungsstand erklärbar.

I.7 Wahrnehmung und Intelligenz – Registrieren oder Konstruieren?[25]

In den Kategorien der Piagetschen Theorie läßt sich die Wahrnehmung als ein primär *akkomodativer* Vorgang kennzeichnen, der sich auf die *partikularen Formen physikalischer Gestalten* bezieht und dem Erkennen daher die *figurativen* Aspekte liefert. Wie für die anderen kognitiven Funktionen, so wird auch hier gelten, daß Wahrnehmung zur Erkenntnis erst gelangen kann durch die Assimilation der akkomodativ gewonnenen Inhalte an operative Schemata.

PIAGET nennt *„primäre Wahrnehmung“* jede *einzelne Zentrierung* eines Sinnesorgans auf eine gleichzeitig gegebene Objektgesamtheit aus der partikularen Perspektive des Subjekts gegenüber seinem begrenzten Wahrnehmungsfeld. In dieser wie jeder anderen Form ist die Wahrnehmung mit einer *Zufallsstichprobe* vergleichbar, die von der Wahrscheinlichkeit des Zusammentreffens der perzeptiven Zentrierungen des Subjekts mit den Objektelementen („rencontres“, „couplages“) bestimmt wird und insofern schon prinzipiell nie „Kopien“ der Objekte liefern kann, sondern allenfalls strukturverwandte Modelle oder Abstraktionen von ihnen. Als einzelne Zentrierung oder gleichsam „Momentaufnahme“ führt die Wahrnehmung fast notwendigerweise zu „Deformationen“ des angepaßten Erkennens nach Maßgabe der Wirkungen des Objektfeldes (= „Wahrnehmungs*illusionen*“, „faux-absolus“), die bedingt sind durch die Überschätzung des zentrierten Elements zum Nachteil der peripheren Elemente. Jede Zentrierung erfolgt aus einer veränderten Perspektive bzw. einer verlagerten Position des Subjekts gegenüber dem Objekt und verändert so das Wahrnehmungsurteil. Der Wahrnehmungsraum ist also nicht homogen, sondern jeweils Funktion der subjektiven Zentrierungen einerseits sowie der feldspezifischen Veränderungen andererseits. D.h. die Zentrierungszone entspricht einer Verzerrung oder Dehnung (Dilatation) des räumlichen Feldes, während sich die Randzonen optisch desto mehr verschmälern, je weiter das Zentrum von ihnen entfernt ist (vgl. 1947, 88). Aufgrund des zufälligen, *starren* und *irreversiblen* Charakters sowie der starken Objektabhängigkeit der Wahrnehmungen sind die Wahrnehmungsstrukturen *stochastisch und nichtadditiv* zusammenge-

25 Vgl. zur ausführlichen Behandlung dieses Problembereichs: J. PIAGET, Les mécanismes perceptifs, Paris 1961.

setzt und können daher auch nur zu einem sehr labilen kognitiven Gleichgewicht führen.

Das Wahrnehmungsgleichgewicht (d.i. das Gleichgewicht jeder perzeptiven Subjekt-Objekt-Interaktion) *verlagert sich mit jeder Feldwirkung bzw. -veränderung* (= „Störung“) derart, daß objektiv unveränderte Elemente (bzw. Wahrnehmungsbeziehungen) neue subjektive Bedeutungen annehmen und eine Veränderung der Wahrnehmungsstruktur nötig machen. In der primären Wahrnehmung sind die Feldveränderungen nicht „kompensiert“, – und das kognitive Gleichgewicht beschränkt sich hier auf das begrenzte Feld der gleichzeitig wahrgenommenen Objektelemente: insofern stellt die einzelne Wahrnehmungszentrierung den Grenzfall einer Akkomodation mit einem Minimum an Assimilation dar. Die in allen primären Wahrnehmungen besonders starken *Feldwirkungen,* die aufgrund der *zentrierungsbedingten* Überschätzungen zu beständigen Wahrnehmungs*illusionen* führen, bleiben in jedem Alter qualitativ relativ konstant, vermindern sich jedoch mit dem Alter quantitativ in ihrer Intensität (vgl. 1966a, 31).

Die von der Gestaltpsychologie aufgestellten Organisationsgesetze der Wahrnehmung haben eine auch von PIAGET anerkannte Gültigkeit in erster Linie nur für die Feldwirkungen bei solchen primären oder simultanen Wahrnehmungen oder Zentrierungen: daher läßt sich vielleicht auch die Vernachlässigung der Entwicklungsdimension durch die Vertreter dieser psychologischen Richtung erklären.

Die Wahrnehmung als eine Form der *sensomotorischen Intelligenz* besteht jedoch in der Regel aus mehr als je einzelnen Zentrierungen. Eine Häufung, Beschleunigung und Koordination mehrerer sukzessiver Zentrierungen (= *„Dezentrierung“*), also eine *explorative Wahrnehmungsaktivität,* kann die deformierenden Wirkungen der isolierten, starren und langsamen Zentrierungen partiell kompensieren, abmildern oder korrigieren. Mit dieser *regulativen* Aktivität können dann auch stabilere Gleichgewichtszustände, wie sie sich in den perzeptiven Invarianzen der Form, der Größe, der Farbe usw. über Feldveränderungen hinweg ausdrücken *(„Wahrnehmungskonstanzen“),* erreicht werden (s.u.). In bezug auf die entsprechende Wahrnehmungsaktivität spricht PIAGET von *„sekundärer* Wahrnehmung“ (vgl. 1957c, 45) oder *„Wahrnehmungsintelligenz“,* insofern hier gerade die stabileren Verhaltensschemata der operativen Intelligenz wirksam werden und die Qualität der Wahrnehmung bestimmen.

Die Wahrnehmungskonstanzen, die die maximal möglichen Gleichgewichtszustände intelligenter Wahrnehmung darstellen, entstehen bereits in der sensomotorischen Periode vor der Bildung der Objektpermanenz oder Dingkonstanz mit 6–12 Monaten als maximale Kompensationen der zentrierungsbedingten Deformationen.

Mit dem Auftreten der sensomotorisch-intelligenten Koordination zwischen Sehen und Greifen beim Säugling gibt es bereits eine *Größenkonstanz,* d.h. die Fähigkeit, augenscheinliche Veränderungen der Größe von Gegenständen bei ihrer räumlichen Entfernung durch intelligente Aktivitäten der Größen„bewahrung“ zu kompensieren. Erst von dieser Stufe ab kann das Kleinkind das größere zweier Objekte wählen, auch wenn dieses im optischen Feld kleiner erscheint.

Die *Objektivierung der Wahrnehmung* setzt *intelligente Handlungsschemata,* d.h. eine sensomotorische Intelligenz, voraus. Ähnlich wie operatorische Invarianzen beruhen Wahrnehmungskonstanzen auf einer *Kompensation durch multiplikative Komposition* – wie z.B. bei der Größenkonstanz auf der Komposition zwischen scheinbarer Größe und Distanz. Daß sie soviel früher als operatorische Bewahrungen erworben werden können, liegt daran, daß hier die Objektveränderung (räumliche Entfernung) nur scheinbar ist, also durch perzeptive Regulationen kompensiert werden kann und nicht solche komplizierten Transformationssysteme wie die operatorischen bei realen Objektveränderungen zur Kompensation erfordert. Da mit Hilfe von Wahrnehmungskonstanzen die Kompensation echter – nicht nur perzeptiv scheinbarer – Transformationen nicht möglich ist, können sie die kognitive Gleichgewichtsstabilität von operatorischen Invarianzen nie erreichen.

Die *Wahrnehmungsintelligenz* überschreitet die Feldwirkungen und die mit diesen verbundenen Über- oder Unterschätzungen nach Maßgabe der dem Subjekt zur Verfügung stehenden kognitiven Aktivitäten und vermindert so den Anteil des Zufalls in der Wahrnehmung. Diese Aktivitäten können daher auch keineswegs als eine Zusammensetzung aus solchen Feldwirkungen angesehen werden. Hier wird das beschränkte Feld der Gleichzeitigkeit und Unmittelbarkeit überschritten zugunsten dezentrierender, korrigierender und antizipierender *Regulationsaktivitäten,* die die Feldwirkungen vermindern und die Wahrnehmungsobjektivität erhöhen. Wahrnehmungsaktivitäten bestehen demnach aus räumlichen und zeitlichen „Transporten“ oder einfachen *Beziehungsbildungen,* in Vergleichen („doppelten Transporten“), in „Transpositionen“ (komplexen oder multiplikativen Beziehungsbildungen, Transporte eines Komplexes von Beziehungen mit Wiedererkennung und Generalisierung, wodurch Proportionen erkannt bzw. Proportionalbegriffe gebildet werden können), in Antizipationen und Einstellungen, Explorationen und komplexeren Beziehungsbildungen zwischen immer entfernteren Bezugselementen. Diese Aktivitäten haben *assimilativen* – sowie als Beziehungsbildung sogar bereits logischen! – Charakter und bilden *„perzeptive Schemata“,* die durch assimilative Wiedererkennung und Generalisation auf verschiedene Objekte transponierbar sind und daher stabiler werden als die automatischen Umstrukturierungen in den gestalthaften „Tendenzen zur guten Form“.

Wahrnehmungsaktivitäten nehmen in der Regel mit dem Alter zu und werden in dem Maße systematischer, wie das Niveau der allgemeinen kognitiven Aktivität (bzw. der operatorischen Strukturen) steigt.

Spieltheoretisch formuliert, können Wahrnehmungsaktivitäten auch als *„Strategien“* (der Suche nach der Verifikation von Hypothesen bzw. Erwartungen) beschrieben werden. Die Wahl der aufeinander folgenden Zentrierungen würde danach auf Entscheidungen des Subjekts beruhen, das nach Erreichen des operatorischen Intelligenzniveaus (unterhalb dessen die Wahrnehmungsaktivitäten wenig systematisch sind, aus „umherirrenden“ Zentrierungen bestehen, globalen und synkretistischen Charakter haben usw.) in der Regel mit einem *Minimum an Aufwand* resp. Kosten nach einem *Maximum an Informationsgewinn* bzw. nach der Wahl der besten Zentrierungspunkte zur Verminderung der Deformationen strebt: Einzelzentrierungen verursachen zwar minimale „Kosten“, bringen aber auch nur einen minimalen „Ertrag“ (an Erkenntnis bzw. Information) (vgl. 1958b, 79). Insofern die perzeptiven Strategien strukturell von den Handlungs- und Operationsschemata des entwicklungsspezifischen Intelligenzstandes bestimmt werden, sind sie allerdings mehr als bloße „Strategien des Ablesens und Entdeckens“ im BRUNERschen Sinne: sie stellen bereits Verhaltensweisen einer konstruktiven Intelligenz dar.

Als System der beweglichsten kognitiven Strukturen *„programmiert" die Intelligenz die Wahrnehmungsaktivität,* lenkt sie auf kognitiv Wichtiges hin (aber auch aufgrund affektiver Zentrierungen davon ab, wie man ergänzen müßte), *korrigiert* oder *kompensiert* ihre Verzerrungen, vermindert durch *systematisierte „Auswahlverfahren"* den Zufallscharakter der perzeptiven „Stichprobe", setzt die unterschiedlichen Wahrnehmungszentrierungen zu umfassenderen Bezugsrahmen resp. nichtwahrnehmbaren rationalen Koordinaten (wie den Invarianzbegriffen) in Beziehung und erhöht so insgesamt die Objektivität der Wahrnehmung. Ohne die rationalen Assimilationsschemata der Intelligenz ist eine kontinuierlich realitätsangepaßte Wahrnehmung überhaupt kaum denkbar. Eine hypothetische „reine Sinneswahrnehmung" könnte ohne rationale Formen nicht zur Erkenntnis führen, da zahlreiche Phänomene ohne operatorische Begriffe gar nicht erkennbar sind.

So findet sich noch bei 9–10jährigen Kindern, wie beschrieben, eine systematische Unfähigkeit, die Horizontalität einer Wasseroberfläche in einem geneigten Glas oder die Vertikalität eines an schrägen Ebenen aufgehängten Fadens wahrzunehmen, abzuzeichnen oder vorauszusagen, weil die dazu notwendigen Invarianzbegriffe der räumlichen Koordinaten (Horizontale, Vertikale) noch fehlen (vgl. 1957b, 63).
Ohne die Invarianzbegriffe der geraden Linie und des rechten Winkels kann z.B. auch ein Quadrat nicht von einem Kreis unterschieden werden: vor einer solchen Begriffsbildung werden beide vom Kind daher nur erst als ununterscheidbare geschlossene Linien topologisch erkannt.

Die von der Wahrnehmung gelieferten Informationen können nur in dem Maße vom Subjekt objektiviert bzw. „erkannt" werden, wie sie den für die operatorischen Strukturen der rationalen Intelligenz charakteristischen Invarianzbegriffen untergeordnet werden, die ihrerseits die stabilen internen Grundmodelle für verläßliche, rationale Objekterkenntnis darstellen.

Diese Grundannahme der Piagetschen Wahrnehmungstheorie bedeutet zugleich, daß *„spiegelgetreue Abbildungen"* der Objektwelt durch das Kognitionssubjekt als empiristische Illusion gelten können. Relative Objektivität als weitgehende Intersubjektivität systematisierter (= wissenschaftlich kontrollierter) Wahrnehmungen ist allenfalls möglich mit Hilfe methodischer Normierungen des systematischen Operierens (Stachowiak 1965, 47). Dabei kann „reine Objekterkenntnis" oder „objektive Erkenntnis" prinzipiell nur als hypothetisch bleibender Grenzwert angesehen werden.

Wahrnehmungen sind auch nicht als *„reine Konstatierungen"* möglich, die etwa ausschließlich auf „Sinnesgegebenheiten" basieren und den positivistischen Charakter von „Protokollsätzen" haben könnten. Die Annahme von der Möglichkeit einer durch „reine Sinnesdaten" vermittelten Objektivität beruht auf den sensualistisch-empiristischen Trugschlüssen einer primitiven Psychologie, in der das handelnde und kognitiv organisierende Subjekt eine stark vernachlässigte Rolle spielt.

Piaget hat nachgewiesen, daß prälogische und logisch-mathematische Handlungsstrukturen i.w.S. dieses Wortes (Koordinationen, Beziehungsbildungen, Vergleiche usw.) auf allen Ebenen in die Wahrnehmung wie in die Objekterkenntnis generell einfließen und daß deren Qualität und relative Objektivität mit dem Niveau, der Differenziertheit, der Beweglichkeit usw. jener operativen Strukturen der Intelligenz steigt.

Die Vertreter des logischen *Empirismus* (Neopositivismus, Wiener Kreis und WITTGENSTEIN) hatten dagegen gemeint, daß die logischen Strukturen erst nachträglich den vermeintlich vorgängig und unmittelbar durch Sinneswahrnehmung erwerbbaren, „objektiven“ Realitätserkenntnissen bzw. „Tatsachenfeststellungen“ gleichsam als mehr oder weniger beliebige und willkürliche Formen, „Sprachspiele“ o.dgl.m. „künstlich aufgepfropft“ würden. Danach könnte man auch beide Erkenntnisarten „fein säuberlich“ voneinander trennen, zumal die eine, „apriorische“ und „rein analytische“ der Logik nur tautologische, sinnlose, nichtssagende oder nur sprachanalytische Sätze nach willkürlich aufgestellten syntaktischen Regeln enthalte, während die andere, empirische, „rein synthetische“ und naturwissenschaftlich-„objektive“ „Protokollsätze“ (CARNAP) über die Realität als reine Beschreibungen des in der Sinneswahrnehmung „Gegebenen“ resp. „Abbilder von Tatsachen“ (WITTGENSTEIN) liefern könnte.

Der von den Empiristen postulierte Dualismus zwischen „synthetischen“ und „analytischen“ Urteilen bzw. „experimentellem“ und „logischem“ Erkennen ist bei PIAGET im Kontinuum der kognitiven Aktivitäten aufgehoben und kann daher auch nicht mit einer Dualität zwischen Wahrnehmung und Begriffsbildung oder Konstatierung und Schlußfolgerung gleichgesetzt werden: diese Dualitäten finden sich gleichsam als „Bipolarität“ in der Wahrnehmung selbst wieder (vgl. 1958a, 26). Denn in der Wahrnehmung sind von Anfang an (abgesehen vom seltenen Fall einer starren, „primären“ Wahrnehmungszentrierung) bereits kognitive Aktivitäten und Strukturierungen am Werk, die in ihr den gestaltenden und orientierenden Einfluß der operativen Intelligenz des Subjekts deutlich machen. Die Wahrnehmung ist danach *kein bloßes „Registrieren“*, „Konstatieren“, „Kopieren“ oder „rezeptives Abbilden“, sondern ein aktives Herstellen von Beziehungen, ein Transponieren, ein *Konstruieren, Explorieren* und *Assimilieren* an rationale Schemata.

Nach den Forschungsergebnissen der „genetischen“ Erkenntnistheorie PIAGETS können die folgenden Grundthesen des logischen Empirismus als widerlegt gelten, wonach

1. ein Dualismus zwischen analytischen und synthetischen Urteilen bestehe,
2. es eine mutmaßlich „reine Erfahrung“ vor jeder kognitiv-logischen Strukturierung gebe,
3. Erfahrung als bloße Registrierung oder Konstatierung ohne jede subjektive Konstruktion möglich sei und wonach
4. das Objekterkennen sich auf vermeintlich „reine Sinneswahrnehmungen“ oder „Fakten-Konstatierungen“ stützen könne.

Auf der Basis seiner experimentalpsychologischen Kognitions- und Perzeptionsforschung kann PIAGET daher ausrufen:

„Das empirische Studium der Erfahrung widerlegt den Empirismus!“ (1970f, 731; Hervorhebung von mir, FGW)

Man könnte den Grundgedanken der rationalistisch-konstruktivistischen Erkenntnistheorie PIAGETS mit dem Satz zusammenfassen, daß *Erkenntnisse von „Tatsachen“ weniger von den „Sachen“ als von den „Taten“* (d.h. weniger von den Erkenntnisobjekten als von den kognitiven Aktivitäten, operativen und operatorischen Verhaltensstrukturierungen oder Denkschemata) des erkennenden Subjekts bestimmt werden.

„Es wäre daher irreführend, zwischen Wahrnehmung und Handlung zu unterscheiden, so als würde die Wahrnehmung über die Welt informieren, wie diese ‚in Wirklichkeit ist‘, während nur das Handeln sie verändern könnte.“ (1970a, 135)

Konsequenterweise sind für PIAGET deswegen Wahrnehmung und Intelligenz auch keine reinen Gegensätze. Denn die Mechanismen und Handlungsformen der Intelligenz strukturieren die Wahrnehmung bereits in ihrem Inneren selbst und sind ebensowenig etwa psychogenetisch spätere „Ableitungen" aus der perzeptiven Erfahrung. So ist in PIAGETS Theorie ein

„... Modell des Zusammenspiels von Wahrnehmung und Denken angedeutet (inzwischen: ausführlich dargelegt, FGW), das insbesondere die sich im Verlauf der Entwicklung eines Menschen ausprägenden relativen Invarianzen, wie sie bestimmten Wahrnehmungsstrukturen eigentümlich sind, als Folge der aus dem operativen in den perzeptiven Bereich hinüberwirkenden koordinierenden und strukturierenden Regulationen zu erklären vermag. Der hier vorgelegte Modellgrundriß berücksichtigt die den Wahrnehmungsprozeß regulierende und systematisierende Funktion des operativen Zentrums ..." (STACHOWIAK 1965, 36).

Wie PIAGET überdies betont hat, unterliegt auch die Wahrnehmung – korrelativ zur gesamten kognitiven Aktivität des Kognitionssubjekts – einem *Entwicklungsprozeß* und verändert sich daher mit der Entwicklung des operativen Intelligenzstandes insgesamt.

Während das Kleinkind zu trägen und starren sukzessiven Zentrierungen auf Einzelaspekte von Gegenständen sowie auf die statisch-figurativen Aspekte oder Endergebnisse von Prozessen neigt (vgl. Kap. II.1.), bedarf es einer jahrelangen Entwicklung der kognitiven Schemata, damit in dezentriert-beweglicher Weise überhaupt Zusammenhänge und Prozesse wahrgenommen werden können. *Prozesse* können erst und *nur mit Hilfe von „operatorischen" Rekonstruktionen* erkannt werden, weil sie sich nur durch bestimmte metrische Operationen simulieren lassen. – Die Entwicklung der Wahrnehmungen zeigt sich auch daran, daß manche Wahrnehmungsillusionen überhaupt erst nach bestimmten Fortschritten der Wahrnehmungsaktivität (die in der Regel sonst diese Illusionsgefahr vermindern) möglich werden.

PIAGET sieht drei altersspezifische *Entwicklungen von Wahrnehmungsillusionen:*

1. relativ konstant bleibende oder sich vermindernde „primäre Illusionen", die auf dem fast gleichzeitigen Zusammenwirken aller in einem Feld wahrgenommenen Elemente beruhen (wie z.B. die MÜLLER-LYER-Täuschung);
2. zunehmende Illusionen wie die Überschätzung der Vertikalen im Verhältnis zur Horizontalen, die auf alterstypischen (und wohl auch anthropologisch charakteristischen, wie man ergänzen dürfen wird) Beziehungsbildungen zwischen Elementen bestimmter Distanz beruhen;
3. bis zu einem bestimmten Alter (9–10 Jahre) zunehmende und erst danach abnehmende Illusionen wie z.B. Gewichtsillusionen im Verhältnis zur Volumenwahrnehmung, Vergleiche von schrägen Linien usw. (vgl. 1956b, 151).

Sekundäre Illusionen können z.B. durch Gegensätze oder Assimilationen zwischen entfernten Elementen erzeugt werden, die bei Kleinkindern mangels Wahrnehmungsaktivität und -beweglichkeit noch gar nicht miteinander in Beziehung gesetzt werden (vgl. 1956b, 160 und 1947, 97/98).

Zusammenfassend läßt sich folglich sagen, daß Wahrnehmungen mehr aus einem kognitiven *Konstruieren und Strukturieren* als aus einem „Registrieren" bestehen und daß ein etwa „reines Registrieren oder Kopieren" – kognitionspsychologisch gesehen – unmöglich ist. Die Wahrnehmung wird stets von den niveauspezifischen Denkstrukturen bestimmt, an deren Schemata ihre „Daten" (die infolgedessen niemals in reinem Zustand gegeben sein können) assimiliert werden.

In bezug auf die kognitive Entwicklung unter besonderer Berücksichtigung derjenigen der Wahrnehmung heißt es daher bei PIAGET in einem eigenen Résumé:

„... man findet auf allen Ebenen:

a) *Aktivitäten* des Subjekts, die den von den Objekten gelieferten Gegebenheiten gewisse neue Eigenschaften hinzufügen;
b) *Schemata* und eine Schematisierung von unterschiedlicher Komplexität, die Verbindungen enthalten, welche denjenigen einer impliziten elementaren Logik entsprechen (Klassifikation, Relationen usw.);
c) *‚Entscheidungen'*, die gewisse Formen des elementaren induktiven oder probabilistischen Schließens enthalten, die aber von einer bestimmten Ebene ab über sukzessive Etappen zu deduktiven Schlußfolgerungen gelangen können; usw." (1958a, 3; Hervorhebungen von mir, FGW)

Abschließend könnte noch auf den hirnphysiologischen Aspekt der Wahrnehmung hingewiesen werden, unter dem sie ebenfalls schon eine aktive Konstruktion darstellt. Denn auch physiologisch besteht sie aus Beziehungsbildungen und Zusammensetzungen von Sinneseindrücken sowie deren Vergleich mit den gespeicherten Erfahrungen im Großhirn und erschöpft sich daher keineswegs mit den „Registrierungen" in den Sinnesorganen. Diese letzteren würden ohne die Rekonstruktion und Integration der Wahrnehmungen in die bestehenden Strukturen des Gehirns keinerlei Erkenntnisse vermitteln können.

II. Die Strukturstufen des Denkens im Ablauf der Psychogenese

Nachdem die psychologischen Grundlagen der theoretischen Konzeption PIAGETS im ersten Teil dieser Arbeit relativ allgemein und abstrakt abgehandelt werden mußten, sollen nun seine stadienspezifische Theorie sowie die ihr zugrundeliegenden empirischen Befunde behandelt werden.

Da diese *psychologische Stadientheorie* allerdings denjenigen Teil seines Werkes darstellt, der am weitgehendsten bekannt ist und der auch in zahlreichen Veröffentlichungen zur Verfügung steht (vgl. insbesondere PIAGET & INHELDER 1966a, PETTER 1966 und GINSBURG & OPPER 1975), kann an dieser Stelle eine verhältnismäßig kurze und dichte Zusammenfassung und Analyse ihrer wesentlichen Aspekte genügen.

Dabei wird die Behandlung des spezifisch „kindlichen" Denkens den größten Raum einnehmen (vgl. Kap. II.2.b.–d.).

Die von PIAGET benutzte und inzwischen weitgehend anerkannte Einteilung der Entwicklungsperioden (deren an Genfer Kindern gewonnene Alterswerte gleichwohl als individuell und soziokulturell sehr variabel angesehen werden müssen) stellt sich in der Übersicht wie folgt dar:

	Lebensjahr	
I.	0.–2. =	Die Periode der *sensomotorischen Intelligenz* (von der Geburt bis zum 20. Lebensmonat)
II.	2.–6. =	Die Periode des *voroperatorischen Denkens* bzw. der egozentrischen Vorstellungsaktivität (= Kleinkindheit und Vorschulzeit)
	a) 2.–4. –	Erstes Niveau: vorbegrifflich-prärelationales Denken („konzeptualisierte" Handlungen, Symbolbildung, Spracherwerb)
	b) 5.–6. –	Zweites Niveau: anschaulich-funktionales Denken (Begriffs- und Relationenbildung, Funktionenlogik)
III.	7.–10. =	Die Periode der *konkreten Operationen* bzw. des Erwerbs der Klassen- u. Relationenlogik („erste Kindheit")
IV.	11.–15. =	Die Periode der *formalen Operationen* bzw. des hypothetisch-deduktiven Denkens u. des Erwerbs der Aussagenlogik („zweite Kindheit", „Präadoleszenz").

II.1 Die sensomotorische Intelligenz und der Aufbau der ersten Wirklichkeit

Der Mensch beginnt bereits von dem Moment – kurz nach der Geburt – an eine sensomotorische Form der Intelligenz zu entwickeln, wenn er seine angeborenen Verhaltensweisen verallgemeinern und differenzieren sowie seine verschiedenen

Sinnes- und Handlungsfunktionen miteinander koordinieren kann. Denn im Gegensatz zum Tier muß er die für seine biologische Anpassung notwendigen Intelligenzleistungen in Auseinandersetzung mit der Umwelt selbst entwickeln[26]. Diese sind zunächst allerdings noch ganz praktischer Natur und bestehen im konkreten Umgang mit den Objekten des jeweils unmittelbar gegebenen Handlungsfeldes. Statt Worte, Vorstellungen und Begriffe kommen darin – wie es die Bezeichnung „sensomotorisch" schon beinhaltet – *nur erst Sinneswahrnehmungen und Körperaktivitäten* vor (vgl. auch die späteren, verwandten Thesen von A. GEHLEN, 1940, darüber: [7]1962, 47 ff.).

Das Kind organisiert seine sinnlichen und motorischen Verhaltensweisen fortschreitend zu komplexer werdenden, generalisierbaren Handlungsschemata, die PIAGET auch als *„aktive Organisierungen der gelebten Erfahrung"* (1936, 332) oder als „sukzessive Kristallisationsmomente einer kontinuierlichen Aktivität" (1936, 339) bezeichnet. Diese können funktionell als die sensomotorischen Äquivalente der späteren Begriffe angesehen und daher selbst als *„sensomotorische Begriffe"* (1936, 336) bezeichnet werden. Sie stellen die ersten Instrumente dar, mit denen das Kind die Umwelt seinen Verhaltensstrukturen „assimilieren" und damit bereits vor der Bildung der Vorstellungsfunktion und vor dem Spracherwerb „verstehen" kann.

Eine Handlung, die wiederholt und auf neue Situationen angewendet werden kann, stellt einen solchen „sensomotorischen Begriff" dar: ein Säugling assimiliert neue Gegenstände nacheinander an jedes seiner Handlungsschemata (wie Lutschen, Saugen, Schütteln, Reiben), um sie durch die ihm gemäße Art ihres Gebrauchs (im doppelten Sinne dieses Wortes:) *„begreifen"* zu können. Auch in der zweiten Entwicklungsperiode noch und trotz des dann erfolgten Spracherwerbs wird das Kind die Objekte seiner Umwelt – dann allerdings mit Bewußtsein und Vorstellungsfähigkeit – durch ihre subjektive Gebrauchsfunktion (also „finalistisch") „definieren" (vgl. Kap. II.2.d.).

Die anderen Bedeutungen, die das Kind neben diesen durch sensomotorische Assimilation erworbenen Begriffen bzw. Begriffsäquivalenten bereits kennt, sind erst „Signale" (konditionierte Verhaltensweisen) und „Anzeichen", die noch unabgelöste Teile oder Aspekte der Handlungsobjekte selbst bilden.

Da es in der sensomotorischen Periode noch keine nennenswerte Unterscheidung zwischen Zeichen oder Bedeutungen einerseits und Gegenständen andererseits gibt, beschränkt sich die „Semiosis" hier noch auf solche „Vor-zeichen".

Während *„Signale"* mehr oder weniger automatisch Reflexe und konditionierte Verhaltensweisen auslösen und diesen somit untrennbar und starr einverleibt werden, sind *„Anzeichen"* von solchem Verhalten bereits unabhängiger und ermöglichen gewisse Antizipationen der nahen Zukunft sowie Rekonstruktionen der nahen Vergangenheit, da sie die betreffenden Gegenstände vorankündigen bzw. an sie erinnern (vgl. 1945b, 46; 1947a,

26 Die anthropologischen Bedeutungen und Implikationen seiner Theorie werden von PIAGET selbst vernachlässigt, da es ihm nie um die Entwicklung einer Anthropologie ging. Die seinen Thesen vor allem zur vorsprachlichen Intelligenz, zu ihrer Anpassungsfunktion und zur Rolle der Sprache entsprechende Anthropologie könnte in der Theorie Arnold GEHLENS gesehen werden (vgl. A. G. [7]1962, 175 und 1964).

148; 1957c, 46/47 und 1966d, 43). – Signale werden im übrigen nur dann mit den differenzierten sozialen „Zeichen“ identisch, wenn ihnen eine künstliche soziale Bedeutung beigelegt wird (vgl. auch Kap. II.2. a.).

Die *Handlungssequenzen* des Kindes in der sensomotorischen Periode sind charakteristischerweise *noch sehr kurz*. Verbindungen zwischen Objekten können z.B. höchstens dann hergestellt werden, wenn sie gleichzeitig oder gleichörtlich gegeben oder unmittelbar nacheinander wahrgenommen werden. Aus dem Blickfeld geratene Wahrnehmungsobjekte geraten auch aus dem Feld der Handlungsziele. Sensomotorische Intelligenzakte können sukzessive Wahrnehmungen und Bewegungen nur mithilfe kurzer Antizipationen und Rekonstruktionen untereinander und miteinander koordinieren, verhelfen aber nie zu Überblicken über Gesamtabläufe oder -situationen:

„Die sensomotorische Intelligenz läuft *wie ein Zeitlupenfilm* ab, von dem man nacheinander alle Bilder – aber ohne Verknüpfung miteinander – sehen würde, d.h. ohne den für das Verstehen des Ganzen notwendigen kontinuierlichen Anblick.“ (1947a, 144)

Diese begrenzte Beweglichkeit und Reichweite der sensomotorischen Intelligenz wird außerdem noch dadurch verstärkt, daß (psychoanalytisch formuliert:) in dieser ersten Entwicklungsperiode – wie auch weitgehend noch in der nächsten auf der Ebene von Vorstellung und Sprache (vgl. auch METZGER 1959, 408) – das *„Lustprinzip“* weitgehend das „Realitätsprinzip“ beherrscht. D.h., die sensomotorischen Intelligenzakte pflegen mehr der Befriedigung emotionaler und körperlicher als kognitiver Bedürfnisse (wie der erst allmählich wachsenden Neugier) zu dienen, wodurch eben der Radius des potentiell Erfaßbaren zusätzlich begrenzt wird. Daher bilden sie auch nur „eine gelebte und keineswegs eine reflexive Intelligenz“ (1947a, 145).

Entsprechend der hier noch fehlenden Trennung zwischen Zeichen und Bezeichnetem ist es für die sensomotorische Intelligenz auch kennzeichnend, daß in ihr die Formen des möglichen „Erkennens“, „Verstehens“ oder „Erfassens“ noch stark bzw. ganz *an den Inhalt der jeweiligen Wahrnehmungen und motorischen Aktivitäten gebunden* sind (vgl. auch FURTH 1969, 264). Gleichwohl zeigt die Entwicklung von den spezifischen und unmittelbaren Verhaltensweisen (wie den Instinkten) zu den allgemeineren Handlungskoordinationen auch hier schon eine *erste* – obschon noch sehr unvollständige – *Lösung der Koordinationsformen vom Inhalt* ihrer äußeren Manifestationen (vgl. a.a.O., 246). Eben deswegen aber enthält die sensomotorische Intelligenz – wie unten gezeigt werden wird – in ihrer Struktur bereits eine Art von „Logik“ im PIAGETschen Sinne allgemeinster Formen jedweder Handlungskoordinationen gegenüber beliebigen Objekten.

Die Geburt der Intelligenz vollzieht sich im ersten Lebensmonat an der Schwelle zwischen dem organischen und dem „mentalen“ Leben, wenn die anfänglichen spontanen, ganzheitlichen Aktivitäten des Organismus ohne Objektbezug sowie die biologisch vorgegebenen „rhythmischen“ Verhaltensstrukturen der Instinkte und Reflexe im Verlaufe ihres spontanen Ausgeübtwerdens differenzierenden und erweiternden Aktivitäten unterworfen werden, und so zur Bildung der ersten sensomotorischen Assimilationsschemata führen („funktionelle oder *reproduktive Assimilation*“). Durch Ausweitung der angeborenen Verhaltensweisen auf neue Objekte (z.B. des Saugens von der Brust auf den Daumen und andere

Gegenstände)[27] werden diese gleichzeitig verallgemeinert („transponierende oder *generalisierende* Assimilation") und ermöglichen dem Kind dadurch die globale Unterscheidung verschiedener Objekte und Situationen („rekognitive oder *wiedererkennende* Assimilation").

Im zweiten Stadium der ersten Entwicklungsperiode zwischen dem ersten und dem dritten Lebensmonat folgen auf die primitiven Reflexaktivitäten des Kindes die bedingten Reflexe, die ersten Gewohnheiten und die *„primären Kreisreaktionen"* (nach J. M. Baldwin), d.h. die Reproduktion zufällig erzielter eigener Verhaltensergebnisse (Selbstnachahmung). Wie Piaget aus seiner ganzheitlich-strukturalistischen und in diesem Punkt gewissermaßen sogar „vitalistischen" Sicht gegenüber neo-assoziationistischen und -behavioristischen Theorien immer wieder betont, werden die bedingten Reflexe nicht durch das bloße Spiel von Verknüpfungen stabilisiert, sondern dadurch, daß die erzielten Verhaltensresultate den vitalen Anwendungs- und Expansionsdrang befriedigen, der den sensomotorischen Assimilationsschemata als lebenden Verhaltensstrukturen eo ipso innewohnt. – Die verschiedenen Aktivitäten des Säuglings sind allerdings untereinander noch mangelhaft koordiniert: „sie bilden jede eine kleines Ganzes, das den eigenen Körper direkt mit dem Objekt verbindet (Saugen, Betrachten, Greifen usw.)" (1970c, 14).

Die folgenden Stadien der sensomotorischen Intelligenzperiode sind – grob gesagt – vor allem durch eine weitere Expansion und Ausdifferenzierung der vorhandenen Handlungsschemata (nach Maßgabe ihrer akkomodativen Beweglichkeit, d.h. Anpassungsfähigkeit an neue Umweltgegenstände) sowie durch eine zunehmend *flexiblere Koordination* der verschiedenen, vorher unverbunden nebeneinander vorhanden gewesenen Verhaltensweisen gekennzeichnet.

Diese größere Beweglichkeit, Realitätsangepaßtheit (bzw. Assimilationskraft und Akkomodationsfähigkeit) sowie Differenziertheit des Verhaltens führt nach und nach zu solchen Intelligenzleistungen wie der Unterscheidung zwischen *Mitteln und Zwecken* des Verhaltens, zur Reduktion der heterogenen praktischen Räume auf einen einzigen Raum (s.u.), zur absichtlichen Wiederholung zufällig erreichter Verhaltenswirkungen bzw. zum Bemühen, interessante Ereignisse zum Andauern zu veranlassen (3. Stadium, ca. 3.–8. Monat), zur Setzung von *Zielen* vor und unabhängig von den Mitteln dazu, so daß Erkundungen möglich, Hindernisse auf dem Weg zu bestimmten Objekten beseitigt und verschwundene Objekte gesucht werden können (Bildung der Dingkonstanz, s.u.). Außerdem können die Verhaltensweisen jetzt in eine für ihren Erfolg richtige Koordinationsreihenfolge gebracht, also kausal strukturiert und somit einer ersten Form der *„Ordnungslogik"* unterworfen werden (4. Stadium, 8.–12. Monat).

Je mehr die Aktivitäten und Wahrnehmungen des Kindes untereinander und wechselseitig koordiniert werden, was mit zunehmender Anzahl im Zuge ihrer Differenzierung großenteils auch ohne äußere Einflüsse spontan geschieht, desto systematischer können die Verhaltensweisen werden. Nach den im 4. Stadium erst möglichen „Erkundungen" führen sie schließlich auch zum *„Experimentieren"*, d.h. zur aktiven Konstruktion von neuen Verhaltensschemata oder zur Suche nach ihnen durch die Differenzierung der alten, zur absichtlichen Variation der Bedingungen und zur Suche nach der Variation selbst („tertiäre Kreisreaktionen"). So gelangt das Kind zu Erfindungen und Entdeckungen und wird mit der Unterscheidung akkomodativer von assimilativen Handlungen zur Nachahmung vielfältiger neuer Verhaltensweisen fähig (vgl. 1945b, 50).

---

27 Wie die pränatale Medizin bzw. die Embryologie inzwischen aber gezeigt hat und wie der Verfasser 1974 aus dem selbst beobachteten spontanen (wenige Tage später für immer wieder verschwundenen) Daumenlutschen eines Neugeborenen unmittelbar nach dessen Geburt erschließen konnte, wird diese spezielle „Leistung" allerdings schon vor der Geburt erbracht (vgl. z.B. Flanagan 1968).

„Früher wurde die Akkomodation der Schemata nicht gesucht, sondern eher ‚erlitten'. Nun wird ein Ereignis nicht nur reproduziert (z. B. Fallenlassen eines Gegenstandes), sondern auch variiert (das Kind läßt den Gegenstand von verschiedenen Seiten aus fallen und verwendet verschiedene Gegenstände). Es experimentiert also mit der neue entdeckten Gegebenheit und verändert auf diese Weise die vorhandenen Schemata, bis sie der neuen Situation angepaßt sind (alle Gegenstände fallen nach unten und machen bum)" (OERTER 1968, 291).

Infolge solcher differenzierenden Aktivitäten läßt die anfänglich sehr konservative Tendenz der ersten Assimilationsschemata zunehmend nach. Die Variation der Mittel-Zweck-Schemata-Koordination ermöglicht die Suche nach neuen Mitteln zur Erreichung neuer Ziele, so daß z.B. entferntere Objekte indirekt mithilfe von anderen Gegenständen herangeholt und deplazierte Objekte schneller und genauer lokalisiert werden können (5. Stadium, ca. 12.–18. Lebensmonat).

Die größte Wende der frühkindlichen Intelligenzentwicklung vollzieht sich gegen Ende der sensomotorischen Periode (in deren letztem Stadium zwischen dem 18. und dem 20. Monat etwa). Mit der zu dieser Entwicklungszeit aufkommenden Fähigkeit des Kindes, die Nachahmung von Dingen und Ereignissen zeitlich aufzuschieben („imitation différée"), wird das Kind zu ersten *Vorstellungen* fähig: es kann seine Handlungsschemata gedanklich ausführen, miteinander kombinieren und dadurch zu plötzlichem Verstehen („Einsichten" bzw. nach Karl BÜHLER: *„Aha-Erlebnissen"*) oder zu neuen Verhaltensweisen gelangen, so daß es sich schließlich von dem anfänglich gleichsam „geistig blinden", situationsgebundenen, konkreten „Herumtasten" zunehmend befreit. Die Entstehung der Vorstellungen und der gleichzeitig beginnende *Spracherwerb* (also die Bildung der „semiotischen Funktion", vgl. Kap. II.2.a.) werden demnach möglich, weil die verschiedenen Verhaltensschemata des Kindes derart beweglich geworden sind, daß sie rasch koordiniert und modifiziert werden können, während sie vorher – in für die sensomotorische Intelligenz typischer Weise – nur in einem schwerfälligen Nacheinander erfolgen konnten.

Die *ursprüngliche Welt* des neugeborenen Kindes muß man sich als eine Welt ohne stabile Objekte, mit auftauchenden und wieder im Ungewissen verschwindenden, inkonsistenten Wahrnehmungsbildern vorstellen. Denn die anfängliche Sensomotorik reicht nicht aus, diesen „Bildern" über ihre aktuelle Wahrnehmbarkeit hinaus substantiellen Objektcharakter zu verleihen, sie als unabhängig vom eigenen Ich fortbestehende Gegenstände zu erfassen oder das Kind von der ursprünglich vollständigen Zentrierung auf den eigenen Körper zu befreien:

„So gibt es ursprünglich *weder Außenwelt noch Innenwelt,* sondern ein Universum von ‚Darbietungen', deren Bilder mit affektiven, kinästhetischen und sensomotorischen ebenso wie mit physikalischen Qualitäten besetzt werden. Dieses primitive Universum bildet zunächst ebensosehr das Ich des Kindes wie das Ziel seiner Handlungen. Es gibt also noch weder Substanzen noch individualisierte Objekte und nicht einmal Deplatzierungen, da ohne (permanente) Objekte Positionsänderungen von Zustandsänderungen nicht unterschieden werden können: es gibt nur *globale Ereignisse,* die an die Bewegungen des eigenen Körpers, also an kinästhetische und statische Eindrücke gebunden sind" (1957, 185/186)[28].

In bezug auf die Grund„kategorien" des menschlichen Erkennens wie die Dingkonstanz oder Objektpermanenz, den Raum, die Zeit und die Kausalität beginnt das menschliche Dasein psycho-logisch in einem Chaos, das jeder Mensch

---

28 Dem entspricht in der Gestaltpsychologie die Annahme von „Komplex-" oder „Gestalt-Qualitäten" der Objekte.

nur ordnen und dadurch verstehen kann nach einem längeren Prozeß eigener, spontaner, explorativer, experimentierender und konstruktiv organisierender Aktivitäten, d.h. durch „assimilative" Anwendung der eigenen Wahrnehmungs-, Handlungs- und damit Erkenntnisstrukturen auf die Umweltobjekte sowie die akkomodative Differenzierung jener Strukturen in Funktion jeweils neuer Objekte. Erst dadurch gewinnen diese substantielle Existenz und Dauer, Räumlichkeit, Zeitlichkeit, Kausalität usw. Da das Individuum zu dieser elementaren Grundlegung eines stabilen Weltbildes und somit zu einer sensomotorischen Intelligenz strukturell überwiegend schon aufgrund seiner spontanen Aktivitäten und seines vitalen Dranges zur Anwendung und Ausdehnung seiner ersten Handlungsschemata gelangt, ist dies bereits weitgehend vor dem Wirksamwerden besonderer sozialer Kognitionseinflüsse, vor der Sprache und vor jedem begrifflich-reflektierten Denken möglich.

Die sensomotorische Konstruktion der *Objektpermanenz,* d.h. eines konkreten Handlungsschemas zur erfolgreichen Suche nach sichtbar verschwundenen Objekten, ist der erste, entscheidende Schritt der Differenzierung zwischen Ich und Umwelt nach ihrer anfänglichen synkretistischen Nichtunterscheidung sowie der erste Schritt der Dezentrierung des Ich gegenüber der Umwelt, in dessen Verlauf es erstmals fähig wird, sich selbst als ein Objekt unter andern in einer von permanenten Objekten gebildeten Welt zu begreifen. Bedeutsam ist der Erwerb dieses intelligenten Handlungsschemas aber nicht nur, weil sie das Kind damit einen entscheidenden Schritt von sich selbst entfernt, sondern auch weil es sich mit ihm in beträchtlicher Weise von seiner anfänglichen totalen Wahrnehmungsabhängigkeit löst und diesen primären „Akt der Befreiung" vor allem durch die eigene, selbstregulative Aktivität erreicht. PIAGET hat diesen Vorgang, den er bei den von ihm untersuchten Kindern mit 7 bis 10 (durchschnittlich 9) Monaten beobachten konnte, nicht zu Unrecht die erste *„kopernikanische Revolution"* genannt, die der Mensch erlebt.

Psychologisch läßt sich dieser Schritt in dem Moment beobachten, wenn das Kind im Verlaufe seiner spontanen Aktivitäten aufgrund einer systematisierten Koordination zwischen seinen Verhaltensweisen (vor allem zwischen dem Betrachten, dem Greifen und dem Krabbeln) und einer entsprechend fortgeschrittenen Organisierung des räumlichen Feldes fähig wird, aktiv nach verschwundenen Objekten zu suchen, die vor seinen Augen hinter einem Schirm verschwinden, sowie deren sukzessive Verlagerungen zu berücksichtigen. Insofern die Dingkonstanz vor allem der besser organisierten und beweglicheren Koordination zwischen den kindlichen Handlungsschemata zuzuschreiben ist, ist sie daher nicht nur Produkt irgendwelcher bloßer „Eindrücke", sinnlicher Anschauungen oder physischer Erfahrungen allein, sondern einer ersten Form aktiver Handlungserfahrung, konstruktiven Selbstregulation und willentlichen Übung (sowie in geringerem Maße der Reifung und der sozialen Stimulation). Diese Aktivität setzt Verhaltensweisen des Richtungswandels, des Umwegs und der Rückkehr zum Ausgangspunkt (= eine erste Form der „Reversibilität") und damit eine praktische „Gruppe der Deplatzierungen" (im mathematischen Sinne von H. POINCARÉ) voraus, die eine erste Gleichgewichtsform der sensomotorischen Verhaltensstrukturen darstellt. (Daß Katzen mit ihrer mobilen Motorik bereits im Alter von 3 Monaten dahin gelangen, mag als Indikator der Bedeutung sensomotorischer Beweglichkeit und der vorherigen entsprechenden Reifung des Nervensystems für die Objektpermanenz angesehen werden, vgl. 1967c, 30/31).

Die Objektpermanenz ist – handlungs- und erkenntnistheoretisch gesehen – die *erste „Invariante"* in der labilen, subjekt- und objektlosen Welt des Säuglings.

Die zu ihr führenden Aktivitäten stellen den ersten „Bewahrungsbegriff" dar, weil mit ihnen in einem beliebigen System von Transformationen (Bewegungen, Wahrnehmungen, Verlagerungen) ein entscheidender Faktor, nämlich die Dinglichkeit bzw. der wahrnehmungsunabhängige Objektcharakter der Umweltgegenstände, konstant gehalten wird. Das (Handlungs-) „Schema des permanenten Objekts" – wie PIAGET zu sagen pflegt – stellt außerdem die erste generalisierbare Verhaltenskoordination dar, mit der sich der Mensch von den spezifischen Inhalten seines Verhaltens löst, und kann daher als Grundbedingung stabiler Welterkenntnis generell sowie als Voraussetzung für die Konstruktion aller anderen Bewahrungsbegriffe wie derjenigen des Raums, der Zeit, der Menge, der natürlichen Koordinaten usw. angesehen werden.

Erst im Stadium der koordinierten Verhaltensschemata etwa im letzten Drittel des ersten Lebensjahres kann die Bildung der Objektpermanenz beginnen. Charakteristisch (und die PIAGETsche Theorie vom Primat der spontanen assimilativen Aktivität sowie vom operativen Charakter des Gedächtnisses bestätigend) ist dabei, daß sich das Kind bei der Wiederholung einer ursprünglichen Objektfindungssituation zunächst in erster Linie an sein dabei erfolgreich gewesenes Verhalten erinnert und dieses in der neuen Objektsuchsituation schematisch-starr reproduziert. Versteckt man nämlich das gleiche Objekt vor seinen Augen unter einem neuen Hindernis, so sucht es (in diesem Entwicklungsstadium) trotzdem vorerst noch unter dem alten Hindernis nach ihm. Indem es dabei also durch die bloße Reproduktion seines ursprünglich „fündigen" Verhaltens den Gegenstand wiederzufinden sucht, zeigt es eine mangelhafte Beweglichkeit, sich auf die neue Situation einzustellen, also das durch den Erfolg stabilisierte Assimilationsschema durch akkomodative Anpassung zu differenzieren (vgl. 1947a, 133, 139). Andererseits liegt hier schon ein Beginn von Vorstellung, nämlich durch Handlung („préreprésentation en acte" nach PIAGET oder „enactive representation" nach BRUNER 1966, 12), die jedoch noch eng an die aktuelle eigene Aktivität bzw. deren „frische Spuren" gebunden bleibt. Das Objekt ist dabei noch in die durch jene erfolgreiche Handlung gekennzeichnete Gesamtsituation eingebettet. Erst im 5. Stadium kann es „substantiell individualisiert" werden, weil das Kind dann seine sukzessiven Bewegungen miteinander koordinieren, damit die Verlagerungen der Objekte (in ihrer Zusammensetzung, Reversibilität und Position bzw. Identität) berücksichtigen und so deren Permanenz bewahren kann. Mit dem Aufkommen der Vorstellungs- und Antizipationsfähigkeit im 6. Stadium der sensomotorischen Periode können schließlich auch Objekte wiedergefunden werden, deren Verlagerungen das Kind nicht unmittelbar wahrgenommen hat: so werden auch Umwege möglich, und die gesamte „Gruppe der Deplatzierungen" (s.u.) kann erworben werden.

In bezug auf die anderen beiden Grundformen menschlicher Welterkenntnis, *Raum* und Zeit, beginnt unser Leben ebenfalls in einem Chaos, das wir nur durch unsere eigene Aktivität ordnen können. Die räumliche Umwelt gewinnt für das Kleinstkind erst mit der Konstruktion der Objektpermanenz an „Tiefe", weil sich die anfänglich fluktuierenden Wahrnehmungsbilder nun zu substantiellen Objekten „verfestigen" und kognitiv erst so die Eigenschaft der dreidimensionalen Ausdehnung erlangen. Am Beginn des menschlichen Lebens gibt es psychologisch weder einen einheitlichen Raum noch eine zeitliche Ordnung, die Objekte und Ereignisse umfassen würde: das Kind erlebt wahrscheinlich zunächst nur eine *Anhäufung so vieler heterogener Räume, wie es Sinnesorgane und Körperfunktionen hat,* also einen taktilen, visuellen, auditiven, kinästhetischen und statischen Raum, einen Saugraum, einen Greifraum, einen Sehraum usw. Der primitive Raum im Sinne der

EUKLIDischen Raumvorstellung des NEWTONschen Weltbildes ist weder homogen noch kontinuierlich noch isotrop (d.h. richtungsunabhängig, gleich dehnbar). Er ist eher – wenn auch auf eine primitive Weise und dies übrigens auch noch teilweise bis hin zum „Raumgefühl" des Erwachsenen – dem RIEMANN-EINSTEINschen Raum verwandt, der durch die in ihm enthaltenen Gravitationsfelder und Materien sowie die Zeit und den Bewegungszustand des Beobachters relativert wird. Der Raum des Säuglings ist ganz auf dessen eigene Bewegungen zentriert und *von den „Gravitationen"* (oder „Valenzen" im feldtheoretischen Sinne Kurt LEWINS) *abhängig, die auf seine Bedürfnislagen einwirken.*

Um den 18. Monat etwa ist die Bildung eines praktischen und relativ dezentrierten Raumes, der die partikularen Räume umfaßt, als eines einzigen, homogenen „Containers" erreicht, der den eigenen Körper wie alle anderen Objekte beinhaltet. Die dem kognitiven Verhaltenssystem des Subjekts bei der Konstruktion des sensomotorischen Raums zugrundeliegende Struktur sieht PIAGET in der erwähnten geometrischen *„Gruppe der Deplatzierungen"* (nach H. POINCARÉ) optimal beschrieben. Sie bezeichnet das im Rahmen der sensomotorischen Intelligenz maximal mögliche kognitive Gleichgewicht zwischen dem Subjekt und den Objekten auf der hier nur erst realisierbaren Ebene sukzessiver Handlungen (ohne Vorstellung vom Gesamtablauf). Die folgenden vier ihrer Merkmale haben nach PIAGET als Vorformen der späteren beweglich-rationalen Operationen – Gruppierungen psychologische Bedeutung:

1. die Zusammensetzung der Deplazierungen AB und BC zu AC (Komposition AB + BC = AC);
2. die Umkehrung der Deplatzierung AB zu BA (Rückkehr zum Ausgangspunkt, Inversions-Reversibilität);
3. die damit gegebene Zusammensetzung der Deplazierungen AB und BA zu einer Null-Deplazierungen AA (Positionsbewahrung, Identität);
4. die Assoziativität oder Umwegfähigkeit (Umgehung eines Hindernisses: z.B. könnte man von A nach D ebenso über B wie über C gelangen, AB + BD = AC + CD) (vgl. 1937, 86–190; 1947a, 136–139; 1966a, 17).

Auch die Bildung einer solchen Gruppenstruktur setzt die vorherige Konstituierung der Objektpermanenz voraus und kann daher erst gegen Ende der sensomotorischen Entwicklungsperiode vollendet werden.

Wenn das Kleinkind seine verschiedenen Sinnes- und Bewegungsfunktionen nach und nach miteinander koordiniert hat, kann es mit diesen seine Umwelt „konzertiert" erkunden, kognitiv strukturieren und so zur Kongruenz der vorher asynchronen Teilräume gelangen. Allerdings ist dies auch erst der Beginn topologischer Raumvorstellungen, von denen in der Regel ein mindestens 10 Jahre dauernder Entwicklungsprozeß bis zu den EUKLIDischen und projektiven Raumvorstellungen verläuft.

Psychologisch gesehen, ist der Raum also *eine Organisation von Bewegungen,* die den Wahrnehmungen zunehmend kohärente Formen auferlegen und so der Umwelt eine einheitliche Struktur verleihen. Er ist ebenso wie das permanente Objekt *eine operative Konstruktion des intelligenten Subjekts* und kann keineswegs etwa als das Ergebnis einfachen „Ablesens" der Raumwahrnehmungen (wie im naiven Empirismus) oder etwa als „apriorische Form der sinnlichen Anschauung" (wie bei KANT) angesehen werden.

Objekt- und Raumkonstruktion ermöglichen schließlich auch die Verräumlichung und Objektivierung der Kausalbeziehungen. Die Bildung eines stabilen *Kausalbegriffs* setzt eine sensomotorische Strukturierung der nahen Umwelt voraus, da sonst weder den Objekten unabhängig vom Subjekt (oder untereinander) noch dem Subjekt unabhängig von den Objekten Kausalwirkungen, -folgen oder -abläufe zugeschrieben werden können.

Für den Säugling besteht die Kausalität anfangs zum großen Teil aus zufälligen Verknüpfungen („Kontiguitäts-Konditionierungen") zwischen eigenen Aktivitäten und äußeren Ereignissen: sie kann daher als „magisch-phänomenistisch" bezeichnet werden:

- *„magisch"*, weil hier den eigenen Handlungen aus Unkenntnis der objektiven räumlichen Zusammenhänge Wirkungen zugeschrieben werden, die nicht von ihnen herrühren,
- und *„phänomenistisch"*, weil in dieser oberflächlichen, kontiguitätsbestimmten Phänomenzentrierung praktisch alles mit allem kausal verknüpft werden kann.

Ein Säugling z.B., der erfahren hat, daß er das über seiner Wiege hängende Spielzeug zu Geräuschen veranlassen kann, wenn er an einer Schnur zieht, wird in der Folge mangels Verständnisses für den vorliegenden räumlichen Kausalzusammenhang zunächst versuchen, diesen interessanten Kausalablauf zu wiederholen bzw. sein erfolgreiches Assimilationsschema derart auf andere Ereignisse auszuweiten, daß er mit verschiedenen Aktivitäten auch fernere Objekte zur Produktion oder Fortsetzung von Geräuschen veranlassen kann (im Falle unterstützend eingreifender Erwachsener im übrigen häufig durch effektive Erfolge auch noch bekräftigt!). Noch meist in der Mitte seines ersten Lebensjahres kennt er erst seine eigene Aktivität als einzige Ursache möglicher Wirkungen.

Die magisch-phänomenistische Kausalitätsauffassung findet sich jenseits des sensomotorisch beherrschbaren und begreifbaren Raums auch noch in der nächsthöheren Entwicklungsperiode im Denken des Kindes gegenüber entfernteren, weniger vertrauten, abstrakteren, metaphysischen und religiösen Phänomenen (wie den Gestirnen, den Makro- und Mikrosphären der Natur und der Gottvorstellung) wieder (vgl. Kap. II.2.d.).

Auf der Suche nach den psychogenetischen Ursprüngen der allgemeinsten Formen des menschlichen Denkens, die sich als logische Beziehungen beschreiben lassen, hat PIAGET bereits in der sensomotorischen Intelligenz verschiedene Formen bzw. *Vorformen logischer Strukturen* entdeckt:

„Die wichtigsten Formen dieser konkreten Logik (Vereinigung, Ordnung, Entsprechung) haben sehr wahrscheinlich ihren Ursprung im sensomotorischen Schematismus selbst, da vor dem Auftauchen der Sprache die der sensomotorischen Intelligenz eigenen Koordinationen schon Vereinigungen und Ordnungsbeziehungen (zwischen den Mitteln und den Zwecken usw.) ebenso wie Entsprechungen (im Erlernen der Nachahmung z. B.) umfassen ..." (1957b, 35)

Für die Entwicklung der als System von Handlungs- und Operationenstrukturen aufgefaßten Intelligenz sind die sensomotorischen Schemata zunächst von größerer Bedeutung als die später erworbene Sprache, die in ihren anfänglich erwerbbaren (und anti-rational benutzten) Formen denkstrukturelle Generalisations-, Abstraktions- oder Differenzierungsprozesse jahrelang eher behindern als fördern kann und erst auf der Ebene des formalen Denkens zu einem unerläßlichen Hilfsmittel der weiteren denkstrukturellen Entwicklung wird. Es ist für diese psychogenetische Zuordnung unerheblich, daß die sensomotorischen Strukturen in der ersten

Entwicklungsperiode noch unterhalb von Vorstellung, Bewußtsein und Reflexion auf der bloßen Ebene praktischen Handelns bestehen. Schließlich war auch der erwachsene Mensch in seiner vorwissenschaftlichen Frühgeschichte – ähnlich wie das Kleinkind der sensomotorischen Intelligenzperiode – *„ein Mechaniker, der die Mechanik nicht kennt“* (1933a, 90), der also Techniken praktizierte, (die wissenschaftlichen Systemen bruchlos integrierbar waren), ohne selbst zu ihrer logisch-deduktiven Reflexion und Systematisierung zu gelangen. – Die sensomotorische Intelligenz liefert die elementaren Grundlagen des logischen Denkens, weil sie Koordinationen, Generalisationen und funktionelle Äquivalente von Klassifikationen, Beziehungsbildungen und sogar diversen Quantifikatoren enthält (vgl. 1950b, 281).

„Das System der sensomotorischen Assimilationsschemata führt zu einer Art von *Aktionslogik*, die Beziehungs- und Entsprechungsbildungen (Funktionen), Ineinanderverschachtelungen von Schemata (cf. die Klassenlogik), kurz: Ordnungs- und Verknüpfungsstrukturen enthält, die die Substruktur der zukünftigen Operationen des Denkens bilden“ (1966a, 14)

Insgesamt hat PIAGET in der sensomotorischen Intelligenz fünf verschiedene *Vorformen logischer Strukturen* entdeckt, die hier abschließend noch angeführt werden sollen:

1. eine *„Inklusions-Logik“*, soweit Gesamtschemata (wie einen Gegenstand mit einem Stock herbeizuholen) in bestimmte Unterschemata (die Beziehung der Hand zum Stock, diejenige zwischen dem Stock und dem Gegenstand usw.) gegliedert werden, – wie in der logisch-mathematischen Klassifikationsstruktur Unterklassen unter Oberklassen subsumiert werden, (dazu gehört das Erfassen des unterschiedlichen Umfangs der Schemata, wie z. B. der größeren Reichweite des ‚Sehens‘ im Verhältnis zum ‚Belutschen‘, ‚Ergreifen‘ usw.);
2. eine *„Ordnungs-Logik“*, soweit zur Erreichung eines Zieles bestimmte Mittel verwendet, also Schemata in einer bestimmten Reihenfolge miteinander koordiniert werden;
3. eine *„Entsprechungs-Logik“*, soweit ein neues Verhalten durch Wiederholung einem alten oder durch Nachahmung einem fremden Verhalten entspricht.
   – Schließlich finden sich in der sensomotorischen Intelligenz bereits Vorformen der beiden Haupteigenschaften von logischen Operationen:
4. eine Form der *„Invarianz“* oder Bewahrung, die „Objektpermanenz“ und
5. eine Form der *„Reversibilität“*, nämlich das Verstehen von räumlichen Positionswandlungen, d. h. der Möglichkeit der Umkehr oder der Kompensation einer Bewegung durch eine Bewegung in der umgekehrten Richtung – mathematisch beschrieben in der „Gruppe der Deplazierungen“ (vgl. 1970d, 42–44).

II.2 Das voroperatorische und zentrierte Denken

Während in der sensomotorischen Periode, wie beschrieben, schon eine praktische – wenn auch wahrnehmungs- und situationsgebundene – Intelligenz und eine „Aktionslogik“ entwickelt werden, kann doch von *„Denken“* erst die Rede sein, wenn sich die kognitiven Verhaltensweisen von ihrer Bindung an Wahrnehmungen und konkrete Handlungen lösen, sich innerlich in der Vorstellung vollziehen und gestische, bildliche, sprachliche oder sonstige Symbole oder Zeichen als Instrumente benutzen können.

Für die charakteristischen Denkformen der mit der Bildung der Vorstellungsfunktion beginnenden zweiten Periode der Intelligenzentwicklung hat PIAGET den Begriff des „voroperatorischen Denkens“ zur Unterscheidung vom späteren „operatorischen Denken“ geprägt. Denn die für seine Definition der Intelligenz konstitutiven „operatorischen Strukturen“ (vgl. Kap. II.3.) sind hier zwar noch nicht ausgebildet, deuten sich aber schon in typischen Vorformen (Vorbegriffen, Prärelationen, Anschauungen, Funktionen) an.

Das voroperatorische Denken stellt gegenüber der sensomotorischen Intelligenz insofern einen Fortschritt dar, als es die Ebene der *Vorstellung als zusätzliches kognitives Verhaltensfeld* zur Verfügung hat und hier die vielfältigsten Aktivitäten entwickeln kann. Allerdings sind ihm gerade damit andererseits mehr Möglichkeiten als der sensomotorischen Intelligenz gegeben, die Realität kognitiv zu „deformieren“. Denn um die mit dieser zusätzlichen Verhaltensebene gegebenen Chancen zuverlässigerer und stabilerer Umwelterkenntnis maximal nutzen zu können, bedarf es noch einer längeren, über diese Periode hinausgehenden, konstruktiven Entwicklung. Während die grundlegenden kognitiven Verhaltenserwerbungen der sensomotorischen Periode auch später erhalten bleiben und den operatorischen Strukturen als Substrukturen integriert werden können, müssen viele Denkweisen der voroperatorischen Periode insoweit vollständiger als die sensomotorischen überwunden werden, als sie zu Hindernissen für die weitere Entwicklung werden können und damit in einer gewissen Diskontinuität gegenüber der ersten Periode stehen.

Die *für die Bildung der operatorischen Strukturen hinderlichen Eigenschaften* des voroperatorischen Denkens sieht PIAGET vor allem in der Beherrschung der Vorstellungen und der Erkenntnisse durch das – in der sensomotorischen Periode erst konkret und emotional, jetzt aber im engeren Sinne auch umfassend kognitiv wirksame – *„Lustprinzip“*, in der Wunsch- und Gefühlsbestimmtheit des Denkens, im *Mangel an Reversibilität und Beweglichkeit* sowie in den geringen Fortschritten bei der Bildung neuer Invarianzbegriffe. Seine *positiven Eigenschaften* für die denkstrukturelle Entwicklung liegen in der *weiteren Übung der sensomotorischen Fertigkeiten* sowie der adaptiven (assimilativen und akkomodativen) Aktivitäten, in der *„Funktionenlogik“* und in der Bildung der für das anschauliche Denken typischen *„qualitativen Identitäten“* (s. u. Kap. II.2.c sowie 1945b, 247 und 1970f., 712). Zahlreiche seiner sonstigen positiven Seiten – wie z.B. die Phantasie und die ästhetische oder künstlerische Kreativität – werden bei PIAGET jedoch vernachlässigt, da er es primär unter dem Aspekt betrachtet, inwieweit es zur Entwicklung des begrifflich-operatorischen und logisch-rationalen Denkens beiträgt.

Typisch für das voroperatorische Denken ist, daß es weitgehend *(figurativ) auf die statischen Aspekte und Gestalten der Realität fixiert* bleibt und noch kaum (operativ) Prozesse und Gesamtzusammenhänge zu erfassen hilft. Außerdem stehen in ihm die assimilativen und die akkomodativen (Kognitions-) Aktivitäten noch in einem starken Ungleichgewicht zueinander. Das bedeutet: *egozentrische* (akkomodativ unzureichend korrigierte) *Assimilationen* – wie das Symbolspiel – kommen *relativ unvermittelt neben unvollständigen* (assimilativ schlecht korrigierten) *Akkomodationen* – wie der anfänglichen Sprache als starrer „Kopie“ in der Form der Echolalie – vor (vgl. 1945b, 299). Die Folge sind diejenigen realitätsinadäquaten, vorbegrifflich oder anschaulich bestimmten Erkenntnisse, die in den folgenden Kapiteln (II.2.b–d) behandelt werden.

II.2.a Die semiotische Funktion und ihre Formen

Der Übergang von der sensomotorischen Periode zur Bildung der Vorstellungsfunktion ist strukturell vorrangig ein Ergebnis individueller Aktivitäten und wird von sozialen Einflüssen zunächst primär nur motivational und inhaltlich bestimmt. Wie schon erwähnt, ergibt sich die *Vorstellungsfähigkeit aus der abstrahierten Transposition* („Interiorisierung" im Gegensatz zur unvermittelten „Internalisierung") *der Nachahmungsaktivitäten* (im weitesten objektbezogenen, nicht nur sozialen, Sinn) *auf die Ebene der inneren Repräsentation* (vgl. 1970c, 24). Die Möglichkeit dazu entsteht, wenn die Koordinationen zwischen den sensomotorischen Verhaltensschemata flexibler und schneller geworden sind als noch in der Mitte der ersten Entwicklungsperiode und wenn sich folglich akkomodative Verhaltensweisen von den assimilativen differenzieren, d.h. wenn die Nachahmungsfähigkeit erworben wird (vgl. 1945b, 292/293 und FURTH 1969, 68–82). Diese Verhaltensbildungen sind auch Voraussetzung für den (mit Beginn der neuen Periode ebenfalls erfolgenden) Erwerb des rein sozialen Zeichensystems der Sprache (vgl. 1945b, 9). In diesem Punkt und bis hier stimmt PIAGET auch noch mit der sozialbehavioristischen und „symbolisch-interaktionistischen" Interpretation von G. H. MEAD überein, der darauf hingewiesen hat, daß „Gesten als bedeutsame Symbole" Intelligenz überhaupt erst möglich machen (vgl. M. 1934, 47). Während MEAD jedoch auf der Stufe eines soziologistischen Behaviorismus stehenbleibt, indem er „das Wesen des Denkens" in der „Internalisierung" der interindividuellen „Gesten-Konversation" (vgl. a.a.O.) sieht, vertritt PIAGET einen psychosoziologisch-rationalistischen Konstruktivismus (und eher operativistisch als symbolisch akzentuierten Interaktionismus), wonach die kreativen, autonomen Selbstregulationen und aktiven sozialen Koordinationen des Interaktionssubjekts wichtiger für die Denkentwicklung sind als die gleichwohl als wirksam anerkannten, weil davon nicht trennbaren, Kommunikationsstrukturen und spezifischen sozialen Bedeutungen.

Die Tatsache, daß die *Nachahmungen* (wie diejenigen der Sprache) zum größten Teil sozialer und sozial vermittelter Natur sind, sieht PIAGET für die Bildung der Vorstellungsfunktion als relativ unwesentlich an: daher hat er den Nachahmungsbegriff auch auf die *sensomotorischen* (inklusive perzeptiven) *„Reproduktionen" aller beliebigen wahrgenommenen Objekteigenschaften* ausgedehnt. Hier wie überall sonst interessieren ihn in erster Linie nur die subjektkonstitutierte und erkenntnistheoretisch-universell relevante Form des Verhaltens, nicht seine möglichen sozial bedeutsamen Inhalte. Dies gilt auch für die *Bedeutungen* selbst, die bei ihm von vornherein *durch ihre strukturelle Konstituierung mithilfe der kognitiven Assimilationen des Subjekts definiert* sind, denen *soziale Bedeutungen nur als Inhalte* dienen. Allerdings ist dies nur eine psychologisch-analytische Abstraktion: der Einfluß der sozialen Imitationsmodelle und Bedeutungsvorgaben auf das individuelle Kognitionsverhalten steht nicht im Vordergrund seines erkenntnistheoretisch-strukturalistischen Interesses, das sich mehr auf soziale Interaktionsformen und Koordinationsprozesse konzentriert. Die Intelligenz wird bei PIAGET demgemäß nicht wie bei MEAD deterministisch-sozialbehavioristisch aufgefaßt als „individueller Import sozialer Prozesse" oder als „Internalisierung der Konversation bedeutsamer Gesten" (1934), sondern konstruktivistisch-interaktionistisch als System aktiver Koordinationsprozesse, in deren Rahmen die *kognitive Strukturierungsaktivität des Sozialisationssubjekts selbst das erkenntnistheoretische Primärfaktum* bleibt.

„Bedeutungen“ im Sinne handlungspraktischer Assimilationen neuer Objekte an die bestehenden Verhaltensschemata („operational“ definierte Begriffe gleichsam) können, wie gezeigt, bereits mithilfe der sensomotorischen Intelligenz konstruiert werden. Deren Assimilationsschemata konnten als funktionale Äquivalente der späteren Begriffe angesehen werden, insofern für ihre Bildung die operative Integrierbarkeit der Objekte in die dem Subjekt zur Verfügung stehenden Handlungsschemata entscheidender ist als deren semiotische Repräsentanz (vgl. 1957b, 32/33). – In der sensomotorischen Intelligenzperiode hat das Kind noch nicht die Fähigkeit, zwischen der auf die Gegenstände einwirkenden eigenen Aktivität und ihnen selbst deutlich zu unterscheiden sowie die Gegenstände durch vermittelnde Vorstellungen (Erinnerungsbilder) zu „vergegenwärtigen“ oder „darzustellen“, – obschon es gerade *die sensomotorische Intelligenz* ist, die *die Grundlagen und Instrumente solcher Darstellung (Gesten und sensomotorische Nachahmungen) liefert.* Erst mit der Bildung der Vorstellungs-, Zeichen- oder „semiotischen“ Funktion entsteht die Fähigkeit zur *Unterscheidung zwischen Zeichen und Bezeichnetem, Bedeutung und Phänomen, Ausdruck und Inhalt oder Begriff und Gegenstand.* Der Begriff der semiotischen Funktion bezieht sich auf die Gesamtheit aller von Erkenntnisinhalten, Wahrnehmungen oder Objekten abgehobenen Bezeichnungsfunktionen, d. h. aller vorstellenden und darstellenden Verhaltensweisen, deren wichtigste Formen in den folgenden Unterkapiteln (in der Reihenfolge ihrer wachsenden Komplexität) behandelt werden.

Nach dem Grad der „Künstlichkeit“ oder ihrer „Autonomie“ gegenüber den Objekten klassifiziert, bilden die Bedeutungsträger oder -medien vor und nach der Bildung der semiotischen Funktion folgende Sequenz: Signale, Anzeichen, Symbole und (soziale) Zeichen. Dies ist gleichzeitig die Reihenfolge ihres psychogenetischen und sozialen Erwerbs, wobei nur Symbole und Zeichen in etwa zur gleichen Zeit erworben werden. *Für den Erwerb der Sprache* ist dabei die Bildung der *individuellen Formen der „Semiosis“* (wie die aufgeschobene Nachahmung, das Symbolspiel, die Vorstellungsbilder) *Voraussetzung,* während *umgekehrt die Sprache für die Symbolbildung nicht unerläßlich* ist.

Während *Symbole* sich von den repräsentierten Phänomenen zwar in deutlicher Weise ihrer Form nach unterscheiden, stehen sie mit diesen doch in einem motivierten bildhaften Zusammenhang (wie z. B. mimische Gesten als Ausdruck für Trauer). Dagegen fehlt den „künstlichen“, objektunabhängigen *Zeichen* – wie denjenigen der Sprache – dieser Zusammenhang meist ganz, da sie soziale Konventionen darstellen und daher willkürlich und beliebig sind. Man könnte sagen, daß *Symbole in der individuellen Vorstellung* eine ähnliche Bedeutung haben wie Zeichen, Worte und Begriffe im sozialisierten, rationalen und damit zugleich maximal mitteilbaren Denken (vgl. 1933a, 85/86). Sie sind *unendlich plastisch* und können sich gleichsam als *„private Bilder“* allen gefühlsmäßigen, bildhaften, intuitiven, prälogisch-vorbegrifflichen, anarchischen, chaotisch analogisierenden u. dgl. assimilativen Tendenzen des Individuums anpassen und sich so den operativ strukturierenden, dezentrierenden und disziplinierenden Wirkungen rationaler Sozialisations- und Kommunikationsprozesse entziehen. Symbole sind daher gerade *dem Kleinkind wesentlich leichter zugänglich als die willkürlichen Zeichen der Sprache,* zumal sie ihm auch als eine Art von „Verlängerung“ (bzw. Transposition oder Träger) seiner „deskriptiven“ sensomotorischen Fertigkeiten zur Vorstellungsebene hin dienen können (– sozusagen als „internalized individual imitations“, die den „personal flavor of the particular accomodations“ zurückbehalten, wie FURTH 1969, 98, es treffend ausdrückt). Sie stellen somit *für das Kind Instrumente seines ganz persönlichen Ausdrucks,* das semiotische Medium seiner individuellsten Vorstellungen sowie die kognitive *Lieblingssphäre seiner Gefühlswelt* dar, zumal sie dem „Lustprinzip“ mehr als dem „Realitätsprinzip“ unterworfen sind. Am reinsten kommen sie in *Träumereien,* im *Traum,* im *Fiktionsspiel,* in *künstlerischen Darstellungen* sowie – wenn übersteigert – auch in krankhaften Zuständen wie der Schizophrenie vor (s.u.).

In der Psychoanalyse wurden die Hauptfunktionen des symbolischen Denkens ähnlich wie bei PIAGET in der vorstellungsmäßigen *(Ersatz-) Befriedigung individueller Wünsche* sowie außerdem in der emotionalen und kognitiven *Bewältigung von Konflikten* gesehen. Seine Plastizität beruht danach auf solchen Mechanismen wie der „Verdichtung“, der „Verschiebung“, der „Projektion“ und der „Identifikation“ (vgl. z.B. S. FREUD 1960 und 1961 sowie A. FREUD 1936), die übrigens in ihrer kognitiven Dimension in die Nomenklatur des Kognitionsforschers übertragbar sind: die ersten beiden Mechanismen sind für PIAGET anschauliche Vorformen der Generalisation bzw. der Abstraktion, und die letzteren sind vorbegriffliche Assimilationen oder Partizipationen (vgl. 1923a, 152/153; 1923b, 292; 1928, 182–184 und 1945b, 225/226).

Faßt man intelligentes Verhalten wie PIAGET ganz allgemein als Gleichgewicht zwischen assimilativen und akkomodativen Anpassungsweisen auf, dann bedeuten symbolische Vorstellungen (bzw. symbolistische Denkweisen) ein *Überwiegen der assimilativen Erkenntnisaktivitäten* über die akkomodativen und damit eine überdurchschnittliche *subjektive „Verzerrung“ der Wirklichkeit.* Allerdings betont auch PIAGET im Anschluß an die erwähnten psychoanalytischen Erkenntnisse, daß das spielerische, akkomodativ unausgeglichene Assimilieren der Realität *im Rahmen der psychosozialen Entwicklung wichtige Funktionen* erfüllt: die individuelle Befriedigung von Bedürfnissen, die Bewältigung von Konflikten, das Üben sozialen Rollenverhaltens, die ungehinderte Entfaltung der kindlichen Ausdrucksbedürfnisse in einer dem akkomodativen sozialen Anpassungsdruck entzogenen und diesem kompensierend entgegengesetzten Sphäre u. dgl. m.

Da nun allerdings die Entwicklung des rationalen Denkens, der sozialen Begriffe und der interindividuell objektivierbaren Erkenntnisse gerade die Lösung von individuellen Symbolen, Vorstellungen und Zentrierungen einerseits sowie die Unterordnung der statisch-figurativen, inhaltlichen Aspekte des Erkennens unter die dynamisch-operativen, strukturellen andererseits voraussetzt, bedeutet das Überwiegen dieser symbolischen und figurativen Tendenzen eine Behinderung jener emanzipierenden Entwicklung und Sozialisation. *Je mehr das Erkennen von bildhaften Vorstellungen bestimmt wird, desto sozial begrenzter, ichgebundener, willkürlicher und irrationaler ist es* (vgl. auch FURTH 1969, 98). *Die semiotische Funktion ist* daher, wie Hans FURTH es richtig herausgearbeitet hat, *kein inhärenter Teil der operativen Intelligenz* (als des Systems der rational beweglichen Denkstrukturen), sondern eine davon unterschiedene kognitive Funktion, die zu Erkenntnisdeformationen oder -irrationalismen führt, wenn sie nicht ausreichend von dieser Intelligenz strukturiert und kontrolliert wird (vgl. a.a.O., 251). In der nach PIAGET vor allem „operativen“ – d.h. durch Handlungen und Operationen definierten – Intelligenz kommen zwar auch Symbole ebenso wie Zeichen vor, aber sie werden in kontrollierter Weise benutzt.

Erkenntnisse und Begriffe können überhaupt nur durch strukturbildende, operative Aktivitäten, d.h. durch Assimilationen an operative, kognitive Verhaltensschemata gebildet werden, da die Dinge der Umwelt erst mit einer derartigen Aktivität durch Integration in die Bedeutungsstrukturen des Subjekts zu Erkenntnisobjekten transformiert werden. Je objektiver die Welt erkannt werden soll, desto dominanter muß demnach der operative (und in den höheren Denkentwicklungsstadien speziell der operatorische und rationale) Aspekt der Kognitionsaktivität werden. *Operationen und Begriffe* (letztere sind selbst Schemata von Operationen) sind nach PIAGETS Theorie *das primäre Instrumentarium der intelligent-rationalen Subjekt-Objekt-Interaktion* und damit Grundelemente der Bildung einer rational erfaßbaren Realität. PIAGET hat die Intelligenz vor allem durch strukturbildende, operative, koordinierende, abstrahierende und andere konstruktive Aktivitäten des Subjekts erklärt. Die Strukturen aller Stadien der Denkentwicklung lassen sich in den Kategorien seiner Theorie sogar beschreiben, ohne die Begriffe der Vorstellung oder der „Internalisierung", die in anderen Erkenntnistheorien eine unverzichtbare Rolle spielen, zu erwähnen (vgl. FURTH 1969, 75). Ein Begriff oder ein erkanntes Objekt ist – psychologisch gesehen – ein Erkenntnisakt, d.h. ein System von aktiven Verhaltensschemata oder Operationen des Subjekts bzw. das „Endkonstrukt der Operativität", nicht aber ein vorgefertigtes Symbol (FURTH 1969, 93/94)! Diese konkrete Verhaltensbezogenheit der Erklärung intelligenter Verhaltensweisen hat für PIAGET die Möglichkeit geschaffen, eine von spekulativen, vorstellungszentrierten Interpretationen (wie den empiristischen, soziolinguistischen, idealistischen oder kognitivistischen) freie Theorie zu entwickeln, für die *weder Bilder noch Wahrnehmungen, weder „Kategorien" noch „internalisierte" Zeichen* (einzeln sind dies alles unzulässig vereinfachende Begriffe von Vorstellungen), *sondern Handlungen und Operationen sowie sukzessive Abstraktionen das Wesentliche des Erkennens bilden* (vgl. a.a.O., 71–77ff., 95).

In bezug auf den operativistischen Charakter dieser Theorie lag es daher nahe, hierin Verwandtschaften zum Neobehaviorismus sehen zu wollen (wie z.B. BERLYNE 1957, 1960 + 1966 sowie AUSUBEL 1965 dies getan haben), zumal PIAGET die verschiedenen Vorstellungsfunktionen selbst als abstrahierende Ableitungen aus sensomotorischen Aktivitäten ansieht. – Aber solche Parallelen scheitern sehr bald an der Erklärung so wichtiger Fragen, wie denn „Bedeutung" konstituiert wird, wie komplexere kognitive Strukturen gebildet werden und welcher Art überhaupt die Grundaktivität des Erkennens ist. Hier steht – grob gesagt – in der Hauptakzentsetzung jeweils die kreative, organisierende, koordinierende, integrierende usw. Assimilation in PIAGETS Theorie der primär imitativen, determinierten, konditionierten, wahrnehmungsbestimmten Assoziation (S-R-Verknüpfung) in den neobehavioristischen Theorien gegenüber (vgl. z.B. OSGOOD 1964, 194ff. und BERLYNE 1960; 1965, 14ff.).

PIAGETS Theorie hat den Blick dafür zu schärfen geholfen, daß das menschliche Denken nicht primär durch Symbole und Zeichen determiniert wird, so daß Erkenntnis nur im Umgang mit diesen bestünde. Vielmehr besteht nach ihr zwischen dem Erkennenden und den Symbolen eine konstruktive Beziehung: *während Symbole und Vorstellungen die akkomodativ-figurative Dimension des Erkennens liefern* (obwohl sie selbst auch nur mithilfe operativer Schemata erworben werden können), *liefern Begriffe, Operationen und Schemata die assimilativ-operative Struktur – also quasi die Erkenntnisform – dafür.*

Symbole nehmen daher auch nicht einfach den Platz der äußeren Realität ein oder stehen zu dieser in einer kausalen oder assoziativen Beziehung, so daß sie gewöhnlich selbst als primäre Erkenntnisobjekte dienen würden, die die konstruktive Aktivität des Erkennenden unerheblich werden ließen: der Erkennende kann vielmehr selbst sein Wissen vom Symbol und sein Wissen vom Objekt unterscheiden:

„Im Unterschied zur Konstruktion des erkannten Dinges, die innerhalb der erkennenden Aktivität bleibt, wird das Symbol mithilfe des Erkenntnisschemas konstruiert, um das erkannte Ding in einem Feld gegenwärtig zu machen und darzustellen, welches sich nicht nur vom ursprünglichen Ding, sondern auch vom Feld der Operativität unterscheidet. Während also das Erkenntnisobjekt innerhalb des operativen Feldes ist, befindet sich das Symbol in seiner Gesamtheit außerhalb der Operativität" (FURTH 1969, 94).

Denn nur weil das Symbol einen gegenüber der „Operativität" äußerlichen Aspekt hat, kann es seine Funktion der Repräsentierung erfüllen: für seine instrumentelle Benutzung durch die operative Struktur sorgt die aktive Beziehung zwischen dem Erkennenden und der Vorstellung (a.a.O., 95). – Das *operative Schema* wird also bei PIAGET *deutlich vom vorstellenden Symbol unterschieden.*

Symbole selbst haben indessen ebenso einen figurativen wie einen operativen Aspekt: der figurative und eigentliche Vorstellungs-Aspekt leitet sich, wie erwähnt, aus Nachahmungsaktivitäten ab (z.B. sprachlicher Zeichen), während der *operative Aspekt ihm die Bedeutung verleiht, d.h. einem Begriff (= operativen Schema) unterordnet.* Begriffe sind aktive Erkennungsoperationen, die den Symbolen eine Bedeutung verleihen durch die Herstellung einer Beziehung zwischen ihnen und dem Erkennen (vgl. FURTH 1969, 251).
Die eigentliche intelligente Aktivität verleiht den nun zu behandelnden kognitiven Aktivitäten, die PIAGET zur „semiotischen Funktion" und global zu den *„Lieferanten" kognitiver Inhalte* rechnet – *Nachahmung, Symbolspiel, Zeichnung, Vorstellungsbilder, Gedächtnis und Sprache* – (deren einheitlichen semiotischen Charakter erkannt zu haben, FURTH PIAGET als originäres Verdienst anrechnet, a.a.O., 85) die „intelligiblen Formen".

II.2.a.a Die innere Nachahmung

Wie gezeigt wurde, ist die äußere Nachahmung (als „sensomotorische Darstellung") das wichtigste Instrument des Übergangs von der sensomotorischen zur vorstellungsfähigen Intelligenz, sobald sie aufgeschoben vollzogen werden kann und daher eine innere Vermittlung braucht. Denn *Vorstellungsbilder (= „innere Darstellungen")* entstehen ebenso wie Zeichnungen und die Sprache psychogenetisch als *Produkte einer „Interiorisierung" (abstrahierenden Transposition) von Nachahmungsaktivitäten,* können sich nach ihrer Konstituierung von den ursprünglich äußerlich-konkreten (unmittelbar gegenüber dem Modell erfolgenden) Nachahmungen lösen und innerlich-mittelbar als *„Skizzen möglicher Nachahmungen"* (1945b, 72) ablaufen. Nach dem Erwerb der Vorstellungsfunktion kann dann die innere Nachahmung die äußere ebenso auslösen sowie beeinflussen und strukturieren wie anfangs nur umgekehrt. – In der Bedeutung solcher aufgeschobener und innerlich vollzogener Nachahmungen für die Bildung der für das Denken unerläßlichen Vorstellungsfunktion stimmt PIAGET mit dem Sozialbehaviorismus überein. Schon bei G. H. MEAD hatte es geheißen:

„Es ist die Möglichkeit aufgeschobener Reaktionen, die das reflexive Verhalten prinzipiell vom nicht-reflexiven Verhalten, in welchem die Reaktion stets unmittelbar ist, unterscheidet" (G. H. MEAD 1934, 117).

Die innere Nachahmung liefert der intelligenten, d.h. erkenntnis- und begriffsbildenden, *Aktivität die Inhalte bzw. die figurativ-bildhaften Aspekte und somit relativ starre Kopien der Gegenstände.* Diese werden dann in den anderen semiotischen Verhaltensformen (wie z.B. die Bilder in der Vorstellung oder die Zeichen in der Sprache usw.) mithilfe der verschiedenen Assimilationsweisen für die unterschiedlichsten Objekterkenntnisse benutzt. Erst die operativen Schemata der Intelligenz verleihen ihnen aber Form und Bedeutung.

Die innere Nachahmung ist in erster Linie eine *akkomodative Anpassungsaktivität,* die in den ersten Lebensjahren vor allem aufgrund der geringen Subjekt-Objekt-Differenzierung extrem unbewußt abläuft und im Laufe der Entwicklung erst dann objektgetreu, bewußt, reflektiert, selektiv, reversibel usw. erfolgen kann, wenn sie sich den zentralen operativen Mechanismen der Intelligenz insgesamt integriert, d.h. wenn sie zu den assimilativen Aktivitäten und Operationsschemata in ein ausgeglichenes Verhältnis gelangt und von diesen stärker (oder überhaupt) korrigiert und strukturiert wird als in der zweiten Entwicklungsperiode. (Die Nachahmung als kognitiv-verhaltensstrukturelle Bedingung *sozialisierten* Verhaltens kann im übrigen in der vorliegenden Untersuchung nicht näher behandelt werden).

II.2.a.b Das Symbolspiel

Zu seinem charakteristischen Ausdruck kommt der individuelle Symbolismus beim Kleinkind im Symbol- oder Fiktionsspiel, das eine *Extremform assimilativer Aktivität* darstellt: hier zeigt sich das individuelle Denken des Kindes fast rein in seiner *von sozialen Einflüssen relativ freiesten Form* (darin nur noch vom Traum übertroffen), obgleich seine Inhalte sehr häufig von sozialen Modellen geliefert werden. Im Symbolspiel versetzt sich das Kind entweder z.B. in die mutmaßlichen oder realen „Rollen", Verhaltensweisen oder Haltungen von Mitmenschen, Tieren oder Dingen und ahmt diese durch Gesten oder Worte nach. Außerdem kann es darin auch seine eigenen Verhaltensweisen in anderen Situationen (z.B. Schlafen) symbolisch durch Gesten repräsentieren oder diese symbolischen Schemata auf seine Spielzeugwesen projizieren und an ihnen darstellen. MEAD hat zu Recht darauf hingewiesen, daß sich das Kind damit zugleich sein „Selbst" aufbaut (a.a.O., 150), zumal es hier ja seine eigenen Verhaltensweisen zum Gegenstand vorstellender bzw. darstellender Aktivitäten nimmt und sich gleichsam darin übt, seine eigene „Rolle" mehr oder weniger (aber eben wohl: mehr) bewußt zu spielen sowie beobachtete Verhaltensweisen anderer mithilfe seiner eigenen zu organisieren. Je angepaßter dies allerdings geschieht (wie mit zunehmender Flexibilität der Verhaltensweisen), desto mehr geht das – hier zunächst als reiner Typus (Idealtypus) behandelte – Symbolspiel in Nachahmung und Selbstnachahmung über (s.u.).

Das Symbol kann im Symbolspiel *nicht nur Repräsentant, sondern auch Substitut des symbolisierten Objekts* sein, so daß sich zwischen beiden eine Art Partizipationsbeziehung herstellen läßt (vgl. 1945b, 174, 178). Prinzipiell können in dem Maße beliebige Objekte zur Symbolisierung beliebiger anderer Objekte benutzt werden, wie das Kind die einen frei den Vorstellungsbildern der anderen assimilieren kann (vgl. 1945b, 92). PIAGET erklärt das Symbolspiel daher in den Kategorien seiner Denkentwicklungstheorie vorwiegend dadurch, daß es die nahezu reine Ausprägung eines Pols jeder kognitiven Aktivität darstellt, nämlich der Assimilation in potentiell maximaler Lösung von der Akkomodation. Es ist folglich das entwicklungsstadienspezifisch *notwendige Ausdrucksmittel* subjektiver und von sozialen Zwängen potentiell maximal *freier individueller Vorstellungen* par excellence:

„In diesem Sinne bildet das Spiel den extremen Pol der Assimilation der Wirklichkeit an das Ich, während es gleichzeitig als assimilatives an jener schöpferischen Phantasie teilhat, die der Motor jedes späteren Denkens und sogar der Rationalität bleiben wird"(!) (1945b, 171)

Das Symbolspiel kann daher als eine Art kognitiver Komplementärform der in der gleichen Entwicklungsperiode stark dominierenden Nachahmung angesehen werden, da in ihm im Gegensatz zu dieser die akkomodativen Tendenzen maximal reduziert sind.

In der voroperatorischen Periode besteht aber schon ein Zusammenhang zwischen beiden. Denn *die Nachahmung liefert dem Symbolspiel die Inhalte, Ausdrucksmittel und Vorstellungsbilder,* denen dann die spielerische Assimilation erst die individuelle Darstellung und die subjektive Bedeutung verleiht, womit sie zunächst allerdings in subjektivistischer und assimilativ-einseitiger Richtung transformiert bzw. „deformiert" werden. Erst wenn die akkomodativ gewonnenen Vorstellungsbilder und die assimilativen Aktivitäten im späteren rationalen Denken besser miteinander integriert sind und so ein stabileres Gleichgewicht zueinander gefunden haben als noch in dieser Periode, können sie sich auf dieselben Objekte beziehen (vgl. 1945b, 228) und bringen dann ein beweglich angepaßtes Verhalten hervor.

In der sensomotorischen Periode waren Spiel und Nachahmung noch völlig unverbunden miteinander geblieben, und in gewisser Weise waren sie sogar noch antithetisch – das Spiel als reine assimilative Übung (funktioneller oder reproduktiver Art) und die Nachahmung als bloße Akkomodation. *Das sensomotorische Spiel ist noch reines Übungs- oder Funktionsspiel* (nach K. BÜHLER), mit dem die erwachsenden Fähigkeiten trainiert werden, ohne daß sie schon die konkrete Situation überschreiten können. Es kann daher gesagt werden, daß sich das Symbolspiel zum Übungsspiel wie die vorstellungsfähige Intelligenz zur sensomotorischen verhält. Außerdem bedeutet das Symbolspiel für die Vorstellungsintelligenz das gleiche wie das Übungsspiel für die sensomotorische Intelligenz, nämlich eine Extremform der assimilativen Verhaltenskomponente (vgl. 1945b, 172). Die *symbolische Assimilation* ist – entwicklungs- und anpassungstheoretisch betrachtet – *eine Fortsetzung jener funktionellen Assimilation.*

Um schließlich zu einem realitätsadäquaten, d.h. (im hier benutzten Sinne:) intelligenten Verhalten führen zu können, müssen sich Spiel und Nachahmung im Verlaufe der Entwicklung weiter differenzieren und objektivieren sowie miteinander koordiniert werden. Mit der Weiterentwicklung der kognitiven Aktivitäten verändert sich gegen Ende der voroperatorischen Periode daher auch die Art der Spiele. Schon das individuelle Rollenspiel zwischen 4 und 7 Jahren stellt einen Fortschritt vom Symbolismus zur Nachahmung dar und erfüllt daher zugleich eine wichtige Sozialisationsfunktion, auf die auch wiederum G. H. MEAD schon eindringlich hingewiesen hat (M. 1934; s.u.). Im Konstruktionsspiel sowie im sozialen Rollen- und Regelspiel werden dann die intelligentesten und stabilsten Anpassungsformen an die natürliche und die soziale Umwelt verwirklicht.

Hier wie bei allen anderen Verhaltensweisen gilt, daß auch die *Spiele des Kindes Ausdruck und Funktion* der seinem Entwicklungsstand entsprechenden Strukturen *seiner Intelligenz* sind, von denen her sie auch am besten erklärt werden können. Spiele sind – vor allem, soweit sie spontan erfolgen – eine *Form der geistigen Verarbeitung* der kindlichen Umwelt mit den jeweils verfügbaren Verhaltensschemata.

Die freie Ausdrucks- und Assimilationsaktivität im Symbolspiel, mit der die Realität ganz den subjektiven Bedürfnissen angepaßt wird, kann als *Gegengewicht zum äußeren akkomodativen Anpassungsdruck* angesehen werden, dem das Kind mit seinen Verhaltensmitteln noch nicht gewachsen ist. Psychodynamisch gesehen, dient es daher der Herstellung und Aufrechterhaltung eines sowohl affektiven als auch kognitiven Gleichgewichts, in dem das *Verhältnis zur Umwelt in einem Zustand kindgemäßer Übereinstimmung* und Kohärenz gehalten wird:

„Dem Ausgedrückten nach, ermöglicht es das Spiel, die gelebten *eigenen Erfahrungen nachzuerleben* und tendiert mehr zur Befriedigung des Ich als zu seiner Unterwerfung unter die Wirklichkeit. Dem Ausdruck nach, bietet der Symbolismus dem Kind die lebendige und dynamische persönliche Sprache, die unerläßlich ist, um seine – in die kollektive Sprache allein unübersetzbare – Subjektivität auszudrücken. Das Objektsymbol als echter Ersatz des Ausgedrückten macht dieses in einem Grad gegenwärtig und aktuell, den das sprachliche Zeichen niemals erreichen wird" (1945b, 176; Hervorhebung von mir, FGW)

Eine wichtige psychodynamische Rolle spielt außerdem, daß das Kind im Symbolspiel die Befriedigung genießen kann, die Dinge, Tiere und Menschen der Umwelt nach eigenem Belieben zu beherrschen und zu „verarbeiten" sowie aus seiner assimilativen Aktivität ein *Gefühl der Virtuosität oder der Macht* zu ziehen (vgl. 1945b, 94, 156). Schließlich ist auch das Symbolspiel besonders – wie potentiell jede assimilative Realitätsverarbeitung – ein kindgemäßes *Instrument der Bewältigung (oder auch Verdrängung) sozialer Konflikte und Ängste, der Identifikation* mit geliebten oder gefürchteten Mitmenschen (im Sinne der Psychoanalyse), *der Rollenverkehrung* sowie vielfältiger *Erweiterungen und Befreiungen* des Ich (vgl. auch 1966a, 48 und Lewin 1931, 39). So kann ein Puppenspiel z.B. dazu dienen, auf die Puppe eine bessere Pädagogik anzuwenden, als das Kind selbst sie von seinen Eltern erfährt (vgl. 1970g). Das Spiel mit einer Raubtierpuppe kann der substitutiven Beherrschung eines überlegenen Mitmenschen dienen u.dgl.m.

Allen Interpretationen gemeinsam bleibt bei Piaget jedoch stets die Erklärung durch die kognitive Dimension der Assimilation, so daß das Symbolspiel als deren reine Ausdrucksform nicht aus dem einheitlichen Rahmen des theoretischen Erklärungsgerüstes der Intelligenz als eines Systems von Anpassungs- und Organisationstechniken herausfällt. Piaget kann daher auf spekulative Erklärungen etwa durch „Kraftüberschuß" (H. Spencer), „Erholung" (Schaller), „Vorübung" späterer Verhaltensweisen und „Selbstausbildung" (K. Groos), „Begegnung" (E. Haigis) etwaige „Spielinstinkte" u. dgl. m. verzichten (vgl. auch Remplein [15]1967, 172/173 und Piaget 1945b). So wird ein Puppenspiel z.B. sicher nicht durch einen hypothetischen „Mutterinstinkt" besser als dadurch erklärt, daß das Kind in ihm die erlebten sozialen Realitäten symbolisch darzustellen, nachzuahmen, zu begreifen und seiner eigenen Vorstellungswelt anzupassen sucht. Im Lichte dieser Erklärung können daher Charakteristika wie diejenigen der Spontaneität, des Vergnügens (viele Spiele stellen auch schmerzliche Ereignisse dar!), des Fehlens von Ordnung, Organisation oder Gerichtetheit u.a. als unwesentlich oder gar irreführend angesehen werden.

Wichtiger für die Klassifizierung und Erklärung von Spielen als Inhalt, Motiv, Funktion oder Ursprung ist demnach offenbar ihre „mentale Komplexität", d.h. ihre Strukturiertheit durch das jeweilige kognitive Strukturniveau des Kindes (woraus sich dann sekundär im Rahmen der Verhaltensgesamtheit ihre kognitiv-adaptive und psychodynamische Funktion ergibt). So *entspricht das Funktionsspiel ebenso dem sensomotorischen Intelligenzniveau wie das Symbolspiel dem anschaulich-vorbegrifflichen und das soziale Regelspiel dem operatorischen.* Die soziologisch-funktionalistische Erklärung des symbolischen Rollenspiels als Vorübung künftiger Sozialrollen muß aus dieser Sicht ebenfalls als weitgehend spekulative (sozialsystem-deterministische) Interpretation angesehen werden, da mit ihr etwas in ein kognitives Verhalten hineinprojiziert wird, was nicht notwendigerweise in ihm enthalten sein muß. Allerdings hat sie angesichts der Identifikation des Kindes mit erwachsenen Rollenträgern insoweit eine teilweise Berechtigung, als das Kind durch Nachahmung und Identifikation an bestimmten Menschen partizipieren und sie dadurch besser verstehen kann. So wird man ergänzen können, daß dieses spezielle Symbolspiel auch schon eine wichtige Sozialisationsfunktion erfüllen kann, zumal wenn es aufgrund einer verstärkten Nachahmungskomponente eine akkomodative Richtung (und damit eine größere Realitätsnähe) gewinnt, während das reine Symbolspiel strukturell eher eine subjektiv-assimilative Verformung der entsprechenden sozialen Rollenverhaltensweisen darstellt. Je mehr realitätsgetreue soziale Inhalte also in einem solchen Spiel enthalten sind und verarbeitet werden, desto weiter entfernt es sich vom Subjektivismus des assimilativen Symbolspiels, um sich dem akkomodierten individuellen Rollenspiel und der Sozialisiertheit des sozialen Rollen- und Regelspiels zu nähern, dessen Beherrschung allerdings erst auf der Basis der beweglicheren operatorischen Verhaltensstrukturen in der nächsten Entwicklungsperiode möglich ist. Daß das Symbolspiel jedoch *als individuelles Rollenspiel* bereits einen *Übergang zum sozialen Regelspiel* darstellt, ist von PIAGET vernachlässigt worden.

Denn das Sich-Hineinversetzen in die sozialen Rollen, Haltungen oder Verhaltensweisen von Mitmenschen ist gerade, wie es G. H. MEAD in eindringlicher Weise hervorgehoben hat, eine der Grundvoraussetzungen nicht nur für das regelgeleitete Sozialspiel („game" im Gegensatz zu „play"), sondern auch für sozialisiertes (und auf flexibler Berücksichtigung anderer Perspektiven beruhendes) Verhalten generell (vgl. MEAD 1934, 152–164 u. passim).

II.2.a.c Die Zeichnung

Im Gegensatz zum Symbolspiel ist die Zeichnung mehr eine Ausdrucksform der *Akkomodation* als der Assimilation. Das erkenntnistheoretische Interesse an ihr liegt vor allem darin begründet, daß die frühen Zeichnungen mehr von den niveauspezifischen Intelligenzstrukturen und dem Entwicklungsstand der Begriffsbildung als von der unmittelbaren Wahrnehmung bestimmt werden. Insgesamt zeugen sie beim Kind anfangs von „Realismus“ im erkenntnistheoretischen Sinne einer unzulässigen *Verdinglichung subjektiver Betrachtungsweisen* bzw. deren Gleichsetzung mit der objektiven Dingwelt. Entsprechend den operativistisch-konstruktivistischen Grundannahmen der PIAGETschen Theorie müssen Zeichnungen wie alle anderen kognitiven Ausdrucksformen eher als „mentale Konstruktionen“ statt etwa als bloße „perzeptive Abbilder“ der Realität angesehen werden.

In Anlehnung an LUQUET (Le dessin enfantin, Paris 1927, zit. nach 1966a, 50ff.) unterscheidet PIAGET vier Perioden der Entwicklung des Zeichnens:

1. die des *„zufälligen* Realismus“ mit einem Vorherrschen von Kritzeleien, deren Bedeutungen erst im Verlauf des Kritzelns „entdeckt“ werden (bis zu ca. 2;6 Jahren);
2. die des *„verfehlten“* Realismus“, bei dem die Elemente einer Kopie nur nebeneinander aufgereiht und nicht perspektivisch miteinander koordiniert oder integriert werden (von etwa 2;6 bis 4 Jahren);
3. die des *„geistigen* Realismus“: hier zeichnet das Kind mehr das von den Objekten auf, was es von ihnen weiß, als das, was es unmittelbar von ihnen sieht, liefert also gleichsam die begrifflichen Eigenschaften der Modelle ohne Berücksichtigung ihrer optischen Perspektive (von etwa 4 bis 7 Jahren);
4. die Periode des *„visuellen* Realismus“, in der das Kind dahin gelangt, nur das aufzuzeichnen, was es aus einer bestimmten Perspektive von einem Objekt sieht (ab ca. 8 bis 9 Jahren).

Psychologisch gesehen, wird eine realitätsgerechte, präzise und perspektivisch richtige Zeichnung (wie im letzten Stadium) in dem Maße möglich, wie im Verlaufe der zweiten Entwicklungsperiode die aktive Explorationstätigkeit der Umwelt beim Kind so stark zugenommen hat, daß mehr Einzelheiten der Wahrnehmung berücksichtigt werden können. In PIAGETS Kategorien ausgedrückt, bedeutet dies, daß hier die Assimilation dahin gelangt, die Realitätsverzerrungen der isolierten und unrelativierten Akkomodationen erfolgreich zu korrigieren, indem sie diesen Präzision, Systematik und Beweglichkeit verleiht und somit zu stabilen Realitätskopien verhilft.

Während sich die allgemeinen Eigenschaften der beschriebenen Stadien zunächst bei den meisten Kindern unseres Kulturkreises beobachten lassen, zeigen sich in den auf die Kindheit folgenden Altersperioden zunehmend größere individuelle Differenzen, so daß der Charakter der Zeichnungen dann nicht mehr in jener Eindeutigkeit mit dem Intelligenzniveau in Zusammenhang gebracht werden kann (vgl. 1970f, 8). Es ist anzunehmen, daß dann die in den unterschiedlichen Persönlichkeitsstrukturen begründete Vielfalt künstlerischer Ausdrucksformen zum Tragen kommt.

II.2.a.d Die Vorstellungsbilder (images mentales)[29]

Auch die Vorstellungsbilder, die vierte Form der semiotischen Funktion, unterliegen nach PIAGETS experimentellen Untersuchungen und in Bestätigung seiner

29 Vgl. am ausführlichsten hierzu: J. PIAGET & B. INHELDER, L'image mentale chez l'enfant – Étude sur le développement des représentations imagées, Paris 1966 (dt. Frankfurt 1977).

rationalistischen Erkenntnistheorie demselben operativen Konstruktionsprinzip wie die Zeichnungen, obwohl sie selbst – neben der Wahrnehmung und der Nachahmung – primär zur „figurativen" Dimension des Erkennens gezählt werden müssen. Sie sind keine Ableitungen aus einer hypothetisch „reinen" (d.h. relativ passiven, zentrierten) Wahrnehmung, sondern Produkte einer nachahmenden Akkomodation und gleichsam das „Positiv" der *Akkomodation,* die selbst nur als „Negativ" des nachgeahmten Objekts angesehen werden konnte (vgl. 1945b, 172). Vorstellungsbilder kommen durch eine Aktivität zustande, die sich – der kognitiven Ebene nach – oberhalb der Wahrnehmungen und Bewegungen, aber unterhalb des reflexiven Denkens befindet, nämlich der *Wahrnehmungsaktivität,* die eine „Verlängerung" der sensomotorischen Intelligenz darstellt (vgl. 1945b, 78/79). Sie sind also keineswegs einfache „Verinnerlichungen von äußeren Bildern", sondern Produkte perzeptiver (also sensomotorischer) Aktivitäten, deren Präzision entscheidend von ihrer Unterordnung unter den operativen Aspekt des Erkennens (vor allem die Invarianzbegriffe) und vom jeweiligen denkstrukturellen Niveau abhängt.

Vorstellungsbilder entsprechen folglich *eher einer operativ konstruierten Zeichnung als einer figurativ gewonnenen Photographie* (vgl. Aebli 1963a, 53–60). Sie können aus der Sicht einer operativistischen Kognitionspsychologie daher im Gegensatz zu den Annahmen etwa des Assoziationismus oder des Sensualismus nicht als Primärdatum des Erkennens oder als bloße „Spur" von Sinneswahrnehmungen gelten, sondern vielmehr als *aktive innere Rekonstruktionen der bei der ursprünglichen Wahrnehmung eines Gegenstandes aktualisierten operativen Vollzüge, d.h. der sensomotorischen Explorationsaktivitäten der Wahrnehmungsintelligenz* (vgl. 1963b, 74 und 1966a, 54ff.). Außerdem können sie auch die nach deren Schemata antizipierten „Skizzen möglicher Nachahmungen" darstellen. Ihre Präzision hängt daher entscheidend von der Differenziertheit und Beweglichkeit der bei der ursprünglichen „Bildregistrierung" abgelaufenen operativen Vollzüge (d.h. der perzeptiven und motorischen Nachahmungsaktivitäten) ab. Unterstützung hat diese operativistische Erklärungsweise der Vorstellungsbilder durch die Psychophysiologie erfahren, in der mithilfe von Elektroenzephalo-, -myo- und -retinogrammen entdeckt wurde, daß bloße bildliche Vorstellungen von Bewegungen im Gehirn wie in den Muskeln dieselben neuroelektrischen Ströme auslösen bzw. zu denselben motorischen Impulsen führen wie die konkrete Ausführung dieser Bewegungen, – wenn auch in abgeschwächter Form (vgl. Berelson & Steiner 1964, 171 sowie Piaget 1963b, 73/74; 1964b, 171; 1966a, 54 und 1970a, 159).

Da sich Vorstellungsbilder mehr als etwa die Sprache sozialen Einflüssen entziehen können, *lassen sie sich auch stärker als sprachliche Zeichen „verinnerlichen" (bis hin zum Traum) und „individualisieren", aber weniger als die Sprache kognitiver und denkstruktureller Sozialisation unterwerfen.*

Piaget hat allerdings vernachlässigt, daß außer den operativen Schemata gerade auch die sprachliche Verschlüsselung von Vorstellungsbildern deren Bewahrung und Aktualisierung begünstigen kann (vgl. Bruner u.a. 1966 und Neisser 1974).

Wie alle anderen Formen der semiotischen Funktion sind die Vorstellungsbilder selbst allerdings *nur semiotische Hilfsmittel und nicht Elemente des Denkens.* Fortschritte des Denkens setzen gerade – wie betont – eine zunehmende Lösung von bildlichen Vorstellungen, d.h. die Abstraktion immer allgemeinerer Formen von der Vielfalt möglicher Inhalte voraus. Andererseits hat dieser Abstraktionsprozeß auch seine Grenzen, da selbst die formalsten oder abstraktesten Operationen in der

Vorstellung immer noch (was PIAGET nicht leugnet) von einem Minimum an bildhafter Symbolisierung bzw. Semiotik begleitet werden.

Unter dem Aspekt ihres erkenntnistheoretischen Stellenwertes *ist es der wichtigste Mangel der Vorstellungsbilder, daß sie statisch und diskontinuierlich sind und sich zwar zum Verstehen von Zuständen, nicht aber von Prozessen eignen.* Mit ihnen allein ist man nicht in der Lage, Abläufe und Operationen adäquat zu simulieren oder zu symbolisieren, da sie in Sprüngen voranschreiten und selbst nicht zu Bewahrungsbegriffen führen können. Nur eine starke Vervielfachung von Momentanbildern wie beim Film (die im übrigen auch erst auf dem Niveau der operatorisch-beweglichen Intelligenz möglich wird), kann kontinuierliche Abläufe einigermaßen angemessen simulieren, was PIAGET mit zahlreichen einfallsreichen Experimenten empirisch belegt hat (vgl. 1963b, 91):

„Das Vorstellungsdenken wird in dem Maße eine Behinderung (des operatorisch-rationalen Denkens), wie es – durch Zentrierung auf (statische) Situationen mehr als auf Transformationen, also auf Gestalten mehr als auf den Übergang von einer Gestalt zur anderen – das Denken hindert, die Beweglichkeit und Reversibilität (oder Reziprozität) zu erreichen, die unerläßlich für sein Funktionieren sind ..." (1951b, 36; die erste parenthetische Einfügung ist von mir, FGW).

Vorstellungen sind im Prinzip stets *Zentrierungen auf bevorzugte Einzelsituationen* oder Bilder und tendieren daher dahin, das Denken zu „deformieren", Erkenntnisse „fehlzuleiten" durch wahrnehmungsbedingte Illusionen, unzulässige Verabsolutierungen mangelhaft generalisierter Begrifflichkeit, Verdinglichungen perzeptiver Zufallserscheinungen usw. Nur operative (vor allem operatorische) Intelligenzaktivitäten haben die Beweglichkeit und Reversibilität, mit deren Hilfe Prozesse und Relationen besser (d.h. präziser, verläßlicher und dauerhafter) erfaßt werden können.

Bei Kindern in der voroperatorischen Periode läßt sich beobachten, daß sie einfache Bewegungsabläufe selbst gestisch nicht angemessen simulieren können, sondern darin zu Abweichungen in der Richtung der „guten Formen" (z.B. symmetrischen Bewegungen) tendieren: hierin werden die entsprechenden Annahmen der Gestaltpsychologie bestätigt. Z.B. haben diese Kinder Schwierigkeiten, sich die Zwischenpositionen zwischen einer ursprünglich vertikalen und der schließlichen horizontalen Lage eines fallenden Stockes vorzustellen und darzustellen. Dasselbe gilt auch für die Unfähigkeit zur Antizipation von Zuständen im Falle der Verlagerung einfacher geometrischer Gestalten, zur Beschreibung der Phasen und des Ergebnisses einfacher Veränderungen u. dgl. m.

Auf dem voroperatorischen Niveau bleiben die Vorstellungsbilder außerdem *noch reproduktiv,* d.h. sie beschränken sich darauf, schon bekannte und vorher wahrgenommene Ereignisse (zudem in statischen und diskontinuierlichen „Momentaufnahmen") darzustellen bzw. aus der Erinnerung abzurufen. Erst mit der Bildung der (die operative Rekonstruktion von Transformationen ermöglichenden) Operationen in der nächsten und vor allem der übernächsten Entwicklungsperiode verbinden sie sich mit der Fähigkeit der Antizipation zukünftiger Zustände oder Prozesse (vgl. 1963b, 99/100; 1966a, 56 und 1970f, 718). *Früher als die Operationen scheinen sie allerdings zu „globalen synthetischen Antizipationen" zu gelangen* (vgl. 1963b, a.a.O.).

Aufgrund dieser besonderen Merkmale können Vorstellungsbilder also weder den Ursprung noch den Kern des Denkens im strengen, operativen Sinn bilden, auch wenn sie eine notwendige Bedingung für dieses darstellen und seinen Ablauf erleichtern (weil sie ihn „veranschaulichen"). In Gestalt und Erkenntniswert indessen werden sie von der Struktur und dem Entwicklungsstand der operativen und operatorischen Aktivitäten des Denkens bestimmt und kontrolliert.

II.2.a.e Das Gedächtnis[30]

Das Gedächtnis schließlich läßt sich ebenfalls dem gleichen operativistischen Erklärungsschema unterordnen wie die Vorstellungsbilder: *seine Qualität und seine Präzision* sind auch als *Funktion des operativen Intelligenzniveaus* erklärbar. Denn Vorstellungsbilder von den Dingen werden nur in dem Maße im Gedächtnis bewahrt, wie diese im Zeitpunkt ihrer Wahrnehmung Objekte kognitiver (Explorations-)Aktivitäten waren. PIAGET unterscheidet drei Formen des Gedächtnisses, das Wiedererkennungs-, das Rekonstruktions- und das Evokationsgedächtnis, die psychogenetisch auch in dieser Reihenfolge auftreten.

Die früheste Form des Gedächtnisses, das *Wiedererkennungsgedächtnis,* ist an Handlungs- und Gewohnheitsschemata gebunden, taucht bereits mit den ersten Assimilationsschemata in der sensomotorischen Periode auf und drückt sich auch schon in der sensomotorischen Nachahmung aus. Wiedererkennung ist also *bereits ohne Vorstellungsfähigkeit,* wenn auch nur in Gegenwart des wiedererkannten Objekts möglich, da dieses – wie gezeigt – in seiner Abwesenheit von der sensomotorischen Intelligenz noch nicht vergegenwärtigt werden kann. Wiedererkennung zeigt sich in der sinnvollen Reaktion der sensomotorischen Schemata auf perzeptive Anzeichen und Signale, wodurch diesen eine praktische Bedeutung verliehen wird (vgl. FURTH 1969, 150). Dabei handelt es sich primär um Erinnerungen an Bewegungen und Gewohnheiten, die zugleich der Wiederholung dienen (vgl. 1965a, 206) und die stets durch die Wahrnehmung ausgelöst werden.

Das *Rekonstruktionsgedächtnis* ergibt sich dagegen mehr aus der aufgeschobenen Nachahmung und stellt eine Zwischenform zwischen dem Wiedererkennungs- und dem Evokationsgedächtnis sowie einen Übergang von der sensomotorischen zur Vorstellungsperiode dar. Es entspricht der erwähnten „préreprésentation en acte", d.h. der Erinnerung durch *Nachvollzug der gegenüber dem Erinnerungsobjekt ursprünglich aktualisierten kognitiven Aktivitäten.* FURTH nennt es daher „evocation in action" (a.a.O., 154), d.h. Evokation durch Handlung statt durch Vorstellungsbilder. Denn man erinnert sich an das besser, was man selbst getan hat, als an bei anderen Menschen nur beobachtete Tätigkeiten: das gilt im übrigen für alle drei Gedächtnisformen. Konkrete Operationen z.B., die man wahrgenommen, aber nicht richtig verstanden (nachvollzogen) hat, kann man später nicht in der wahrgenommenen, sondern nur in der (miß-)verstandenen Reihenfolge wiedergeben. Sie werden also nicht in Funktion der Wahrnehmung, sondern gemäß den

---

30 Im einzelnen vgl. dazu die umfangreiche Untersuchung von J. PIAGET, B. INHELDER & H. SINCLAIR DE ZWART, Mémoire et Intelligence, Paris 1968 (dt. Übers.: Gedächtnis und Intelligenz, Freiburg 1974).

bestehenden Strukturen der operativen Intelligenz schematisiert (vgl. 1966a, 64/65). Daß die Qualität dieses Gedächtnisses aber auch durch die verbale Encodierung und Decodierung seiner Inhalte signifikant beeinflußt werden kann, ist von PIAGET vernachlässigt worden, da bei ihm der kognitive Stellenwert der Sprache generell sehr gering veranschlagt wird (s. u. Kap. II.2.af.).

Das *Evokationsgedächtnis* schließlich, womit überhaupt das Gedächtnis im engen Sinne verstanden werden kann, ist in erster Linie ein Ergebnis der Vorstellungsbilder und der Sprache. Zwischen der einfachen motorischen Erinnerung oder dem Gewohnheitsgedächtnis mit Wiedererkennung und der reinen Evokation in situationsunabhängen Vorstellungsbildern gibt es zahlreiche Zwischenstufen. Aber das Evokationsgedächtnis selbst kann *erst mit der Bildung der semiotischen Funktion* (und daher auch nur beim Menschen) entstehen, weil in ihm Objekte mithilfe von Erinnerungsbildern in ihrer Abwesenheit vergegenwärtigt werden können. Es kann daher auch – wie PIAGET im Gegensatz zur Psychoanalyse behauptet – *keine Erinnerungen an die frühere Kindheit* geben, solange die semiotische Funktion noch nicht konstituiert war. Denn der Säugling vermag seine Erlebnisse noch nicht in Vorstellungsbildern „abzubilden“ und Erinnerungen zu bewahren. Dazu fehlt ihm sowohl die Vorstellungsfähigkeit als auch die notwendige strukturierende und organisierende kognitive Aktivität. Die „Spuren“, die ihm sein Wiedererkennungsgedächtnis und seine Assimilation nur ermöglichen (und auf die sich dann ihrerseits die Rekonstruktionen des Evokationsgedächtnisses gründen) bestehen erst aus sensomotorischen Handlungsschemata und nicht aus Vorstellungsbildern: er erkennt Objekte nur in dem Maße wieder, wie er ihnen gegenüber reagieren konnte (vgl. 1945b, 199).

„... die Transponierung der aktiven Wiederkennung in vorstellungsmäßige Evokation setzt die ganze, der interiorisierten Intelligenz eigene Organisation voraus und bringt daher ein *organisiertes Gedächtnis erst mit der Sprache, der Erzählung und dem System der Begriffe* hervor“ (1945b, 200, Hervorhebung von mir, FGW; bemerkenswert an dieser Aussage ist, daß PIAGET hier dem verbalen Faktor – zumindest theoretisch – einen größeren Stellenwert einräumt, als er es später zu tun pflegt).

Die Annahme FREUDS, nach der alle Erinnerungen von den ersten Lebenstagen ab vollständig im „Unbewußten“ bewahrt würden, woher sie das Bewußtsein im Prinzip irgendwann abrufen könnte, wird durch die Erkenntnis der Gedächtnisforschung erschüttert, daß zur Bildung und Bewahrung von Erinnerungen erst Bewußtseins- und Vorstellungsfähigkeit sowie kognitive Aktivitäten notwendig sind, die die Erinnerungsbilder zunächst überhaupt erst konstruieren müssen, um sie später „re“-konstruieren zu können. *Vorstellungsbilder von wahrgenommenen Erlebnissen, die kognitiv gar nicht aktiv exploriert wurden, können überhaupt nicht angemessen erinnert werden.* Erinnerungen an frühere Erlebnisse werden im übrigen immer auch durch die Struktur der je gegenwärtigen kognitiven Assimilationsschemata eines Menschen bestimmt und verändert, d.h. auch entsprechend dem jeweiligen Entwicklungsstand des Individuums umgestaltet. Dies kann soweit gehen, daß *sich Gedächtnisinhalte ohne zwischenzeitlich erfolgte Wiedererinnerungen oder Wiedererkennungen allein aufgrund der erfolgten Fortschritte der Denkentwicklung verbessern* (oder natürlich aufgrund widerstreitender Schemata in Richtung auf Vereinfachungen oder Verformungen verschlechtern). Schon insofern der Gedächtniscode im Verlaufe der kognitiven Entwicklung immer wieder durch die jeweils dominanten operativen Schemata strukturiert und umstrukturiert wird, können die figurativen Schemata allein (wie die Wahrnehmung, die Nachahmung oder die Vorstellungsbilder) daher auch zur Erklärung des Gedächtnisses nicht ausreichen (vgl. 1970a, 145/146). Das heißt zugleich, daß *der Anteil an Neubildungen und Erfindungen im Evokationsgedächtnis beträchtlich ist* und sogar „Erinnerungen" an Dinge zuläßt, die gar nicht erlebt, sondern nur über Mitteilungen von Mitmenschen übernommen wurden.

So glaubte sich PIAGET selbst lange Zeit daran zu erinnern, daß er als Säugling bei einer Spazierfahrt mit seinem Kindermädchen auf den Champs-Élysées in Paris von Unbekannten entführt werden sollte, bis er im Alter von 15 Jahren von diesem erfuhr, daß es diese Geschichte frei erfunden hatte. Er hatte also eine seine Person betreffende Erzählung so stark visualisiert und auf seine Vergangenheit „projiziert", daß daraus ein scheinbar „authentisches" Erinnerungsbild hatte werden können (vgl. 1945b, 199 Anm. und 1971a, 18).

Verallgemeinert bedeutet dies, daß es *keine Erinnerung ohne eine Reorganisierung des Gedächtnisinhaltes* mithilfe der je gegenwärtigen kognitiven Verhaltensstrukturen geben kann. Ohne diese Strukturen kann eine Erinnerung nicht rekonstruiert und also nicht abgerufen werden. Zwischen dem Organisationsniveau des Gedächtnisses und dem Intelligenzentwicklungsstand besteht demnach ein notwendiger Zusammenhang, da die Encodierung ebenso wie die Decodierung der Gedächtnisinhalte immer an bestimmte kognitive Assimilationsschemata gebunden ist. *Die assimilative Intelligenzaktivität sichert den Erinnerungsbildern die Bewahrung, indem sie sie den Bedeutungsstrukturen des Subjekts integriert.* Jede spezifische Erinnerung ist in ein Netzwerk kognitiver Verhaltensstrukturen „eingeflochten", deren Zusammenspiel es ermöglicht, ein Ereignis zeitlich zu lokalisieren und es als Fall der eigenen Erfahrung unter anderen zu erkennen (vgl. FURTH 1969, 152). Selbst in der mechanischen Erinnerung an sinnlose Silben („rote memory"), die maximal an die ursprünglichen Modelle gebunden ist, kann man vom Subjekt hinzugefügte, räumlich-zeitliche Gruppierungen oder Ordnungen nach Kriterien der Nähe, der hierarchischen Beziehung und der Aufeinanderfolge finden (vgl. a.a.O., 161). Daher lassen sich Phänomene, die vom Subjekt nicht oder kaum assimiliert resp. kognitiv „organisiert" werden können, auch schlecht zu Gedächtnisinhalten „encodieren" und folglich später auch ebensowenig als Erinnerungsbilder „decodieren".

Letztlich kann man daher sagen, daß *die beim Speicherungsvorgang eines Gedächtnisinhaltes benutzte Verhaltensstruktur kognitiver Aktivitäten mit dem Gedächtnis selbst identisch ist.* Gedächtnis im weiten Sinne besteht daher für PIAGET in der Bewahrung der kognitiven Schemata selbst, d.h. in eben jener assimilativen Aktivität, mit deren Hilfe Realitätszustände in Erinnerungsobjekte transformiert werden (vgl. a.a.O., 149, 155).

Die Evokation der Erinnerungsbilder oder das *Gedächtnis im engen Sinne stellt dementsprechend gleichsam nur den figurativen (bildhaften) Aspekt der Schemata-Bewahrung dar* (vgl. 1967c, 218), *der primär Produkt der bei der Codierung aktualisierten akkomodativen Aktivitäten ist.* Qualität und Bewahrung dieser Bilder bleiben aber Funktion der „Operativität" der Assimilationsschemata, d.h. der kognitiven Verhaltensweisen von den perzeptiven Aktivitäten bis zu den klassifizierenden Operationen (vgl. FURTH 1969, 151–160, 250).

II.2.a.f Die Sprache

Unter allen Formen der semiotischen Funktion gewinnt die Sprache im Verlauf der kognitiven Entwicklung aus zahlreichen Gründen, die insgesamt in der Erweiterung der geistigen Möglichkeiten und der sozialen Kommunikationsfähigkeit des Menschen gipfeln, die größte Bedeutung. Sie stellt vor allem ein soziales und für die kognitive Sozialisation bedeutsames System von Zeichen und Bedeutungen (d.h. sozial vorgegebenen Bedeutungen!) dar.

Der Wert der Sprache für die Denkentwicklung liegt vor allem

1. in der *weiteren Befreiung* (nach A. GEHLEN, [7]1962, 49, 172: „Entlastung“) des Denkens von der Gebundenheit an das Unmittelbare, Konkrete, Wahrnehmbare und Bildhafte,
2. in der *Eröffnung größerer räumlicher und zeitlicher Dimensionen* über den nahen Raum und die gegenwärtige Zeit hinaus,
3. in der entsprechenden *Erweiterung der Möglichkeiten des Gedächtnisses, der Antizipation* und der Evokation nichtaktueller Situationen oder Phänomene,
4. in der Ermöglichung der *gleichzeitigen Vorstellung größerer Zusammenhänge* und damit der schnelleren Verknüpfung von Ereignissen oder Vorstellungen,
5. in der *Begünstigung der für die Denkentwicklung bedeutsamen Generalisations-, Abstraktions-, Formalisierungs-, Interiorisierungs- und Begriffs-* (Beziehungs- und Ordnungs-)*bildungsprozesse,*
6. in der *Förderung der Beweglichkeit* und Allgemeinheit des Denkens,
7. in der symbolischen bzw. *semiotischen Verdichtung von Bezeichnungen und Bedeutungen,* die ihrerseits Wahrnehmungsfelder zusammenfassen (vgl. auch wieder GEHLEN, a.a.O., 49/50),
8. in der *Förderung der Selbstkontrolle des Denkenden und der sozialen Korrektur des Denkens* durch gegenseitige Kontrolle der Interaktionspartner (vgl. dazu auch G. H. MEAD 1934),
9. in der *Vervielfältigung und Präzisierung sozialer Kommunikationsprozesse* und
10. mit allen diesen Eigenschaften schließlich vor allem in der *Sozialisierung des Denkens und der Vorstellungen* des kognitiven Subjekts generell.

Da die Sprache nur allmählich erlernt wird, und da ihre Zeichen willkürlich und abstrakt sind, kann sie dem Kind erst nach etlichen Jahren ihres Erwerbs und ihrer Übung (wenn überhaupt) als vorherrschendes Ausdrucksmittel dienen. Sie bleibt zunächst seinen sensomotorischen Schemata und symbolischen Darstellungen untergeordnet. Denn das Kind

„gibt sich nicht damit zufrieden, zu sprechen, es muß das ‚spielen‘, was es denkt, seine Gedanken symbolisieren mithilfe von Gesten oder Objekten, die Dinge darstellen durch Nachahmung, Zeichnung und Konstruktion“ (1947a, 189).

Die *ersten verbalen Äußerungen,* die als Worte erkannt werden können, sind noch lange keine Zeichen, die zu einem konsistent gegliederten Bedeutungssystem gehören würden. Sie ähneln eher Symbolen, die lose verbunden werden können, aber im wesentlichen isolierte Darstellungen von Handlungsschemata sind. Wie die Symbole sind sie noch eng mit den Objekten, mit den Aktivitäten des Subjekts und mit den Vorstellungsbildern von den Objekten verflochten. Sie sind Nachahmungen der Objekte oder selektiv aus dem System der Erwachsenensprache ausgewählte isolierte Worte. Schließlich haben sie mit den Symbolen noch die Eigenschaft der unsystematisch fluktuierenden, verwirrenden Beweglichkeit gemeinsam und besitzen noch nicht die Bedeutungsfixiertheit der sozialen Zeichen (vgl. 1945b, 234/235).

Die anfängliche Sprache dient fast nur der Artikulierung von Wünschen und Bedürfnissen oder dem Ausdruck einer möglichen Handlung. Sie bewahrt also von den sensomotorischen Schemata noch deren Haupteigenschaft, generalisierbare Handlungsweisen darzustellen, während sie mit den Begriffen bereits eine gewisse Lösung von der Situation und der eigenen Handlung sowie die Kommunikationsfunktion gemeinsam hat (vgl. a. a. O.). Ehe die Sprache mehr eine objektivierende Konstatierungs- und Bezeichnungsfunktion sowie rein begrifflichen Charakter gewinnen kann, dient sie der affektiv bestimmten Mitteilung sowie der Begleitung und Verstärkung der Vorstellungskraft und der sensomotorischen Aktivitäten des Kindes. –

Die einzelnen Etappen des Spracherwerbs können hier jedoch nicht näher behandelt werden: für die Untersuchung der operativen Intelligenzentwicklung sind sie, wie sich zeigen wird, allerdings auch verhältnismäßig sekundär.

Im Gegensatz zu einseitig soziolinguistischen, sprachdeterministischen und empiristischen Erklärungen der Denkentwicklung erfährt die Bedeutung der Sprache für die Entstehung und die Entwicklung der operativen Denkstrukturen in PIAGETS Theorie eine starke Relativierung:

a) Die Möglichkeit des Spracherwerbs bzw. die Entstehung der *Sprechfähigkeit* überhaupt *setzt* danach außer der organischen Reifung und der sozialen Stimulation *vor allem die Entwicklung der sensomotorischen Intelligenz* mit den beschriebenen operativen Strukturen *voraus* (differenzierte Nachahmungstechniken und Verhaltenskoordinationen). Selbst von den linguistischen Strukturalisten werden die sensomotorischen Schemata als Grundeinheit der Transformationsgrammatik angesehen (vgl. CHOMSKY 1969). *Außerdem* setzt die Sprechfähigkeit, wie betont, die vorherige oder zumindest gleichzeitige *Bildung der (nichtsprachlichen) semiotischen Funktion* voraus. Würde eine bloße „Konditionierung" zum Spracherwerb ausreichen, wie es empiristische oder behavioristische Theorien wahrhaben wollen, so müßte dies schon mit der Ausbildung der organischen Sprechorgane im zweiten Lebensmonat möglich sein und nicht erst im zweiten Lebensjahr.

Die psychosozialen Bedingungen des Spracherwerbs haben PIAGET allerdings nicht näher interessiert, da es ihm nur um die Sprache als semiotische Funktion und als Vorbedingung des operatorisch-rationalen (vor allem des hypothetisch-deduktiven und formalen) Denkens ging.

In dieser Hinsicht liefert unter den mit PIAGET „geistesverwandten" Klassikern die Theorie G. H. MEADS mit ihrem „symbolischen Interaktionismus" trotz ihrer behavioristischen Schwächen die notwendigen soziologischen Ergänzungen, – und zwar vor allem durch ihre Hinweise auf die gestische, symbolische und sinnhafte Kommunikation zwischen den Interaktionspartnern und deren innere, zugleich selbst- und fremd-nachahmende sowie -beeinflussende Reproduktion durch das Subjekt[31].

31 PIAGETS Theorie stellt in ihrer soziologischen Dimension (im Gegensatz zu ihrer Einordnung durch Don MARTINDALE 1960) keinen „symbolischen", sondern allenfalls einen „operativistischen" sowie in ihrer erkenntnistheoretischen Intention einen biologisch-allgemeinen „Interaktionismus" dar.

b) *Das Denken selbst hat seine psychogenetischen Wurzeln nicht in, sondern vor der Sprache* und (ebenso wie diese selbst:) in den Strukturen der vorsprachlichen sensomotorischen Intelligenz, der – wie beschrieben – bereits eine Art „Aktionslogik“ innewohnt. Die Sprache kann daher nicht als ausreichende Bedingung der Entstehung logischer Strukturen angesehen werden. Die These des logischen Empirismus, wonach sich die Logik letztlich auf eine sprachliche Syntax, Semantik und Pragmatik reduzieren ließe, läßt sich daher nicht halten. Dafür spricht auch die folgende Annahme:

c) Die Sprache mag zwar eine *notwendige Bedingung zur Vollendung der logischen Strukturen* des durchschnittlichen, kultivierten Erwachsenen sein (zumal hypothetisch-deduktive Operationen z.B. nur mit ihrer Hilfe möglich sind); aber sie reicht auch keineswegs aus, um die höheren Formen der operatorischen Denkstrukturen zu erwerben. Z.B. verhilft die verbale Beschreibung einer Mengentransformation dem voroperatorisch denkenden Kind noch keineswegs zur Konstruktion des Mengenbegriffs und zur Bewahrung der Mengeninvarianz. Die formalen, hypothetisch-deduktiven oder *propositionellen Operationen* des Denkens lassen sich in unserem Kulturkreis schließlich in der Regel erst ab etwa 11 bis 12 Jahren beobachten, soweit sie überhaupt erworben werden. Das liegt aber wiederum *rund 10 Jahre nach dem Spracherwerb* und etwa 5 Jahre nach dem Erreichen einer ziemlich hohen verbalen Virtuosität beim gut entwickelten Durchschnittskind unserer Kultur. Entscheidender für den Erwerb dieser abstrakten Denkoperationen sind offenbar die in sukzessiven Entwicklungsschritten aufeinander aufbauenden operativen Aktivitäten, mit denen das Kind allmählich die höheren und differenzierten Strukturen auf den jeweils einfacheren, niederen Strukturen aufbaut.

d) Schließlich lassen sich die *sprachfreien logischen Denkoperationen* mit einer nur geringen zeitlichen Verschiebung (aufgrund der um die sprachliche Kommunikation reduzierten pädagogischen Unterstützungsmöglichkeiten) *auch bei Taubstummen* nachweisen. Räumliche Operationen sind sogar entwicklungszeitlich ebenso normal ausgebildet wie klassifikatorische Operationen (letztere sind nur etwas weniger beweglich, wenn die Klassifikationskriterien geändert werden müssen, vgl. FURTH 1966 und H. SINCLAIR 1969, 320/321). Während die semiotische Funktion für die Bildung der konkreten Operationen offenbar eine unabdingbare Voraussetzung ist, so aber nicht die Sprache, wie OLÉRON 1957 und FURTH 1966 (beide nach SINCLAIR, a.a.O.) bestätigt haben. Daß *blinde Kinder* noch weit *stärker retardiert* sind *als taubstumme* (nämlich 4 Jahre und mehr statt nur 2 Jahre etwa), kann als Bestätigung dieser Annahme angesehen werden. Denn es beweist, daß *die Sprachfähigkeit Mängel in den Handlungskoordinationen bzw. in der sensomotorischen Intelligenz und der Vorstellungsfähigkeit nicht angemessen kompensieren kann.* Zwar wird der Rückstand später aufgeholt, aber er bleibt trotz der Sprache beträchtlicher als derjenige von taubstummen Kindern (vgl. 1966a, 70 und 1970d, 46/47).

AUSUBEL hat zwar Recht mit seiner Annahme, daß die Sprache demnach bei PIAGET kein zentrales, konstitutives Moment des operativen Denkens darstellt, sondern auf allen Ebenen der Denkentwicklung ein figuratives Hilfsmittel für dieses bleibt. Selbst die Konstruktion abstrakter Satzstrukturen kann nicht etwa als eine bloße Assoziierung oder Verinnerlichung fertiger sozialer „Angebote“ verbaler Zeichen angesehen werden, sondern ist ihrerseits im wesentlichen (– von primär inhaltlich bestimmten „Codierungs-Vorgaben" des verbalen Zeichensystems abgesehen –) logischen Denkoperationen zuzuschreiben. *Satzstrukturen gewinnen Bedeutungen auch nur durch die operative (bzw. operatorische) Assimilation an rationale Schemata des Subjekts* und nicht durch bloße Aneignung sprachlicher Zeichen allein. Aber im Gegensatz zu AUSUBELS Annahme sind für PIAGET sowohl die verbale als auch die bildhaft-gestische Symbolisierung Produkte der sensomotorischen (und nicht erst der voroperatorischen) Intelligenz, also sensomotorischer Aktivitäten, – auch wenn der Sprachgebrauch des Kindes kaum noch von deren „aktionslogischem" Charakter bestimmt wird. Außerdem leugnet PIAGET keineswegs, daß die *Sprache ein notwendiges* (nur eben nicht: ausreichendes) semiotisches *Hilfsmittel für operatorische Denkprozesse (wie die Abstraktion, die Kategorisierung, die Differenzierung, die Generalisierung usw.)* darstellt (vgl. AUSUBEL 1965, 1031 und 1968, 999–1000).

Im Résumé über den Stellenwert der Sprache im Rahmen der denkstrukturellen Entwicklung kann es daher treffend heißen:

„Die Sprache ist also eine notwendige, aber nicht ausreichende Bedingung für die Bildung der logischen Operationen. Sie ist notwendig, weil die Operationen ohne das System des symbolischen Ausdrucks, das die Sprache bildet, im Zustand aufeinanderfolgender Handlungen blieben, ohne sich je in simultane Systeme zu integrieren oder eine Gesamtheit zusammenhängender Transformationen gleichzeitig zu umfassen. Andererseits blieben die Operationen ohne die Sprache individuell und würden folglich nicht die Regulierung erfahren, die sich aus dem interindividuellen Austausch und der Kooperation ergibt. Eben in diesem doppelten Sinn der *symbolischen Verdichtung* und der *sozialen Regulierung* ist die Sprache also unerläßlich für die Ausbildung des Denkens. Zwischen der Sprache und dem Denken besteht somit ein genetischer Zirkel in der Art, daß sich jeder der beiden Sachverhalte in einem gemeinsamen Konstruktionsprozeß und einer beständigen Wechselwirkung notwendigerweise auf den anderen stützt. Aber beide werden letztlich von der Intelligenz selbst bestimmt, die ihrerseits der Sprache vorausgeht und unabhängig von ihr ist" (1954d, 113; Hervorhebungen von mir, FGW).

PIAGET schreibt der Sprache also in jedem Fall keine konstitutiv-operative, sondern *nur eine unterstützend-figurative Funktion für das Denken* (oder zumindest für die Operationenstrukturen und Invarianzbegriffe) zu, auch wenn die formalen Operationen und Abstraktionen zweiten Grades nur mit ihrer Hilfe möglich werden. Das Wesentliche an Begriffen und an semiotischen Systemen bleibt immer ihre operatorisch-rationale Struktur, nicht ihr verbaler Zeichencharakter. Ein sozial vermittelter, sprachlicher Begriff ist für das operative Denken nicht einfach als fertige sprachliche Form konstitutiv, sondern vielmehr ist umgekehrt *das Denken konstitutiv für die Art der Begriffsrezeption und -rekonstruktion.* Inwieweit ein Begriff überhaupt verstanden werden kann, wird durch das denkstrukturelle Niveau des Subjekts bestimmt, dessen Entstehung seinerseits – wie gezeigt – nicht durch die Sprache hinreichend erklärt werden kann. – Andernfalls würde das Kleinkind bereits mit der Nachahmung der sprachlichen Zeichen oder der Benennung der Dinge die darin ausgedrückten Begriffe im sozial üblichen bzw. logischen Sinne verstehen (d.h. weil durch richtige logische Operationen rekonstruieren) können. Dies aber ist, wie in den nächsten Kapiteln gezeigt werden wird, keineswegs der Fall. – Mit dieser sprachinstrumentalistischen Auffassung des Denkens ist indessen keineswegs geleugnet, daß die Sprache „an allen Ecken und Enden" des Denkens (wie für dessen pädagogische Vermittlung, Sozialisation und Kontrolle, seine differenzierende Artikulation usw.) notwendig ist und inhaltlich (mehr als strukturell) für das Denken konstitutiv bleibt. PIAGETS Auffassung vom Verhältnis zwischen Sprache und Denken ist also nicht einseitig (höchstens strukturell) sprachinstrumentalistisch, sondern findet einen Mittelweg zur sprachdeterministischen Auffassung des Denkens. Wenn es in den Augen mancher Kritiker so scheint, als ob er jede deterministische Erklärung des Denkens durch die Sprache ablehnen würde, so geht dieser Fehleindruck darauf zurück, daß er diese Art der Erklärung für die sensomotorischen und die konkret-operatorischen Strukturen der Intelligenz ganz bzw. überwiegend ablehnt. Dies tut er jedoch nicht für das Denken in seiner Gesamtheit, das ja viel umfassender ist als die von ihm selbst vorwiegend untersuchten logischen Strukturen.

Es wäre unter diesem Aspekt auch unangemessen, PIAGET (wie es zahlreiche Kritiker getan haben) an einem Anspruch zu messen, den er selbst nicht erhoben hat, nämlich das kindliche bzw. menschliche Denken in seiner ganzen, auch inhaltlichen Vielfalt untersucht zu haben.

II.2.b Das vorbegriffliche und prärelationale Denken

Werden nun in der ersten Periode der Denkentwicklung zwar schon funktionale, rein sensomotorische Äquivalente der späteren Begriffe ausgebildet, so gelangt das Denken mit der Bildung der semiotischen Funktion und dem Erwerb der Sprache doch noch keineswegs direkt zur reinen Begrifflichkeit. Dazu fehlen ihm zunächst – wofür die mangelhafte logisch-rationale Struktur seines Sprachgebrauchs auch als Indikator dienen kann – die notwendigen begriffsbildenden Operationen (der logischen Addition und Multiplikation bzw. der Klasseninklusion und der Relationalität). In der Sprache liegt zwar ein fertiges soziales System von Begriffen, Klassifikationen und Relationalstrukturen vor, aber das Kind kann an diesem System (obwohl es ihm en bloc angeboten wird) nur das richtig verstehen, was es seinen vorhandenen kognitiven Assimilationsschemata zu integrieren vermag. Solange diese aber selbst noch keine operatorisch-rationale Struktur besitzen, kann es jene relativ rationalen und berechenbaren sozialen Strukturen erst seinen subjektiven Vorstellungsbildern oder situationsgebundenen sensomotorischen Verhaltensschemata in deformierender Weise assimilieren oder diese durch bloße bildhafte und situative Nachahmung einseitig (vorbegrifflich-inadäquat verallgemeinert) an die Realität akkomodieren. So entstehen „Vorbegriffe", „Prärelationen" und „psychomorphe" Kausalitätsauffassungen, die – psychogenetisch gesehen – *auf halbem Wege* bleiben *zwischen den Handlungsschemata und den Begriffen,* weil sie noch nicht mit genügendem Abstand die Unmittelbarerfahrungen der Augenblickssituation abstrahierend (d.h. durch klassifikatorische und relationale Operationen) verarbeiten (relativierend einordnen, dezentriert-objektiviert erkennen) können. – Die Kausalität wird in diesem Stadium (und häufig noch darüber hinaus, vgl. übernächstes Kap.) „psychomorph" aufgefaßt, weil sie noch nicht deutlich genug von den Handlungen des Subjekts gelöst wird und weil die Objekte vielfach mit Eigenschaften ausgestattet werden, die das Subjekt noch ganz nach dem Muster der eigenen begreift.

In großer Fülle lassen sich beim Kind dieses Stadiums *„Prärelationen",* d.h. unrelativierte Relationalbegriffe, im Denken nachweisen. Es vermag relative oder reversible Beziehungen nicht als solche zu erkennen, sondern verabsolutiert diese in einer Richtung, auf die seine Aufmerksamkeit gerade zentriert ist.

So vermag das Kind dieser Periode z.B. zu erkennen, daß ein Objekt A links von einem Objekt B liegt, aber nicht zugleich einzusehen, daß es sich andererseits gleichzeitig rechts von einem Objekt C befinden kann. – Dasselbe gilt für alle möglichen anderen Relationalbegriffe wie Inländer/Ausländer, genealogische Beziehungen wie Mutter/Tochter/Schwester/Tante usw., Komparativa wie heller/dunkler, größer/kleiner, Himmelsrichtungen und Positionsbestimmungen wie oben/unten u.v.a.m. So erscheint es dem Kind auch als unbegreiflich, daß die Schweiz z.B. zugleich im Norden Italiens und im Süden Deutschlands liegen oder auch im Osten Frankreichs und im Westen Österreichs gesehen werden kann (vgl. auch Kap. II.2.d.).

In der Zentrierung seines Denkens auf Einzelaspekte von Zusammenhängen erkennt das Kind nur Teilbeziehungen bzw. einseitige Relationen, *die absolut gedacht und unzulässig verallgemeinert werden.* Es verabsolutiert und verdinglicht relative Gesichtspunkte statt zu relationalen und relativierten Verallgemeinerungen und objektivierten Relationen zu gelangen. Seinem Denken fehlen die reversiblen Inklusionen hierarchischer Klassen und Relationen. Das Kind kann noch nicht verallgemeinern, weil es weder die Operationen der Relationenlogik noch die elementaren Operationen der Klassenlogik (logische Addition und Multiplikation) zu handhaben weiß. So vermag es nicht die reziproke Seite einer Relation bzw. das zwei Relationen gemeinsame Element zu finden.

Die Schwierigkeiten, die das Kind bei der Klasseninklusion hat, äußern sich in seinen *„Vorbegriffen". Es kann mangels Abstraktions- und Klassifikationsfähigkeit die Objektwelt noch nicht nach allgemeinen Gattungsbegriffen (logischen Klassen) und konkreten Individualbegriffen (einzelnen Unterklassen bzw. Elementen) ordnen* sowie das Verhältnis zwischen beiden (bzw. zwischen den Kategorien „alle" und „einige") richtig begreifen. Seine Vorbegriffe bleiben auf halbem Wege zwischen der Allgemeinheit des Begriffs und der Individualität der von ihm umfaßten Elemente. Sie sind daher zugleich nur *halb-individuell* und *halb-sozial,* weil sie weder logisch richtig *„individualisiert"* (als einzelne von vielen möglichen Elementen einer allgemeinen Klasse relativiert) noch logisch richtig *„generalisiert"* (als zu einer Oberklasse gehöriger Teil erkannt) sind:

„Der Vorbegriff, d.h. die erste Form des begrifflichen Denkens, die sich dank der Sprache den sensomotorischen Schemata überlagert, ist ... ein begrifflicher Rahmen, der weder echte Allgemeinheit (hierarchische Inklusionen) noch echte Individualität erlangt (Permanenz des identischen Objekts außerhalb des Feldes der nahen Handlung)" (1945b, 298).

Vorbegriffe sind also kognitive Übergangsformen zwischen individuellen oder singulären Vorstellungsbildern, Symbolen oder unmittelbaren Anschauungen einerseits und allgemeinen Begriffen oder logischen Klassen andererseits. Das Kind bleibt hier *zentriert auf das anschaulich gegebene, primär erlebte und für typisch gehaltene Exemplar (bzw. auffallende Element) einer Gattung.* Im Maße dieser statischen Zentrierung auf die bildhafte Evokation eines für typisch gehaltenen Objektexemplars besteht hier eine unvollständige und unausgeglichene (d.h. assimilativ nicht korrigierte) Akkomodation, da nicht alle Elemente einer Gesamtheit und ihre Transformationen berücksichtigt werden, und da das Kind nicht über die Nachahmung und die *Verabsolutierung von Augenblickssituationen und*

Einzelelementen hinauszugelangen vermag (vgl. 1945b, 298–300). Vorbegriffe werden also nicht wie Begriffe durch Subsumtion einzelner Elemente oder Unterklassen unter eine sie übergreifende, unanschaulichere Oberklasse, sondern direkt durch Verallgemeinerung zufällig primär erlebter individueller Prototypen zur Klasse selbst gebildet. Die für sie kennzeichnende Abwesenheit der Inklusion der Elemente in ein Ganzes und die direkte Identifizierung der einzelnen Elemente untereinander ohne die Vermittlung dieses Ganzen erklärt sich folglich nicht etwa einfach durch ein fehlendes Wissen, sondern primär denkstrukturell durch die *Unfähigkeit zur Abstraktion, zur Klasseninklusion und zur logischen Zusamenfassung von Elementen,* also durch das Fehlen bestimmter geistiger Operationen. So wird ein voroperatorisch denkendes Kind beliebige Vögel „Papageien“ nennen, wenn es nur dieses eine Exemplar einer Unterklasse jener Gattung „Vögel“ kennengelernt hat. Im Vorbegriff stellt eine Klasse eine Art von typischem Individuum dar, das sich in mehreren Exemplaren wiederholt. Er stellt daher eine Art von prälogischer *„Partizipation“ dar,* bei der *einzelnes mit einzelnem „transduktiv“ verknüpft wird.* Anders gesagt: im Vorbegriff werden die Elemente einer Klasse (beliebige Individualobjekte) untereinander assimiliert statt wie im Begriff einer allgemeineren Klasse als äquivalente Unterklassen subsumiert zu werden. Die im Vorbegriff bezeichneten Objekte haben einen begrifflichen Stellenwert, der sich aufgrund einer Art von Partizipation oder *„Exemplarität“* zwischen der Singularität und der Klasse befindet. Allerdings wird diese Partizipation vom Kinde unseres Kulturkreises spontan nicht etwa so mystisch „verbrämt“ wie im sozial konsolidierten „primitiven Denken“ der Naturvölker (vgl. L. Lévy-Bruhl [15]1960 und hier: Kap. II.2.d.).

„Diese beiden Eigenschaften nun der *Abwesenheit individueller Identität* und der *Abwesenheit allgemeiner Klasse* bilden in Wirklichkeit eine einzige. Denn mangels einer Klasse von stabiler Allgemeinheit partizipieren die individuellen Elemente, da sie nicht in einer sie umfassenden realen Ganzheit vereinigt sind, direkt wechselseitig aneinander ohne permanente Individualität, und mangels Individualität der Teile kann die Gesamtheit nicht als umfassende Klasse konstruiert werden.“ (1945b, 240; Hervorhebung von mir, FGW)

So hat Piaget z.B. seinen Sohn Laurant im Alter von $2^1/_2$ Jahren beim Betrachten eines Photos seiner ältesten Tochter Jacqueline, auf dem sie etwa im derzeitigen Alter seiner jüngeren Tochter Lucienne aufgenommen worden war, sagen gehört, daß dies zwar Jacqueline sei, aber „als sie Lucienne war“ (vgl. 1945b, 239). – Ein anderes Mal wurde beim Anblick eines auf einem Tisch erzeugten Schattens von einem Kind gesagt, daß dieser Schatten „von den Bäumen“ bzw. „aus der Nacht“ komme, weil hier mangels Kenntnis der Entstehungsgesetze von Schatten nicht von der allgemeinen Klasse der dadurch definierten Schatten ausgegangen werden konnte (vgl. 1926, 145/146 u. passim; 1945b, 241; 1968, 98).

Im Vorbegriff ist das Vorstellungsbild noch nicht vollständig vom wahrgenommenen Objekt abgehoben, sondern bildet einen partiellen Ersatz der bezeichneten Sache aufgrund der allen primitiven Symbolen eigenen „adhérence du signe“, d.h. des „Haftenbleibens“ der Zeichen an den Dingen (vgl. 1945b, 242). Daher ist das den Begriff bezeichnende Wort dem Vorbegriff auch gar nicht adäquat: dieser verkörpert oder umfaßt eher eine Art zufälliger Kollektion von bildhaften Vorstellungen, während sich Begriffe eben davon lösen und Vorstellungsbilder nur als „Illustrationen“ verwenden.

Im *„primitiven" Denken* sogenannter „Naturvölker" lassen sich, wie auch andere Forscher (z.B. L. Lévy-Bruhl [15]1960 und H. Werner [4]1959) festgestellt haben, ähnliche oder identische Denkstrukturen und Begriffe finden wie beim Kind der voroperatorischen Entwicklungsperiode in unseren Kulturen. Werner hat darauf hingewiesen, daß im primitiven Denken Begreifen und Beschreiben oder anschauliches Wahrnehmen nicht voneinander getrennt sind und daß man in primitiven Sprachen einen Mangel an Allgemeinbegriffen sowie einen Reichtum an konkreten und spezifischen Ausdrücken findet: „Jeder Begriff ist zugleich ein anschauliches Bild" (W., a.a.O., 201). Neben der *Vorherrschaft des Bildes über den Begriff* ist für das anschaulich-primitive Denken zumindest jenseits der Ebene sensomotorisch-handwerklicher Praxis eine weitgehende Abwesenheit logischer Sequenzen und Beweisführungen charakteristisch (vgl. Lévy-Bruhl, a.a.O., Piaget 1923b und 1928): „hier ist das Sinnliche, das Gestalten der Wahrnehmung und das eigentliche Begreifen und Urteilen in einer sehr eigentümlichen Weise ein undifferenziertes Ganzes" (H. Werner, a.a.O., 152).

Auch die anderen Eigenschaften, die Werner dem „primitiven" Denken zuschreibt, decken sich mit den Merkmalen des kindlichen Denkens der voroperatorischen Entwicklungsperiode nach Piaget, so z.B. die *phänomenzentrierte Gegenständlichkeit,* die *Affektbestimmtheit,* der Mangel an Allgemeinheit (einschließlich der Kategorien der Notwendigkeit, der allgemeinen Gültigkeit und des Zufalls) und der Bezug auf jeweils individuelle Totalqualitäten, die mangelhafte Identität der Dinge und die *Inkonstanz der Begriffe* als Folge ihrer Gegenständlichkeit (Diffusheit, geringe Gegliedertheit und Fehlen der Unterordnung unter gedankliche Hauptmomente), das Fehlen zentralisierender und ausgleichender Denkprozesse, die *Unfähigkeit zur Vorstellung* ichdistanzierter, unanschaulicher oder *hypothetischer Sachverhalte* u.dgl.m. (vgl. Werner, a.a.O., 226–236 u. passim).

Während wir gelernt haben, eher nach dem Begriff (oder dem begrifflichen „Wesen") eines Dinges zu fragen, fragt der „Primitive" ähnlich wie das Kleinkind nur nach seinem Namen und glaubt, es damit schon geistig „im Griff" zu haben, zumal auch bei ihm die Namen den Dingen viel enger verhaftet bleiben als bei dem begrifflich-rational denkenden Erwachsenen unserer Kultur (vgl. Werner, a.a.O., 226). Die Darstellungsfunktion bleibt hier grundsätzlich in konkrete Lebenszusammenhänge „eingeschmolzen" und davon unabhebbar. Werner berichtet z.B. von einem Indianer, der die Übersetzung des Satzes „Der weiße Mann hat heute sechs Bären geschossen" strikt mit der Begründung der Unmöglichkeit, an einem Tage sechs Bären zu schießen, ablehnt (a.a.O., 189). Für den „primitiv" Denkenden ist also das konkret Unmögliche auch undenkbar, ja sogar unaussprechbar.

Die für das vorbegriffliche Denken typischen Schlußfolgerungen sind *weder deduktiv noch induktiv, sondern* – nach einem treffenden Ausdruck von W. Stern – *„transduktiv".* Sie gehen *per unmittelbarer Analogiebildung von einem Einzelfall zu einem anderen,* ordnen sich nicht allgemeinen Regeln, Sätzen und Klassen unter und erreichen so nicht den Allgemeinheits- und Notwendigkeitsgrad logischer Schlußfolgerungen. So gelangt das Kind dieses Stadiums mangels der für jede begriffliche Verallgemeinerung notwendigen Abstraktionen und Klassifikationen nur zu bloßen *Aneinanderreihungen von Elementen,* – und seine Urteile implizieren einander nicht logisch, sondern folgen wie die sensomotorischen Schemata relativ zufällig aufeinander. Beim transduktiv-vorbegrifflich denkenden Kind läßt sich häufig die sukzessive oder gleichzeitige Annahme sich widersprechender Meinungen beobachten. Es schreitet häufig ohne Zwischenstufen und ohne Explizierung der Urteile mit einem einzigen intuitiven Akt von den Prämissen zu den Schlußfolgerungen ohne eine Deduktion oder eine Subsumtion unter eine allgemeingültige Regel. Zwischen einander folgenden Urteilen werden oft (an bildlichen Vorstellungen orientierte)

Analogien als Verbindungsglieder benutzt, die nicht selten sehr zufällig, willkürlich und entsprechend schwer mittelbar sind.

Während Begriffe den Erwachsenen hauptsächlich dazu dienen, einerseits Kenntnisse und Erfahrungen zu systematisieren und andererseits eine rational berechenbare Kommunikation mit den Mitmenschen zu ermöglichen, kann man annehmen, daß für das vorbegrifflich denkende Kind die plastische *Verbildlichung* der Dinge im Vordergrund seiner kognitiven Interessen steht und daß es eine Notwendigkeit der logischen Beweisführung oder rationalen Rechtfertigung im Kommunikationsprozeß noch kaum empfindet und versteht (vgl. 1920; 1923a + b; 1924 u. 1945b). Allerdings wird das Ausmaß des Auftretens dieses Verhaltens (einschließlich seiner Dauer) stets gewiß eine Funktion der besonderen sozialen Einflüsse (vor allem der Qualität der familialen Kommunikations- und Sozialisationsprozesse) sein.

Relationen zu multiplizieren oder umzukehren, ermöglicht die Entdeckung allgemeiner Gesetze bzw. Begriffe und fördert schon bei einer einzigen Erfahrung die Überzeugung von deren Notwendigkeit. Das aber fehlt der Transduktion, und daher stellt sie einen irreversiblen Denkvorgang dar, der nicht zur Entdeckung von Widersprüchen zu führen vermag.

Z.B. wird ein vorbegrifflich denkendes Kind noch meinen, die Sonne lebe, weil sie sich bewegt (oder Wärme ausstrahlt u. dgl.), aber noch nicht auf die Idee kommen, zu sagen, daß alle Dinge, die sich bewegen, leben (wie im nächsten Stadium): es ist noch nicht in der Lage, auf Allgemeinsätze zurückzugreifen. – Wenn es andererseits erkennt, daß ein schwerer Stein, der in ein Wassergefäß geworfen wird, das Wasser steigen läßt, so wird es noch leugnen, daß dasselbe auch von einem leichteren Gegenstand gleichen Volumens bewirkt werden kann, solange es das beiden Objekten gemeinsame Element des Volumens und der gleichen Wasserverdrängung noch nicht abstrahieren und verstehen kann (vgl. 1924, 189), also den entsprechenden Invarianzbegriff noch nicht gebildet hat.

Die Transduktion äußert sich bei Kindern häufig in einfachen Erzählungen einer Aufeinanderfolge von Ereignissen oder Vorstellungen, die *nur durch ein bestimmtes Motiv oder eine Aktivität miteinander verbunden* sind, aber noch nicht in der Weise ein logisch-reversibles System von Urteilen bilden können, daß jedes Urteil nach beliebigen Veränderungen identisch bewahrt und wiedergefunden werden kann. Kinder mit einem solchen fluktuierenden, unsystematischen Denken ohne logische Beweisführungen und klare Definitionen können selbst gegenüber logisch-begrifflich identischen Zusammenhängen je nach Situation und Fall auch zu entgegengesetzten bzw. widersprüchlichen Urteilen kommen.

Einige Beispiele, die Piaget bei seinen eigenen Kindern gesammelt hat, sollen dies veranschaulichen:

J. mit 2;6 (24) Jahren auf die Ankündigung, daß man ihr, wenn sie groß sei, ein großes Fahrrad kaufen werde: „Nein, ein kleines!“ „Warum ein kleines?“ „Na, weil ich nicht groß bin!“ – Mit 2;1 (13) Jahren nimmt J. an, daß ein buckliges Kind nach der Genesung von einer Grippe nicht mehr bucklig sei. Man wird sich den Gedankenablauf hier so vorstellen können: der Buckel ist eine Krankheit, die Grippe ebenfalls, so daß die Genesung auch Befreiung vom Buckel bedeuten kann. Das durch das Urteil vernachlässigte Element, die Grippe, wird an das vom Denken zentrierte Element, den Buckel, assimiliert. Die aktuelle Krankheitsursache wird schließlich vom vernachlässigten auf das zentrierte Element „transduziert“. Es wird keine allgemeine Klasse der Krankheiten gebildet, und es werden daher auch keine

Unterklassen von Krankheiten nach Ursachen und Erscheinungsformen unterschieden (vgl. 1945b, 245, 249).

Generell werden im „transduktiven" Denken die vernachlässigten Elemente an solche assimiliert, die Gegenstand besonderen Interesses, der Aufmerksamkeit oder der Aktivität des Kindes sind:

„hier wird nicht nach dem begrifflich-wesentlichen Merkmal generalisiert, sondern nach dem ‚starken' Merkmal" (S. L. Rubinstein ^{3}1968, 41).

Die Formen der Verknüpfung zwischen den Dingen, die im vorbegrifflich-„primitiven" Denken hergestellt werden, erscheinen uns als irrational, da unsere logisch-rationale Kohärenz auf der Anwendung des Widerspruchsprinzips und der unzweideutigen Definition der Begriffe beruht.

„Sobald wir den Bereich nominal definierter Begriffe verlassen, gilt das Widerspruchsprinzip nicht mehr, und wir beziehen uns auf eine Kohärenz, die auf innersten Gefühlen oder auf der Handlung gegründet ist" (1928, 177). „Die Kohärenz, die das primitive Denken sucht, ist viel eher affektiver oder motorischer als geistiger Art, und wenn man unter Widerspruchsprinzip eine Struktur und nicht mehr nur eine Funktion versteht – die Struktur von Begriffen, die ausreichend definiert sind, um die Entfaltung widerspruchsfreier Urteile zu erlauben – hat man Grund, daran zu zweifeln, daß der Primitive oder das Kind in frühen Jahren dieses Prinzip besitzen" (1928, 178).

So *ändert der primitive Begriff seinen Sinn je nach dem Zusammenhang,* in dem er gebraucht wird (Werner, a.a.O., 215). Denn das jeweils anschaulich-konkret Zusammenerlebte wird auch als zusammengehörig aufgefaßt (a.a.O., 248). Allgemeine und notwendige Verbindungen zwischen den Dingen können erst dann hergestellt und erkannt werden, wenn sich das Denken von seiner Bindung an das Anschauliche und Konkrete so weit gelöst hat, daß es zu rationalen und logischen Deduktionen fähig wird. Das aber wird erst auf einer Entwicklungsstufe des Denkens möglich, die viele Menschen – und dazu gehören die nach unserer abendländisch-rationalitätszentrierten Auffassung geistig „Primitiven" archaischer Kulturen generell – nie erreichen.

Die räumliche, zeitliche, soziale und geistig-kombinatorische Reichweite des kindlichen Denkens ist aus den genannten Gründen im vorbegrifflichen Stadium der denkstrukturellen Entwicklung noch sehr begrenzt. Erst wenn mit der Bildung reversibler Denkoperationen und eines entsprechenden Systems operatorischer Strukturen Inhalt und Umfang begrifflicher Klassen und Unterklassen realitätsgerecht und logisch widerspruchsfrei rekonstruiert und verstanden werden können, wird das Kind einen entscheidenden Schritt zur objektivierten Welterfassung getan haben. Denn erst dann kann es von einem Beispiel auf einen Allgemeinsatz, von einem Element zu einer Klasse oder von einer Gruppe von Unterklassen zu einer Oberklasse und umgekehrt schließen oder auch Relationen im Geiste umkehren und so in ihrer Relationalität bzw. Relativität erkennen.

Wenn das vorbegriffliche Denken bis hier vor allem negativ definiert wurde, so geschah dies im Hinblick auf seine potentielle Weiterentwicklung zum begrifflich-rationalen Denken. Es hat jedoch durchaus auch *positive Seiten,* die allerdings bei Piaget insgesamt sehr vernachlässigt werden. – So haben manche Forscher die Fruchtbarkeit des transduktiv-analogisierenden Denkens selbst für wissenschaftliche Erkenntnisprozesse hervorgehoben. Z.B. hat Helmut KLAGES in einer forschungssoziologischen Studie den schöpferischen Charakter der *Analogiebildung* betont und die Analogie sogar als den *„Königsweg der innovativen Projektion"* bezeichnet (H. KLAGES 1967, 83). Ein anderer Forscher weist darauf hin, daß „gerade der weniger wahrscheinliche Schluß ‚vom Besonderen auf Besonderes' das schöpferische Denken außerordentlich verlebendigt" und außerdem selbst von besonderer Bedeutung für die Konstruktion wissenschaftlicher Modelle und Theorien sein könne (H. STACHOWIAK 1965, 118).

Aber auch aus der von PIAGET selbst bewußt begrenzten Perspektive seiner Theorie lassen sich im vorbegrifflichen Denken Fortschritte auf dem Wege zum logisch-rationalen Denken entdecken, und zwar vor allem in einigen sehr allgemeinen Strukturveränderungen. – Während z.B. die Verhaltensschemata der ersten Entwicklungsperiode beim Säugling noch sensomotorisch bleiben, können sie im vorbegrifflichen Stadium immerhin – wenn auch immer nur partiell, selektiv und schematisierend – bewußt, d.h. durch abstrahierende Transposition („Interiorisierung") auf die Ebene der Vorstellung gehoben werden. Diese Transposition besteht aber nicht nur einfach darin, den Verlauf der konkreten Verhaltensweisen innerlich „nachzuzeichnen" bzw. mit Hilfe von Zeichen oder Symbolen unverändert zu repräsentieren, sondern stellt eine jene Schemata bereits verändernde Rekonstruktion auf höherer Ebene dar, nämlich die

„Konzeptualisierung mit allem, was dies an Transformation der Schemata in eigentliche Begriffe, so rudimentär diese auch sein mögen (wie sprechen in dieser Beziehung nur von ‚Vorbegriffen'), beinhaltet" (1970c, 21).

Mit der Entwicklung der Vorstellungsintelligenz in dieser Periode *erweitert sich* außerdem ganz allgemein der dem Denken zugängliche *räumlich-zeitliche Horizont* und vergrößern sich die Distanzen zwischen den Vorstellungen und ihren Objekten. So können die vorher nur sukzessiv und sensomotorisch-konkret abgelaufenen *Handlungsschemata in quasi-simultanen Vorstellungstotalitäten verdichtet* und in zunehmend beweglicher werdende Begriffe transformiert werden.

„Auf der Ebene der begrifflich gewordenen Handlung ... wird das Subjekt der Handlung (ob es sich nun um das Ich oder ein beliebiges Objekt handelt) mit seinen dauerhaften Eigenschaften (Prädikaten und Relationen) gedacht, die Objekte der Handlung ebenfalls, und die Handlung selbst wird als besondere Transformation unter vielen anderen vorstellbaren zwischen den gegebenen oder analogen Begriffen konzeptualisiert" (1970c, 22/23).

Schließlich gibt es im vorbegrifflichen Denken auch *Fortschritte der inneren Verhaltenskoordinationen des Subjekts in der Richtung der operatorischen Strukturen* (elementare Schlußfolgerungen, Klassifikationen in der Form einfacher räumlicher Konfigurationen, Entsprechungsbildungen usw.) *sowie der äußeren Koordination zwischen den Objekten,* d.h. der Kausalität i.w.S. mit ihren räumlichen und bewegungsmäßigen Strukturierungen (erste Kausalerklärungen mit dem Aufkommen der Warum-Fragen) (vgl. 1970c, 23).

Während man das vorbegriffliche Denken bis etwa zum 4. Lebensjahr sehr ausgeprägt vorfinden kann, ist es jedoch – je nach dem Verlauf der individuellen Psychogenese und Sozialisation – auch weit darüber hinaus noch verbreitet anzutreffen: Der Begriff darf daher weniger als stadienspezifischer, sondern muß vielmehr als typologischer aufgefaßt werden. Vorbegriffliches Denken wird immer wieder auftauchen können, wo ein Objekt besonders unvertraut oder wo das Subjekt besonders stark auf einen Aspekt der betrachteten Gegenstände zentriert ist. Entsprechend unscharf ist bei PIAGET daher auch seine Abgrenzung gegenüber dem für das nächste Stadium typischen, nämlich dem anschaulichen und funktionalen Denken. Gewiß ist das vorbegriffliche Denken auch schon anschaulich – spricht PIAGET doch selbst von „vorbegrifflichen Anschauungen“ –, und das anschauliche Denken ist durchaus auch noch im logischen Sinne vorbegrifflich. Aber während die anschaulichen Vorbegriffe im Sinne des vorigen Stadiums noch sehr bildhaft und sukzessiv auf Einzelaspekte von Objekten oder auf Einzelaspekte von größeren Zusammenhängen zentriert bleiben sowie schließlich die Dinge durch Transduktion und Vermischung ohne Erfassung von Gesamtgestalten nur aneinanderreihen, gibt es in dem neuen Stadium doch zunehmend *„artikulierte“ Anschauungen* in dem Sinne, daß *komplexere Gestalten* („configurations“) und nicht mehr nur Kollektionen individueller Bilder („figures“) erfaßt werden können (vgl. 1945b, 302/303). Beide Denkformen sind zwar durch die Grundtendenz der Zentrierung auf Augenblicksaspekte gekennzeichnet (PIAGET nennt daher die ganze Periode auch – etwas ungenau – diejenige der „egozentrischen Vorstellungsaktivität“, vgl. auch nächstes Kap.). Aber im anschaulich-funktionalen Stadium folgen diese Zentrierungen *schneller* aufeinander und können daher mehr als vorher die jeweils vorangegangene Zentrierung korrigieren (= „Regulation“). Das stellt einen wesentlichen Fortschritt in Richtung auf das beweglichere, operatorisch-reversible Denken dar.

Einander zugeordnete Mengen z.B. werden, soweit sie optisch überblickt werden können, schon als äquivalent erkannt. Werden 6 rote Spielmarken auf einem Tisch in einer Linie mit der Aufgabe für das Kind aufgereiht, ebensoviele blaue daneben hinzuzufügen, so bildet das 4–5jährige Kind meist noch eine Reihe gleicher Länge, aber ungleicher Elementenzahl, während das 5–6jährige diese Aufgabe schon löst. Aber auch das ältere Kind verharrt noch im voroperatorischen Denken, wenn es die numerische Äquivalenz der Elemente dieser beiden Gesamtheiten nicht bewahrt, sobald diesen ihre optische Entsprechung (Zuordnung) genommen wird, wenn also die Spielmarken z.B. in ungleichartigen Haufen angeordnet werden. Es bleibt also irreversibel auf die anschauliche Konfiguration zentriert und ist daher noch nicht zur Bewahrung (hier des Begriffs der Zahl) fähig.

In ähnlicher Weise können zwar Zusammenhänge als funktionale Abhängigkeiten z.B. zwischen der Höhe eines Gefäßes und seinem Fassungsvermögen erkannt werden („Funktionenlogik“, s.u.), aber aufgrund der anschaulichen Zentrierung des Denkens auf jeweils einen Aspekt kann die Menge einer Gesamtheit von Perlen, die von einem Gefäß in ein anderes unterschiedlicher Form (also z.B. von einem schmalen hohen in ein breites flaches) gegossen wird, nicht bewahrt werden: die Äquivalenz der Menge im anderen Gefäß wird geleugnet. Die beiden Relationen werden erst alternativ in Betracht gezogen („Regulation“) statt logisch multipliziert zu werden („Operation“) (vgl. 1947a, 156/157). Zur Bewahrung eines Begriffs aber ist die gleichzeitige Beachtung mehrerer Dimensionen und Transformationen einer invarianten Objekteigenschaft notwendig.

Das anschauliche Denken zeugt einerseits von einer charakteristischen *Ich-Zentrierung:* das Subjekt ist hier auf seine eigene Aktivität zentriert (im ersten Beispiel die Zuordnung der beiden Objektreihen) und kann sich davon noch nicht zugunsten differenzierter und umfassender Zusammenhänge lösen („dezentrieren“, „distanzieren“). Die Handlung bleibt nur in einer Richtung ausführbar, so daß die vom durchlaufenen Weg abhängigen, erkannten Beziehungen ebenso einseitig und irreversibel bleiben wie die Handlung selbst. Aufeinanderfolgende Handlungen bedeuten meist noch sukzessive Zentrierungen ohne wechselseitige Koordinierung oder Relativierung. Das anschauliche Denken ist egozentrisch, weil es jeweils auf die Augenblickshandlung des Subjekts zentriert ist (vgl. ausführlicher zum Egozentrismus: Kap. II.2.d.).

Jede neue Zentrierung erschüttert oder annuliert die vorangegangene: so kann es weder eine gesicherte Identität der Elemente eines Zusammenhangs noch eine Bewahrung des Ganzen geben. Die Anschauung ist, wie PIAGET daher auch verallgemeinert sagt, eine im Denken ausgeführte Handlung, an welche die Wirklichkeit in der Vorstellung assimiliert wird. Die erkannten „Gestalten“ werden bildhaft zentriert auf die unmittelbare Beziehung zwischen einem Handlungsschema und der aktuellen Objektwahrnehmung, so daß es noch keine Rückverfolgung von Ereignisabläufen oder Umkehrung der Handlungsrichtung gibt. Das Kind ist daher auch *auf die eigene optische, soziale und geistige Perspektive zentriert* und hat Schwierigkeiten, sich andere Perspektiven vorzustellen und sein Denken oder Verhalten mit demjenigen anderer zu koordinieren.

Andererseits ist das anschauliche Denken insoweit durch eine Aspekt- und *Phänomen-Zentrierung* gekennzeichnet, wie es nicht über den wahrnehmbaren „Schein“ der Wirklichkeit hinausgelangt („Phänomenismus“, vgl. auch nächstes Kap.). Das anschaulich denkende Kind ist allen Suggestionen der Primärerfahrung ausgeliefert, weil es diese einzeln „kopiert“ oder nachahmt statt sie durch dezentrierende Aktivitäten und systematisierte Erfahrungen sowie durch innere Rekonstruktionen (Operationen) zu korrigieren.

Im einzelnen mag die Wahrnehmung zwar exakt sein. Aber weil das Denken des Kindes auf solche Einzelwahrnehmungen zentriert bleibt, entgehen ihm die für stabile Erkenntnisse und Begriffsbildungen wesentlichen Zusammenhänge. Das anschauliche Denken wird durch die vordergründige Unmittelbarbeziehung zwischen dem Phänomen und dem eigenen Gesichtspunkt beherrscht. Es ist *auf die bildhafte Anschauung und auf statische Augenblicksgestalten zentriert,* die nur einzelne Zustände oder einzelne Wege innerhalb der Gesamtheit möglicher Zustände und Wege darstellen. Dadurch wird verhindert, daß sich das Kind allen möglichen Transformationen akkomodieren kann, um so gleichbleibende Strukturen erkennen und als begriffliche Invarianzen bewahren zu können.

Die Zentrierung auf den statischen und figurativen Aspekt von Prozessen bedeutet zugleich, daß die Kinder des anschaulichen Stadiums sich auf deren Endergebnisse konzentrieren und so ihren Ablauf nicht registrieren. Infolgedessen gelangen sie – wenn auch nicht mehr direkt zu Wahrnehmungsillusionen – zu falschen Schlußfolgerungen über die dabei transformierten Objektzustände, da ihre Erkenntnisse mit jeder Feldveränderung aus dem Gleichgewicht geraten und sich verlagern. Z.B. *zentrieren sie* beim Bewahrungsexperiment mit den umgegossenen Perlen oder Flüssigkeiten *ihre Aufmerksamkeit auf einen Zustand oder die Konfiguration und vernachlässigen die Transformation.* Erst wenn sie die äußeren

Veränderungen auch innerlich durch reversible Operationen rekonstruieren bzw. kompensieren (rückläufig vollziehen, umkehren) können, werden sie auch die Bewahrung der Quantität erkennen und folglich die äußere Veränderung und ihre Folgen objektiver einschätzen sowie daher die eigentliche begriffliche Invariante bilden können.

Legt man dem Kind z.B. eine unterschiedliche Anzahl brauner und weißer Holzperlen vor, um zu prüfen, ob es klassifikatorische Operationen wie H = b + w oder H − w = b usw. vollziehen bzw. überhaupt den *Klassenbegriff* bilden kann, so antwortet es im voroperatorisch-anschaulichen Stadium auf die Frage, ob es mehr Holzperlen oder mehr braune Perlen gebe, „es gibt mehr braune, weil weniger weiße": die unanschauliche Oberklasse wird trotz ihrer Benennung durch den Erwachsenen vom Kind nicht bewahrt oder erkannt, da es sich nur auf die anschaulich gegebenen Elemente (oder die Oberklasse allein) zentrieren kann (vgl. 1947a, 159).

Die anschauliche Zentrierung wird auch in der *Zeit-Auffassung* des Kindes deutlich: diese ist typischerweise an die besonderen Objekte und Bewegungen des Wahrnehmungsfeldes gebunden und enthält daher weder eine zeitliche Homogenität noch einen einheitlichen Ablauf von Ereignissen. Für unterschiedliche Geschwindigkeiten oder räumlich unterschiedlich verlaufende Bewegungen gibt es noch keine gemeinsame Zeit. Wenn z.B. zwei Körper zeitgleich, aber nicht am selben Zielort ankommen, wird die Äquivalenz des Geschwindigkeits- und des Zeitintervalls ihrer Bewegungen geleugnet. Zeiturteile basieren also noch auf der Vielfalt oder der Menge und der Geschwindigkeit von Ereignissen, so daß auch relativ schnelleren Körpern zunächst mehr (später mit 7–8 Jahren: weniger) „Zeitverbrauch" zugeschrieben wird (vgl. 1970d, 62). Aufgrund der anschaulichen Zentrierung auf die räumlichen Unmittelbargegebenheiten können räumliche Zeitabläufe nicht zu einer einzigen Zeit vereinigt werden. Das Vorher und Nachher wird gemäß einer räumlichen und noch nicht nach einer zeitlichen Aufeinanderfolge bewertet. – Psychogenetisch *entsteht beim Kind ein Geschwindigkeitsbegriff eher als ein Zeitbegriff.* Er gründet sich jedoch nicht auf die Koordinierung eines räumlichen Intervalls mit einem zeitlichen, sondern auf die *Reihenfolge von Ereignissen* und das Überholen eines Körpers durch den anderen, ist also eine *„ordinale Anschauung"*, die von ordinalen zeitlichen und ordinalen räumlichen Beziehungen abgeleitet wird (vgl. 1970d, 62). Der Begriff der *Gleichzeitigkeit* qualitativ verschiedener Ereignisse bzw. Fortbewegungen ist für das voroperatorisch denkende Kind *unbegreiflich*[32].

Läßt man zwei Radfahrer zeitgleich auf zwei parallelen Spuren zweier ineinander verschachtelter, konzentrischer Kreise ortsgleich (nebeneinander) abfahren und ankommen, schafft man damit also die Situation unterschiedlicher Weglänge, unterschiedlicher Geschwindigkeit, paralleler Fortbewegung (ohne Überholen) sowie gleicher Zeiteinheit, so werden die anschaulich-zentriert denkenden Kinder dazu verleitet, beiden eine gleiche Geschwindigkeit zuzuschreiben (vgl. 1970d, 64). Die anschaulichen Zentrierungen des voroperatorischen Zeit- und Geschwindigkeitsbegriffs können erst überwunden werden, wenn klassifikatorische und serielle Operationen erworben sind, mit Hilfe derer kontinuier-

32 In der Physik selbst war der Geschwindigkeitsbegriff als Beziehung zwischen Zeit und Raum in Frage gestellt worden, seit die *Relativitätstheorie* gezeigt hatte, daß die Zeit nur auf der Basis einer konstanten Geschwindigkeit gemessen werden kann, daß also Zeit und Gleichzeitigkeit als Koordination von Geschwindigkeiten in Abhängigkeit vom Bewegungszustand des messenden Beobachters verstanden werden müssen (vgl. A. Einstein & L. Infeld 1956, 140 u. passim). So war zwischen Zeit und Geschwindigkeit ein circulus vitiosus entstanden, den (wie Piaget selbst berichtet) französische Relativitätstheoretiker durch die Übernahme des von P. entdeckten, unabhängig von der zeitlichen Dauer definierten, ordinalen Begriffs der Geschwindigkeit durchbrechen zu können meinen (vgl. 1970d, 59–69).

liche Dimensionen oder Abläufe geteilt sowie unterschiedliche Zeitintervalle ineinander verschachtelt und miteinander koordiniert werden können.

Das anschauliche Denken bietet in besonders reichhaltiger Weise Bestätigungen für den KANTschen Satz, daß Anschauungen ohne Begriffe „blind" sind (vgl. I. KANT, KdrV 1787, 75). Sachverhalte, die für den Erwachsenen „offensichtlich" und logisch evident sind und die das Kind auch „sehen" kann, vermag es gleichwohl nicht zu erkennen, weil ihm dafür die einfachsten begrifflichen Rahmen (d.h. die notwendigen rationalen Strukturen) fehlen. Dies gilt z.B. für die EUKLIDischen Bezugsrahmen wie die natürlichen Koordinaten Horizontale und Vertikale: bevor diese (einschließlich des Begriffes der Schwerkraft) noch nicht als invariante Bezugspunkte bzw. gegenstandsunabhängige Koordinatensysteme kognitiv-operativ erworben wurden, wird das Kind der anschaulichen Entwicklungsperiode z.B. Bäume rechtwinklig zum Berghang oder bei einem geneigten Wasserglas die Wasseroberfläche parallel zum Gefäßgrund zeichnen. Die *Grundrichtungen sind nur erst in Funktion der jeweils gegebenen Konfiguration bekannt* (da die Begriffe der Ebene, der Parallele und des Rechtecks in diesem Stadium bereits erworben sind). Aber sie werden noch nicht als gegenstandsunabhängige und konstante Richtungen verstanden. Da sie unanschaulich sind und über das Wahrnehmungsfeld hinausreichende Bezugsschemata darstellen, kann das Kind sie trotz gegenteiliger Wahrnehmungen auch noch gar nicht „begreifen".

Die EUKLIDische Zuordnung der Richtungen im Rahmen von Wahrnehmungsgestalten stellt im anschaulichen Stadium jedoch schon einen Fortschritt gegenüber den Erkenntnismöglichkeiten des vorbegrifflichen Stadiums dar. Denn in diesem letzteren haben die räumlichen Strukturen beim Kind nur erst topologischen Charakter, auch wenn das Kind zu häufigen Wahrnehmungserfahrungen mit EUKLIDischen Formen (Kreis, Quadrat, Dreieck, Rechteck usw.) Gelegenheit bekommen hatte. Seine Raumerkenntnisse sind daher im vorbegrifflichen Stadium nicht an Geraden, Winkeln, Flächen, Umfang, Maßeinheit, Proportion, Abständen oder Perspektiven orientiert, sondern an Bezügen wie Nachbarschaft, Geschlossenheit, Offenheit, Trennung, Ordnung, anschauliches Beieinandersein, Kontinuität. Die Bäume eines Berghanges z.B. werden von einem 3–4jährigen Kind einfach nur parallel zum Berghang gezeichnet (d.h. bloß nahräumlich zugeordnet) und das Wasser in der geneigten Flasche erscheint als bloße Kritzelei innerhalb der Flaschengrenzen.

Projektive Bezüge schließlich werden in der voroperatorischen Periode generell noch kaum erkannt. Die Objektivierung der Raumvorstellungen vollzieht sich ebenso wie diejenige der Zeitvorstellungen erst in dem Maße, wie die räumlichen Bezüge durch Bewahrungsbegriffe (wie diejenigen der natürlichen Koordinaten, der konstanten bzw. inhaltsunabhängigen Distanzen oder Längen usw.) organisiert und durch reversible Operationen strukturiert sind.

Wenn die Bezugsrahmen in der anschaulichen Raumvorstellung auch noch zu eng sind, so gibt es hier doch immerhin schon Beziehungsbildungen bzw. ein *Erkennen von funktionalen Abhängigkeiten* geometrischer Beziehungen voneinander (im mathematischen Sinn) – wie in den erwähnten Beispielen derjenigen der Wasseroberfläche vom Flaschengrund oder der Bäume vom Berghang. Das Kind entdeckt Abhängigkeiten und Kovariationen von Objekten sowie ihren relationalen Eigenschaften. Aber es erkennt diese erst *in einer einzigen Richtung* der funktionellen Abhängigkeit und gelangt daher mangels geistiger Umkehrbarkeit der entsprechenden Relationen noch nicht zu Invarianzbegriffen. Die Struktur dieses Denkens nennt PIAGET neuerdings *„Funktionenlogik"*. Er verweist aber darauf, daß dies jedoch aufgrund des Fehlens der Reversibilität der Operationen nur erst eine „semi-logique" sein kann. So spricht er von „fonctions constituantes" im Gegensatz zu „fonctions constituées", weil die „Funktionen" oder *Beziehungsbildungen hier noch einseitig, qualitativ, ordinal und irreversibel* bleiben. Sie sind psychologisch an zielgerichtete Aktionsschemata (mit „Ein-Weg-Orientierung") gebunden (vgl. 1970c, 30 und 1970f, 712 + 726). Wie das Verstehen der Ursache-Wirkungs- und der Zweck-Mittel-Beziehungen bleibt dasjenige der funktionellen Abhängigkeiten außerdem *an die anschaulich-konkrete Situation gebunden und auf Wahrnehmungsaspekte zentriert,* so daß auch deswegen ebensowie mangels Reversibilität und logischer Multiplikationen noch keine Bewahrungsbegriffe gebildet werden können. Das Fassungsvermögen eines Gefäßes wird als von seiner Höhe oder Breite abhängig gesehen, oder die Äquivalenz einander optisch zugeordneter Mengen wird nur aufgrund der räumlichen Zuordnung angenommen. Es kann auch erkannt werden, daß sich eine Variable in funktionaler Abhängigkeit von der anderen verändert, so daß jetzt *aus Prärelationen Relationen* werden. *Aber diese Relationen sind noch immer nicht umkehrbar,* so daß auch ihre Invarianz noch nicht erkannt wird.

So kann ein 5jähriges Kind z.B. durchaus erkennen, daß eine Springfeder, an der ein Gewicht aufgehängt wird, sich aufgrund dieses Gewichts vertikal verlängert und horizontal verschmälert, daß beide Dimensionen oder Eigenschaften also kovariieren. Aber es wird noch leugnen, daß sich beide Variationen auch kompensieren, d.h. daß die Summe beider gleichbleibt.

Eine andere Leistung des anschaulich denkenden Kindes besteht darin, daß es Einzelobjekte – wenn auch noch keine Gesamtheiten von Objekten – über ihre Veränderungen hinweg zu bewahren lernt. Es erwirbt somit einen gewissen Begriff der *Identität,* der allerdings noch qualitativ bleibt. Dieser bezieht sich auf die *gleichbleibende Qualität* z. B. einer in der Form veränderten Menge, führt aber noch nicht zur Bewahrung der Quantität (also zum Begriff) dieser Menge. Qualitative Identität hat ihren Ursprung im Begriff des permanenten Objekts und in der Erkenntnis, daß der eigene Körper des Subjekts seine Identität in Zeit und Raum bewahrt, also in zwei Leistungen der sensomotorischen Intelligenz (vgl. 1970f, 712). Das Erkennen der quantitativen Bewahrung erfordert dagegen kompensatorische und reversible Aktivitäten wie im obigen Beispiel die Kompensation der veränderten Relationen Länge und Höhe des Wassergefäßes sowie die Umkehrung der vorgenommenen Veränderung (Umgießen) – und damit kognitive Operationen, die erst in der nächsten Entwicklungsperiode auftreten. Qualitäten können perzeptiv erkannt werden, während Quantitäten strukturierende kognitive Aktivitäten erfordern: daher kann PIAGET im Gegensatz zu BRUNER die *Bewahrung der qualitativen Identität* auch *nicht als wesentliche Vorbedingung der quantitativen Bewahrungsbegriffe* ansehen, zumal die von BRUNER und Mitarbeitern für die Bildung von Bewahrungsbegriffen als notwendig angesehenen (im übrigen kulturspezifisch-relativen) bildhaften oder verbalen Identifizierungen bzw. Identitätserkenntnisse für PIAGETS operativistische Erklärung nahezu irrelevant sind.

„In der Tat bilden Funktionen und qualitative Identität nur diejenige Hälfte einer Logik, die sowohl voroperatorisch als auch qualitativ ist und zur Logik der reversiblen und quantitativen Operationen führt, aber nicht zu deren Erklärung ausreicht." (1970f, 726)

Verallgemeinert im Rahmen der bisher entwickelten Theorie gesehen, kann das anschauliche Denken im Kern seiner Strukturen letztlich als innere Reproduktion der irreversiblen Wahrnehmungen und Handlungen des Subjekts in der Form von Vorstellungsbildern sowie als eine Art der Weiterentwicklung der sensomotorischen Schemata angesehen werden. Zu seinen Fortschritten gegenüber dem vorbegrifflichen Denken gehört immerhin, daß *die Elemente einer Klasse von dieser getrennt werden können* und daß die Klassifikation nicht mehr so wie im vorigen Stadium von figuralen Kollektionen und ihren räumlichen Anordnungen abhängt: aber eine eigentliche Klasseninklusion kann noch nicht erreicht werden (vgl. 1970c, 28–33 und 1970d, 50–54). Das Kind gelangt hier also noch nicht zu rationalen Koordinationen, da diese gerade eine stärkere Lösung von den bildhaften Anschauungen erfordern. Wenn *Äquivalenzen* bewahrt werden, so doch nur erst aufgrund der *Anschauung optischer Entsprechungen,* nicht aber aufgrund der zuverlässigeren operatorischen Rekonstruktion der konstitutiven logischen oder mathematischen Dimensionen dieser Entsprechungen. Zwar sind die Anschauungen dieses Stadiums aufgrund der in ihnen erfaßten einseitigen Relationen und Funktionen schon „artikuliert" und nicht mehr nur global. Aber sie sind doch noch stark dem Primat der Wahrnehmung unterworfen.

II.2.d Strukturen kindlicher und „primitiver" Weltsicht

Die beschriebenen Merkmale des voroperatorischen Denkens bedingen, daß die natürliche und dingliche Welt dem Kinde ebenso wie dem „primitiv" denkenden Erwachsenen (in Kulturen ohne Systeme und Vermittlungen wissenschaftlichen Wissens) anders erscheint als dem naturwissenschaftlich mehr oder weniger aufgeklärten Erwachsenen durchschnittlicher Schulbildung in unserer Kultur. Dies gilt hier bis zu einem gewissen Ausmaß noch selbst dann, wenn dem Kleinkind relativ frühzeitig die denkbare Vielfalt des wissenschaftlich erarbeiteten, rationalen Wissens seiner Gegenwart angeboten wird. Denn die vorrationale Struktur seiner grundlegenden Denkweisen schließt eo ipso die objektivierbare Versteh-, Erklär- und Erkennbarkeit zahlreicher, vor allem komplexerer und abstrakterer Phänomene der Umwelt (wie auch der menschlichen „Innenwelt") aus. Sie beinhaltet und führt zu Zentrierungen, die insgesamt – wie man sagen könnte – ein „primitives", kognitiv *instabiles Weltbild* bilden (obgleich es diesem nicht an Kohärenz und Einheitlichkeit fehlt) und die in archaischen Gesellschaften bzw. in nicht wissenschaftlich beeinflußten soziokulturellen Milieus zusätzlich durch soziale Zwänge verstärkt und im Rahmen kultureller Traditionen bewahrt werden.

Die im folgenden behandelten Merkmale sind dem voroperatorischen Denken par définition generell inhärent – bei welchen Menschen und gegenüber welchen Objekten auch immer es auftreten mag. Ihre Verbreitung richtet sich jedoch nach der individuellen Entwicklungsgeschwindigkeit, nach der Art des soziokulturellen Milieus (dem kulturspezifischen Wissensstand, den kognitiven Erziehungseinflüssen usw.) und nach dem spezifischen Anschauungs- oder Abstraktionsgrad der jeweiligen Erkenntnisobjekte. Dementsprechend wird man voroperatorische Denkweisen entweder schon bei 6jährigen Kindern gut entwickelter soziokultureller Milieus kaum noch antreffen oder bei den sozialkulturellen Persönlichkeiten bzw. Durchschnittserwachsenen „primitiver" Gesellschaften weit verbreitet und durch soziale Glaubenssysteme gestützt finden oder schließlich primär bereichsspezifisch nur gegenüber rational besonders schwer zugänglichen Phänomenen antreffen können. Insoweit PIAGET gelegentlich dazu tendiert, sie primär als *stadienspezifisch* anzusehen bzw. allen Kindern der voroperatorischen Entwicklungsperiode zu reservieren, ist demgegenüber zu betonen, daß sie sowohl mehr *entwicklungsstrukturell* als auch eher *milieukulturell* oder primär *gegenstandsspezifisch* oder aber durch alle bzw. mehrere Faktoren gleichzeitig bedingt sein können.

Das allgemeinste Merkmal des voroperatorischen und damit vorrationalen Denkens ist sein *Egozentrismus* oder (präziser und allgemeiner:) seine *Zentriertheit* sowie relative Unbeweglichkeit und Irreversibilität – ein von PIAGET ebenso häufig hervorgehobener wie von seinen Kritikern mißverstandener und fehlinterpretierter Begriff (vgl. vor allem 1923a; 1926; 1947b; 1951b; 1962b sowie AEBLI u. a. 1968). Dabei handelt es sich vor allem um einen kognitiv-strukturalistischen Begriff ohne spezielle funktionale oder inhaltliche Bedeutung, den PIAGET erkenntnis- und sozialisationstheoretisch gemeint und als wichtigsten Gegentyp zum Begriff der Sozialisation sowie des sozialisierten rationalen Denkens und Verhaltens benutzt hat. Im vorliegenden Zusammenhang soll er aber nur in seinen denkstrukturellen und erkenntnistheoretischen Grundbedeutungen erläutert und analysiert werden.

Man findet wahrscheinlich in der voroperatorischen Entwicklungsperiode die meisten Beispiele für egozentrische Verhaltensweisen, und daher hat PIAGET seinen Egozentrismus-Begriff auch überwiegend auf die charakteristischen Merkmale der zweiten und teilweise noch der dritten Periode der Denkentwicklung bezogen. Doch in der Konsequenz seiner eigenen Überlegungen muß man diesen Ausdruck darüber hinaus als *analytischen Begriffstypus* verstehen, der sich allgemein auf bestimmte Strukturen unterschiedlicher Ebenen und Zustände (wie PIAGET selbst sagt:) geistiger „Unterentwicklung“, *„Trägheit“* sowie mangelhafter „Dezentrierung“ und „Mobilität“ in spontanen und (psycho-sozio-)genetisch primären kognitiven und kommunikativen Verhaltensweisen bezieht. Er ist daher nicht nur auf Kinder dieser begrenzten (voroperatorischen) Entwicklungsperiode, sondern auch auf Erwachsene in bestimmten psychischen Verfassungen, auf bestimmten geistigen Entwicklungsniveaus, mit bestimmten Denkweisen gegenüber definierbaren Erkenntnisobjekten und in bestimmten soziokulturellen Verhältnissen anwendbar. – Im Rahmen der hier skizzierten Entwicklungstheorie des Denkens hat David ELKIND deswegen mit seiner Interpretation Recht, daß man *in jeder Entwicklungsperiode* des Denkens immer irgendwelche *Egozentrismen* finden kann (D. ELKIND 1970, 50ff.; vgl. auch AEBLI 1967 und AEBLI u.a. 1968). Denn die geistigen Strukturen, die das Kind von den Begrenztheiten einer psychogenetisch früheren Struktur befreien, beinhalten – wie man sagen könnte: generell – zunächst eine für sie charakteristische neue Form des Egozentrismus. Während das Kind sich z. B. mit dem Aufkommen der Vorstellungsfunktion von der totalen Wahrnehmungs-, Situations- und Gegenwartsabhängigkeit der sensomotorischen Intelligenz befreit, geht damit doch in der voroperatorischen Periode noch eine starke assimilative „Verzerrung“ der Wirklichkeit einher. Selbst mit dem Erwerb der hypothetisch-deduktiven Operationen und der Fähigkeit zum rational dezentrierten Denken in der vierten und (strukturalistisch-gleichgewichtstheoretisch gesehen:) letzten Periode der Denkentwicklung kommen noch solche Egozentrismen vor wie das Reagieren gegenüber „imaginären Auditorien“ (ELKIND, a.a.O., 67), die Einbildung, deren Aufmerksamkeitszentrum zu sein, der Glaube an die Einzigartigkeit der eigenen emotionalen Erfahrungen u. dgl. m.: PIAGET hat daher schon selbst vom „metaphysischen Egozentrismus der Adoleszenz“ (1943, 80) gesprochen und generell darauf hingewiesen, daß

„jede neue Kraft des geistigen Lebens damit beginnt, sich die Welt in einer egozentrischen Assimilation einzuverleiben, um erst danach ihr Gleichgewicht zu erlangen, indem sie sich mit einer Akkomodation an die Wirklichkeit verbindet.“ (1943, 79)

Seine Entwicklungstheorie geht allerdings davon aus, daß die stadienspezifischen Egozentrismen jeweils am Ende (d. h. bei voller Ausbildung und Beherrschung aller Strukturen) jeder entpsrechenden Entwicklungsperiode überwunden sein können.

Der Begriff des Egozentrismus hat weder etwas mit „Egoismus“ (als affektiver Ichbezogenheit) noch mit „Individualismus“ (als bewußter und differenzierter Betonung der Einzigartigkeit, Autonomie, Rechte usw. des Individuums) noch mit „Asozialität“ (als sozialer Kontakt- und Anpassungsfeindlichkeit) zu tun, sondern ist wertneutral in einem kognitiven bzw. verhaltensstrukturellen Sinn zu verstehen.

Er bezeichnet die assimilative und akkomodative *Zentrierung* der kognitiven und sozialen Verhaltensweisen des Subjekts auf einzelne, isolierte Aspekte der Wahrnehmung, der Vorstellung oder des Handelns entweder gegenüber dem Ich selbst oder gegenüber der dinglichen, sozialen oder geistigen Umwelt. Er beinhaltet also sowohl eine *zentripetale* Tendenz (kognitive Ichbezogenheit) einerseits als auch eine *zentrifugale* („ichflüchtige“) Neigung (Phänomenzentrierung) andererseits, was dem respektiven Überwiegen der Assimilation über die Akkomodation oder umgekehrt entspricht.

Egozentrismus bedeutet eine mangelhafte Ich-Bewußtheit im eigenen kognitiven Verhalten, eine unzureichende Ich-Umwelt-Differenzierung und daraus sich ergebende kognitive *Verabsolutierungen der eigenen* perzeptiven (geometrischen), gedanklichen (assimiliativen) und sozialen (positionalen) *Perspektiven,* Relationen, Tendenzen, Eigenschaften, Erkenntnisse und Verhaltensweisen generell. Die sich darin ausdrückenden Zentrierungen auf das Ich folgen jedoch nicht aus einer Entscheidung für das Ich nach erfolgter Unterscheidung von der Umwelt, sondern stellen eine unbewußte, *ursprüngliche, vorrationale kognitive Haltung* (oder genauer: das Fehlen einer selbstbewußten und rationalen Haltung) dar, die durch die Abwesenheit objektivierbarer rationaler Bezugsrahmen und damit konstanter begrifflicher Orientierungsstrukturen (Invarianzbegriffe) gekennzeichnet ist, denen die einzelnen Wahrnehmungen, Vorstellungen oder Erkenntnisse untergeordnet werden könnten. – Als mangelhafte Dezentrierung vom Ich als Kognitionszentrum bzw. als *geistiges „Noch-nicht-heraus-Können“ aus dem Ich* impliziert Egozentrismus zugleich eine unreflektierte, *unvermittelte Hinwendung zu den Dingen,* d. h. eine Zentrierung auf deren Einzelaspekte mit dem stärksten „Aufforderungscharakter“. Dabei fehlt es an einer Reflexion (im physikalischen und geistigen Sinne) der Art dieser Hinwendung, d. h. der eigenen Perspektive, der Denkinstrumente und der Subjektivität im Erkennen generell. Die Welt des egozentrisch Denkenden besteht geistig *weder* aus subjektunabhängigen, *„gegen-ständlichen“ Objekten noch* aus einem relativ *objektunabhängigen Subjekt* mit einer spezifischen, eigenen „Innenwelt“: sie ist also noch *„adualistisch“* (J. M. BALDWIN).

Egozentrismus bedeutet ein Überwiegen der unkorrigierten Assimilation der Umweltsstrukturen an die jeweiligen Verhaltens- und Denkstrukturen des Subjekts einerseits oder alternativ dazu das reziproke Überwiegen der Akkomodation der

Subjektstrukturen an die Objektwelt, in jedem Fall also eine Unausgeglichenheit zwischen beiden Anpassungsrichtungen. Charakteristisch an dieser Denkweise ist die *Ungetrenntheit,* Unausgegliedertheit oder Undifferenziertheit *des Subjektiven und Objektiven, Psychischen und Physischen, Innen und Außen, des Bewußtseins und der Materie, der Zeichen und des Bezeichneten bzw. der Symbole und ihrer Inhalte usw.* Allgemein bezeichnet PIAGET daher mit Egozentrismus die Gesamtheit aller *„vorkritischen"* Erkenntnisweisen und -haltungen: für eine als „kritisch" und „rationalistisch" verstandene Erkenntnis- und Sozialisationstheorie muß es naheliegen, eben diese Kognitionsformen auch zum Gegenstand besonderer Aufmerksamkeit zu nehmen.

Wenn das Kleinkind sich z. B. die Augen zuhält und nun glaubt, daß auch die Mitmenschen es nicht mehr sehen könnten, da es sich selbst nicht sieht,
- wenn es vor der Aufgabe, die optischen Perspektiven anderer Menschen gegenüber einer Landschaft zu bestimmen, immer nur die eigene Perspektive wählt (Experiment mit dem Drei-Berge-Relief, vgl. dazu auch AEBLI 1967 und AEBLI u. a. 1968),
- wenn es beim Spaziergang glaubt, die Sonne würde immer mit ihm mitgehen und innehalten, wenn es selbst verharrt (Phänomenismus),
- wenn es unbelebten Naturphänomenen oder Umweltobjekten Absichten, Bewußtsein oder Leben nach Maßgabe seiner Selbsterfahrung zuschreibt (Animismus),
- wenn es die Dinge und ihre Ursprünge ego-, sozio- oder anthropozentrisch durch ihre Gebrauchsfunktion für das Ich, die eigene Familie, die Gesellschaft oder die Menschen generell erklärt (Finalismus),
- wenn es den Ursprung subjektiver oder sozialer Phänomene wie Träume, Gedanken oder Namen in den Umweltdingen lokalisiert (Realismus, Materialisierung, Verdinglichung) (s. u. jeweils),
- wenn es bei der Kommunikation mit anderen Menschen deren Verhaltensweisen, Äußerungen oder Perspektiven unberücksichtigt läßt,

dann liegt die eine oder andere Form des Egozentrismus vor.

Der Egozentrismus findet sich auf den verschiedenen Ebenen der Kognition in dem Maße länger, wie die Erkenntnisgegenstände für das Kind kompliziert und unanschaulich bleiben und daher eine kognitive „Dezentrierung" erschweren. Der eigene Körper wird z. B. recht früh sehr konkret erlebt: die Ich-Umwelt-Unterscheidung wird dabei in bezug auf ihn (mit seiner Einordnung als ein Objekt unter vielen anderen) wesentlich eher vollzogen (vgl. die Konstruktion des permanenten Objekts, also des ersten Invarianzbegriffs, in der sensomotorischen Periode) als in bezug auf den eigenen Willen (diese spätestens im ersten Trotzalter) und in bezug auf die Relativität und Individualität der eigenen kognitiven Verhaltens- und Vorstellungsweisen (mit Erreichen der operatorischen Perioden). Als Indikator für den Fortschritt dieser Dezentrierungen und damit der Befreiung von irgendwelchen Egozentrismen können immer die Konstruktionen von Bewahrungsbegriffen bzw. Invarianten als Ausdruck sich ausbildender Denkstrukturen dienen, die dann von der Periode der operatorischen Intelligenz ab als subjekttranszendente, rationale Bezugssysteme objektivierbarer Erkenntnisse benutzt werden können.

Wenn z.B. der Begriff der (von anschaulichen Inhalten unabhängigen) Distanz gebildet ist, wird das Kind Abstände oder Längen wesentlich besser vergleichen, schätzen oder messen können als vorher. – Ist der Begriff des Zufalls (der Wahrscheinlichkeit usw.) gebildet, so können objektivere Kausalerklärungen natürlicher Ereignisse gegeben werden als vorher. – Ist der Begriff der logischen Klasse gebildet, so können die Zusammenhänge zwischen den

Dingen ihren anschaulich-partizipatorischen Charakter verlieren usw. AEBLI, MONTADA & SCHNEIDER (1968), die ebenfalls betonen, daß egozentrisches Kognitionsverhalten prinzipiell stadienunspezifisch ist (trotz seines überdurchschnittlichen Auftretens in der voroperatorischen Denkentwicklungsperiode), widersprechen auch nicht dem PIAGETschen Egozentrismus-Begriff, wenn sie egozentrische Verhaltensweisen als „*Ersatzlösungen*" gegenüber unlösbaren Aufgaben ansehen (a.a.O.). Wenn dagegen das Kind vorher Anregung bzw. soziale Instruktion gehabt hatte, die richtigen Lösungen zu lernen, so wird es in der Tat kaum (außer in besonderen Fällen geschwächter psychophysischer Konstitution) auf egozentrische Verhaltensweisen zurückzugreifen brauchen und wollen. Denn bei egozentrischen Problemlösungs-Verhaltensweisen handelt es sich schließlich par définition stets um solche Lösungen von Problemen, die mit den Mitteln der jeweiligen denkstrukturellen Verhaltensgesamtheit des Kindes nicht zu bewältigen bzw. rational angepaßt verstehbar sind. Die These jener Autoren hingegen, daß es sich bei diesen Verhaltensweisen um „*Regressionen*" auf gewohnte oder vertraute Umwelterklärungen bzw. Problemlösungen handelt, kann insofern irreführend sein, als das Kind nicht auf Verhaltensweisen eines Strukturniveaus „regredieren" kann, über die es seinem Entwicklungsstand (und dessen bereichsspezifischer Reichweite bzw. Generalisierbarkeit) entsprechend noch gar nicht hinaus ist. Denn nachdem das Kind gegenüber einer (z.B. anschaulichen) Objektgesamtheit rationale Denkweisen erworben und egozentrische überwunden hat, vollzieht es doch keineswegs eine „Regression", wenn es gegenüber einer abstrakteren Objektgesamtheit noch egozentrisch reagiert. Dieser Regressionsbegriff impliziert daher irrtümlicherweise die von PIAGET selbst kaum je so vereinfacht vertretene Auffassung, daß in einem fortgeschrittenen Entwicklungsstadium jegliche egozentrischen Denkweisen gleichsam schlagartig in toto überwunden werden könnten, so daß alle entwicklungsmäßig späteren egozentrischen Reaktionen „Regressionen" wären. (Außerdem scheint AEBLI in diesem Zusammenhang die von ihm selbst andernorts aufmerksam registrierte und hierfür auch explikativ verwendbare „Verschiebungstheorie" von PIAGET zu übergehen, vgl. AE. 1963b).

Wenn AEBLI, MONTADA & SCHNEIDER schließlich an der Egozentrismus-Theorie PIAGETS kritisiert haben, daß dieser dem egozentrisch Denkenden eine „Nichtdifferenzierung" der Perspektiven des Ich und der Mitmenschen zuschreibt, während doch zumindest die neu zu erkennende oder auszudifferenzierende Perspektive dem Erkennenden geistig noch weder implizit noch explizit zur Verfügung steht, so haben sie damit zu Recht eine begrifflich-analytische Ungenauigkeit PIAGETS aufgedeckt. In bezug auf den kognitiven Erwerb vielfältiger ichunabhängiger Perspektiven beim Kind kann man in der Tat – genau genommen – nicht von einer „Differenzierung" der egozentrischen Perspektive sprechen. Denn einerseits ist dem Subjekt nicht einmal die eigene Perspektive (in ihrer Relativität) bewußt, und andererseits sind die mitmenschlichen Perspektiven eben nicht in dieser eigenen Perspektive oder einer allen gemeinsamen Grundstruktur enthalten. Es kann sich daher stets nur um aufbauende Erweiterungen bei der Überwindung der egozentrischen Denkweisen handeln, die zu einer kognitiven Fähigkeit der Unterscheidung verschiedener Perspektiven führen (vgl. AEBLI u.a. 1968, 12). Allerdings ist nicht zu übersehen, daß PIAGET häufig auch selbst analytisch angemessenere Begriffe für diesen Vorgang verwendet, so z.B. solche wie „Dezentrierung", „Perspektivenrelativierung", „Konstruktion umfassenderer Strukturen" bzw. „Strukturenerweiterung und -generalisation", „Koordination der Perspektiven" usw.

Die im folgenden behandelten Eigenschaften des kindlich-primitiven Denkens können alle als Varianten seiner Grundeigenschaft der primären (assimilativen oder akkomodativen) Zentriertheit angesehen werden.

A. Dies gilt zunächst für seinen *Realismus* im erkenntnistheoretischen Sinne einer unzulässigen *Verdinglichung oder Materialisierung* subjektiv- oder sozial-relativer Phänomene psychischer, geistiger oder soziokultureller Art wie Gedanken, Träume, Namen, sozialer Normen u. dgl. m. zugunsten ihrer äußerlichen Erscheinungsformen oder ihrer oberflächlich-konkretesten Aspekte.

„Am Beginn des Denkens ... materialisiert das Subjekt seine eigenen mentalen Aktivitäten auf dieselbe Weise, wie es die äußere materielle Realität belebt: daher die Glaubensweisen an die Materialität der geträumten Vorstellungsbilder, der Namen, der Worte, des als Atem begriffenen Denkens usw.; daher schließlich der Spiritualismus, der ein umgekehrter Materialismus ist und dem Geist die den dinglichen Objekten eigene Substantialität und Kausalität zuschreibt." (1950b, 285)

Realismus bedeutet eine Ungeschiedenheit der verschiedenen Realitätsebenen (vgl. auch WERNER [4]1959, 271 ff., 285) und im besonderen die Reduzierung immaterieller, äußerlich unanschaulicher Phänomene der Symbolsphäre, des Fühlens, inneren Erlebens, Vorstellens und Denkens auf eine einzige dinglich-konkrete, sensomotorisch greifbare, materielle Ebene. Die Realität in ihrer Vielfalt wird als eine einzige, homogene Dimension aufgefaßt, in deren Rahmen im übrigen – wie auch an den folgenden Merkmalen des vorrationalen Denkens deutlich werden wird – fast alles mit allem in irgendeinem Zusammenhang gewähnt wird.

So werden *Traumerlebnisse* für Wahrnehmungen realer Ereignisse gehalten – zumal ihre innere Anschaulichkeit gar keinen anderen Schluß zuläßt – und daher verdinglicht im Schlafzimmer über dem Bett lokalisiert.

Namen werden als den benannten Dingen innewohnende und geradezu von ihnen „ablesbare" Eigenschaften betrachtet, da die semiotische Funktion als solche noch nicht erkannt und Zeichen noch nicht von ihren Inhalten abgehoben werden. Wie Ernst CASSIRER hervorgehoben hat, gehört darüber hinaus die Identifizierung des Namens mit dem Wesen der Dinge im „primitiven" Denken sogar „zu den Grundvoraussetzungen der mythischen Anschauung selbst" (E. C. 1925/1965, 74).

Gedanken oder Meinungen werden einerseits für absolute oder selbstverständliche „Wahrheiten" und andererseits für materielle Phänomene der Luft oder des subjektiven Sprechapparates gehalten. Das Denken ist hier auf ihre wahrnehmbarsten Aspekte wie die akustische Verbalisation zentriert. In der Geistesgeschichte lassen sich solche und ähnliche Vorstellungen naiven Realismus z. B. in der Philosophie der Vorsokratiker finden (vgl. HIRSCHBERGER 1963a; LEKTORSKI 1968, 17–22 und PIAGET 1945b, 211; 1950a). –

Soziale Normen werden einerseits für unumstößliche Gesetze gehalten (verstärkt noch durch die erlebte Autoritätsbetonung der sie vertretenden Erzieher), aber andererseits weniger nach ihren inhaltlichen Leitmotiven oder sozialen Zwecken als nach den bei Nichtbefolgung angedrohten Sanktionen beurteilt. Ähnlich werden Normübertretungen (vor allem bei anderen Menschen) eher nach äußerlichen Aspekten (wie dem Ausmaß ihrer quantitativen Folgen) als nach den Absichten der Handelnden bewertet und gewichtet („moralischer Realismus", vgl. dazu vor allem 1932).

Es wäre auch im Falle des realistischen Denkens analytisch ungenau, hier von einer „Vermischung" der verschiedenen Realitätsebenen zu sprechen, wie PIAGET es gelegentlich tut. Denn es handelt sich um eine *primäre Ungetrenntheit* dieser Ebenen und keineswegs um den Vorgang einer nachträglichen Vermischung vorher etwa kognitiv schon getrennt gegebener Realitätssphären. Entscheidend ist hier wiederum der vollständige *Mangel an Reflexion* über die eigene Denk- und Vorstellungstätigkeit, ohne die eine geistige Trennung der beiden grundlegenden Realitätsebenen ebensowenig möglich ist wie die Entwicklung zu einem rationalen Denken generell.

Für die hier behandelten einzelnen Denkweisen hat PIAGET großenteils in minutiöser Weise zahlreiche Entwicklungsstufen und -strukturen unterschieden (für die Entwicklung des Kausalitätsbegriffs z.B. allein 16 Stufen, vgl. 1927), deren Darstellung wiederum Bände füllen würde. Beim realistischen Denken sieht er 4 Entwicklungsstufen:

1. den *absoluten* Realismus, bei dem die Denkinstrumente (Begriffe, Bilder, Wörter, Namen, Träume usw.) überhaupt nicht erkannt werden und nur in den Dingen selbst zu existieren scheinen;
2. den *unmittelbaren* Realismus, bei dem sie zwar schon von den Dingen unterschieden, aber in der physischen Realität (der Luft z.B.) lokalisiert werden;
3. den *mittelbaren* Realismus, bei dem die Denkinstrumente zwar noch dinglich begriffen, aber doch schon im eigenen Körper und nicht nur im umgebenden Milieu lokalisiert werden (das Denken z.B. als Atem) und
4. den *relativistischen* bzw. subjektivistischen Realismus, bei dem sie richtig im Körper bzw. im Hirn lokalisiert und als subjektgebunden erkannt werden. (Vgl. 1926, 110/111)

Dieser allmähliche Übergang von der Zentriertheit verabsolutierender Verdinglichungen zur „Dezentrierung" relativierender (auf relationen- und klassenlogischen Operationen aufbauender) rationaler Erkenntnisse gilt also recht allgemein für alle möglichen kindlichen Denkentwicklungsprozesse ebenso wie für die Entwicklung der (Natur-)Wissenschaften und verschiedener Dimensionen der Geistesgeschichte generell. Im Rahmen der relativ überschaubaren denkstrukturellen Entwicklung des Kindes ergibt sich dieser *Dezentrierungsprozeß* allerdings *weniger aus einem Zuwachs an* Objekterfahrung und inhaltlichem *Wissen als vielmehr aus einer Erweiterung und Flexibilisierung der Denkstrukturen* im behandelten Sinn.

Zum realistischen Denken gehört schließlich die mit der Zentrierung auf die konkret erlebte Realität einhergehende *Unfähigkeit, sich hypothetische Situationen auszudenken* oder Hypothesen zu bilden und von ihnen (als konstruierten Prämissen) Schlußfolgerungen abzuleiten, – die weitgehende (wenn auch sicher nicht vollständige) *Unfähigkeit* des voroperatorisch denkenden Kindes, *Sprichwörter oder Metaphern zu verstehen* – oder z.B. auch nur die Zentrierung auf die augenblickliche Wahrnehmung unter Vernachlässigung ihrer vergleichenden Verknüpfung mit der Erinnerung an frühere Wahrnehmungen oder ihrer objektiven Einordnung in rationale Bezugsrahmen.

B. Diejenige Komponente des egozentrischen Denkens, die aus zentrifugalen Zentrierungen besteht, d.h. aus assimilativ unkorrigierten und unreflektierten Akkomodationen der verschiedenen kognitiven Verhaltensweisen an unrelativierte Einzelaspekte der Objektwelt, an die oberflächlichsten Erscheinungsformen der Dinge, an die anschauliche Primärerfahrung, das unmittelbar Wahrgenommene, den bloßen „Augenschein", das rein Phänomenhafte usw. hat PIAGET *„Phänomenismus"* genannt, der als eine primitive Form des Realismus angesehen werden kann. Im phänomenistischen Denken kommt die Haltung einer ungebrochenen und *unreflektierten Hinwendung zur Welt* sowie die *Identifikation der Erscheinungen mit den Dingen selbst* zum Ausdruck:

„Diese Haltung besteht darin, die Welt so zu nehmen, wie sie in der Unmittelbarerfahrung erscheint, statt sie mit Hilfe rationaler Konstruktion zu erarbeiten." (1933a, 92/93)

So werden z.B. Phänomene, die (ob zufällig oder nicht) im Wahrnehmungsfeld miteinander gleichzeitig auftreten, kausal miteinander verknüpft, so daß im Extremfall fast alles zur Ursache von allem werden kann (vgl. auch WERNER, a.a.O., 233). Dies ist auf der Vorstellungsebene die Fortsetzung der bereits auf sensomotorischer Ebene vorkommenden magisch-phänomenistischen Verknüpfungen. – Es ist somit schließlich nur ein kleiner Schritt vom Phänomenismus zur *Magie* und zur *Partizipation* der Dinge aneinander, so daß PIAGET sicher nicht zu Unrecht sagen konnte, daß sich Partizipation und Magie unmittelbar aus dem realistischen Denken ergeben (vgl. 1926, 142ff.). – Wird das Kind z.B. unter Hinweis auf das Blätterrauschen der Bäume auf den Wind aufmerksam gemacht (der ja optisch selbst unanschaulich ist), so wird es zunächst noch glauben, daß die Bäume den Wind erzeugen. Die Partizipation einzelner Phänomene aneinander (speziell hier die Assimilation eines schwerer erklärbaren Phänomens an ein akkomodativ zentriertes, anschaulich wahrnehmbares) entspricht der Struktur des vorbegrifflichen Denkens. – Diese magisch-phänomenistische Kausalitätsauffassung wird jedoch frühzeitig durch andere, wie die moralische, die animistische und die artifizialistische Kausalerklärung des Kindes abgelöst (s.u.), bevor sich in der dritten Periode der Denkentwicklung allmählich rationale Kausalitätsbegriffe durchsetzen (vgl. dazu im einzelnen: 1927).

Charakteristisch am phänomenistischen Denken ist es, daß oberflächliche, partielle oder sekundäre Zusammenhänge zwischen beliebigen Dingen unter dem Einfluß der übermächtigen Wahrnehmung zu wesentlichen und kausal bedeutsamen Beziehungen verabsolutiert werden. So können Veränderungen des Wahrnehmungsfeldes daher auch zugleich sehr schnell zu Veränderungen in der generellen Auffassung von den Dingen führen, so daß das Weltbild des Kleinkindes wie des „Primitiven" (zumal mangels stabiler, rationaler Bezugssysteme) außerordentlich *instabil* und *fluktuierend* ist. Die willkürlich fließende Partizipation aller möglichen erlebten Einzelphänomene aneinander bzw. die Assimilation schwerer erklärbarer Phänomene an akkomodativ zentrierte, anschaulich leichter faßliche, ergibt sich wiederum aus der Struktur des anschaulich-vorbegrifflichen Denkens und dem Fehlen von rationalen Invarianzbegriffen, unter die die Dinge und Ereignisse subsumiert werden könnten (speziell aus dem Fehlen eines objektivierbaren physikalischen Kausalitätsbegriffes). CASSIRER hat ähnliches vom mythischen Denken gesagt und hervorgehoben, daß die Wirklichkeit darin noch nicht nach „Dingen" und „Eigenschaften" gegliedert ist:

„Hier weisen vielmehr alle Seinsgestalten noch eine eigentümliche ‚Flüssigkeit' auf; sie unterscheiden sich, ohne sich darum voneinander zu scheiden. Eine jede von ihnen ist gewissermaßen in jedem Augenblick bereit, sich in eine andere, scheinbar völlig entgegengesetzte zu wandeln. Die mythische ‚Metamorphose' bindet sich an kein logisches Gesetz der ‚Identität' – noch findet sie an irgendeiner feststehenden ‚Konstanz' der Arten ihre Schranke. Für sie gibt es keine logischen Gattungen, keine Genera in dem Sinne, daß sie durch bestimmte unverrückbare Merkmale voneinander gesondert wären und für immer in dieser Sonderung beharren müßten." (E. CASSIRER 1944, zit. n. F. E. MEYER 1969, 37)

Erst mit der Bildung operatorischer Bewahrungsbegriffe kann diese „Flüssigkeit" der Wirklichkeit im Denken des Kindes nachlassen und einem stabileren Weltbild Platz machen, in dem die Dinge nach permanenten Grundeigenschaften (wie Menge, Volumen, homogener Raum, gerade Linie, Horizontale, kontinuierliche Zeit u.v.a.m.) geordnet sind und in ihrer jeweiligen substantiellen Identität voneinander unterscheidbar werden. Denn diese Invarianzbegriffe des operatorisch-rationalen Denkens bieten nicht nur die notwendigen allgemeinen Erkenntnisformen zur Ordnung der Wirklichkeit, sondern damit auch flexible Erklärungsinstrumente, stabile Bezugsrahmen, rationale Orientierung, aber auch verläßliches inhaltliches Allgemeinwissen. Ist z.B. das Wissen von der Sonne als eines Fixsterns und der Erde als eines sich um die eigene Achse und um die Sonne drehenden Planeten sowie schließlich dasjenige eines sich unabhängig von diesen Bezugsebenen bewegenden Ich (bzw. Menschen generell) erworben und rational nachvollziehbar, so verschwindet auch der phänomenistische Glaube, daß die Sonne (oder der Mond) immer mit dem Ich „mitspaziere". Die Tatsache, daß das von einem Individuum jeweils erwerbbare Niveau der Begriffsbildung und vor allem die Reichweite der erklärenden Schemata stets auch vom kulturspezifischen Stand des gesellschaftlich erreichten und verfügbaren Wissens begrenzt werden, wird von PIAGET meist vernachlässigt. Der Vorwurf seiner Tendenz zu einem individualistischen Rationalismus erhält dadurch eine gewisse Berechtigung (vgl. auch: Schlußbemerkungen und WETZEL 1978).

Die *magische* Komponente im phänomenistischen Denken wird beim Kleinkind durch die noch nicht entwickelten klaren Grenzlinien zwischen Wunschwelt und Wirklichkeit begünstigt. Zumal Objektsymbole ihm noch wesentlich leichter als dem geistig entwickelteren Erwachsenen psychologisch als Ersatz für die symbolisierte Realität dienen können, errichtet sich schon deswegen zwischen beiden Sphären eine Art von *Partizipation* (vgl. 1945b, 178). So kann das Kind wie der „Primitive" zu dem Glauben gelangen, über Gesten, mittelbare Gegenstände, Befehle oder bloße Gedanken (vgl. S. FREUDS „Allmacht der Gedanken" in F. 1956) kausal auf die Dinge einwirken zu können (vgl. 1926, 118/119). Es mag z.B. beim Murmelspiel die Murmel eines erfolgreichen Mitspielers in der Hoffnung bevorzugt benutzen, selbst mehr Erfolg zu haben (ib., 129). Im Sog der magischen Partizipation können also gegenständliche Symbole des Erfolgs (die durch mehr oder weniger zufällige Verknüpfung im anschaulich erlebten Situationszusammenhang überhaupt erst vom Subjekt dazu gemacht werden) als Ursachen des Erfolgs erscheinen und daher mit diesem Ziel auch immer wieder benutzt und aufgesucht werden (andere Beispiele: ein Kleid für Liebeswerbungen, ein Ritual für schönes Wetter usw.). WERNER hat in dieser Richtung auf den bei Kleinkindern wirksamen *„Berührungszauber"* und den *„Leistungszauber"* hingewiesen. Letzterer besteht in dem Glauben daran, durch das Vollbringen einer kleinen Leistung (wie das Jonglieren eines Gegenstandes) oder das Darbieten eines Opfers ein späteres Geschehen paradigmatisch beeinflussen bzw. in seinem erfolgreichen oder erfolglosen Ablauf (je nach demjenigen der Leistung) vorhersagen zu können.

„Solchen magischen Bräuchen entsprechen andererseits magisch wirksame Dinge, Namen, Orte usw., sogenannte *Talismane und Amulette.* Für Kinder sind oft schon recht früh bestimmte Kleidungsstücke Glücksbringer, andere Unglücksbringer." (WERNER, a.a.O., 308; Hervorhebung v.W.)

PIAGET berichtet z.B. von einer seiner Töchter zu Beginn ihres 4. Lebensjahres, daß sie die Überzeugung äußerte, ein während eines Spazierganges mit ihrem Vater in der Ferne wahrgenommenes und von ihr gefürchtetes Fahrzeug sei eben deswegen vor der Begegnung mit ihnen in eine andere Straße abgebogen, weil sie es gewünscht habe (vgl. 1945b, 272). – Auch gewohnte und *ritualisierte Aktivitäten können* so für das Kind *Symbolcharakter gewinnen* und ihm das Gefühl der Partizipation an gewünschten (oder gefürchteten) Phänomenen geben: z.B. kann dem Kind ein gut gemachtes Bett nicht nur als Symbol, sondern als Quasi-Ursache seiner Sicherheits- und Geborgenheitsgefühle erscheinen, so daß das Bettenmachen zu einem magischen Ritual wird (vgl. 1926, 144). Nicht zu vergessen ist bei dieser Gelegenheit auch, daß selbst Erwachsene noch in hochentwickelten Kulturen *Wunschmagie in Gebetform* betreiben (vgl. auch WERNER, a.a.O., 307). – Zahlreiche Gegenstände des alltäglichen Umgangs können Kleinkindern aufgrund magischer Partizipation an positiven Empfindungen (psychoanalytisch gesehen: durch „affektive Besetzung") als „Fetische" ihrer Sicherheit dienen und zu Symbolen wie Ursachen seines Vertrauens in die gewohnte Ordnung seiner Welt werden. WERNER hat daher treffend von der *„Irradiation" derartiger magischer Gefühle im ganzen Umkreis der affektiv besetzten Objekte* gesprochen (a.a.O., 304/305). Es werden z.B. ablehnende Gefühle gegenüber einer Person auch auf ihr Eigentum übertragen oder Räume gemieden, in denen man irgendwelche negativen Empfindungen oder Träume gehabt hatte u.dgl.m.

Eine über die kognitionstheoretische hinausgehende Erklärung des magischen Denkens hat S. FREUD im „Narzißmus" gesehen, d.h. in der Überschätzung der Fähigkeiten des Ich (wie der erwähnten „Allmacht der Gedanken") aufgrund seiner Verliebtheit in sich selbst (vgl. S. FREUD 1956, 101/102). Diese Erklärung würde sich mit derjenigen PIAGETS durch den Egozentrismus des vorbegrifflichen Denkens weitgehend decken, wenn in FREUDS Narzißmus-Begriff nicht die fälschliche implizite Annahme enthalten wäre, daß das Ich hier zwischen sich und der Außenwelt bereits kognitiv Grenzen zu ziehen und sich selbst als Objekt wahrzunehmen in der Lage wäre. Dies aber ist zumindest in dem Stadium, auf das FREUD diesen Begriff in seinem ursprünglichen, engen Sinn bezogen hat (vor der „Objektwahl" im Säuglingsalter) keineswegs der Fall (vgl. 1926, 139), gilt aber auch noch weitgehend in der voroperatorischen Periode für das fehlende Bewußtsein von der Relativität der eigenen Denkweisen und Perspektiven.

Der phänomenistische Glaube an die magische Kraft der Gedanken könnte in dem *Primärerlebnis des Säuglings* seine psycho- und soziogenetische Wurzel haben, nach dem sich *jeder seiner Schreie in eine Handlung seiner Eltern verlängert.* Er kann sich in dem Maße fortsetzen, wie diese auch noch über Jahre hinaus seinen unausgesprochenen Wünschen und Gedanken dauernd oder häufig zuvorkommen und somit Prozesse der interindividuellen kognitiven Differenzierung, der autonomen geistigen und verbalen Artikulation und bewußten Koordinationen verhindern bzw. hemmen. Verallgemeinert ließe sich somit annehmen, daß *symbioseartig enge Sozialbeziehungen* (zumal wenn sie über die Periode der frühkindlichen Sozialisation hinaus andauern) die Bildung, Konsolidierung und Perpetuierung solcher *egozentrisch-phänomenistischen Denkweisen* wie der hier beschriebenen *fördern und bewahren* helfen. Differenzierende und dezentrierende Sozialisationsprozesse und -einflüsse dürften daher für die Bildung rationaler Denkweisen unerläßlich sein.

Für die Erklärung des magisch-phänomenistischen Denkens gilt es hier zunächst mit PIAGET festzuhalten:

„Für einen Erkennenden, der das Ich nicht oder schlecht von der Außenwelt unterscheidet, partizipiert alles an allem, und alles kann auf alles einwirken. Also ... ergibt sich die Partizipation aus einer Nichtdifferenzierung zwischen dem Bewußtsein der Einwirkung des Ich auf das Ich und dem Bewußtsein der Einwirkung des Ich auf die Dinge." (1926, 140)

Das bedeutet: auch hier handelt es sich wiederum um *Extremformen der Assimilation* (vor allem in der Magie) und der Akkomodation (vorwiegend im Phänomenismus) sowie in beiden um eine mangelhafte Koordination zwischen diesen funktionalen Grundtendenzen des Verhaltens. – Wie auch WERNER betont hat, ist die entscheidende kognitive Wurzel dieses Denkens in der mangelhaften Ich-Umwelt-Differenzierung sowie in seiner Bestimmtheit durch „ungegliederte Totalcharaktere" und durch die Affekte oder Strebungen des Ich zu suchen (a.a.O., 231, 305 u. passim), – eine Erklärung, die mit derjenigen PIAGETS voll übereinstimmt.

Über die *Verbreitung* solcher magischen Denkweisen (ebenso wie über diejenige der anderen egozentrischen, operatorischen usw. Denkweisen) lassen sich mit den Mitteln der PIAGETschen Theorie allerdings keine Aussagen machen. Es ist aber sicher, daß sie vor allem und sehr stark mit den spezifischen soziokulturellen Milieus variieren, in denen die Kinder aufwachsen. Möglich ist z.B., daß sie bei Kindern in pädagogisch differenzierten und geistig sehr weit entwickelten Sozialisationszusammenhängen spontan kaum auftreten, und nur noch im vorbegrifflichen Entwicklungsstadium durch gezielte psychologische Stichprobenbefragungen aufgedeckt werden können. Andererseits erscheint es selbstverständlich, daß sie in Gesellschaften, wo die Magie sogar institutionalisiert ist, beständig – und eben auch bei Erwachsenen – präsent sind (wobei sich gewiß auch die Annahme von der Verwurzelung der sozial organisierten Magie im primären, vorrationalen Denken aufdrängen muß, vgl. 1926, 416).

Andererseits können magische Denkweisen auch Symptome geistiger Erkrankungen sein, wenn sie bei Menschen in hochentwickelten soziokulturellen Milieus auch noch jenseits der Kleinkindheit und der Kindheit auftreten:

„‚Prä-psychotische' Kinder ... scheinen in einer Art von geistigem und emotionalem Adualismus zu verharren. Sie entwickeln zahlreiche Vermeidungs- und Rückzugsmechanismen, um Begegnungen mit anderen Menschen und mit den Tatsachen der ‚psychischen Realität' zu entfliehen. Sie haben eine Tendenz, die erhaltene Information in einer egozentrischen Weise zu assimilieren und sie entsprechend den Bedürfnissen und Befürchtungen, von denen sie beherrscht werden, zu verändern." (Bärbel INHELDER 1966a, 315; Hervorhebungen von B. I.)

C. Eine weitere Variante des egozentrischen Denkens, und zwar in der Richtung „assimilativer Deformationen", stellt der *Animismus* dar, der in der Assimilation der unterschiedlichsten Gegenstände, Naturphänomene oder Tiere an Merkmale der subjektiven bzw. allgemein-menschlichen Existenz besteht (wie Leben, Bewußtsein, Wille, Intentionalität). Hierin kommt erneut die *Herstellung von Partizipationsbeziehungen* zwischen dem menschlichen Subjekt und den Dingen sowie die fehlende Entmischung der verschiedenen Realitätsebenen zum Ausdruck. Der Schritt vom realistischen und magischen zum animistischen Denken ist daher nur sehr kurz: je nachdem ob sich die Zentrierung des Denkens mehr auf das Ich und seine Handlungsfolgen selbst oder mehr auf die unbewußt von ihm belebten Gegenstände der Umwelt richtet, folgen daraus magische oder animistische Denkweisen.

„*Zwischen der Magie und dem Animismus gibt es nur einen Unterschied des Egozentrismus.* Der absolute Egozentrismus zieht die Magie nach sich; das Gefühl für die Eigenexistenz der anderen Wesen vermindert dagegen die primitiven Partizipationen und betont ebensosehr die besondere Intentionalität dieser Wesen." (1926, 219; Hervorhebung von mir, FGW)

Sobald das Kind z.B. das scheinbare Mitlaufen der Gestirne beim Spaziergang dadurch erklärt, daß sie ihm kraft ihres eigenen Willens folgen und daß sie ein

„eigenes Leben“ führen, sobald es also einen Objektbegriff gebildet hat bzw. den Umweltgegenständen immerhin schon eine substantielle Identität (wenn auch noch keine differentielle Merkmalsspezifizität) zuschreibt, ist der Übergang vom magisch-phänomenistischen zum animistischen Denken vollzogen (vgl. 1931, 537).

Dies ist zugleich ein Schritt der Ich-Umwelt-Differenzierung oder – wie man auch sagen könnte – ein *Schritt von der anfänglichen totalen, „primären Undifferenziertheit“ zu einer „sekundären Undifferenziertheit“* (1926, 237).

Der Animismus besteht in der *Beseelung und Belebung* vor allem solcher unbelebten Umweltobjekte, die dem kindlichen Handeln oder Denken irgendeinen Widerstand entgegensetzen, oder in der *Personifizierung und Vermenschlichung* von Tieren. Stets werden dabei emotional oder kognitiv zentrierte Objekte mit Eigenschaften oder Motiven *nach ego-, sozio- oder anthropozentrischem Muster* ausgestattet. Die menschlichen Eigenschaften, die das Kind an sich selbst erlebt, überträgt es dabei in dem Maße auf seine Umwelt, wie es zwischen dieser und sich selbst noch keine deutlichen Unterscheidungen zu treffen vermag und wie ihm deren Eigenschaften unerklärlich, merkwürdig, überraschend oder furchterregend erscheinen (vgl. 1926, 184).

Der Widerstand unbelebter Dinge, an denen sich das Kind nur körperlich zu stoßen braucht, kann etwa an das primärere Schema der intentional gelenkten menschlichen Muskelkraft assimiliert werden, so daß ihnen per Transduktion in Analogie zum menschlichen Vermögen „absichtlicher“ Widerstand zugeschrieben wird.

„Von allem, was dem Ich widersteht oder gehorcht, wird angenommen, daß es eine Aktivität besitzt, die derjenigen des befehlenden oder den Widerstand zu überwinden suchenden Ich identisch ist. So setzt das Bewußtsein des Strebens die Verleihung von Kraft an das widerstrebende Objekt voraus, – das Bewußtsein des Wunsches setzt die Verleihung von Intentionalität an das Hindernis voraus, – das Bewußtsein des Schmerzes setzt die Zuschreibung von Böswilligkeit an das Objekt voraus, das Quelle des Schmerzes ist usw.“ (1926, 242; vgl. dazu auch A. Gehlen [2]1964, 172)

Im animistischen Denken der Kleinkinder findet dieselbe Ausstattung der außermenschlichen Umwelt mit anthropomorphen, *„physiognomischen“ Qualitäten* statt, wie sie wiederum im mythischen oder „primitiven“ Denken präliterarischer Kulturen, aber auch in der lyrischen Dichtung von Schriftkulturen anzutreffen ist. Denn diese physiognomischen Qualitäten der Dinge verschwinden auch für den Erwachsenen unserer Kultur selbst neben der sachlichen Dingerkenntnis nie ganz und treten z.B. in Zuständen gesteigerter Affektivität immer wieder auf, wenn wir unsere eigenen Stimmungen in Landschaften, Naturereignissen, Wetterlagen u.dgl.m. ausgedrückt oder widergespiegelt finden (vgl. R. Oerter 1968, 245 und H. Werner, [4]1959, 242):

„Die Objekte der Umgebung, auch die leblosen, fühlen und wünschen, drohen und locken. Alles ist lebendig und mit Kräften ausgestattet.“ – „Die Dinge und Erscheinungen der Außenwelt tragen für das Kind vielfach ein Gesicht, sie ‚schauen‘ bedrohlich oder freundlich, stolz oder traurig drein.“ (Oerter, a.a.O., 244–245).

Die Natur ist, wie erwähnt, für den „Primitiven“ (der wohl auch wegen seiner geistig relativ unvermittelten „Naturverbundenheit“ zum „Naturmenschen“ erklärt wurde, obwohl er natürlich ebenso wie wir ein „Kulturmensch“ ist bzw. in einer Kultur lebt!) *keine* durch allgemeine Gesetzmäßigkeiten zusammengehaltene, *unpersönliche Dingwelt,* sondern eine aufgrund anschaulicher Partizipationen nach sozio- und anthropozentrischem Vorbild zusammengehaltene Totalität erfühlter Nähe, ein erweiterter familiärer Lebensraum gleichsam, – keine distanzierbare, fremde Objektwelt, sondern eine persönliche und *vertraute Subjektwelt* (vgl. auch WERNER, a.a.O., 236). Man kann annehmen, daß diese Welt mit den vertrauten Eigenschaften des menschlichen Erlebens nicht etwa ausgestattet wird, um sie in einer irgendwie gearteten Objektivität zu erkennen, sondern um vielmehr in ihr die emotionale *Geborgenheit* wiederzufinden, die man im vertrauten Milieu der eigenen sozialen Primärgruppe kennen und schätzen gelernt hat.

In der Konsequenz dieser animistischen „Logik" liegt dann auch eine *soziozentrische Interpretation der Naturphänomene als „Gesellschaft lebender Wesen"* nach dem Muster der erlebten (zur Zeit der PIAGETschen Untersuchung von 1926 sowie in patriarchalischen Gesellschaften generell: hierarchischen) Familienstruktur (vgl. 1926, 392) sowie der Glaube, daß sie ebenfalls innerhalb einer Familie geboren werden, in ihr heranwachsen und eigene oder verwandte Arten heranziehen.

Zum Teil schreibt das Kind Naturphänomenen Bewußtsein auch deswegen zu, um ihren *Gehorsam gegenüber einer Hierarchie* verwandter, lebender Phänomene in der Art der Familienstruktur zu erklären – ähnlich wie das z.B. in der griechischen Mythologie wie der Theogonie HESIODS von den Gottheiten angenommen wurde:

„Das Mythenschaffen der Primitiven wie der Kinder ist oft auch eng mit der Familie verbunden, da die Mitglieder beider Gruppen normalerweise starke Bindungen an ihre Eltern haben. Zugehörigkeitsgefühle und Elternverehrung verstärken weiter die hierarchische Struktur der Kosmos-Ursprungsmythen." (FELDMAN 1971, 36)

Das animistische Denken läßt sich folglich auch im Falle seiner spontanen (nicht in geschlossenen Glaubenssystemen sozial institutionalisierten) Form beim Kleinkind partiell soziologisch erklären, und zwar z.B. durch die *Übertragung der Identifikation mit Autoritätspersonen* oder des unvermittelten Gemeinschafts- und Partizipationsgefühls mit den Eltern und den primären Bezugsgruppen *auf die Zusammenhänge in der Natur* (vgl. 1926, 246, 399) oder auch durch die Schwächen des Sprachgebrauchs der Erzieher im Sozialisationsprozeß des Kindes.

In ähnlichem Zusammenhang hat auch G. H. MEAD darauf hingewiesen, daß die *Reaktionen des Kindes gegenüber der Natur sozialer Art sind* und für es implizieren, daß die „Verhaltensweisen" der Naturobjekte in analoger Weise soziale Reaktionen sind:

„insoweit das Kind nachdenkend auf seine physische Umwelt einwirkt, handelt es so, als ob diese ihm helfen oder es behindern würde, und seine Antworten werden von Wohlwollen und Ärger begleitet." (M. 1934, 377)

Die ganze Welt des egozentrisch-animistisch denkenden Menschen bildet eine Art *sozio-psycho-physischen Kontinuums.* Ihm erscheint in synkretistischer Weise jede Bewegung in der Natur zugleich als psychisch und physisch, so daß *die intentionalen Ereignisse fast die einzige Realität bilden,* seien sie nun direkt oder magisch geleitet. Daher setzen diese Ereignisse zugleich aktive Wesen voraus. Bei animistisch denkenden Kindern unserer Kultur sind dies Menschen und Lebewesen generell, während es bei den „Primitiven" häufig auch personifizierte, übernatürliche

Geister, aber auch verstorbene Vorfahren sind, die auf magische Weise immer irgendwie in der eigenen Gegenwart präsent bleiben und dabei sogar mittelbar soziale Funktionen wie diejenigen der Bewahrung und Sanktionierung überkommener Werte und Normen erfüllen.

Eine besondere Ausprägung finden die anthropo- und soziozentrischen Tendenzen des primitiv-animistischen Denkens schließlich in der verdinglichenden Verschmelzung habitueller Rituale (Gewohnheitsregeln), moralischer Verpflichtungen (sozialer Normen) und physikalischer Gesetzmäßigkeiten (Naturgesetze) zu einem *moralisch-physikalischem Kontinuum.* Ein physikalisches Naturgesetz kann z. B. an soziale Verhaltensnormen, die konkret erlebt wurden und gleichsam vorbegrifflich-anschauliche Paradigmata jeglicher Gesetzlichkeit für das Kind darstellen, assimiliert werden, so daß den Dingen mit einer zugeschriebenen „Verpflichtung", für das Wohl der Menschheit zu wirken, eine Art von *„moralischer Kausalität"* innewohnt. Physikalische Gesetze können demnach insofern eine moralische Dignität haben, als man das naturgesetzliche „Verhalten" der Dinge ihrem *„Gehorsam"* gegenüber den Menschen (Anthropozentrismus beim Kleinkind) oder aber den Göttern (Theozentrismus beim „Primitiven") zuschreibt.

Bezeichnenderweise gilt in diesem undifferenzierten Denken aber auch die umgekehrte Relation: denn moralische Normen besitzen ihrerseits für das Kleinkind wie für den Naiven naturgesetzliche Dignität. Von daher erklärt sich u. a. die von ihnen vertretene heteronome Moral mit ihren Tabus und Transzendenzen und mit der Überzeugung von der objektiven Verantwortlichkeit eines Täters auch bei unabsichtlichen Vergehen (vgl. 1926, 159, 248; 1932, 51).

Das animistische Denken entwickelt sich selbst wiederum in verschiedenen Etappen, in deren Verlauf die Kategorie der bewußten Wesen von allen *in Bewegung befindlichen* (z. B. brennende Kerze, fallender Stein usw.) über alle sich *aus eigener Kraft bewegenden* Objekte (wie die Gestirne) bis zu den im biologischen und psychologischen Sinne *bewußten* Subjekten eingeengt wird.

Dabei besteht übrigens keine Kongruenz zwischen den Entwicklungen der Begriffe Leben, Bewußtsein und Wille. Denn der *Wille* z. B. erweist sich als die ausdauerndste animistische Kraft, die den Dingen selbst dann noch zugeschrieben wird, wenn ihnen Leben und Bewußtsein bereits abgesprochen werden. Dies ist dann häufig ein zum Wohl des Menschen (dem seinerseits vom Kind letztlich die quasi-moralische „Oberherrschaft" über die Natur zugeschrieben wird) ausgerichteter Wille (s. u.: „Finalismus"). – Derartige Ansichten will PIAGET in den zwanziger Jahren selbst noch bei 10–12jährigen Kindern gefunden haben (vgl. 1926, 226/227).

Das spontane animistische Denken des Vorschulkindes in unserem Kulturkreis läßt sich allerdings nur in inhaltlichen Grundzügen mit demjenigen der Erwachsenen in primitiven Kulturen oder in unterprivilegierten soziokulturellen Milieus entwickelterer Kulturen vergleichen. Denn ihm fehlen wesentliche (wenn auch nicht alle) soziale Verstärkungen durch entsprechende sozial institutionalisierte, dogmatische Glaubenssysteme oder Denknormen, religiöse Mystifizierungen, magische Rituale, Personifizierungen von Geisterwelten o. dgl. m. Der spontane kindliche Animismus darf daher nicht in der Weise vom Forscher verdinglicht werden, daß er es etwa für eine stets systematische, explizite, persistente und verbreitete Denkweise bei allen Kindern dieser Periode halten könnte: es ist, wie PIAGET bereits 1926 (im Sinne einer von AEBLI noch 1967 in bezug auf das egozentrische Denken generellvorgetragenen Kritik, vgl. AE. 1967, 102) betont hat, *nur eine schwankende, unsystematische Erklärungshilfe bzw. „Geistesorientierung" im Verlegenheitsfall.* Solange sich das Kind – wie in diesem Denken – nämlich seiner spontanen Ansichten selbst nicht sicher ist und solange diese nicht sozial verstärkt werden, bleiben sie eo ipso schwankend, widersprüchlich und werden daher *unter dem Eindruck neuer Situationen, Erlebnisse, Einsichten oder sozial vermittelten Wissens schnell wieder aufgegeben.* Typischerweise können die meisten Kinder ihre animistischen Ansichten auch gar nicht begründen, und wenn sie von den Erwachsenen nicht darin bestärkt werden, ändern sie sie daher auch entsprechend spontan (vgl. 1926, 182). In aufgeklärten Sozialisationsmilieus, wo sie keinerlei soziale Förderung, sondern vielmehr stets Behinderung und Widerspruch erfahren, werden sie sich daher nicht entfalten können und bereits am Ende der Vorschulzeit überhaupt nicht mehr anzutreffen sein. Wenn PIAGET dagegen bei den von ihm untersuchten Genfer Kindern „einfacher Volksschichten" teilweise noch bis zum 11. und 12. Lebensjahr animistische Denkweisen gefunden haben will, so verweist diese entwicklungszeitliche Dauer in der Tat – worauf auch zahlreiche Kritiker (z.B. schon Ch. BÜHLER 1928) mehr als er selbst zu Recht hingewiesen haben – auf ihren *gesellschafts- und kulturspezifischen Charakter,* d.h. ihre Abhängigkeit von den jeweiligen pädagogischen und kognitiven Einflüssen des besonderen Sozialisationsmilieus sowie von dem verfügbaren rationalen bzw. popularisierten wissenschaftlichen Wissen in diesen Milieus. – Wie die egozentrischen Denkweisen generell sind das Auftreten und die Dauer animistischer Denkweisen zudem auch *gegenstandsspezifisch:* manche Naturphänomene (wie z.B. Blitz und Donner), die besonders intensive Gefühle (wie Ängste) auslösen, werden entsprechend länger (oder gar lebenslang) Objekte animistischer Erklärungen bzw. Assimilationen bleiben (vgl. auch Ch. BÜHLER 1928), zumal wenn ihre naturwissenschaftliche Erklärung entweder nicht bekannt ist oder aufgrund bestimmter religiöser Vorstellungen für sekundär gehalten wird.

Denkstrukturalistisch läßt sich das animistische Denken unschwer mit den Grundtendenzen und -strukturen des voroperatorisch-egozentrischen Denkens, durch die unkorrigierte Assimilation der Erkenntnisgegenstände an zentrierte Grundeigenschaften des menschlichen Subjekts und durch die Partizipation und Unabgegrenztheit zwischen den verschiedenen Realitätsbereichen erklären. PIAGET und WERNER verweisen in ihrer psychologischen Erklärung der animistischen wie der „primitiven" Denkweisen generell vor allem auf die *Undifferenziertheit* der verschiedenen Bewußtseinsinhalte (der Vorstellungen von der Existenz und den Merkmalen des Subjekts und der Objekte) und nehmen somit ein *primäres Ich-Umwelt-Kontinuum* an, in dessen Rahmen es weder eine Unterscheidung des Ich von der Außenwelt noch eine Vergegenständlichung beider gibt. Das beherrschende kognitive Verhalten des Kleinkindes wie des voroperatorisch-„primitiv" Denkenden generell kann man sich als *anschaulich-konkretes Erleben in einem verabsolutierten Seinskontinuum* vorstellen, wobei eigene Empfindungen, Wünsche oder Schmerzen wahrscheinlich wie im Absoluten lokalisiert werden (vgl. 1926, 140). Beide sind geistig Gefangene der spontanen Zentrierungen und Primärtendenzen ihres Denkens sowie des *ursprünglichen „sympathetischen Zusammenhangs" der Dinge in ihrem Bewußtsein* (vgl. A. GEHLEN [2]1964, 233, 234).

Da das Erleben der eigenen Belebtheit, Beseeltheit und Intentionalität zu den kognitiven Unmittelbarerfahrungen gehört, die jeder Dissoziierung der ich- und umweltbezogenen Bewußtseinsinhalte vorausgeht, ist es schon weitgehend von dieser Primärstruktur menschlichen Denkens her erklärbar, warum das Kleinkind wie der „Naturmensch" z.B. alle möglichen, in Bewegung befindlichen Phänomene (wie die Wolken, den Wind usw.) beseelen, beleben oder als mit Absichten und Willenskraft begabte „Wesen" betrachten kann: im anschaulich gefühlten Zusammensein des unvermittelten Bewußtseins sind diese Eigenschaften noch nicht von den Dingen getrennt und nicht den Lebewesen logisch zugeordnet bzw. biologisch reserviert.

Sigmund FREUD hat 1913 in seinem Buch „Totem und Tabu" eine Erklärung des Animismus der „Naturvölker" durch den Mechanismus der *„Projektion"* zu geben versucht (vgl. FREUD 1956, 103ff.), und zwar als Projektion der „Gesetze des Seelenlebens" auf diejenigen der Natur. – Im System seiner Psychoanalyse stellt die Projektion jedoch in erster Linie einen „Abwehrmechanismus" des Subjekts zur Bewältigung innerer Konflikte dar, der eben dann in Kraft tritt, wenn er den „Vorteil einer psychischen Erleichterung mit sich bringt" (a.a.O., 104). Dabei soll das Ich Impulse aus seinem Innern, die es mit Hilfe der „Verdrängung" nicht erfolgreich genug unterdrückt hat, durch Verlagerung in seine Umgebung abwehren können, wo es sie dann – wenn auch in mehr oder weniger stark veränderter oder verkehrter Form – wiederfinden kann (vgl. auch Anna FREUD 1936).

So plausibel diese Erklärung auf den ersten Blick erscheinen mag, kann sie allerdings diejenige PIAGETS durch die primäre Undifferenziertheit der verschiedenen Realitätsebenen und die Verabsolutierung der anschaulichen Primärerfahrungen im egozentrisch-voroperatorischen Denken nicht ersetzen:

1. Es ist z.B. nicht einzusehen, warum ein so verbreitetes Phänomen wie dasjenige des Animismus Ergebnis eines neurotischen oder quasi-neurotischen Konflikts sein und durch einen „Abwehrmechanismus" zustandekommen soll. Warum sollten psychoenergetisch (im Sinne der Psychoanalyse:) „normale" Menschen ihre eigene Bewußtseinsfähigkeit, „Beseeltheit" oder „Belebtheit" durch Projektion „abwehren" und auf die Natur übertragen?!
2. Wie kann überhaupt etwas „projiziert" werden, was kognitiv noch gar nicht von der „Projektionsfläche" unterschieden wurde (vgl. 1926, 234–241, womit PIAGET übrigens die erwähnte Kritik von AEBLI u.a. 1968 an seinem Differenzierungsbegriff teilweise vorwegnimmt)? Kann man etwas von einem „Projektor" (dem Ich) auf eine „Projektionsfläche" (die Natur) „projizieren", wenn beide Pole vorher noch gar nicht relativierend voneinander abgegrenzt bzw. differenziert erkannt werden konnten (wie das beim voroperatorisch denkenden Kind ebenso wie beim „Primitiven" weitgehend der Fall ist)? Paradoxerweise verschwindet nach PIAGETS Untersuchungen der Animismus beim mitteleuropäischen Kind gerade in der Zeit „nach der Sonderung von Ich und Außenwelt" (A. FREUD 1936, 42, 43), in die das Auftreten der Projektion von ihren Theoretikern psychogenetisch eingeordnet wird, d.h. in der dritten Entwicklungsperiode nach der hier benutzten denkstrukturalistischen Stadientheorie.
3. Schließlich kann mit der „Projektion" auch nicht die Resistenz der behandelten „primitiven" Denkweisen und Naturdeutungen gegenüber der konkreten Erfahrung und der Vermittlung divergenten Wissens in der „Blütezeit" des voroperatorisch-egozentrischen Denkens erklärt werden (vgl. 1926, 234).

Bei der Erklärung des animistischen Denkens ist allerdings zu betonen, daß es nicht etwa die Entdeckung der Subjektivität, der menschlichen Beseeltheit oder der Begriffe von Bewußtsein und Wille ist, die zu solchem Denken führt, sondern gerade das *Fehlen eines Selbstbewußtseins* und derartiger Begriffe (vgl. 1926, 239 und

1931a, 538/539). *Erst im Spiegel seiner sozialen Umwelt,* in der Kommunikation mit seinen Mitmenschen *lernt der Mensch sich selbst als denkendes sowie von den anderen und den Objekten unterscheidbares Subjekt zu entdecken.* Erst wenn er mit (in unserem Kulturkreis:) etwa 8 bis 10 Jahren im Verlaufe seiner sozialen Erfahrungen, Interaktionen, Konfrontationen und differenzierter werdenden Koordinationen zu solcher Selbstreflexion und Dezentrierung (d.h. zur Bewußtheit seines Ich, seiner Subjektivität und der Relativität seines Denkens) gelangt ist, hört er auf, animistisch zu denken.

„... die Dissoziierung der primitiven, halb-psychischen und halb-physischen Begriffe, d.h. *die Depersonalisierung der Wirklichkeit ist an die Fortschritte des Selbstbewußtseins gebunden.*" (1926, 240) Denn „erst in der Reflexion, im Bewußtsein des Bewußtseins, erscheint ihre (der Vorstellungen) Subjektivität..." (GEHLEN [2]1964, 176; Hervorhebung von mir, FGW)

Auch als individuelle Persönlichkeit bzw. als „soziales Selbst" entsteht das Ich ebenso wie seine zur Objektwelt vergegenständlichte Umwelt und die Rationalität seines Denkens (in der Form logischer Prinzipien, konstanter Begriffe usw.) aus einer *vorwiegend sozial provozierten Dissoziierung der undifferenzierten Bewußtseinsinhalte* sowie ihres differenzierenden Austauschs zwischen den Interaktionspartnern, wie es G. H. MEAD konzentrierter als PIAGET herausgearbeitet hat.

„In der Tat ist keine direkte Erfahrung möglich, um das Kind zur Entdeckung zu leiten, daß eine Bewegung nicht absichtlich oder daß eine Aktivität nicht bewußt sein kann. Die Bedingung dieser Dissoziierung ist nicht die Bereicherung des Wissens noch selbst die Entwicklung der Kontroll- und Experimentierfähigkeit, sondern ein radikaler Wandel in den Gewohnheiten des Geistes." (1926, 238; vgl. dazu auch WERNER, a.a.O., 280, der dort ebenfalls betont, daß diese Differenzierung „nicht am Sachlichen, sondern am Haltungsmäßigen" beginnt)

Dieser *Wandel* konnte und kann am treffendsten mit den Begriffen *Dezentrierung, Strukturerweiterung* und *Sozialisation* gekennzeichnet werden.

D. Zum ego- bzw. anthropozentrischen Denken gehört schließlich die Schwierigkeit, sich eine vom Ich und vom Menschen generell unabhängige, zufallsbestimmte und daher unpersönliche Kausalgesetzlichkeit der Naturtatsachen vorzustellen. *Überall werden Zwecke, Absichten und Pläne gesehen,* für die das subjektive Erleben der Intentionalität des menschlichen Handelns die Analogien liefert. Mit diesem *Finalismus* des egozentrischen Denkens wird die physikalisch-chemische Naturgesetzlichkeit nach dem Muster der psychischen Ich- bzw. Humangesetzlichkeiten oder nach den gesellschaftlichen Moralgesetzlichkeiten interpretiert. Die überall vermuteten „Absichten" erscheinen dem Kind zugleich als *Wirkursache und Seinsgrund* der Dinge („cause efficiente et raison d'être", 1926, 231). Die *Welt besteht* für das Kind wie für den „Primitiven" *vorwiegend aus Aufforderungen zum Handeln und nicht aus Anlässen zum Reflektieren:* alle Beziehungen zu ihr haben primär aktionistischen, ganzheitlich-umfassenden und noch kaum kognitiven, geschweige denn rational differenzierten oder analytischen Charakter:

„Primitive Wirklichkeit bestimmt sich einmal und zu allererst als *Wirksamkeit:* darin ist die Tatsache einbegriffen, daß es eine *Verhaltenswelt* ist, eine Welt, in der alles gebärdenhaft und wirkungshaft – physiognomisch – geschaut wird, alles Persönliche und Dingliche aktionshaft existiert. Es ist keine Welt der Erkenntnis, sondern eine Welt der Tat und Gegentat, keine statische, sondern eine dynamische, keine theoretische, sondern eine *pragmatische* Welt." (WERNER, a.a.O., 259/260; Hervorhebungen von H. W.)

Nicht zufällig ist daher auch die Magie bei den „Naturvölkern", in den gesamten alltäglichen Handlungszusammenhang eingebettet und stellt selbst ein symbolisches, rituelles Handeln mit konkreten Zwecken dar.

Das Kleinkind interessieren wie den „Primitiven" nur Dinge, die etwas tun, und Dinge, mit denen man etwas tun kann. Dementsprechend werden sie auch nicht nur anthropozentrisch, sondern außerdem quasi-utilitaristisch (wie man sagen könnte, wenn es sich um ein rational expliziertes Denksystem handelte) erklärt, nämlich durch ihre konkret herstellbaren oder magisch-animistisch vorgestellten Zwecke für das Subjekt oder die Menschen generell. Z.B. kann das Frieren von Wasser zu Eis durch den Zweck erklärt werden, „damit die Kinder darauf Schlittschuh laufen können": typischerweise steht hier anstelle des begründenden „weil" immer ein „damit".

„Überall besteht die Neigung, *wahrnehmungsmäßig herauszuheben, was Gebrauchsbedeutung hat,* und alles übrige in eine ununterschiedene Masse zusammenzuhäufen." (B. MALINOWSKI 1927, zit. nach H. WERNER, a.a.O., 260; Hervorhebung von mir, FGW)

Der Finalismus ist ein allgemeineres, grundlegenderes und stärker verbreitetes Phänomen des kindlichen Denkens als der Animismus, da er der Struktur des egozentrisch-voroperatorischen Denkens noch stärker als dieser entspricht. Denn die *ersten Begriffsbestimmungen* des Kleinkindes *sind Definitionen* der Dinge *durch ihre* subjektive oder menschliche *Gebrauchsfunktion.* Zwischen drei und sieben Jahren artikuliert sich diese Vermischung der kausalen mit der finalen Ebene in den häufigen *Warum-Fragen* des Kindes, auf die es in diesem Alter meist nur Antworten haben will und mit Antworten zufrieden ist, in denen die Dinge durch einen finalen (oder intentionalen) statt durch einen kausalen Grund „erklärt" werden. Die ganze Natur erscheint von einer grundlegenden Finalität durchdrungen: sie ist ein *Kontinuum von Kräften zur Realisierung von Zielen,* die beim Kind meist dem Wohl und Nutzen des Menschen dienen. (Je mehr dahinter allerdings – wie in den systematischeren, primitiven Glaubensvorstellungen der „Naturvölker" – personifizierte Geister, Götter oder Ahnen gesehen werden, desto häufiger werden diesen Kräften aber auch Absichten und Wirkungen zum Schaden und Nachteil des Menschen zugeschrieben).

Z.B. mag der abendliche Untergang der Sonne (vor dem entsprechenden physikalisch-astronomischen Wissen) spontan durch den Zweck erklärt werden, den Menschen abends das Schlafen zu erleichtern. – Zufällige Unglücksfälle können vom Kind – wie bei „Naturvölkern" oder selbst noch in den Religionen hochentwickelter Kulturen – als absichtliche Bestrafungen durch die Erzieher oder transzendente Autoritäten interpretiert werden. – Auch die erwähnte, angenommene „moralische Verpflichtung" der Dinge, zum Wohle des Menschen zu wirken, entspricht diesem finalistischen Denken.

Die verschiedenen Manifestationen des primitiven Denkens sind, wie die bisherigen Ausführungen und Beispiele gezeigt haben, in ihrem prälogischen Charakter untereinander kohärent.

„Sie bestehen alle in einer *deformierenden Assimilation* der Realität an die eigene Aktivität: Bewegungen sind auf ein Ziel gerichtet, weil die eigenen Bewegungen so orientiert sind; die Kraft ist aktiv und substantiell, weil die Muskelkraft von dieser Art ist; die Realität ist belebt und lebend; die Naturgesetze kommen vom Gehorsam, kurz, alles ist dem Vorbild des Ich abgelauscht." (1943, 38; Hervorhebung von mir, FGW)

E. Aus dem finalistischen *„gemacht für"* die Menschen ergibt sich schließlich für das anthropozentrisch denkende Kind spontan, d.h. per Transduktion (und wiederum vor der Vermittlung des entsprechenden Wissens) ein *„gemacht von"* den Menschen, der Glaube nämlich, daß alles, auch das natürlich und zufällig Gewachsene wie die Flüsse, Wälder, Seen oder Berge, von Menschen nach rationalen Plänen und zu ihrem eigenen Nutzen geschaffen wurde. In dieser von PIAGET *Artifizialismus* genannten Kausalitätsauffassung, die psychognetisch auf die magisch-phänomenistische, die finalistische und die moralische folgt, drückt sich erneut das Unvermögen des Kindes aus, das Phänomen des Zufalls und des unpersönlichen, „blinden" Schicksals zu begreifen. Den damit vollzogenen Übergang vom Animismus zum Artifizialismus erklärt PIAGET durch den wahrscheinlich *unter dem Eindruck der totalen Umsorgtheit* des Kindes durch die Eltern und Erzieher getanen Analogieschritt von jenem animistisch-finalistischen „gemacht für" zu diesem „gemacht von":

„Der Übergang vom ‚gemacht für' zum ‚gemacht durch' erklärt sich in der Tat leicht, wenn man sich daran erinnert, daß das Kind, dessen ganze Existenz von seinen Eltern organisiert wird, alles ‚für' es Gemachte als ‚gemacht durch' seinen Vater und seine Mutter betrachtet." (1926, 376)

Darüber hinaus scheint (wiederum nach PIAGETS Beobachtungen und Annahmen) für diesen Schritt die Information über die *Geburt* der Babys eine *Schlüsselerfahrung* darzustellen, so daß die Fragen des Kindes in bezug auf diese wahrscheinlich auch den Ausgangspunkt der Fragen über den Ursprung der Dinge generell darstellen (vgl. 1926, 386). Denn die menschliche Geburt stellt das *Paradigma einer Erzeugung von etwas Lebendem und Natürlichem durch den Menschen* dar, kann also vom Kind in einer ihm plausibel erscheinenden Weise auf alle möglichen anderen Entstehungsvorgänge übertragen werden bzw. seine vorhandenen Naturerklärungen bestärken:

„Da das Baby zugleich als erzeugt und lebendig begriffen wird, hat das Kind die Tendenz, alles zugleich als lebendig und erzeugt zu begreifen." (1926, 391)

Rolf OERTER vermutet darüber hinaus sicher nicht zu Unrecht, daß es bei Kindern der Gegenwart möglicherweise länger denn je artifizialistische Naturerklärungen geben könnte, zumal die technische *„Machbarkeit der Sachen"* (H. FREYER) in den letzten fünfzig Jahren noch erheblich zugenommen hat (vgl. OERTER 1968, 258) und zumal die Biochemiker sogar tatsächlich schon „an die Pforten des Lebens klopfen". Demgegenüber ist allerdings auch die größere Chance der Gegenwartskinder – zumindest in einem günstigen soziokulturellen Milieu – frühzeitig mit dem pädagogisch rezipierten wissenschaftlichen Wissen konfrontiert zu werden, zu berücksichtigen. Dies könnte gerade wieder eine schnellere Überwindung des primitiv-anthropozentrischen Denkens ermöglichen, vorausgesetzt, daß damit zugleich eine fortgeschrittene strukturelle Denkerziehung einherginge.

Der Artifizialismus beim Kind macht selbst wiederum einen Entwicklungsprozeß durch, und zwar

1. von einem „diffusen“ Typ, in dem die Welt als eine „Gesellschaft lebender Wesen“ aufgefaßt wird, die vom Menschen gelenkt wird,
2. zu einem „mythologischen“, wo die Erzeugung der Dinge – die zugleich lebendig sein und den Menschen zu ihrem Schöpfer haben sollen – wie diejenige der Babys vorgestellt wird,
3. um danach (etwa in der dritten Entwicklungsperiode erst) einen „technischen“ Charakter anzunehmen, in dem der Mensch nur noch als Schöpfer von technisch realisierbaren Objekten angesehen wird,
4. und um schließlich zu einer „immanenten“ Interpretation zu gelangen, nach der die Natur zwar Erzeugerin der Dinge, aber selbst immer noch von anthropozentrischen Zwecken durchdrungen ist (vgl. 1926, 391ff.).

Mehr als die anderen – eher psychogenetisch und denkstrukturell bedingten – Erscheinungsformen des egozentrischen Denkens ist der Artifizialismus wahrscheinlich soziologisch zu erklären durch die frühkindlich zwar auch kognitiv-perspektivisch bedingte, aber primär durch die soziale Erfahrung begünstigte und *sozial geförderte Deifizierung der Eltern,* die dem Kind umfassende Vorsorge bieten und denen es anfangs aus seiner unterlegenen Position und Sichtweise sowie aus mangelhaftem Wissen und mangelhaftem relativierenden und differenzierendem Denkvermögen Allmacht, Allgegenwart, Allwissen, Alldauer (Ewigkeit) und Allgüte (Gerechtigkeit) sowie andere absolute Eigenschaften zuzuschreiben tendiert. Schließlich können auch hier wiederum *Nachlässigkeiten und Schwächen im Sprachgebrauch* der Erwachsenen begünstigend auf diese Denkweisen einwirken. Der Artifizialismus *verschwindet erst mit dem zunehmendem Autoritätsverlust der Eltern* beim Kind, mit dem Erkennen ihrer Schwächen wie der begrenzten menschlichen Fähigkeiten überhaupt und mit dem Rückgang der ego- und anthropozentrischen Zentrierungen im Verlauf der denkstrukturellen Entwicklung generell.

Bevor das Kind zu eigentlich mechanischen Kausalerklärungen gelangt, an deren psychogenetischem Beginn im übrigen wiederum phänomenistische Interpretationen (wie die Verursachung durch äußeren Kontakt u. dgl.) stehen, pflegen noch in der einen oder anderen Form animistische und dynamische, d. h. auf „leitende Kräfte“ bezogene, Kausalerklärungen vorzuherrschen (vgl. im einzelnen dazu: 1927).

Die Begriffe des Zufalls, der Notwendigkeit, der Naturgesetzlichkeit, der Wahrscheinlichkeit, der Proportionalität usw., mit denen die finalistischen und artifizialistischen Denkweisen ein „rationales Ende“ finden können, entstehen erst mit der Bildung der abstrakten logischen Operationen sowie der Fähigkeit zur Deduktion und zur kombinatorischen Kalkulation in der Periode des hypothetisch-deduktiven Denkens, das auch die unerläßliche Voraussetzung zum Verstehen wissenschaftlicher Beweisführungen darstellt (vgl. B. INHELDER 1950; J. PIAGET & B. INHELDER 1951d).

Da ein Großteil der behandelten Inhalte des „primitiven“ Denkens in der Alltagserfahrung des Kindes spontan selten vorkommt, hat Susan ISAACS mit ihrer bereits 1929 geäußerten Kritik durchaus Recht, daß PIAGET mit seiner Weltbildanalyse kein Bild vom alltäglichen Denken des „Durchschnittskindes“ liefert (vgl. S.

ISAACS 1929, 509). Tatsächlich war es ihm auch gar nicht darum gegangen, da er ja in erster Linie zeigen wollte (– wie es wohl hauptsächlich erst aus der Sicht seines späteren Werkes erkennbar wurde –), welche vielfältigen möglichen Denkweisen sich aus den tieferliegenden, allgemeinen Grundstrukturen des egozentrisch-voroperatorischen, kindlichen Denkens ableiten lassen, in ihnen enthalten sind oder von ihnen strukturiert und bestimmt werden. Dabei konnte es prinzipiell gleichgültig sein, ob man dem Kind erst durch gezielte Fragen oder Anstöße zu ihrer Artikulation oder Aktualisierung verhilft oder ob es spontan und aufgrund von Zufallsbegegnungen dahin gelangt. – Wenn man – wie S. ISAACS (1929 allerdings in Unkenntnis der späteren Werke PIAGETS) – die beschriebenen Denkweisen dagegen als bloße außeralltägliche, untypische oder beliebige Phantasien interpretiert, übersieht man eben, daß diese sich ihrer Struktur nach gerade aus den vom Kind auch anderweitig alltäglich angewandten vorbegrifflich-anschaulichen Denkweisen ergeben und stets als aktualisierbare Möglichkeiten in diesen enthalten sind. Man kann PIAGET daher auch hier nicht vorwerfen, einen Untersuchungsbereich (die alltäglich häufigsten Inhalte des kindlichen Denkens) verfehlt zu haben, den er sich gar nicht zum wissenschaftlichen Gegenstand genommen hat.

Berechtigter ist dagegen S. ISAACS' Vorwurf, daß PIAGET gleichwohl den Faktor des bloßen Nichtwissens beim Kinde zugunsten der denkstrukturellen Entwicklungsdynamik vernachlässigt hat: dazu tendiert er in der Tat generell. Hierin könnte er zwar mit demselben Argument gerechtfertigt werden, daß es ihm, wie seine Werke von den vierziger Jahren ab in zunehmendem Maße gezeigt haben, immer mehr nur um eine allgemeine, strukturalistische Erkenntnistheorie und damit um Formen, Begriffe und Grundstrukturen des Erkennens und Denkens gegangen ist, für die die besonderen (vom inhaltlichen Wissen und dem partikularen soziokulturellen Milieu abhängigen) Variationen uninteressant und weitgehend irrelevant sind. Aber tatsächlich können zahlreiche der von ihm untersuchten Invarianzbegriffe (wie diejenigen der Substanz, des Volumens, der Schwerkraft, der Erde als Planet der Sonne, des Zufalls, der mechanischen Kausalität usw.) vom Individuum gar nicht allein aufgrund autonomer Rationalität, sondern *nur auf der Basis eines kulturspezifischen Wissensstandes,* also nur mit Hilfe sozialer Vermittlungen und inhaltlichen Wissens gebildet werden.

Die von PIAGET für das Auftreten der verschiedenen Denkformen angegebenen und 1926 an 600 Genfer Kindern zwischen vier und zwölf Jahren gewonnenen Alterswerte wurden hier bewußt nicht im einzelnen wiedergegeben, da sie keine verbreitete Geltung haben dürften und stark mit den jeweiligen Kulturen, Gesellschaften und schichtspezifischen Milieus schwanken. Es ist durchaus möglich, daß die von ihm damals untersuchten, auf den unteren Entwicklungsstufen befindlichen Kinder der „einfacheren Volksschichten" Genfs (nach seinen globalen Angaben) ein für ihre Gesamtgesellschaft unterdurchschnittliches Bildungsniveau hatten, wie S. ISAACS (1929, 509) vermutet, – daß bei diesen Kindern also animistische und andere egozentrische Denkweisen noch länger auftraten als in bürgerlichen oder „Mittelschicht"-Milieus, – und zwar etwa aufgrund des dortigen geringeren Bildungsniveaus ihrer Eltern, aufgrund der bei diesen möglicherweise stärker ausgeprägten irrationalen wie abergläubischen und religiösen Denkweisen und ihres reduzierten bzw. stärker anschaulich und emotional bestimmten Sprachcodes o. dgl.m.

II.3 Das operatorisch-dezentrierte und rationale Denken

Während die voroperatorische Periode zwar eine notwendige Etappe auf dem Wege zur Entwicklung der rationalen Intelligenz ist, und zwar vor allem aufgrund der in ihr möglich werdenden Vorstellungsfähigkeit, der Interiorisierbarkeit äußerer und der Verselbständigung innerer kognitiver Prozesse gegenüber diesen äußeren sowie der damit verbundenen Erweiterung der geistigen Bezugsfelder, enthält sie doch im Vergleich zur sensomotorischen Periode zugleich besondere Hindernisse auf dem Wege von den sensomotorischen Handlungen zu den rationalen Operationen: die Bindung an bildhafte Einzelvorstellungen und die figurativen Dimensionen des Erkennens, die Zentrierung auf die statischen Aspekte der Dinge (Einzelsituationen, Endzustände von Prozessen) sowie die unbewußte Zentrierung auf das Ich als Bezugssystem und Handlungszentrum.

Während das Kind in der sensomotorischen Periode, wie gezeigt wurde, z.B. durch die Bildung der „praktischen Gruppe der Deplatzierungen" bereits eine handlungs-operative Fertigkeit zur räumlichen Orientierung erwirbt und damit bereits quasilogische Handlungskoordinationen besitzt, ist das voroperatorisch denkende Kind doch noch außerstande, diese Handlungsstrukturen auf der Vorstellungsebene adäquat abzubilden bzw. richtig zu rekonstruieren.
Ein 4- bis 5jähriges Kind kann z.B. einen täglichen 10-Minuten-Weg von zu Hause zum Schulkindergarten anhand eines dreidimensionalen Straßen- und Häusermodells seines Wohnortes noch nicht richtig wiedererkennen oder auch nur die Schule so zeigen, wie man sie von verschiedenen Seiten her sieht. Es ist unfähig, die topographischen Beziehungen zu rekonstruieren, die es gleichwohl laufend im konkreten Verhalten benutzt bzw. durchschreitet (vgl. 1966a, 74). – Ähnlich vermag es die links-rechts-Relation zwar am eigenen Körper, aber noch immer nicht an gegenüberliegenden Objekten richtig zu bezeichnen.

Angesichts dieser Schwierigkeiten des Subjekts der voroperatorisch-zentrierten Intelligenz, sich die eigenen sensomotorischen Verhaltensstrukturen in der Vorstellung präzise nachzubilden und damit zu reflektieren, beweglich und reversibel zu machen, also zu dezentrieren und zu relativieren usw., stellt sich erst für die dritte Entwicklungsperiode der Intelligenz, die durch verallgemeinerte, interiorisierte und reversibel-beweglich gewordene Handlungsstrukturen gekennzeichnet ist, die Notwendigkeit, mit Hilfe der hier erworbenen logischen Operationen das auf der Vorstellungsebene zu rekonstruieren, was bereits auf der sensomotorischen Handlungsebene erworben wurde. Da Piaget gerade Handlungskoordinationen als den Kern oder das strategische Gerüst der operativen Intelligenz ansieht, betrachtet er die operatorisch-rationale (d.h. durch logische Operationen definierte) Intelligenz in erster Linie als erweiterte und beweglichere Fortsetzung der sensomotorischen Koordinationsstrukturen. Denn

„die wesentliche Eigenschaft des logischen Denkens ... ist es, operatorisch zu sein, d.h. die Handlung zu verlängern, indem es sie interiorisiert." (1947a, 45)

Er muß daher in der voroperatorischen Periode eine gewise Diskontinuität oder Stagnation der Entwicklung zu den operatorischen Strukturen und der durch diese definierten, beweglichen Intelligenz sehen, zumal er außerdem weder Wahrnehmungen noch Vorstellungsbilder oder Symbole als die wesentlichen Elemente des Denkens ansieht, sondern nur konkret oder innerlich ausgeführte, reversible Operationen.

Worum handelt es sich nun genauer bei den für die Theorie PIAGETS entscheidenden *„Operationen"*, deren Begriff er in die Psychologie eingeführt hat?

Operationen stellen psychische und soziale Handlungen dar, die die Elemente der allgemeinsten und beweglichsten Denkstrukturen bzw. der rationalen Intelligenz sowie der zu ihrer präzisen Beschreibung dienenden Logik bilden. Sie sind diejenigen kognitiven Aktivitäten, die die verschiedenen Bereiche der *Erfahrung so* (wenn auch dem Subjekt selbst meist unbewußt) systematisch *organisieren, daß dadurch stabile Erkenntnisse über die Wirklichkeit gewonnen werden können.* Mit ihrer Hilfe werden gleichsam die dynamischen Äquivalente der KANTschen „Kategorien" (Klassen, Relationen, Invarianzbegriffe) gebildet, die eine rationale Strukturierung und Erfassung der Umwelt ermöglichen. Sie verleihen den sinnlichen Inhalten der Wahrnehmung und der Anschauung eine „intellegible" Form und verhelfen dem Subjekt damit zu der Möglichkeit, die Irreführungen zu korrigieren, die perzeptiver Schein oder unkorrigierte Vorstellungsassimilationen hervorrufen können. Operationen verleihen den Dingen ebenso wie den Wörtern und Sätzen (die ohne operativ-intelligente Strukturierung nur sinnlose Zeichen bleiben würden) *Bedeutung,* weil sie die *rationalen Schemata* liefern, mit deren Hilfe die Inhalte der Objekterfahrung assimiliert, verarbeitet und verstanden werden können (vgl. auch AEBLI 1963a, 64).

Wie am Beispiel des anschaulichen Denkens gezeigt wurde, vermag das Kind in der voroperatorischen Periode ohne die z.B. mit Hilfe von geometrischen Operationen (der Teilung des Kontinuierlichen, der Ineinanderverschachtelung der Teile, der geordneten Verlagerung der Teile gegenüber dem Ganzen, des Messens, der Beziehungsbildungen zu erweiterten Bezugssystemen usw.) konstruierbaren Invarianzbegriffe der Horizontalität und der Vertikalität die räumliche Position etwa von Bäumen an einem Berghang oder der Wasseroberfläche in einem geneigten Wasserglas zwar zu „sehen", aber nicht zu erkennen oder richtig wiederzugeben.

Ohne die mathematisch-logischen Operationen der Klassen- und Reihenbildung kann es die numerische Äquivalenz anschaulich unterschiedlich gegebener Mengen bzw. die Unabhängigkeit der numerischen Reihe von allen äußeren Veränderungen der entsprechenden Gegenstände nicht erkennen, also den Zahlbegriff als begriffliche Invariante noch nicht erwerben und verstehen. Ohne die logische Operation der inneren oder äußeren Umkehrung (Inversions-Reversibilität) des Vorgangs ‚Umgießen einer Anzahl Perlen von einem hohen, schmalen in ein niedriges, breites Glas' vermag das Kind nicht mit Sicherheit die Bewahrung der Menge zu erkennen bzw. den Mengenbegriff zu erwerben usw.

Wie diese wenigen Beispiele schon deutlich machen können, ist das *Anwendungsfeld der* (logischen u. a.) *Operationen praktisch unbegrenzt* und jedenfalls erheblich weiter als dasjenige von sensomotorischen Aktionen, Gewohnheiten, Assoziationen oder anderen kognitiven Verhaltensweisen. Sie sind *nicht von bestimmten äußeren Umständen abhängig,* haben *keine Signale nötig,* um ausgelöst zu werden, und sind *nicht an bestimmte,* feste symbolische (verbale, numerische, algebraische) *Ausdrükke gebunden* (vgl. 1966d, 45). Sie sind z. B. im Gegensatz zu den Gewohnheiten oder den Wahrnehmungen – und darin sieht PIAGET ihre wichtigste Eigenschaft – *„reversibel"* (umkehrbar), *beliebig untereinander kombinierbar, zu Umwegen fähig* („assoziativ") und stellen stets *integrierte Elemente von Gesamtsystemen* dar, von denen her sie im Falle des Vergessens auch wiedergefunden werden können (vgl. AEBLI 1963a, 67–72):

„Die Logik ... bildet im wesentlichen ein System operatorischer Strukturen, d. h. der logische Akt besteht hauptsächlich darin, zu *operieren,* also auf die Dinge oder die Mitmenschen einzuwirken. Eine Operation ist in der Tat eine effektive oder interiorisierte Handlung, die aber *reversibel* geworden ist und mit anderen Operationen koordiniert wurde zu einer Totalitätsgesetzen unterliegenden Gesamtstruktur. *Eine Operation ist reversibel,* bedeutet, daß jede Operation einer umgekehrten Operation entspricht: Beispiel dafür sind die logische oder arithmetische Addition und die Subtraktion. Andererseits ist eine Operation niemals isoliert: sie ist in eine operatorische Struktur integriert wie die ‚Gruppen' in der Mathematik (...) oder die Netze (...) oder die elementareren Strukturen als diese beiden, die wir ‚Gruppierungen' genannt haben." (1956b, 138; Hervorhebungen von J. P.)

Operationen stellen die *allgemeinsten denkbaren Handlungen* dar, die *auf beliebige Objekte anwendbar* sind wie z. B. Vereinigen, Trennen, Ordnen, Umkehren, Addieren, Teilen, Messen, Zählen, Klassifizieren u. v. a. m. Da sie maximal von den Inhalten des Denkens unabhängig und außerdem in Gesamtsystemen (wie Zahlenreihen, Klassifikationen, Hierarchien, genealogischen Bäumen u. dgl. m.) organisiert sind, sind sie wesentlich beweglicher als einfache sensomotorische Aktivitäten, Wahrnehmungen, bildhafte Vorstellungen und alle anderen kognitiven Verhaltensweisen. Sie sind schließlich *für jegliche Erweiterungen ihrer Strukturen* offen und den Transformationen und Prozessen der Wirklichkeit dadurch kognitiv besser als alle anderen Verhaltensweisen gewachsen, daß mit ihnen *rationale Begriffe* bzw. stabile kognitive Invarianten (Erkenntnisformen wie die natürlichen Koordinaten, das Zahlensystem, die links-rechts-Relation oder auch Werthierarchien oder Normenstrukturen) bewahrt werden können, an denen sie die jeweiligen Realitätsveränderungen messen und durch entsprechende konkrete oder innere Kompensationen rational bewältigen und folglich vestehen können (: daher wurden sie auch als „perfekte Regulationen" bezeichnet). Anders gesagt: als Systeme koordinierter und reversibler Transformationen ermöglichen die Operationen die *Erkenntnis realer Transformationen* dadurch, daß sie sie konkret oder hypothetisch-abstrakt rückgängig machen sowie damit nachvollziehen und an ihre inneren Transformationssysteme assimilieren, in deren Rahmen *Invarianzbegriffe als rationale Bezugspunkte* der verläßlichen Orientierung dienen. So kann z. B. die Erhaltung der Länge einer zu einem Halbkreis umgeformten Geraden nur dadurch verstanden werden, daß zunächst die Umkehrung dieses Vorgangs der Umformung ausgeführt oder vorgestellt wird: der damit erworbene Begriff der (konstanten) Länge dient fortan als rationaler Orientierungsmaßstab in vergleichbaren Erkenntnissituationen und macht die jeweils (zumindest konkret) wiederholte Umkehrung wahrgenommener Längentransformationen dann überflüssig.

Die bislang behandelten Charakteristika der logischen Operationen und der operatorischen Strukturen erleichtern die zur Vermeidung von Mißverständnissen und Verwechslungen notwendige Unterscheidung zwischen den „operatorischen Begriffen" und PIAGETS logisch-erkenntnistheoretischem *„Operativismus"* einerseits sowie den „operationalen Definitionen" des aus der Physik stammenden (von Percy W. BRIDGMAN begründeten) methodologischen *„Operationalismus"* (oder „Operationismus") andererseits.

„Operatorische Begriffe" sind durch ganz bestimmte, rationale, prinzipiell auch hypothetisch-deduktiv und z. gr. T. sogar nur abstrakt-formal ausführbare Operationen gekennzeichnet. Diese sind ihrerseits untereinander stets logisch-implikativ und widerspruchsfrei verbunden sowie deterministisch zusammengesetzt – und stellen deduzierbare Elemente logischer und/oder mathematischer Gesamtstrukturen dar. Ihre Besonderheiten, d. h. die

Regeln ihrer Verwendung (wie ihre beliebige Kombinierbarkeit, Komposition, Umkehrbarkeit, Assoziativität usw., s. u.) sind in solchen Gesamtsystemen definiert. Als Grundstrukturen rationalen Denkens bestimmen Operationen nicht nur die Bedeutung individueller Verhaltensweisen, sondern vor allem auch die intersubjektiv rekonstruierbare Bedeutungsfixiertheit der rationalen sozialen Begriffe. Für diese spielen, wie erwähnt, andere kognitive Verhaltensdimensionen wie Wahrnehmungen, Vorstellungsbilder oder Symbole im Gegensatz zu den Operationen nur eine sekundäre Rolle. Der Oberbegriff der „operativen" Verhaltensdimensionen oder intelligenten Kognitionsstrukturen umfaßt dabei neben den „operatorischen" auch die konkreten, sensomotorischen Handlungskoordinationen, soweit diese ebenfalls intelligent bzw. kognitiv relevant sind, d.h. für das Subjekt Bedeutungen konstituieren können.

Die *„operationalen Definitionen"* stellen im Gegensatz dazu gleichsam nur pragmatische Konventionalbegriffe im Rahmen des „Operationalismus" als einer Art instrumentalistisch konzipierter wissenschaftstheoretischer Methodologie dar. Darin werden nur solche Begriffe akzeptiert, die mit Hilfe empirisch-konkreter und überdies meist – in empiristischer Vereinfachung – für eindeutig gehaltener Meßmethoden oder Verfahrensregeln festgelegt werden können. In bezug auf psychologische Begriffe ergibt sich aus dieser Konzeption ein methodologischer Behaviorismus (vgl. G. BERGMANN 1965), der mit PIAGETS rationalistisch-operativistischer Erkenntnistheorie so gut wie gar nichts zu tun hat. Wenn in zahlreichen amerikanischen und deutschen Übersetzungen sein Begriff „operatorisch" (opératoire) mit „operational" wiedergegeben wurde, so ist dies daher irreführend und falsch.

Kriterium für das Auftauchen der Operationen bzw. für die Bildung und Vollendung der operatorischen Strukturen ist die *Konstruktion von Bewahrungsbegriffen* oder Invarianten im behandelten Sinne. Diese sind für unser rationales Weltbild insofern konstitutiv, als sie gleichsam die Koordinaten unserer verläßlichen Umweltorientierung darstellen. Zwar gibt es schon „praktische" Bewahrungs- oder Invarianzbegriffe (wie das „Schema des permanenten Objekts") und einen Beginn von Reversibilität in der sensomotorischen Periode. Aber die Reversibilität der Handlungen kann so lange noch nicht vollständig sein, wie sie sensomotorisch und wahrnehmungsgebunden bleibt und nicht auch in inneren Handlungssystemen ausführbar ist. Dies ist dagegen bei den „operatorischen Handlungen" (Klassifikationen, Beziehungs- oder Reihenbildungen u. dgl. m.) der Fall. Erst von den operatorischen Invarianzbegriffen kann man daher sagen, daß sie *rationale Orientierungspunkte* im chaotischen Fluß der Wahrnehmungs- und Vorstellungsvielfalt bilden. Unter dem Aspekt ihres psychischen Funktionierens betrachtet, besteht die wesentliche Funktion der logischen Operationen darin, *Systeme der Kontrolle und der Selbstkorrektur des Denkens* gegenüber den von der Wahrnehmung und der Vorstellungsaktivität herrührenden potentiellen Illusionen, Zentrierungen, Verzerrungen, Fehlinformationen, Inkonsistenzen, Widersprüchlichkeiten usw. zu liefern (vgl. auch 1967c, 40).

Zu diesem rationalen „Kontrollsystem" gehören in unabdingbarer Weise allerdings auch soziale Kontrollen und Verstärkungen bei der Konstituierung der Begriffe, der Bedeutungsidentitäten und der Aussagenwiderspruchslosigkeiten sowie ebenso eine kontinuierliche und verläßliche soziale Bewahrung dieser Begriffe wie der jeweils geltenden Grundaussagen. Denn diese stellen wesentliche Bedingungen nicht nur des rationalen und logisch-konsistenten Denkens allein, sondern vor allem auch jeglicher wirksamen, erfolgreichen und vor allem verläßlich-rationalen Kommunikation dar. – Wenn PIAGET die *Bewahrungs- und Kontrollfunktion sozialer Normen* in bezug auf die rationalen (wie alle anderen) Begriffe häufig betont und in seiner Konzeption zumindest theoretisch berücksichtigt (ohne sie allerdings hinreichend in seine Gesamttheorie zu integrieren), kommt die Konstituierungsfunktion sozialer Einflüsse für die Operationen, Begriffe und Bedeutungen bei ihm häufig zugunsten seiner konstruktivistisch-rationalistischen und individualistischen Tendenzen zu kurz. Da die von ihm untersuchten Operationen gleichwohl aufgrund ihrer Reversibilität, ihrer Umwegfähigkeit, ihrer unbegrenzt-beweglichen Kombinierbarkeit, der mit ihnen möglichen Reziprozitäten-, Beziehungs- und Entsprechungsbildungen sowie ihrer interindividuellen Substituierbarkeit auch der Funktionsfähigkeit und Berechenbarkeit sozial-rationaler Kommunikation dienen, können sie sogar als *wichtigste Strategien rational-emanzipatorischer Sozialisationsprozesse* angesehen werden. Denn die Operationen enthalten – was gerade, wie erwähnt, für ihre soziale und „sozio"-logische Dimension entscheidend ist – im Gegensatz zur Mehrzahl der „bloßen" Handlungen (d.h. irreversibler Verhaltensweisen wie Gewohnheiten, Wahrnehmungen usw.) stets die Möglichkeit des sozialen Austauschs und der *interindividuellen Koordination.* Sie können aufgrund dieser Eigenschaft zum wichtigsten Instrument intersubjektiver Verifikationen, zur Bedingung der Objektivität und der Universalität der rationalen Strukturen sowie nicht nur des kognitiven Kommunikationsgleichgewichts, sondern – bei Erfüllung zusätzlicher sozialer Bedingungen (wie vor allem derjenigen der Gleichheit) – auch des sozialen Interaktionsgleichgewichts generell werden. Es ist eine *„sozio"-logische Bedingung ihrer Rationalität,* daß die Operationen interindividuell nachvollziehbar, deterministisch zusammengesetzt, berechenbar und zugleich flexibel mit den Operationen der Interaktionspartner zu Systemen von „Ko"-Operationen, wie PIAGET es treffend genannt hat, koordinierbar sind. Insoweit sie im sozialen wie im individuellen Bereich gerade isomorphe Gesamtstrukturen und Gleichgewichtszustände bilden, können sie der Funktion *sozialisiert-rationaler Verständigung* dienen. Die soziale Koordinierung von Operationen dient darüber hinaus in vielfältigen Interaktionsprozessen auch der orientierenden Bewahrung, der Konsistenz, der Identität, der Äquivalenz, der Reziprozität und der Entsprechung der Begriffe, Sätze, Beziehungen und Austauschwerte auch nichtkognitiver Art – und damit der sozialen Gleichgewichtsstabilität, interindividuellen Verläßlichkeit, Berechenbarkeit und Rationalität des Verhaltens generell.

Je weniger zwangsläufig, notwendig, universell oder autonom sich die begrifflichen Invarianten (ähnlich wie die anderen sozialen Werte) dem individuellen Denken auferlegen, desto mehr sind *soziale Normen* nötig, um ihnen die Bewahrung zu sichern und ihre Befolgung zu kontrollieren. Soziale Werthierarchien generell – und dazu muß man zumindest in unserem Kulturkreis verläßliche Begriffe, objektivierbare Erkenntnisse und berechenbare Aussagen zählen – werden vom Individuum auf der Basis sozialnormativer Kontrollen nur dadurch bewahrt, daß es mit Hilfe *reversibler Willensoperationen* den sozial höheren, aber subjektiv „schwächeren" Werten (wozu z.B. die unanschaulichen, rationalen Invarianzbegriffe zu zählen wären) gegenüber den sozial niedriger eingestuften, aber subjektiv „stärkeren", „attraktiveren" Werten (wozu Wahrnehmungen, anschauliche Vorstellungen, aber z.B. auch unreflektierte Sprachgewohnheiten zu zählen wären) zum „Sieg" verhilft. In dem Maße, wie das operatorische Kognitionsverhalten und damit das *rationale Denken prinzipiell,* was von PIAGET betont wird, sozialisierbares und *sozialisiertes Denken* und Verhalten darstellt, sind zu seiner Entwicklung und Vollendung Prozesse der kognitiven und sozialen Dezentrierung notwendig. Zu dieser Dezentrierung gehören vor allem das Erkennen, der Wechsel und das

In-Beziehung-Setzen unterschiedlicher Perspektiven sowie das Sich-Hineinversetzen in die kognitiven und sozialen Perspektiven, Positionen, Rollen oder Haltungen der Mitmenschen im Sinne G. H. MEADS. Solche *kognitiv-sozialen Dezentrierungsprozesse* sind eine konstitutive und unerläßliche Voraussetzung für alle differenzierten, sozial beweglich anpassungsfähigen Verhaltensweisen wie flexibles und situationsgerechtes Rollenverhalten, „role shifting" im Regel- und Rollenspiel, informativ-erfolgreiche Kommunikation mit Andersdenkenden u. dgl. m. Konstruktive rationale Diskussionen z. B. sind selbst nur bei Menschen möglich, die die Entwicklungsstufe der hypothetisch-deduktiven Operationen erreicht haben, weil das Operieren-Können mit Hypothesen Voraussetzung für das Schlußfolgern auf der Basis anderer Meinungen (sowie deren Koordination mit den eigenen) ist.

Nicht zuletzt aber liegt – und dies ist wahrscheinlich das erkenntnistheoretisch Bedeutsamste – in der sozialen Koordination, reziproken Substitution und wechselseitigen Nachvollziehbarkeit der Operationen überhaupt die *Objektivierbarkeit* des Denkens schlechthin begründet.

Nach den Grundannahmen der operativistischen Erkenntnistheorie PIAGETS können wir *nur mit Hilfe von Operationen,* die wir innerlich oder äußerlich auf die Dinge anwenden, *zu stabilen, rationalen Erkenntnissen* gelangen. Denn weder Klassifikationen noch Relationenbildungen – die für die Begriffsbildung wesentlichen kognitiven Aktivitäten – haben eine psychologische Existenz außerhalb eines Systems von Operationen:

„Eine ‚Klasse' setzt eine ‚Klassifikation' voraus, und das Primärfaktum wird durch diese gebildet; denn es sind die Klassifikationsoperationen, die die besonderen Klassen hervorbringen." (1947a, 47)

Wir können auch nicht in Relationen denken, bevor wir nicht serielle Operationen auszuführen gelernt haben: die Reihenbildung ist daher auch hier die psychogenetisch primäre Realität, der gegenüber eine asymmetrische Beziehung nur ein abgeleitetes Element darstellt. Eine ganze Zahl z. B. existiert nur als Element einer Zahlenreihe – ebenso wie ein Wert nur in Funktion einer Wertskala oder -hierarchie Sinn und Geltung haben kann.

Operatorische Strukturen lassen sich zum Teil bereits in unvermittelter Form beobachten: Kinder beschäftigen sich häufig spontan mit Reihenbildungen und Klassifikationen, ohne sozial dazu angeregt worden zu sein (vgl. 1963c, 131). Solche Formenbildungs- oder Formalisierungs-, Organisierungs- und Abstraktionsprozesse gehören zur Entwicklung der allgemeinen Denkstrukturen. Aufgrund der behandelten Struktur- und Entwicklungsgesetze kann PIAGET aus rationalistisch-konstruktivistischer Sicht außerdem – ungeachtet der erwähnten sozialen Randbedingungen, Kontrollen und Bewahrungen von einer relativen *„Autonomie der operatorischen Entwicklung"* (1961b, 262) gegenüber inhaltlichen, partikular-sozialen und willkürlich-introspektiven (individuellen) Einflüssen sprechen, da das erkennende Subjekt die Operationen prinzipiell auch unabhängig von diesen Einflüssen bilden kann und da die Entwicklung operatorischer Strukturen gerade durch die Befreiung allgemeiner Formen von derartigen anschaulichen und partikularen Inhalten definiert ist:

„denn die öffentliche Meinung erklärt ebensowenig wie das introspektive Bewußtsein, warum die Subjekte anerkennen, daß $2 + 2 = 4$ oder daß $A = C$, wenn $A = B$ und $B = C$ ist, da diese

Wahrheiten den Gesetzen der Koordination der Handlungen unterliegen, ob diese Handlungen nun kollektiv oder individuell sind.“ (1961b, 262)

Diese für einen Logiker und Rationalisten unverzichtbare Aussage impliziert gleichwohl nicht die Leugnung der psycho- und soziodynamischen Entwicklungs- und Konstruktionsbedingungen des operatorischen Denkens, besteht PIAGETS „genetische“ Erkenntnistheorie doch gerade in einer Vermittlung zwischen Logik und Mathematik einerseits sowie Psychologie und Soziologie andererseits und bemüht sie sich doch gerade darum, jenen Realbedingungen ihr Hauptaugenmerk zu widmen.

Als *Gesamtstruktur der Operationen* bzw. als das „Grundgesetz“, das deren Anwendungsregeln und Verlaufsformen definiert, hat PIAGET das logische Modell der „Gruppierung“ und das mathematische Modell der „Gruppe“ hervorgehoben, mit denen das „Insgesamt potentieller, untereinander logisch verbundener Operationen“ (KAMINSKI 1964, 445) definiert ist. Diese Gruppenstruktur, die sich in fast allen Bereichen der Mathematik und der Logik (aber auch schon der Physik) wiederfindet, hat sich von großer Fruchtbarkeit und Allgemeinheit erwiesen, da sie eben auch die allgemeinsten Koordinationen menschlicher Handlungen beschreibt, von logisch-mathematischen Abstraktionen ausgeht und ein „Kohärenzinstrument darstellt, das durch seine innere Regelung oder Selbstregulierung seine eigene Logik enthält“ (1968, 19; vgl. auch LEKTORSKI 1968, 81). Das Gruppierungs-Modell umfaßt *alle denkbaren Transformationen der Operationen* und gleichzeitig die Definition ihrer Gleichgewichtsbedingungen im Rahmen der von ihm gebildeten Gesamtstruktur. Es läßt sich zugleich auf mathematische, logische, raum-zeitliche („infra-logische“, elementarphysikalische), aber auch auf wertbezogene (Mittel-Zweck-Beziehungen oder Substitutionen und Äquivalenzen ausdrückende) Operationen anwenden (vgl. 1947a, 55–61). Außerdem läßt es sich, wie erwähnt, bis zu einem gewissen Grad auch als Gleichgewichtsmodell sozialer Operationen („Ko-Operationen“ i. S. rationalster Interaktionen) verwenden.

Die Ausführung gruppierter Operationen, die dem Subjekt selbst in der Regel nicht bewußt sind, ist *immer relativ zu einer Invariante,* mit der stets entscheidende (begriffskonstitutive) Faktoren – wie die Summe bei der Teilung einer Gesamtheit in Bruchteile oder die Form bei der Verlagerung eines Körpers im Raum – konstant gehalten werden. Das Denken kann nach PIAGETS bisher auch kaum überzeugend widerlegter operativistisch-rationalistischer Beweisführung und seinen zahlreichen erkenntnistheoretisch-begriffsanalytischen Belegen nur logisch, rational und begriffsbildend-fruchtbar werden, wenn in ihm *Operationen zu Strukturen koordiniert werden, die solchen Totalitätsgesetzen unterliegen wie denjenigen der Gruppierung.* Z. B. können der Zeit- oder der Zahlbegriff und zahlreiche andere Begriffe unseres rationalen Weltbildes nur mit Hilfe kombinierter Operationen der Klassen- und Relationenbildung verstanden werden (vgl. das folgende Kapitel):

„... das System der logisch-mathematischen Operationen, die in ‚Gruppierungen‘ und in ‚Gruppen‘ vereinigt sind, bildet nicht nur den *Ausgangspunkt des eigentlich rationalen Denkens* im engen Sinne dieses Begriffs: es bildet auch – und dies unabhängig von jener Axiomatisierung, zu der es in der Form der eigentlichen Logik Anlaß gegeben hat – die psychologische Struktur jenes *beweglichen Gleichgewichtszustandes,* der von der Intelligenz am Ende ihrer Entwicklung erreicht wird.“ (1950b, 141; Hervorhebungen von mir, FGW)

Als Modell des denkbar stabilsten Gleichgewichts der Strukturen intelligenter Operationen dient die Gruppierungs- bzw. Gruppenstruktur PIAGET als Hauptinstrument für die Analyse realer kognitiver Gleichgewichtszustände. Er sieht in ihr drei Grundprinzipien des Rationalismus verwirklicht:

1. das Prinzip des Nichtwiderspruchs, das in der Reversibilität der Transformationen zum Ausdruck kommt,
2. das Prinzip der Identität, das durch die „Permanenz des neutralen Elements" garantiert wird, und
3. das Prinzip der „Assoziativität", d.h. der Unabhängigkeit eines Zielpunktes vom durchlaufenen Weg dahin, was z.B. für die Kohärenz der Raumwahrnehmungen unerläßlich ist (vgl. 1968, 19).

Bevor anschließend die stadienspezifischen Grundtypen operatorischer Begriffe behandelt werden, sollen daher zunächst die wesentlichen Eigenschaften dieses Strukturmodells, das selbst eine logisch-mathematische Beschreibung realer, rationaler Denkstrukturen darstellt, skizziert werden. Zu betonen bleibt dabei allerdings nota bene, daß dieses Modell die – wahrscheinlich wesentlichen – *Grundprozesse linearen rationalen Denkens* beschreiben, aber natürlich nicht etwa reales Denken und Problemlösen in seiner komplexen Vielfalt erfassen oder erklären kann (vgl. auch SEILER 1973a, 253).

Die mathematische (algebraische) *„Gruppe"* bzw. (mit dem 5. Merkmal:) die logische *„Gruppierung"* umfaßt folgende Operationen:

1. Die *„Komposition":* zwei beliebige Elemente, Klassen, Relationen, Handlungen oder Operationen einer Gruppe können beliebig untereinander oder mit anderen zusammengesetzt werden und ergeben dann ein neues Element der Gesamtheit. Z.B. ist die Addition eine Kompositionsoperation der (positiven oder negativen) ganzen Zahlen. Eine Klasse A kann auch mit einer Klasse B zu einer Klasse C und diese wieder mit anderen ($C + D = E$ usw.) vereinigt werden (Klassifikation und Seriation). Die Relation $A < B$, zusammengelegt mit der Relation $B < C$, führt zu einer neuen Relation $A < C$ (Seriation).

2. Die *„Reversibilität"* gibt es in zwei Formen:
   a) als *„Inversion"*, Umkehrung oder Negation (Klassenlogik): danach kann jede Operation umgekehrt werden. Das Produkt aus einer direkten Operation, zusammengesetzt mit ihrer umgekehrten Operation ergibt eine Negation dieser Operation bzw. eine Rückkehr zum Ausgangspunkt und die Bewahrung der Identität eines ursprünglichen Zustandes.
   Diese Inversionsreversibilität oder Umkehrung kennzeichnet vor allem die additiven und multiplikativen Gruppierungen von Klassen. Z.B. ist $1 \times 5 : 5 = 1$ (Multiplikation – Division), $+A - A = 0 = -A + A$ (Addition – Subtraktion), $A + B = C$ und $A = C - B$ (Komposition – Trennung, Klassifikation, die z.B. nötig sind zur Abstraktion gemeinsamer Merkmale mehrerer Klassen von Objekten). Diese Reversibilitätsoperation vereinigt in einem einzigen Akt Antizipationen und Retroaktionen: im letzten Beispiel ist sie nötig, um die Relation $A < C$ zu verstehen und die Oberklasse C zu „bewahren" bzw. zu bilden und zu verstehen, indem sie mit einer Unterklasse in die richtige subordinative Beziehung gesetzt wird. Wie gezeigt, pflegt das voroperatorisch denkende Kind nur die ihm anschaulich gegebenen Unterklassen zu vergleichen und dabei die unanschaulichere Oberklasse zu vernachlässigen. Auf die Frage z.B., ob es in

einer Gesamtheit von 8 Tulpen und 6 Nelken mehr Tulpen oder mehr Blumen gebe, antwortet es, daß es mehr Tulpen als Nelken gebe.

b) *„Reziprozität"*, Symmetrie oder Entsprechung (Relationenlogik, Ordnungsstruktur) stellt die zweite Form der Reversibilität dar. Danach ergibt jede Zusammensetzung einer Operation mit ihrer reziproken Operation eine Äquivalenz. Z.B. ist die Operation $(A = B) = (B = A)$ oder $(A < B) = (B > A)$. Die Reziprozität ist die für Relationen charakteristische Reversibilitätsform und daher auch die für soziale Operationen und sozialisiertes Denken wichtigste Gruppierungsregel. Sie hat in Gestalt von Symmetrien ihren psychogenetisch frühesten Ursprung. Wenn z.B. die Veränderung der Breite eines Gegenstands auch die Veränderung der Länge nach sich zieht, so gilt dies auch reziprok-symmetrisch. Bei Seriationen wird ein Element in die Reihe eingeordnet durch die Operationen ‚kleiner als' und ‚größer als' ($<$ und $>$). Die Reziprozitätsoperationen bestehen nach PIAGETS Annahme in der dritten Entwicklungsperiode zunächst unverbunden neben den Inversionsoperationen (daher spricht er hierbei erst von der „elementaren Gruppierung") und werden erst in der vierten Periode miteinander kombiniert: z.B. wird erst dann erkannt, daß $(A > B) + (A < B) = (A = B)$ ist, eine Operation, die zur Entdeckung der Relativität von Relationalbegriffen wichtig ist.

3. Die *„Identität"*: danach gibt es ein neutrales Element, welches in der Zusammensetzung mit einem anderen dieses nicht verändert. Z.B. ist $X + 0 = 0 + X = X$ oder $X - X = 0$. Wird eine Operation rückgängig gemacht, so ist sie annulliert und der frühere Zustand bewahrt: das entspricht dann wiederum der Inversionsreversibilität.

4. Die *„Assoziativität"*, Umwegfähigkeit oder Unabhängigkeit des Operationszieles vom durchlaufenen Weg. Danach können Operationen untereinander auf beliebige Weise miteinander kombiniert („assoziiert") werden, wenn sie dabei zum selben Ziel führen. Da operatorische Verhaltensweisen stets Umwege ermöglichen, kann man mit unterschiedlichen Operationen zum gleichen Ziel kommen: z.B. ist $(A + B) + C = A + (B + C) = D$. Bei qualitativen Operationen (der elementaren Gruppierungen oder unvollständigen Gruppen) ist die Assoziativität jedoch durch die tautologische Beziehung begrenzt: d.h. die wiederholte Anwendung derselben Operation auf ein Objekt fügt der ersten Anwendung nichts hinzu (was auch die Beweglichkeit des Systems begrenzt). Außerdem ist bei qualitativen Operationen $(A + A) - A = 0$ nicht mit $A + (A - A) = A$ gleich.

5. Die *„Tautologie"* gilt nur bei den qualitativen Operationen logischer Gruppierungen. Danach bleibt eine mit sich selbst zusammengesetzte Operation logisch identisch: $A + A = A$. Das bedeutet, daß qualitative Elemente, die wiederholt werden, sich nicht verändern. In der mathematischen Gruppe, die nur quantifizierbare Operationen enthält, entspräche dies der Komposition oder Iteration, da dort die Zusammensetzung einer Operation mit sich selbst kumulativ neue ergibt: $1 + 1 = 2$, $1 + 1 + 1 = 3$ usw.

II.3.a Die konkreten Operationen und die Konstruktion des rationalen Weltbildes

Die ersten, mit der Überwindung der Schwächen des voroperatorischen Denkens beim Kind auftauchenden, Operationen bleiben *noch an die Inhalte der Wahrnehmung gebunden* und können daher erst gegenüber konkret gegebenen Objekten oder nach konkreter Ausführung innerlich vollzogen werden. Sie bleiben folglich im Bereich der *Klassen- und Relationenlogik* und erstrecken sich noch nicht auf die abstraktere Aussagenlogik, können also nicht die Gesamtheit der denkbar möglichen Klassen und Relationen, sondern nur erst die konkret ausführbaren bilden. Stellt man dem Kind der dritten Entwicklungsperiode ein von ihm an konkreten Objekten gelöstes operatorisches Problem in verbaler oder hypothetischer Form, so ist es in der Regel noch nicht zu dessen logisch richtiger, operatorischer Lösung in der Lage.

Mit dem Erwerb der konkreten Operationen geht beim Kind auch ein deutlicher Zuwachs an *Konzentrationsfähigkeit* einher. Denn es ist nicht mehr so stark wie vorher auf einzelne Wahrnehmungs- oder Vorstellungsaspekte zentriert, berücksichtigt und koordiniert mehrere Gegentandsdimensionen, -relationen und -transformationen gleichzeitig („ability to shift criteria" nach FURTH 1969, 39), – ist zu *weitergehenden Antizipationen und Retroaktionen* (Berücksichtigungen vorher zentrierter Dimensionen) fähig, – denkt häufiger, bevor es handelt, und koordiniert seine Handlungen und Vorstellungen auch untereinander besser und schneller, – ist also insgesamt geistig beweglicher. Dasselbe gilt für den sozialen Aspekt dieser Handlungskoordinationen und Operationen. Denn gleichzeitig mit dem Erwerb dieser Operationen wird das Kind auch zunehmend zu operatorisch gruppierten Interaktionen, d. h. zu flexibel und rational sozialisierten, kooperativen Verhaltensweisen fähig.

Zum Erwerb der für unser rationales, naturwissenschaftlich geprägtes Weltbild grundlegenden Allgemeinbegriffe ist es zunächst erforderlich, daß das Kind die dafür nötigen logischen Operationen erst effektiv-konkret ausführt, bevor es zu ihrer verbal-abstrakten Rekonstruktion fähig werden kann. So erkennt es die transformationsunabhängige Bewahrung einer Gegenstandsmenge erst dann, wenn es die Umkehrung einer anschaulich-vordergründigen Formveränderung („Transformation") dieser Menge, die ihre Konstanz nicht berührt, in irgendeiner Weise selbst vollzogen hat (wie z. B. durch das Umgruppieren von Elementanordnungen, das Umschütten von Gegenständen oder Flüssigkeiten in Behälter unterschiedlicher Form u. dgl. m.). Der universale *Rationalitätscharakter solcher Reversibilitätsoperationen* erweist sich dann daran, daß sie das Subjekt im Falle ihrer erfolgreichen, logisch richtigen Aktualisierung *spontan zu Notwendigkeitsurteilen* veranlassen. Es erkennt und bekräftigt dabei nach ihrer vorherigen Leugnung die logische Zwangsläufigkeit der Bewahrung z. B. einer Distanz, eines Volumens oder einer Menge trotz ihrer anschaulich-augenscheinlichen Transformationen, weil es die Reversibilitätsoperation vollziehen kann.

Die konkreten Operationen gliedern sich nach dem definierten Modell der „elementaren Gruppierungen" zu Gesamtstrukturen. An den vollständigen Gruppierungen fehlen ihnen allerdings zwei Merkmale. Erstens sind die Relationalstrukturen der Reziprozitätsreversibilität, wie erwähnt, noch nicht mit den Klassenstrukturen der Inversionsreversibilität verbunden – eine angesichts der zu dieser Entwicklungszeit schon möglichen Bildung des Zahl- und des Zeitbegriffs allerdings nicht ganz verständliche These PIAGETS, wie auch SEILER meint (1973a, 256, 259). Und zweitens ist die Assoziativität noch nicht vollständig, da die Ungleichwertigkeit von $(A+A)-A$ und $A+(A-A)$ im Falle qualitativer Operationen noch nicht erkannt wird (ersteres ergäbe 0, letzteres aber A!).

Das Kind kann die Gruppierungen zu Beginn einer Entwicklungsperiode *immer erst nur auf einen partikularen Bereich* anwenden und gelangt erst im Verlaufe von Übungen, Äquilibrationsaktivitäten, Erfahrungen und sozialen Einflüssen zu ihrer allmählichen Ausdehnung auf weitere Bereiche. Je unanschaulicher diese sind, desto später wird es in der Regel (d.h. im Falle einer relativ spontanen Entwicklung nach PIAGETS impliziten Voraussetzungen) zu ihrer begrifflich-rationalen Erfassung gelangen können. Erst in der Vollendungsphase jeder Entwicklungsperiode erreicht es die ihm möglichen umfassendsten Generalisierungen und beweglichsten Anwendungen der jeweils neu erworbenen Strukturen.

Aber selbst der „Durchschnittserwachsene" der höchsten Entwicklungsperiode gelangt nie dahin, sie auf alle Realitätsbereiche übertragen zu können, da dies für jeden neuen Bereich zusätzlich zu den zuerst begegneten jeweils vorherige geistige Aktivitäten (wie Abstraktionsprozesse und Übungen) erforderte, die den Rahmen selbst einer „höheren" Schulbildung sprengen würden.

Die mit Beginn der konkret-operatorischen Entwicklungsperiode vom Kind gebildeten Klassifikationen und Seriationen sind die wichtigsten und grundlegendsten Gruppierungen des logisch-begrifflichen Denkens.

Die *Seriation* (Reihenbildung) besteht in der Gruppierung von Gegenständen nach geordneten Unterschieden (z.B. ab- und zunehmender Größe), d.h. in der Kompensition asymmetrischer und transitiver Beziehungen zu einem System.

Während das voroperatorisch denkende Kind erst nur Paare oder kleine Gesamtheiten (ein großes und ein kleines Element o. dgl.) bilden und nur jeweils eine Relation geistig bewahren kann, ohne zu koordinierter Antizipation und Retroaktion in der Lage zu sein, kann das Kind der ersten operatorischen Periode systematisch beliebige Elemente gleichzeitig als zugleich größer als die vorangegangenen und kleiner als die folgenden Elemente erfassen und vergleichen, die beiden reziproken Relationen koordinieren ($E > D, C, B, A$ und $E < F, G, H, I$ = Komposition und Reziprozitätsreversibilität) sowie die Notwendigkeit der Transitivität als Systemgesetz erkennen. Um also eine Reihe bilden zu können, reicht kein beliebiges, anschauliches Aneinanderreihen von Elementen aus, sondern ist die Seriation als operatorische Methode bzw. grundlegende Gruppierung notwendig.

Für die *Klasseninklusion* oder Klassifikation, die gleichzeitig mit der Seriation entsteht, ist in ähnlicher Weise eine bewegliche Kombination der auf- und absteigenden Verfahrensweisen der Inklusion, der Exklusion, der Hierarchisierung, der logischen Addition und Multiplikation von Unterklassen oder mehreren Klassenmerkmalen, eine Kontrolle über die logischen Quantifikatoren und eine Unterscheidung zwischen „alle" und „einige" nötig. Das ist auch nur mit Hilfe der in der voroperatorischen Periode noch nicht vorhandenen Gruppierungsoperationen, besonders der Komposition, der Inversionsreversibilität und der Assoziativität, möglich.

Das vorbegrifflich denkende Kind kann ab ca. 3 Jahren die Elemente einer Gesamtheit erst in solchen räumlichen Gestalten wie Viereck, Kreis, Dreieck u.dgl. nebeneinanderlegen, die ihm als bildhafter Ausdruck für den Umfang der Klasse dienen, der im Gegensatz zu ihrem Inhalt noch nicht begriffen wird. Das Kind des anschaulichen Stadiums schließlich kann zwar schon Gesamtheiten ohne bestimmte räumliche Gestalt bilden, aber die Beziehung von Oberklassen zu Unterklassen noch nicht berücksichtigen und verstehen, obwohl es beide – isoliert für sich – schon erkennen kann.

Gleichzeitig mit der Klassifikation und der Seriation bilden sich auch multiplikative Gruppierungen wie die serielle Entsprechung (zweier Reihen) und Kombinationen der Klasseninklusion mit der Seriation (wie der Zahlbegriff, s.u.).

Mit dem Erwerb der konkreten Operationen geht schließlich vor allem die Bildung der wichtigsten Bewahrungs- oder *Invarianzbegriffe* einher, und zwar entsprechend dem unterschiedlichen Anschauungs- oder Abstraktionsgrad der jeweiligen Realitätsdimensionen mit zeitlicher Verschiebung: der Begriff der Substanz oder der *Menge* (mit etwa 7 Jahren), derjenige des *Gewichts* (mit etwa 9 Jahren) und derjenige des *Volumens* (im 12. Lebensjahr), wobei die Chronologie – wie stets – mit der Wirksamkeit der behandelten Entwicklungsfaktoren zu variieren pflegt[33].

Die Bildung dieser Begriffe hat PIAGET in zahlreichen einfallsreichen und inzwischen einer breiten Fachöffentlichkeit bekannten physikalischen Experimenten – mit der Verformung von Plastilinkugeln, dem Umgießen von Wasser oder Perlen in Gefäße unterschiedlicher Form, der Auflösung von Zucker in Wasser usw., also insgesamt der physikalischen Variierung der anschaulichen Darstellungsform konstanter Realitätsdimensionen bzw. Objektzustände – nachgewiesen. – Dabei hielt er die für die jeweilige Begriffsbildung notwendige Operation der Inversionsreversibilität (Umkehrung der den äußeren Zustand der Materie verändernden Transformation) für die grundlegendste invarianzkonstitutive Operation.

Was z.B. die Mengeninvarianz im Fall der Umschüttung einer Anzahl Perlen von einem schmalen, hohen Gefäß in ein breites, flaches Gefäß betrifft, so ist folgende Operationen-Gruppierung zur Bildung des Invarianzurteils und damit des Mengenbegriffs nötig: die Komposition und die Reziprozitätsreversibilität der Relationen Höhe – Breite („die Perlen stehen weniger hoch, aber dafür ist das Gefäß breiter": die geringere Höhe wird durch die größere Breite kompensiert), die Inversionsreversibilität („wenn man die Perlen in das hohe Glas zurückschüttet, stehen sie wieder genauso hoch") und die einfache oder additive Identität („vorher waren es genauso viele Perlen, also müssen sie jetzt dieselbe Anzahl haben" oder: „es sind dieselben Perlen geblieben, man hat keine hinzugefügt oder weggenommen, sondern sie nur umgeschüttet").

Mit dem Erwerb dieser gruppierten Operationen geht eine Verminderung der Zentrierung des Kindes auf anschauliche Einzelzustände sowie seiner Abhängigkeit vom Wahrnehmungsfeld einher, so daß verschiedene *sukzessive Zustände gleichzeitig berücksichtigt sowie Prozesse besser rekonstruktuiert* und verstanden werden können. So bildet es stabile, rationale Bezugspunkte und erkennt unanschaulichere (invariante) Realitätsdimensionen, wie sie in den Bewahrungsbegriffen definiert sind. Die Fähigkeit zum Vollzug reversibler Operationen impliziert somit eine kognitive und soziale Dezentrierung des Kindes gegenüber seinen eigenen Wahrnehmungen, Handlungen und Standpunkten und ermöglicht eben dadurch das Erkennen der Invarianzen und Veränderungen der Gegenstände sowie der unterschiedlichen Ansichten oder Positionen der Mitmenschen, die es jeweils unter allgemeinere, abstraktere Gemeinsamkeiten (wie die Äquivalenz ausgetauschter Werte) zu subsumieren gilt. Die anderen, für die Bildung eines rationalen Weltbildes notwendigen und von PIAGET mit Hilfe vielgestaltiger Experimentalanordnungen und Kinder-Interviews untersuchten Invarianzbegriffe betreffen z.B.

– *physikalische* Strukturen wie diejenigen der Länge (in Unabhängigkeit von ihren variablen Gestalten und Inhalten), der geraden Linie (unabhängig von ihrem

---

33 Vgl. zu diesen Begriffen ausführlicher: J. PIAGET & B. INHELDER: Le développement des quantités (physiques) chez l'enfant, Neuchâtel et Paris 1941.

Kontext), der Distanz (unabhängig von den sie ausfüllenden Gegenständen), der Dauer (in Unabhängigkeit von den anschaulich erlebten Inhalten), der Geschwindigkeit, der Zeit, des EUKLIDischen Raums, der Kausalität usw.,

- *mathematische* und *logische* Strukturen wie diejenigen der Zahl, des Zufalls, der Wahrscheinlichkeit, der Relation usw.,
- den *biologischen* Begriff des Lebens,
- die *psychologischen* Begriffe des Bewußtseins, des Denkens, des Willens, der Absicht, des Traums (alle ebenfalls unabhängig von ihren anschaulichen Erscheinungs- oder introspektiven Erlebnisformen) sowie
- die *soziologischen* Begriffen der Namen und Worte (in Unabhängigkeit von den bezeichneten Dingen), der sozialen Normen (unabhängig von den Sanktionen und den sie ausübenden sozialen Autoritätsinstanzen), der Wahrheit und der Lüge (unabhängig vom quantitativen Wahrscheinlichkeitsgrad der Erkenntnisse und von der Anschaulichkeit ihrer Inhalte sowie von ihrer sozialen Normierung), der interindividuellen Perspektivenrelativität, der (rechtlichen) Gleichheit (unabhängig von manifesten biologischen oder sozialen Unterschieden, von Traditionen oder Machtverteilungen) und der Gerechtigkeit (in Unabhängigkeit von den Formen und Inhalten ihrer Realisierung als moralisches Prinzip).

PIAGET hat den überwiegenden Teil seiner Untersuchungen – offenbar aufgrund ihrer eindeutigeren Bestimmbarkeit und besseren Zugänglichkeit für die strukturalistische Analyse – den physikalischen und logisch-mathematischen Begriffen gewidmet. Für die in den Bereich der Humanwissenschaften fallenden (biologischen, psychologischen und soziologischen) Begriffe benutzt er selbst nicht die Bezeichnung von Invarianzbegriffen, da sie in der Regel aufgrund ihrer Bedeutungskomplexität nicht die strenge, logisch notwendige Struktur wie die physikalischen und logisch-mathematischen Begriffe erlangen können, nicht in gleicher Reinheit den Gruppierungsoperationen unterliegen und nicht im gleichen Ausmaß von ihren Inhalten ablösbar sind. Er hat ihrer Untersuchung auch nicht die gleiche Sorgfalt, Intensität und Systematik gewidmet wie den anderen – rationaler Transparenz zugänglicheren – Begriffen. Demgegenüber muß aber betont werden, daß die Grenzen hier – ebenso wie zwischen den zuständigen Wissenschaften – nur fließend sein können. Auch geistes- und sozialwissenschaftliche Begriffe müssen jeweils durch logisch gruppierte Operationen gebildet sowie von ihren partikularen und äußerlichen Manifestationen bzw. Inhalten und den Einflüssen der sie jeweils vertretenden Menschen gelöst werden, um stabile Begrifflichkeit (Invarianz, Identität und Widerspruchslosigkeit) erlangen zu können.

Die Bildung des *Zahl*begriffs gehört zu den am eindeutigsten bestimmbaren Beispielen für die operatorische Konstruktion von Invarianten. Die Bewahrung der numerischen Invarianz, der Erwerb des Zahlensystems, der Umgang mit Zähloperationen und damit die Möglichkeit eines flexiblen, gruppierten Operierens mit Zahlen beliebiger Größe können weder mit dem verbalen Zählenkönnen noch mit der bloßen Anschauung der Zahlenreihe schon erworben werden, da diese letzten Verhaltensweisen keine vollständige und beliebig bewegliche Unabhängigkeit der Zahlenreihe und der Zähloperationen von Inhalt und Anordnung der gezählten Objekte garantieren. Der Erwerb des Zahlbegriffs erfordert psychogenetisch die effektive Ausübung bestimmter logisch-mathematischer Operationen sowie deren wechselseitige Integration.

Zu diesen Operationen gehören die Klassenbildung ($1+1>1$, $1+1+1>1+1$ bzw. $3>2>1$), die Reihenbildung (jedes Element n muß mit einem früheren Element $n-1$ und einem späteren $n+1$ in Beziehung gesetzt werden, $1<2<3$ usw.) sowie die Herstellung numerischer Äquivalenz zwischen qualitativ verschiedenen Gegenständen durch Abstraktion ihrer unterschiedlichen Eigenschaften $1=1=1$ usw.)[34].

Zum Begriff des *Raums,* des räumlichen Maßes und der räumlichen Perspektive im Sinne EUKLIDS und NEWTONS gelangt das Kind nur durch die konkreten Operationen

1. der Teilung des Kontinuierlichen (Komposition, Trennung),
2. der Ineinanderverschachtelung der Teile (Klasseninklusion),
3. der geordneten Verlagerung der Teile gegenüber einem Ganzen (Seriation als Voraussetzung des räumlichen Maßes) und
4. der allgemeinen Koordination und Integration zwischen den verschiedenen Sinnesbereichen einerseits und den Positionswandlungen der Objekte andererseits.

Die räumlichen Operationen werden parallel und isomorph zu den logisch-arithmetischen gebildet, da sie auch die Klasseninklusion und die Seriation beinhalten. Sie bilden sich aber etwas später als der Zahlbegriff und unabhängig von diesem, da im kontinuierlichen Raum nicht von vornherein quantifizierte Einheiten gegeben sind.

Der Raum ist, wie es schon an der Entwicklung der sensomotorischen Intelligenz deutlich werden konnte, ebensowenig wie die Zeit eine ererbte „apriorische Form der sinnlichen Anschauung“ wie nach der Auffassung KANTS, ein mehr oder weniger passives Empfangen perzeptiver Eindrücke nach den Interpretationen des Sensualismus oder des Empirismus oder schließlich ein etwaiges bloßes Einüben von Reaktionen oder Reflexen im Sinne des klassischen Behaviorismus, sondern eine psychogenetisch konstruierte Form der operativen und operatorischen Intelligenz. Man könnte daher meinen, daß PIAGET einen konsequenteren, weil nicht aprioristischen, sondern konstruktivistischen „subjektiven Idealismus“ vertritt als KANT, wenn auch in psychologisch-experimentalwissenschaftlich modifizierter und fundierter Form.

Wenn der Raum dem Erwachsenen als ein alles umfassender „Container“ erscheint, der aus einem Netzwerk paralleler gerader Linien oder Seiten, die einander in drei Dimensionen senkrecht kreuzen, besteht, und sich aus ineinander verschachtelten Unterräumen zusammensetzt, so ist diese Raumauffassung Ergebnis eines aktiven Explorations- und Konstruktionsprozesses, der – je nach den psychosozialen Entwicklungsbedingungen – bis zu seiner Vollendung eines ganzen Jahrzehnts menschlicher Entwicklung bedarf[35].

In ähnlicher Weise ist der rationale *Zeit*begriff (nach NEWTON als gleichmäßig fließendes Kontinuum aufgefaßt) eine Konstruktion der operatorischen Intelligenz. Vorher ist das Zeitgefühl noch von den Inhalten des Raums, der Quantität der räumlichen Ereignisse, Bewegungen und Geschwindigkeiten abhängig.

---

34 Vgl. dazu ausführlich: J. PIAGET & Alina SZEMINSKA 1941.

35 Vgl. dazu neben PIAGET 1937 vor allem: J. P. & B. INHELDER: La représentation de l'espace chez l'enfant, Paris 1948 (dt.: Die Entwicklung des räumlichen Denkens beim Kinde, Stuttgart 1971) und J. P., B. I. & A. SZEMINSKA: La géométrie spontanée chez l'enfant, Paris 1948 (dt.: Die natürliche Geometrie des Kindes, Stuttgart 1974).

In seiner vollendeten Form beruht der rationale Zeitbegriff auf drei Arten von Operationen:

1. einer Seriation der Ereignisse nach der Ordnung ihrer zeitlichen Sequenz,
2. einer Unterteilung derselben in zeitliche Intervalle und deren längenmäßige Unterscheidung zwischen punktuellen Ereignissen (Klasseninklusion, Gruppierung der Dauer, z.B. wenn B auf A und C auf B folgt, dann muß der Intervall AC größer sein als AB),
3. einer zeitlichen Metrik durch Wahl von Intervallen oder einer Dauer als Maßeinheiten (Meßoperationen, Synthese der Seriations- und der Klasseninklusionsoperationen) vgl. 1966a, 82–86 und 1970d, 75)[36].

Der Zeitbegriff kann in unserer Kultur mit etwa 8 Jahren dadurch gebildet werden, daß die Relationen der zeitlichen Ordnung (vorher und nachher) mit Einheiten der zeitlichen Dauer (länger und kürzer) sowie daß Bewegungen im Raum mit den verschiedenen Geschwindigkeiten koordiniert werden, wozu das Kind im anschaulichen Stadium noch nicht fähig ist.

Der Zeitbegriff wird also mit Hilfe der gleichen Operationen wie der Zahlbegriff gebildet, entsteht aber ein bis zwei Jahre später, weil er inhaltlich unanschaulicher als dieser ist und daher stärkere Abstraktionsprozesse erfordert.

Nach WHORF besäßen die *Hopi*-Indianer keinerlei Zeitbegriff in unserem Sinne (vgl. B. L. WHORF 1963, 102): möglicherweise bleiben sie auf der hier beschriebenen Stufe der anschaulichen Zeitauffassung stehen. Dies könnte ein Hinweis darauf sein, daß Art und Bildung des Zeitbegriffs auch von soziokulturellen Besonderheiten wie der Sprache, den Lebensgewohnheiten, den speziellen Gebrauchsfunktionen von Naturobjekten u. dgl. m. abhängen. Obwohl man PIAGET zwar nicht vorwerfen kann, daß er zu einer naiven Verabsolutierung des NEWTONschen Zeitbegriffs (wie des EUKLIDschen Raumbegriffs) tendierte, – hat er doch gerade selbst auch elementarere Raum- und Zeitauffassungen bei Kindern gefunden –, bliebe doch der relativistische und potentiell anti-rationalistische Standpunkt zu beachten:

„Gerade so, wie beliebig viele nichteuklidische Geometrien möglich sind, die alle gleichermaßen vollkommene Darstellungen der räumlichen Konfiguration geben, so sind auch gleichwertige Beschreibungen des Universums möglich, die nicht unsere vertrauten Trennungen von Raum und Zeit enthalten.“ (B. L. WHORF 1963, 102)

Die Frage ist nur, wie derartige Beschreibungen vor dem Maßstab rationaler Transparenz, Allgemeingültigkeit und Objektivierbarkeit bestehen können... Da WHORF selbst sagt, die Sprache der Hopi sei „durchaus fähig, allen beobachtbaren Phänomenen des Universums in einem pragmatischen oder operativen Sinn gerecht zu werden und sie korrekt zu beschreiben,“ (a.a.O.) ließe sich dahinter u. U. doch auch ein operativer (wenn auch noch nicht operatorischer) Zeitbegriff finden, dem es dem NEWTON-PIAGETschen gegenüber nur an Allgemeinheit fehlte...

II.3.b Die Formalen Operationen und das abstrakte, hypothetisch-deduktive Denken

Der Erwerb der operatorischen Strukturen als Grundstrukturen logisch-rationalen Denkens kann unter günstigen Entwicklungsbedingungen in der letzten Periode der Kindheit, also etwa zwischen dem 12. und dem 15. Lebensjahr, zu einem abschließenden Höhepunkt gelangen. Dies geschieht, wenn die formalen, hypothe-

---

36 Vgl. dazu ausführlich die beiden auf Anregung EINSTEINS zustandegekommenen Analysen PIAGETS von 1946 (s. Anm. 9 auf S. 13).

tisch-deduktiven oder propositionellen Operationen erworben werden, mit deren Hilfe logische Schlußfolgerungen auf der Basis rein verbaler Prämissen oder Hypothesen gezogen, Operationen zweiten Grades (Operationen über Operationen) ausgeführt, abstrakte Prinzipien erschlossen und komplizierte (z.B. wahrscheinlichkeitstheoretische) Kombinationen angestellt werden können[37].

Bevor diese Strukturen jedoch erläutert werden kölnnen, müssen in bezug auf das Erreichen dieser Entwicklungsperiode und die Generalisierbarkeit ihrer Strukturen einige soziologische und denkpsychologische Einschränkungen gemacht werden. Denn es hängt in erster Linie von der Qualität der soziokulturellen und pädagogischen Einflüsse ab, ob und inwieweit die vierte Entwicklungsperiode überhaupt erreicht werden kann.

Die mit einer binären Arithmetik in Kategorien formaler Operationen beschreibbare Struktur des Nervensystems bietet zwar schon relativ früh die biologische Ausgangsbasis dafür. PIAGET hat es daher sogar einmal selbst für möglich gehalten, daß man bei entsprechender pädagogischer Entwicklungsbeschleunigung bereits einem 3–4jährigen Kind hypothetisch-deduktive Operationen beibringen könnte (1956a, 74).

Beim Durchschnittserwachsenen unserer Kultur ist wahrscheinlich ein Nichterreichen dieser Periode die Regel, was PIAGET seinen Kritikern erst relativ spät eingeräumt hat (vgl. 1966c, 13 und 1972f, 6–11). Zumindest muß aber die *Bereichsspezifizität* des formalen Denkens betont werden (vgl. STONE & AUSUBEL 1969; PIAGET 1972f und SEILER 1973a).

So räumt er neuerdings ein, daß B. INHELDER und er ihre Untersuchungen über diese Entwicklungsperiode nur bei 11–15jährigen Sekundarschülern der *„besseren Schulen* von Genf“ „offenbar bei einer *privilegierten Bevölkerung*“ gewonnen hätten (1972f, 6; Hervorhebungen v. mir, FGW), daß die Vollendung der formalen Operationen mit 15 Jahren offenbar nur für die *„begünstigten Gesellschaften“* (1970e, 263; Hervorhebg. ebenf. v. mir, FGW) zutreffe und daß die gewählten Experimentalsituationen mit vorwiegend physikalischen und logisch-mathematischen Problemen kein hinreichend repräsentatives und generalisierbares Bild dieser kognitiven Strukturen insgesamt liefern könnten. Wenn also manche Menschen die für die formaloperatorische Periode typische Trennung allgemeinster Formen von ihren partikularen Inhalten bei diesen besonderen Problembereichen nicht gelänge, so könne ihnen das doch im Bereich ihrer speziellen Interessen und Fähigkeiten gelingen. – Da aber die Spanne dieser Fähigkeiten und die Vielfalt der Interessen in der Adoleszenz bzw. mit zunehmendem Alter stärker noch als in der vorherigen Periode variiert, kann die vierte Periode nicht mehr als ein besonderes Stadium, sondern nach PIAGETS eigenen Worten nur noch als „ein strukturelles Fortschreiten zu mehr Spezialisierung“ (1972f, 9) gekennzeichnet werden.

Mit diesen selbstkritischen Thesen, vor allem derjenigen von der Bereichsspezifizität des abstrakten Denkens bzw. der begrenzten Fähigkeit des Subjekts zur Anwendung abstrakter Denkstrukturen gibt PIAGET allerdings, was SEILER (1973a) nachdrücklich hervorgehoben hat, die Annahme von der unbeschränkten Generalität einmal erworbener Strukturen auf, ohne dagegen ein Prinzip zu liefern,

---

37 Vgl. näher hierzu: B. INHELDER & J. P., De la Logique de l'Enfant à la Logique de l'Adolescent, Paris 1955, dt. Olten & Freiburg 1977.

„das die Begrenzung dieser Generalität zu antizipieren erlaubt“ (Sl. 1973a, 267). – Indessen hat PIAGET schon frühzeitig (am Beispiel der behandelten konkret-operatorischen Bewahrungsbegriffe) die objekt-, problem- und komplexitätsspezifische *zeitliche Verschiebung in der Generalisierung* der operatorischen Strukturen hervorgehoben und spätestens mit seinem erwähnten Artikel (1972f) eine motivationstheoretische Generalitätsbeschränkung eingeführt. Die gleichwohl an seinem bisherigen Hauptwerk bestehende Kritik hat SEILER am prägnantesten zusammengefaßt: er wies darauf hin, daß es den Strukturen des formaloperatorischen Denkens mehr als denjenigen der früheren Perioden sowohl an *„interindividueller“* (allen Individuen einer Altersgruppe eigener) als auch an *„intraindividueller“* (vom formaloperatorisch denkenden Individuum auf alle Situationen und Probleme anwendbarer) sowie an *„interstruktureller“* (über alle potentiellen, strukturell verschiedenen, formalen Operationssysteme hinwegreichender) „Generalität“ fehlt, und daß diese Abstufung durch PIAGETS Theorie selbst ebensowenig erklärbar ist wie es die Bedingungen und Gesetze der allmählichen Generalisierungsprozesse in ihr sind (SEILER 1973a, 261/262f., 269). Ihr „extremer Kognitivismus“ habe daher ihr Anregungspotential für pädagogisch-didaktische Auswertungen sehr begrenzt gehalten (a. a. O.).

Die formalen Operationen sind z.gr.T. auf der Ebene verbaler Aussagen Rekonstruktionen dessen, was auf der konkretoperatorischen Ebene bereits erworben wurde, beziehen sich also auf Aussagen und nicht mehr nur auf Objekte. Das System der Implikationen, die diese Aussagen regeln (die mathematische „Vierergruppe“ nach KLEIN, s.u.), stellt eine Art „abstrakter Übersetzung der konkreten Operationen“ (1943, 79) und damit die *Aussagenlogik* dar, die der Klassen- und der Relationenlogik den allgemeineren Rahmen liefert.

Während ein Kind z.B. bereits mit 7 Jahren zur Operation der Reihenbildung in der Lage sein kann, wird es zu der gleichen Operation auf rein verbaler Ebene je nach der Anschaulichkeit und der sprachlichen Präzisierbarkeit einer Aufgabe meist erst wesentlich später und nach PIAGETS allerdings bezweifelbarer Annahme (vgl. dazu wiederum SEILER 1973a, 259/260 im Anschluß an LUNZER) sogar generell erst mit 12 Jahren fähig.

Auf die Frage des BURT-Tests, so berichtet PIAGET, „wenn Edith blonder ist als Susanne, aber dunkler als Lili, welche ist dann die dunkelste von allen?“ kann man von 10jährigen Kindern noch Schlußfolgerungen wie die folgenden hören: „Edith und Susanne sind blond, Edith und Lili sind dunkel, also ist Lili die dunkelste und Susanne die blondeste“. Danach würde ein 10jähriges Kind auf der formalen Ebene also teilweise noch wie ein 4–5jähriges auf der konkreten denken (vgl. 1947a, 178).

Wird eine solche Reihenbildung selbst nicht einmal auf der konkreten Ebene beherrscht, so kann sie auf der formalen desto weniger verstanden werden: die erste Ebene ist Voraussetzung für die letztere, da sie dieser die strukturell notwendige Vorbereitung und die Inhalte liefert. Die formalen Operationen stellen nach PIAGETS Kennzeichnung Bewußtwerdungen oder *Reflexionen* (im wörtlichen Sinne) der konkreten Operationen, ein *Operieren* mit diesen *Operationen* bzw. Gruppierungen von Aussagen dar, die selbst nur die konkreten Operationen ausdrücken. Diese hypothetisch-deduktiven Operationen sind gleichsam innerlich vollzogene „Handlungen“, die auf bloße verbale Aussagen ausgeübt werden, und sie bilden allgemeine Systeme, die diese Aussagen untereinander kombinieren. Mehr als die konkreten Operationen sind die formalen (aussagenlogischen) Operationen an eine ausreichend präzise und bewegliche Handhabung der Sprache gebunden, da sie Sätze, Aussagen oder Hypothesen miteinander verbinden.

Das entscheidende Trennkriterium zwischen den konkreten und den formalen Operationen ist jedoch trotzdem nicht die Scheidung „sprachlich" und „gegenständlich". Wichtiger ist die im formaloperatorischen Denken enthaltene Möglichkeit *zur Komposition beliebiger Relationen und Klassen,* zur *Klassifikation von Klassifikationen* (Kombinatorik), zur Kombination von Objekten, Gedanken, Aussagen usw. und zur *systematischen Variierung von Faktoren* (vgl. OERTER 1968, 300).

Wenn z.B. in unserer Kultur etwa ab 13 bis 14 Jahren bei der experimentellen Induktion physikalischer Gesetze ein Faktor der untersuchten Objektgesamtheit unter Konstanthaltung aller übrigen Faktoren systematisch variiert und somit eine strenge Beweisführung geleistet werden kann, hat das intelligente Subjekt damit die Fähigkeit erlangt, die Realität nicht mehr nur unter ihren begrenzten konkreten Aspekten, sondern auch in Funktion vielfältiger *Möglichkeiten* zu betrachten und damit seine geistige Reichweite erheblich zu steigern.

Von diesem Moment an, in dem das Kind Objekte oder Faktoren nach einer erschöpfenden und systematischen Methode miteinander kombinieren kann, kann es auch Gedanken und Hypothesen in der Form von Affirmationen oder Negationen mithilfe aussagenlogischer Operationen verbinden, z.B. durch *Implikation* (p ø q, d.h. wenn die Hypothese p wahr ist, folgt daraus notwendig der Satz q), *Disjunktion* (p v q, d.h. entweder p oder q oder beide), *Unvereinbarkeit* (p/q, d.h. entweder p oder q oder keines von beiden), reziproke Implikation usw.

Im Gegensatz zu den elementaren Gruppierungen der konkreten Operationen sind die formalen Operationen nach PIAGET zu vollständigen Gruppierungen in der Art der *mathematischen Vierergruppe* von KLEIN kombinierbar. Dieses Modell soll der dem formalen Denken zugrundeliegenden Gleichgewichtsstruktur entsprechen, die dem Subjekt selbst wiederum in der Regel völlig unbewußt ist. – Hier werden die Inversions- und die Reziprozitätsreversibilität in dem Sinne miteinander kombinierbar, daß jede Operation die inverse einer anderen und die reziproke einer dritten darstellt. So ergeben sich 4 Transformationen: eine direkte bzw. identische (I), eine umgekehrte (N), eine reziproke (R) und eine umgekehrte der reziproken bzw. korrelative oder duale der ersten Operation (C). – Im Falle der Implikation ergibt das z.B.: $I = p \supset q$, $N = p \cdot \bar{q}$, $R = q \supset p = \bar{p} \supset \bar{q}$ und $C = \bar{p} \cdot q$, wobei N die reziproke Operation R von C, R die umgekehrte Operation N von C ist usw.: $N = RC$, $R = NC$, $C = NR$ und $I = NRC$ (vgl. 1966a, 111). Im Falle der Disjunktion ergäbe das: $I = p \vee q$, $N = \bar{p} \cdot \bar{q}$, $R = \bar{p} \vee \bar{q} = p/q$ und $C = p \cdot q$ usw. (vgl. 1953b, 32ff. und 1970c, 51ff.) – Die Frage ist hier wiederum, wie brauchbar ein solches Modell für die Analyse des realen Denkens sein kann. Wohl nicht zu Unrecht hat SEILER dagegen eingewandt: „Es ist trotz seiner relativen Vereinfachung (verglichen mit anderen logischen Systemen) noch viel zu raffiniert und zu eindeutig stringent, um die ‚Winkelzüge', Umwege und Unvollkommenheiten normaler Denkvorgänge abzubilden" (SEILER 1973a, 258).

Die aussagenlogischen Denkoperationen sind durch eine maximale Lösung allgemeinster Formen von den konkreten Inhalten und ebenso durch die prinzipielle Implikation der Gesamtheit aller konkreten Objekte wie derjenigen aller möglichen Transformationen dieser Objekte gekennzeichnet. Die *Realität* erscheint im formalen Denken als *eine von vielen Möglichkeiten:* das Mögliche entspricht den virtuellen Veränderungen eines jeweiligen Systems, die auf diesem Denkniveau nicht nur vorgestellt, sondern auch rational deduziert und konstruiert werden können. In diesem Sinne entspricht das Mögliche einem psychologisch sehr Realen. Denn die real ausgeführten geistigen Operationen hängen von einer Struktur ab, die sich auf die logisch kohärente Gesamtheit aller möglichen Operationen (bzw. virtueller Transformationen, von denen viele niemals realisert zu werden brauchen) bezieht (vgl. 1957c, 96–98). Da das *Mögliche die Oberklasse des Wirklichen* bildet, impliziert das hypothetisch-deduktive Denken eben die Unterordnung des Wirklichen unter das Mögliche sowie (durch notwendige Implikationen, die das Wirkliche zwar umfassen, aber zugleich über es hinausgehen) die Verknüpfung aller denkbaren Möglichkeiten untereinander (vgl. 1972f, 4).

Außerdem gelangt der Mensch mit dem formalen Denken zu einer *Synthese zwischen dem Möglichen und dem Notwendigen,* da er mithilfe dieses Denkens die Implikationen möglicher Zustände und Aussagen deduktiv erfassen kann (vgl. 1953b, 19). Erkenntnistheoretisch gesehen, kann die Realität im übrigen gar nicht rational (und in ihrer Relativität, Zufallsbestimmtheit, Kausalität usw.) verstanden werden, wenn sie nicht zwischen das Mögliche und das Notwendige bzw. zwischen Möglichkeiten eingefügt wird, die untereinander durch deduktiv notwendige Beziehungen verbunden sind:

„Einen Gleichgewichtszustand durch die Kompensation aller virtuellen Kräfte zu erklären, heißt, sich ein Bild aller mit den Zwängen des Systems vereinbaren Möglichkeiten zu machen und sie einer notwendigen Verbindung gemäß zusammenzusetzen: daher die Verstehbarkeit eines faktischen Zustands …“ (1970c, 108).

Indem der formal Denkende nicht nur vom konkreten Aktuellen zum abstrakten Theoretischen, sondern auch in der umgekehrten Richtung voranzuschreiten vermag, kann er z. B. bei physikalischen Gleichgewichtszuständen die Wirksamkeit virtueller Kräfte in unbeweglichen Zuständen oder das Zusammenwirken mehrerer Kräfte in einem Gleichgewichtszustand deduktiv erschließen. So ermöglichen die aussagenlogischen Denkoperationen schließlich die Entdeckung neuer (unanschaulicher und komplizierter) Arten von Invarianzbegriffen, nämlich solcher, die nicht empirisch induziert, sondern theoretisch erschlossen werden müssen – wie z. B. des Prinzips der Trägheit.

Wenn die Bewegung von Bällen unterschiedlicher Masse und verschiedenen Gewichts auf einer horizontalen Ebene beobachtet wird, können Menschen dieses Denkniveaus das Problem in Begriffen und Faktoren des Widerstands oder der Ruhe erkennen und zu der Schlußfolgerung gelangen, daß der Ruhezustand der Bälle durch Faktoren wie die Reibung und den Luftwiderstand erklärbar sein müsse, ohne die die Bewegung sich unendlich fortsetzen würde (vgl. 1953b, 20).

Gleichgewichtstheoretisch gesehen, erreicht das Denken mit den formalen Operationen einen Zustand maximalen und im Prinzip vollständigen Gleichgewichts, insofern dieses durch neue Sinnesdaten oder Einsichten nicht gestört werden kann. Denn mithilfe jener Operationen können neue Elemente (Informationen oder auch Operationen) jeweils in das Gesamtsystem der bestehenden Denkoperationen integriert, und neben den realen können auch die *virtuellen Objektveränderungen kognitiv kompensiert, antizipiert* und für die Erkenntnis- oder Begriffsbildung berücksichtigt werden: so wird die Bewahrung auch komplexerer Invarianzzustände möglich. Mithilfe der formalen Operationen, ihrer Kombinatorik und der Vierergruppenstruktur können dann solche relativ schwierigen Begriffe wie diejenigen der Proportion und der Wahrscheinlichkeit gebildet sowie komplexe Zusammenhänge wie das hydrostatische Gleichgewicht oder doppelte Bezugssysteme verstanden werden.

- *Proportionalbegriffe* tauchen, wenn auch zunächst nur in einer qualitativ-logischen Form, gleichzeitig gegenüber unterschiedlichen Bereichen auf – wie gegenüber Geschwindigkeiten, Körpern, Wahrscheinlichkeiten, Beziehungen zwischen Gewichten oder der Länge von Waage-Armen. Im letzten Fall wird die umgekehrte Proportionalität zwischen Gewichten und Waage-Armlängen durch die Herstellung einer Beziehung zwischen beiden verstanden, wenn das Kind nämlich bemerkt, daß es jedesmal eine Äquivalenz der Ergebnisse gibt im Fall der Vergrößerung des Gewichts bei gleichbleibender Armlänge sowie der Vergrößerung dieser Länge bei gleichbleibendem Gewicht, – daß eine Verminderung des Gewichts durch eine Vergrößerung der Länge oder daß eine Verminderung der Länge durch eine Vergrößerung des Gewichts kompensiert werden kann usw.
- Mithilfe eines *Wahrscheinlichkeitsbegriffs* kann der *Zufall* an die – rationale Kalkulation ermöglichenden – logischen Operationen assimiliert und so in seiner Wahrscheinlichkeit durch Abwägen des Wirklichen und des Möglichen geschätzt werden. Erst mit dem formal-operatorischen Denken werden kombinierte Wahrscheinlichkeiten oder Begriffe wie diejenigen der Fluktuation, der Korrelation oder der mit der Verzögerung der Fälle wahrscheinlichen Kompensation (Gesetz der großen Zahlen) verstanden. Wahrscheinlichkeitsbegriffe erfordern mindestens zwei formale Operationsarten: eine Kombinatorik, die die Berücksichtigung aller möglichen Verbindungen zwischen den im Spiel befindlichen Faktoren erlaubt, und eine Proportionenberechnung, die das Erkennen der Äquivalenz solcher Wahrscheinlichkeiten wie 3/9 oder 2/6 ermöglicht.
- Wenn in einem *doppelten Bezugssystem* sich eine Schnecke auf einem sich in entgegengesetzter Richtung wie sie bewegenden Brett fortbewegt, versteht das Kind der konkret-operatorischen Periode noch nicht, daß die Schnecke gegenüber einem äußeren, umfassenderen Bezugssystem an der selben Stelle bleiben kann (wenn das Brett ihre Bewegung genau kompensiert), während das formaloperatorisch denkende Kind dies mithilfe des Reziprozitätsbegriffes (als Kompensation ohne Annullierung) und der Vierergruppenstruktur verstehen kann: in diesem Beispiel wäre I. R = N. C, d.h.: I = Nach-rechts-Gehen der Schnecke, R = Nach-links-Gehen des Brettes, N = Nach-links-Gehen der Schnecke, C = Nach-rechts-Gehen des Brettes. Unterschiedliche Geschwindigkeiten oder Bewegungsrichtungen von Körpern können mit solchen Operationen räumlich und zeitlich koordiniert werden.
- Das *hydrostatische Gleichgewicht* z.B. in einer U-förmigen hydraulischen Presse mit einer Flüssigkeit (variierbaren spezifischen Gewichts wie Alkohol, Wasser, Glyzerin usw.) und einem Druck-Kolben (ebenfalls variierbaren Gewichts) wird von einem konkret-operatorisch denkenden Kind noch nicht verstanden, weil es nicht erkennt, daß die Flüssigkeit dem Kolben entgegenwirkt bzw. weil es die Transformationen der Vierergruppenstruktur noch nicht anwenden kann (I = Vergrößerung und N = Verminderung des Kolbengewichts, R = Vergrößerung und C = Verminderung des spezifischen Flüssigkeitsgewichts) (vgl. 1966a, 113/114).

Diese wenigen Beispiele zeigen, wie sehr sich das Denken mit den formalen Operationen von seiner Bindung an das Anschaulich-Konkrete gelöst hat und daß es sich am deduktiv Erschlossenen, Nichtaktuellen, Möglichen und Zukünftigen orientieren kann. Es ist naheliegend, daß mit diesen neuen Möglichkeiten und der erweiterten Reichweite des Denkens auch solche neuen *geistigen Interessen* einhergehen, die sich über das Feld der konkreten Erfahrung hinaus erstrecken. Wenn die Adoleszenz in privilegierten und intellektuell beeinflußten soziokulturellen Milieus die Altersperiode der großen Ideale, der abstrakten Theorien und Systeme, des Dranges zur gesellschaftlichen Veränderung usw. darstellt, so ist dies nur in dem Maße möglich, wie das Denken gegen Ende der Kindheit die beschriebenen Merkmale der hypothetisch-deduktiven Operationen erreicht, somit seine ausschließliche Bindung an die konkrete Alltagswirklichkeit verloren und sich folglich von dieser und ihren Zwängen bzw. der sogenannten „normativen Kraft des Faktischen" emanzipiert hat. Daß diese neu erworbene *Fähigkeit theoretischer Spekulation* zunächst mit Egozentrismen wie dem Glauben an die unbegrenzte Realitätsveränderungskraft der Reflexion und der Theorien einherzugehen tendiert, liegt in der Natur der Einübung neu erworbener Verhaltensweisen. Ein gewisses Gleichgewicht wird der Mensch im hypothetisch-deduktiven Denken erst mit der Erkenntnis erlangen, daß die eigentliche Funktion der Reflexion nicht darin liegt, der Erfahrung zu widersprechen, sondern sie weiterzuführen und zu interpretieren, wie PIAGET treffend meint (vgl. 1943, 80).

Soziologisch ist schließlich von Bedeutung, daß die Fähigkeit zum hypothetischen Denken auch eine *qualitativ-strukturelle Veränderung der verbalen Kommunikation* mit sich bringt. Denn die Benutzung von und das schlußfolgernde Umgehen mit Hypothesen ermöglichen es zugleich, die Gesichtspunkte von Gesprächspartnern einnehmen zu können, ohne sie gleich für richtig zu halten oder selbst übernehmen zu müssen, sowie schließlich auch, aus ihnen logische Schlußfolgerungen zu ziehen. Für eine konstruktive Diskussion, die exemplarische Form *rationaler, sozialisierter Kommunikation,* ist dies z. B. – wie schon erwähnt – eine notwendige Voraussetzung (vgl. 1972f, 4).

III. Schlußbemerkungen: Rationalität, Kreativität und Autonomie – zum konstruktivistischen Rationalismus in der Erkenntnistheorie Piagets[38]

Zum Abschluß der vorliegenden Arbeit erscheint es sinnvoll, zu den an ihrem Anfang bereits skizzierten Grundgedanken der PIAGETschen Erkenntnistheorie zurückzukehren und diese Theorie zugleich in den erweiterten Zusammenhang einiger ihrer bis heute noch sehr vernachlässigten geistesgeschichtlichen Bezüge einzuordnen. Die Ursachen für diese auch hier noch klaffende Lücke der PIAGET-Forschung liegt wahrscheinlich in der Tatsache begründet, daß PIAGETS Werk wie selbstverständlich fast durchweg stets von den Psychologen für die Psychologie „vereinnahmt" wurde, während es diesen engen fachlichen Rahmen doch schon seit Jahrzehnten in Richtung auf eine *interdisziplinäre, humanwissenschaftliche Erkenntnistheorie* durchbrochen hatte.

Wie gezeigt wurde, ist das Leitmotiv der genetischen Erkenntnistheorie bei PIAGET in der These vom konstruktiven und operativen Charakter sowie von der konstitutiven (wenn auch sozialisierbaren und sozialisierten) Subjektivität des Erkennens zu sehen.

Rationale Erkenntnisse und Begriffe, deren Entstehung er untersucht hat, sind zwar in den meisten soziokulturellen Milieus der hochzivilisierten Gegenwartskulturen, wo sie auch pädagogisch tradiert und kontrolliert werden, in Fülle vorgegeben. Aber ohne kognitive Eigenaktivitäten und operative Strukturbildungen kann das Individuum sie prinzipiell nicht erwerben und bewahren. Der soziale Einfluß kann noch so rationalitätsfreundlich, intellektuell motivierend und strukturierend sein, – *die Frage nach den Entstehungsbedingungen, Konstruktionsgesetzen und Organisationsprinzipien rationaler Erkenntnisse* erspart dem Forscher gleichwohl nicht die Analyse der kognitiven Verhaltensweisen bei den erkennenden Subjekten selbst, wenn er zu einer fundierten Erklärung des Erkenntnisprozesses und zu einer Erkenntnistheorie mit allgemeingültigen Annahmen gelangen will.

Diese einfache, aber grundlegende, Einsicht ist gewiß nicht neu: sie hat eine Tradition in der Geschichte der Erkenntnistheorien seit der Philosophie des klassischen Rationalismus. Die geistesgeschichtlichen Vorläufer der genetischen Erkenntnistheorie PIAGETS sind jedoch, wenn man diese richtig verstehen und wissenschaftsgeschichtlich einordnen will, nicht etwa in den empiristischen, assoziationistischen, mechanistischen, sensualistischen oder vulgärmaterialistischen Erkenntnistheorien z.B. eines LOCKE, HOBBES, HUME, CONDILLAC, J. S. MILL, FEUERBACH oder LENIN zu sehen, die noch auf einer primitiven, vorwissenschaftlichen Psychologie beruhten.

---

38 Eine stark erweiterte Fassung dieses Kapitels ist unter dem Titel: Elemente des Rationalismus in der Erkenntnistheorie J. Piagets, erschienen in: Die Psychologie des 20. Jahrhunderts, Bd. VII: PIAGET und die Folgen, hrsg. v. Gerhard STEINER, Zürich 1978, S. 41–63.

Sie sind vielmehr im *klassischen Rationalismus* eines LEIBNIZ und vor allem im *kritischen Rationalismus* KANTS, aber auch im operativistischen und und *dialektischen Materialismus* eines MARX und einiger seiner jüngeren Nachfolger zu sehen.

Die Betonung des Tätigkeitsaspekts im Erkenntnisvorgang insbesondere wurzelt partiell in der Aufklärungsphilosophie und im klassischen DIAMAT, diejenige der konstitutiven Subjektivität des Erkennens vor allem im klassischen Rationalismus und bei KANT.

Der *säkulare Fortschritt,* den die genetische Erkenntnistheorie PIAGETS gegenüber diesen geistesgeschichtlichen Vorläufern darstellt, liegt in der hier geleisteten Verbindung einer umfangreichen *experimental-wissenschaftlichen Analyse der erkenntniskonstitutiven Handlungskoordinationen* und Denkoperationen mit der Bewahrung gültiger (und zumindest nach empirischer Forschung als gültig anerkannter) theoretischer Grundannahmen der genannten philosophischen Erkenntnistheorien.

Der rationalistische Charakter der PIAGETschen Erkenntnistheorie und des darin implizierten optimistischen Menschenbildes ergibt sich mit logischer Konsequenz aus den psychologischen Grundannahmen dieser Theorie sowie aus den analytischen Abstraktionen, die in dem gewählten methodischen Vorgehen impliziert sind.

Es läßt sich zudem behaupten, daß wahrscheinlich ein säkularisierter und auf humanwissenschaftlich-empirische Grundlagen gestellter, kritisch-dialektischer und konstruktivistisch-evolutionistischer Rationalismus die dem naturwissenschaftlihen Entwicklungsstand unserer Epoche optimal entsprechende Erkenntnistheorie darstellt. Abschließend sollen hier die rationalistischen Grundzüge der PIAGETschen Theorie einmal kurz in expliziterer Form als bisher herausgearbeitet werden, um für diese These einige Anhaltspunkte zu liefern und damit zugleich ein erkenntnistheoretisches Résumé ihrer Grundannahmen zu ziehen.

Zu den wahrscheinlich wichtigsten Kriterien, nach denen sich PIAGETS Theoriesystem der Tradition des erkenntnistheoretischen Rationalismus – vom klassischen eines DESCARTES und LEIBNIZ bis zum erkenntniskritischen KANTS – einordnen läßt, dürften im wesentlichen die fünf folgenden, teils impliziten und meist expliziten Postulate gehören:

1. die Grundannahme von der Bedeutung des *Subjekts* und der kreativen, formengebenden Aktivitäten seiner „raison" *als Erkenntnisquelle* sowie die Geringschätzung von Wahrnehmungen und Vorstellungsbildern in ihrem Erkenntniswert;
2. die Auffassung des Menschen als – den Möglichkeiten seiner erkenntnisbildenden Tätigkeiten nach – *rationalen Wesens;*
3. die Überzeugung vom *emanzipatorischen Wert* der menschlichen „ratio" sowie von ihrem kontinuierlichen *Fortschritt* zu immer höheren Entwicklungsniveaus bzw. besseren Gleichgewichtszuständen (das sind vor allem von der Aufklärungsphilosophie aus dem Rationalismus gezogene Schlußfolgerungen);
4. der Hinweis auf die *Schlüsselrolle der Mathematik* für den Fortschritt der Wissenschaften sowie der logisch-mathematischen Denkstrukturen (im Unterschied zu den Sinneswahrnehmungen, den anschaulichen Vorstellungen, der Sprache und den anderen Kognitionsfaktoren) für jedes verläßliche Erkennen schlechthin;

5. die These von der letztlichen *Übereinstimmung* zwischen der Mathematik bzw. den logisch-mathematischen Denkstrukturen (als Produkte des kreativen menschlichen Subjekts) und der Objektwelt mit ihren physikalisch-chemischen Strukturen im besonderen und damit in gewisser Weise *zwischen Denken und Sein* im allgemeinen (die in der Identitätsphilosophie des klassischen Rationalismus noch theozentrisch gerechtfertigt wurde, bei PIAGET aber biologisch begründet wird).

1.

Wenn PIAGET in einem philosophiegeschichtlichen „tour d'horizon" DESCARTES als den Entdecker des

> „epistemischen Subjekts und seiner Kraft, die physikalische Realität mithilfe der logisch-mathematischen Instrumente rational zu assimilieren" (1965a, 73),

bezeichnete, so hatte diese Äußerung Bedeutung vor dem Hintergrund gemeinsamer rationalistischer Grundansichten über die Rolle des Subjekts im Erkenntnisprozeß.

Bei beiden – wie im klassischen Rationalismus insgesamt – ist der Mensch nicht nur determinierter Schauplatz kognitiver und kognitiv relevanter Einflüsse seitens der äußeren Realität, sondern in erster Linie selbst Sitz und Ursprung aller Erkenntnisse, Begriffe, allgemeinen Denkstrukturen resp. universalen Ideen oder Kategorien. Als solcher kann er die erkennbare Wirklichkeit auch *nur durch eigene geistige Tätigkeiten objektivieren,* die mit ihren Strukturen ihrerseits prinzipiell über alles Beobachtbare und Empirische hinausgehen. So entsteht das Prinzip der Ordnung nur aus einer *ordnenden Aktivität* des Menschen und nicht etwa aus einer Ordnung in den Dingen.

Während der klassische Rationalismus diesen Prinzipien allerdings noch eine theonome Seinsordnung zugrundelegte, – man denke an SPINOZAS Essentialismus und Pantheismus sowie an LEIBNIZENS Monadenlehre –, wurde in der Aufklärung und bei KANT dieser Tätigkeitsaspekt des Erkennens schon wesentlich stärker hervorgehoben, um dann erst in der Erkenntnistheorie des dialektischen Materialismus bei MARX eine zentrale Bedeutung zu erlangen.

Trotz der Unerläßlichkeit seiner Eigentätigkeit im Erkenntnisprozeß muß sich das Subjekt den Strukturen und Gesetzen der „ratio" nichtsdestoweniger aufgrund ihres *notwendigen und universalen* Charakters unterwerfen. Dies wurde allerdings im klassischen Rationalismus noch statisch durch deren Besonderheit als „eingeborener Ideen" (bei DESCARTES und LEIBNIZ) bzw. überzeitlicher „apriorischer" Erkenntnisse, reiner Verstandesbegriffe oder Kategorien) (im kritischen Rationalismus bei KANT) erklärt. Dagegen hat PIAGET mit seiner empirischen Forschung den Notwendigkeits- und Universalcharakter der allgemeinsten logischen Urteile und Begriffe als einen *„terminus ad quem"* aufgezeigt, zu dem der Mensch nur auf der Basis bestimmter eigener Konstruktionsschritte im Rahmen eines psychosozialen Entwicklungsprozesses und unter günstigen sozialen Einflüssen nur beim Erreichen des Abstraktionsniveaus der hypothetisch-deduktiven bzw. formaloperatorischen Denkstrukturen gelangen kann. Er hat die metaphysisch verdinglichten (d.h.

spiritualisierten) „eingeborenen Ideen", „überzeitlichen Wahrheiten", „apriorischen Formen" oder „reinen Verstandesbegriffe" der philosophisch interpretierten „ratio" durch den Aufweis ihrer realen Entstehungsprozesse demystifiziert und relativiert, – aber trotzdem weder den in ihrem Begründungszusammenhang notwendigen Charakter der allgemeinsten logischen und mathematischen Begriffe und Strukturen noch ihren (durch das Primat der Handlungsabstraktion vor der Objektabstraktion bedingten, chronologischen und niveauspezifischen) *apriorischen* Charakter angetastet.

So konnte er zugleich die Trugschlüsse der statischen, platonistischen und aprioristischen Auffassungen des philosphischen Rationalismus vermeiden und trotzdem das *„epistemische oder universale Subjekt"* als Inbegriff der dem Menschen möglichen allgemeinsten Handlungskoordinationen und der daraus durch Schritte reflektierender Abstraktion und Differenzierung ableitbaren logisch allgemeinen Begriffe als Handlungszentrum und Sitz der universalen oder zumindest universalisierbaren rationalen Erkenntnisse bewahren. Was die Bedeutung dieses „epistemischen, universalen oder beliebigen Subjekts" (das er ausdrücklich vom individuellen und psychologischen unterscheidet) als Konstrukteur der rationalen Strukturen angeht, so ist PIAGETS Konzeption sogar *konsequenter rationalistisch* als es noch die Erkenntnistheorien des klassischen philosophischen Rationalismus sein konnten. Denn während bei diesen die eigentliche ontologische Ebene der rationalen Begriffe gar nicht im Subjekt, sondern letztlich in einer metaphysischen Sphäre lokalisiert wurde, rettet PIAGET das erkennende Subjekt vor dieser idealistischen Spiritualisierung und bewahrt es prinzipiell als effektiven *autonomen Schöpfer* der universal-rationalen Erkenntnisse insgesamt – und dies sogar trotz seiner biologisierenden Tendenzen auch vor deren Reduktion auf etwaige biologische apriori (deren Universalität er durch die Mutation und die Variation der Arten eingeschränkt sieht). Seine Erkenntnistheorie ist, wie die vorliegende Arbeit eindringlich zeigen sollte, keine „Ideen-" oder „Kategorienlehre", sondern eine genuin sozialwissenschaftliche *Handlungstheorie.* Aus diesen und verschiedenen der folgenden Gründe ist es daher sinnvoll, PIAGETS erkenntnistheoretischen Rationalismus zur Unterscheidung von demjenigen der philosophischen Vertreter dieser Denkrichtung als verhaltenswissenschaftlichen oder *konstruktivistischen Rationalismus* zu bezeichnen.

Die umfangreichen Forschungen und Theorien PIAGETS erscheinen unter dem Aspekt für eine moderne *Denkerziehung* besonders wertvoll, daß sie gleichsam die zur Erringung von Fortschritten in der Denkentwicklung notwendige *alltägliche Kreativität* des erkennenden Subjekts hervorgehoben und den relativen Stellenwert der exogenen Vermittlungs- und Strukturierungsprozesse stärker eingegrenzt sowie schließlich auch gezeigt haben, wie frühzeitig sich für den sorgfältigen und systematischen Beobachter „homo rationalis" ebenso wie „homo creator" im heranwachsenden menschlichen Individuum offenbaren.

Generell konnte PIAGETS Theorie zu der erkenntnistheoretisch und anthropologisch grundlegenden Schlußfolgerung gelangen, daß der Mensch sowohl sein Ich als auch seine Umwelt erst praktisch und geistig „konstruieren" muß, um sie erkennen und adaptiv bewältigen zu können, – zumal ihm weder der Subjekt- noch der Objektpol des Erkennens unmittelbar „gegebene" sind. Nur mithilfe eigener, schöpferischer Handlungskoordinationen organisiert und strukturiert das Subjekt nach Maßgabe seiner (stadienspezifisch in ihrer Differenziertheit variierenden)

Assimilationsschemata seine Objekterfahrung und transformiert sie so in verläßliche und stabile Erkenntnis. Daß der Mensch mit den zunehmend differenzierter werdenden Struktursystemen seines Denkens nicht nur sich selbst weiterentwickelt, sondern auch seine *Umwelt verändert,* ist eine vom dialektischen Materialismus besonders hervorgehobene Tatsache, für deren theoretische Berücksichtigung PIAGET in der von empiristischen Traditionen bestimmten Psychologie erst eine Bahn hat brechen müssen.

„Die Konstruktion einer elektronischen Maschine oder eines Sputniks erweitert nicht nur unsere Kenntnis von der Wirklichkeit, sondern bereichert auch die Wirklichkeit selbst, die bis dahin diese Objekte nicht enthielt. Diese schöpferische Qualität des Handelns ist sehr bedeutsam. Die Behavioristen untersuchen das Verhalten, also Handlungen, übersehen aber dabei allzu oft diesen ‚aktiven', verändernden Wesenszug des Handelns" (1970a, 135).

Wenn bei PIAGET in kantianischer Weise alle von uns erkannten Gegenstände als „Erzeugnisse unserer Selbsttätigkeit" gesehen werden, so beschränkt sich – wie gezeigt – diese kreative Tätigkeit gleichwohl nicht – wie bei KANT – auf die ordnende bzw. „spontan-gesetzgeberische" Anwendung metaphysisch-apriorisch vorgegebener Kategorien auf die ungeordnete und unbestimmte Wirklichkeit, sondern bezieht selbst die schrittweise, *selbstregulative und operative Konstruktion* dieser begrifflich-allgemeinen Kategorien der „raison" durch den Menschen sowie die Möglichkeit ihrer Erweiterung in den kreativen Entwicklungsprozeß von vornherein mit ein (vgl. dazu auch Punkt 3).

Was die „interne" Auffassung von der menschlichen „ratio" angeht, so stand schon hinter der klassisch-rationalistischen Konzeption der tiefe *cartesianische Zweifel am Erkenntniswert der Sinneswahrnehmungen* wie aller von der Außenwelt kommenden „Informationen", – die *spinozistische Skepsis gegenüber den Vorstellungen,* der Imagination oder den zufälligen, losen Empfindungen – und die *leibnizische* (wie cartesianische) Überzeugung, daß der Mensch nur mithilfe der in der reinen Mathematik kulminierenden *„Vernunftwahrheiten"* zu Gewißheiten, zu notwendigen Urteilen sowie zu allgemeinen bzw. universalen Begriffen der Realitätserkenntnis überhaupt gelangen kann.

Dem Rationalismus war von Anfang an klar, daß die Sinne nur gleichsam die Gelegenheiten, die Anlässe, die Inhalte oder die Materialien zur eigentlichen Tätigkeit der „ratio" liefern können. Für sich genommen und für die vom Empirismus betonte induktive Erkenntnis liefern sie – wie es danach in der abendländlichen Geistesgeschichte kein Forscher fundierter als PIAGET auch experimentalwissenschaftlich belegt hat – entweder nur Irrtümer, Illusionen und Zufälligkeiten oder bestenfalls nur punktuelle Zentrierungen und Wahrscheinlichkeiten. Gerade diese Grundannahme des rationalistischen Erkenntniskritizismus wird von PIAGET durch den Nachweis unterstrichen, daß der Mensch in allen seinen kognitiven Verhaltensweisen von der einfachen Wahrnehmung bis zum komplexen Lernen und zu abstrakten Vorstellungsaktivität *nur mithilfe operativer Intelligenzaktivitäten,* d.h. logisch-mathematisch strukturierter Handlungskoordinationen und Denkprozesse (die dem Kern seiner „ratio", „raison", „intellectio" bzw. seines „intellectus" entsprechen) *zu verläßlichen Erkenntnissen,* widerspruchsfreien Begriffen sowie präzisen Erfahrungen und Erinnerungen gelangen kann. Es heißt daher bei PIAGET:

„… der wahre Ausgangspunkt des Universums der Wissenschaft ist in der Welt der Handlungen zu suchen und nicht in der von ihrem motorischen und praktischen Kontext gelösten Wahrnehmung. Denn die Operation des Denkens verlängert die Handlung, indem sie sie einfach korrigiert statt ihr zu widersprechen" (1965 a, 121).

Mit dieser Betonung des Tätigkeitsaspekts der Erkenntnisgenese sowie desjenigen der Entstehung von Allgemeinheit und Notwendigkeit rationaler Erkenntnisse im Verlaufe von Prozessen sich differenzierender Handlungsabstraktionen denkt PIAGET jedoch, wie man sagen könnte, *rationalistischer als die philosophischen Rationalisten* selbst, die die Kategorien der „ratio" noch als platonisch vorgegebene „ewige Wahrheiten", als Ergebnis einer Art von „Wesensschau" oder eines aprioristisch verdinglichten „intellectus ipse" im Sinne von LEIBNIZ betrachteten. Die konstruktive rationale Potenz des erkennenden Subjekts selbst ist gleichwohl im rationalistischen Denken generell für rationale Erkenntnisse wie für Wissenschaft schlechthin konstitutiv.

Die Kraft des wissenschaftlichen Denkens, die Realität zu erklären, beruht danach nicht auf seiner Fähigkeit, sie möglichst „bildgetreu widerzuspiegeln", sondern ihre gerade nicht vordergründig erfaßbaren (wenn man mit Georges GURVITCH oder Glaude LÉVI-STRAUSS so will:) *„Tiefenstrukturen" mithilfe rationaler Operationen zu rekonstruieren,* also den eigenen geistigen Denk- und Handlungsstrukturen zu unterwerfen und dadurch zu bewältigen und zu erklären. Nach PIAGET gilt dies mutatis mutandis bereits für die elementarsten Handlungskoordinationen des menschlichen Säuglings und geschieht in reinster Form bei der Unterordnung physikalischer Phänomene unter mathematische Strukturen.

2.

Für den Rationalisten ist die Fähigkeit des Menschen entscheidend, alle Umweltphänomene (ebenso wie eigenen Eigenschaften) *den Formen und Kriterien der „ratio" zu unterwerfen,* um sie dadurch präzise erkennen und beherrschen zu können.

PIAGET hat sich bei seinen umfangreichen Untersuchungen der kindlichen Intelligenz daher, schon beim Säuglingsalter beginnend, im wesentlichen auf alle diejenigen Verhaltensfunktionen, -motivationen, -strukturen und -prozesse konzentriert, die im Laufe der kognitiven Entwicklung *zur Bildung logischer Denkoperationen im engeren, rationaler Begriffe und Erkenntnisse im weiteren sowie kognitiv-rationaler Autonomie bzw. geistiger Selbständigkeit im weitesten Sinne* führen. Man kann sagen, daß alle seine analytischen Abstraktionen von dieser rationalistischen Grundfragestellung her bestimmt werden.

Das beginnt bei seinen Annahmen über die biologischen Grundfunktionen des Verhaltens, das Anpassungs-, das Gleichgewichts-, das Organisations- oder das *Kohärenzstreben,* die nach seiner Denkentwicklungstheorie alle letztlich die effizientesten und rational idealen (widerspruchsfreien usw.) Kognitionsstrukturen im Subjekt-Objekt-Austauschprozeß des Erkenntnisvorgangs zum Ziel haben.

Es setzt sich fort in seiner *kognitiv-intrinsischen Motivationstheorie,* nach der

1. Objekte dem Menschen vom Anbeginn seines Lebens an primär als „funktionelle Nährstoffe" für seine kognitive Aktivität dienen, – wonach

2. schon die Assimilationsschemata des Säuglings zur „Eroberung des Universums der Wahrnehmung in seiner Totalitält" drängen, – wonach
3. allen Verhaltens- und Denkstrukturen (biofunktionalistisch als „Assimilationsschemata" betrachtet) das Bedürfnis zu ihrer Anwendung (eine Art kognitiven Funktionsbedürfnisses), das Motiv zu ihrer Weiterentwicklung (die selbstregulative Äquilibrationstendenz im Interaktionsprozeß mit der Umwelt) sowie die potentiellen Ziele jedes weitergehenden kognitiven Interesses strukturniveauspezifisch inhärent sind, – und wonach
4. schließlich dem kognitiven Subjekt schon frühzeitig ein „Bedürfnis nach Notwendigkeit" bzw. die „Befriedigung, einen notwendigen Grund zu finden" (1959b, 33) innewohnen.

Genuin rationalistisch ist auch – wie schon dieser Motivationsbegriff deutlich werden läßt – die *Einbeziehung aller nichtrationalen und nichtgedanklichen Verhaltens- und Persönlichkeitsdimensionen* wie des Willens, der Gefühle, der Interessen, der Werte, der Wahrnehmung, der Nachahmung, der Sprache usw. *in die Modalitäten der „raison"*, d.h. in den Geltungs-, Anwendungs-, Regelungs-, Programmierungs- oder Strukturierungsbereich der operativen Intelligenz und ihrer „logisch-mathematischen Rahmen", in der zugleich die Einheitlichkeit des Verhaltens und die Widerspruchslosigkeit zwischen seinen verschiedenen Schichten gesichert wird. Diese These ist bei PIAGET auch stadien*un*spezifisch und gilt generell für Menschen jeden Alters:

„... auf allen Entwicklungsniveaus werden Handlungen in Weisen koordiniert, die schon einige Eigenschaften der Ordnung, der Inklusion und der Entsprechung enthalten und auch solche Strukturen (z.B. Reihenbildung für Ordnung, Klassifikation für Inklusion, multiplikative Strukturen für Entsprechung) vorher andeuten" (1970f, 724).

Gewiß sind die geistigen Aktivitäten des Kindes und des Menschen generell wesentlich vielfältiger und komplexer als sie unter diesen von PIAGET untersuchten – wenn auch wichtigen – Aspekten des Denkens und Erkennens zur Geltung kommen können. Die Art der analytischen Abstraktionen, deren Objekt sie bei ihm sind, unterstreicht indessen – ebenso wie das folgende, paradigmatische Zitat – wiederum, wie sehr der Mensch in seiner Erkenntnistheorie als „vernunftbegabtes", *rationales Wesen* erscheinen muß:

„Jedes Individuum ist sowohl im Besitz von Klassifikationen, Reihenbildungen, Erklärungssystemen, eines persönlichen Raums und einer persönlichen Chronologie, einer Wertskala usw. als auch des mathematisierten Raums und der mathematisierten Zeit, der numerischen Sequenzen. Diese Gruppierungen und diese Gruppen entstehen nun nicht (nur) bei gegebenem Anlaß, sondern dauern das ganze Leben; von der Kindheit an klassifizieren wir, vergleichen wir (Unterschiede oder Äquivalenzen), ordnen wir im Raum und in der Zeit, erklären wir, bewerten wir unsere Ziele und unsere Mittel, zählen wir usw. und gerade relativ zu diesen Gesamtsystemen stellen sich die Probleme genau in dem Maße, wie neue Fakten auftauchen, die noch nicht klassifiziert, seriell geordnet sind usw. (1947a, 51).

3.

Ähnlich wie die klassischen Rationalisten und die philosophischen Aufklärer geht PIAGET auch davon aus, daß die wesentlichen *geistigen Grenzen*, Irrtümer oder irrationalen Erkenntnisse des Menschen „nicht in einem ursprünglichen und unheilbaren Mangel" (1933a, 114), sondern vielmehr *in Perspektive-Illusionen* und egozentrischen Befangenheiten sowie soziozentrischen Beschränkungen begründet liegen, von denen sich der Mensch unter günstigen Entwicklungs- und Sozialisationsbedingungen prinzipiell befreien könne.

Die Bewußtwerdung der resp. die Entwicklung zur universalen Rationalität (die bei PIAGET allerdings einen unabschließbaren und für neuartige Denkstrukturen und -niveaus völlig offenen Prozeß darstellt) ist zugleich ein Fortschritt in der *Emanzipation* des Menschen, – ob er sich nun damit von der Beherrschung seines Denkens durch die sinnlichen Anschauungen, die partikularen Inhalte der Objekterfahrung, die Illusionen der Wahrnehmung oder durch soziale Irrationalismen (Ideologien, Religionen usw.) und Autoritäten, – von der Beherrschung seiner höheren Werte durch niedere Bedürfnisse, seines moralischen Urteils durch effektive Sanktionsdrohungen oder Gehorsamsforderungen oder seines anpassungsflexibel-rational (interaktiv-universal) sozialisierten Verhaltens durch partikulare soziale Zwänge generell befreit. So ist die Autonomie des Menschen bei PIAGET – ähnlich wie im Rationalismus der Philosophie – eine Funktion der rationalen bzw. operativ-intelligenten Strukturierung und Steuerung der Verhaltensweisen und Persönlichkeitsdimensionen aller Ebenen und ebenso zugleich der Selbsterkenntnis, -objektivierung, -kontrolle und -disziplin bzw. der *„Dezentrierung"*.

In einer seiner frühen soziologischen Untersuchungen (1932) hat PIAGET auch herausgearbeitet, daß z.B. das autonome moralische Urteil in erster Linie eine Funktion der „raison", d.h. des Intelligenzentwicklungsstandes und der geistig-sozialen Reife darstellt. Eine autonome Moral wäre somit, – wie daraus für den rationalistischen Denker folgt und was wiederum sehr an die Ethik KANTS erinnert – zugleich eine so allgemein-rationale Moral, daß man ihre Prinzipien auch als universale aufstellen könnte, wie das z.B. mit denjenigen der Gleichheit, der demokratischen Selbstbestimmung und der Gerechtigkeit geschehen könnte (vgl. dazu die systematische Fortführung dieses Gedankenganges im Werk von Lawrence KOHLBERG).

Der *emanzipatorische Wert der menschlichen „ratio"* war eine der Hauptlehren, die die Aufklärungsphilosophie aus den Erkenntnissen des Rationalismus gezogen hatte, – und gleichzeitig Rechtfertigung für den Glauben an ihre endlose Weiter- und Höherentwicklung, d.h. an einen *unbegrenzten Fortschritt* des Menschen generell. Charakteristisch war dabei, daß man einen *engen Zusammenhang zwischen geistiger und sozialer Emanzipation* sowie zwischen geistigem und sozialem Fortschritt gesehen hat, wofür die „ratio" jeweils als zentrale Bewegungsquelle galt:

Die Tendenz, diesen Fortschrittsoptimismus auch auf den Bereich der Gesellschaft auszudehnen, ist auch in PIAGETS soziologischen und sozialphilosophischen Schriften, vor allem seiner frühen und mittleren Schaffensperioden bis 1951, zu erkennen.

In der Aufklärung wurde die faktische Unfreiheit der Menschen nur zu einem Teil – und dies vor allem von den französischen Sozialphilosophen – den gesellschaftlich gewachsenen Verhältnissen zugeschrieben. Zum anderen Teil aber wurde sie – insbesondere von den deutschen Denkern jener Epoche – einer von den Individuen „selbst verschuldeten Unmündigkeit" angelastet (vgl. z.B. KANTS Aufsatz zur ‚Beantwortung der Frage: Was ist Aufklärung?').

In einer Verbindung beider Erklärungsaspekte sah PIAGET als Ursachen für jene Unfreiheit bzw. mangelhafte geistige Autonomie beim Individuum die geistige „Trägheit", die Selbstzentrierung und die unzureichende soziale Selbstkontrolle (– Verhaltensweisen, deren Gegenstücke Beweglichkeit, Dezentrierung sowie Unterordnung unter das Gegenseitigkeitsprinzip die Emanzipation des Individuums fördern –) und andererseits in der Gesellschaft die verschiedenartigsten, von Traditionen, Konformismen, Ideologien und Autoritäten ausgehenden, autonomes Denken behindernden, sozialen Zwänge und Irrationalismen (wie die Traditionsgläubigkeit, die Autoritätshörigkeit usw.).

Zwar ist für PIAGET die Emanzipation des Menschen ebenso wie für die Aufklärungsphilosophen in erster Linie das Werk der sich ihrer selbst und ihrer höheren Strukturen immer bewußter werdenden „raison". Daß dieser Prozeß des Erwerbs von Autonomie bei ihm aber auch eine soziale Dimension hat, ergibt sich andererseits sogar mit logischer Konsequenz aus dem allgemein-handlungstheoretischen Charakter seiner Theorie der Intelligenzentwicklung. Denn die mit dieser Entwicklung verbundene Strukturerweiterung des Verhaltensfeldes impliziert, wie er es in allen seinen soziologisch-sozialisationstheoretischen Äußerungen selbst betont hat, die Fähigkeit zur Errichtung rational „gruppierter" Verhaltenssysteme auch im sozialen Interaktionszusammenhang, d. h. die soziale „Gruppierung" der Verhaltensstrukturen zum sozial autonomen Verhalten der demokratischen „Kooperation", das er explizit als Interaktionsparadigma für „rationale und autonome Persönlichkeiten" modelltheoretisch konzipiert hat. Kurz gesagt, ist den Theoriesystemen der Aufklärung und PIAGETS gemeinsam, daß in ihnen die menschliche „raison" als Hauptinstrument der Befreiung von allen den Menschen beherrschenden Zwängen, als Motor der Erweiterung des menschlichen Handlungsraumes und der „vernünftigeren" Ordnung seiner Umwelt sowie als Grundmechanismus und Hauptursprung allen – geistigen, technischen und sozialen – Fortschritts angesehen wird.

Beide Denksysteme betonen den spontanen, schöpferischen, aktiven, beweglichen, offenen und autonomen, gestalterischen, Ordnungen schaffenden, nach einem Zuwachs an Erkenntnissen sowie nach der geistigen und konkreten *Eroberung und Veränderung des Universums* sowie der Verbesserung der Gesellschaft strebenden Charakter der menschlichen „raison".

Der Mensch ist daher auch hier wie dort nicht mehr nur ein *„homo rationalis"*, sondern vor allem auch ein *„homo creator"* und ein *„homo faber"*, und er entwickelt – wie es besonders auch vom dialektischen Materialismus betont wurde – seine Erkenntnisse vor allem durch seine kreativ handelnde Einwirkung auf die Umwelt und deren Eroberung durch Veränderung (vgl. das Primat der „assimilativen" Kognitionsaktivitäten bei PIAGET vom Säuglings- bis zum Erwachsenenalter), durch deren praktische Organisierung sowie durch die beständige Überwindung von Widersprüchen und mangelhaften Gleichgewichtszuständen in seinen dialektischen (assimiliativ-akkomodativen) Beziehungen zur Objektwelt durch eben dieses konkrete und kognitiv-operative Handeln (vgl. GOLDMANN 1966a).

Wenn sich der Fortschritt der „raison" schließlich trotz ihrer wachsenden Autonomie auf bestimmten *„Entwicklungspfaden"* vollzieht, so geschieht dies nach PIAGET deswegen, weil sich das „epistemische Subjekt" in seinen Denkstrukturen und Handlungskoordinationen bei Erreichen der entsprechenden Strukturzustände logisch-rationalen *Notwendigkeiten spontan unterwirft* und eben dadurch seine

„Freiheit im praktischen Verstande“ als „Unabhängigkeit der Willkür von der Nötigung durch Antriebe der Sinnlichkeit“ (KANT 1781 = A, 534 = 1956, 524; hierbei muß „Willkür“ als rational gesteuerte, d.h. reflektierte Selbstbestimmung verstanden werden), seine kognitive Emanzipation und seine geistige Selbständigkeit auf stabile Weise erwirbt.

Daß die Freiheit des denkenden und handelnden Menschen ihre notwendige Voraussetzung in der *Berechenbarkeit* und linearen Zielgerichtetheit *rationalgesteuerter Handlungsabläufe* hat, die ihrerseits eine methodologisch-idealtypische Bedingung der Möglichkeit einer allgemeinen sozialwissenschaftlichen Handlungstheorie sind, wurde in der (auch neukantianisch beeinflußten) soziologischen Erkenntnistheorie von Max WEBER schon zu Beginn dieses Jahrhunderts (1906) hervorgehoben:

„Mit dem höchsten Grad empirischen ‚Freiheitsgefühls‘ ... begleiten wir ... gerade diejenigen Handlungen, welche wir *rational*, d.h. unter Abwesenheit physischen und psychischen ‚Zwanges‘, leidenschaftlicher ‚Affekte‘ und ‚zufälliger‘ Trübungen der Klarheit des Urteils vollzogen zu haben uns bewußt sind, in denen wir einen klar bewußten ‚Zweck‘ durch seine, nach Maßgabe unserer Kenntnis, d.h. nach Erfahrungsregeln, adäquatesten ‚Mittel‘ verfolgen.“ (WEBER ^{3}1968, 226; alle Hervorhebungen finden sich im Original).

Bei WEBER bedeutet dies ganz im Sinne PIAGETS, daß das *„nomologische Wissen“* im Falle solchen rationalen und daher „freien“ Handelns eine weit größere Rolle spielt als sonst und daß der Handelnde infolgedessen hier in Bezug auf die Mittel seines Handelns determinierter ist als in nichtrationalen Verhaltensweisen.

Wie gezeigt wurde, sind auch bei PIAGET die diesem „nomologischen Wissen“ entsprechenden Operationen der rationalen, konzeptualisierbaren und universalen Handlungskoordinationen untereinander *deterministisch zusammengesetzt* und enthalten daher ebenfalls gerade jenen Anteil an „Notwendigkeit“, Berechenbarkeit und Vorhersehbarkeit, der bei dem einen wie dem anderen Autor Bedingung autonomen und zugleich flexibel sozialisierten Handelns bzw. stabil-rationalen Erkennens sowie verläßlicher (auf berechenbaren wechselseitigen Erwartungen beruhender) sozialer Interaktionen ist.

Es ist sicher kein Zufall, daß PIAGET in seinen späten Schriften ebensowenig wie in seinen frühen den Begriff der *„raison“* in jener undifferenzierten, d.h. von der impliziten Bedeutung der *„Vernunft“* oder der „Vernünftigkeit“ nicht unterschiedenen, Weise gebraucht, auch wenn er sie im Spätwerk sparsamer explizit auf das System der „allgemeinsten Handlungskoordinationen“ einschränkt.

Eine Ausdifferenzierung der Begriffe „raison“ und „intelligence“ in solche wie „Verstand“, „Vernunft“, Rationalität oder Intelligenz wird bei ihm ebensowenig vollzogen wie in der Aufklärungsphilosophie und nicht selten mit dem Hinweis auf die These, daß die „raison humaine“ unteilbar sei („la raison est une“), ausdrücklich abgelehnt. Er benutzt meist und synonym „intelligence“, „raison“, selten „rationalité“ und fast nie „entendement“ (letzteres nur in bezug auf KANTS bekannte Unterscheidung).

Charakteristisch für die Aufklärungsphilosophie war auch die *Koppelung des evolutionistischen Akzents mit dem emanzipatorischen,* der dort gleichwertig neben dem progressistischen stand. Wie ausführlich gezeigt wurde, nehmen auch für PIAGET mit dem Erreichen des jeweils nächsthöheren Entwicklungsstadiums der Intelligenz zugleich Reichweite, Beweglichkeit, Gleichgewichtsstabilität, Dezentriertheit, Erweiterungsfähigkeit usw. der rationalen Denk- und Handlungsstrukturen und damit gleichzeitig ihre Autonomie gegenüber den genannten, die potentielle universale Rationalität „deformierenden“ bzw. verhindernden, Faktoren zu.

Wenn eine progressive Intelligenzentwicklung – wie es PIAGET auch empirisch eindringlich belegt hat – in einer zunehmend *autonomer werdenden Konstruktion kognitiver Strukturen,* in wachsender „deduktiver“ bzw. erfahrungsunabhängiger Kognitionsaktivität, im Entwerfen von neuen Plänen und Unterordnen der erfahrbaren Wirklichkeiten unter begrifflich-rationale Strukturen und umfassendere Möglichkeiten oder auch nur in der kognitiven Antizipation inaktueller Situationen besteht, so hat dies *bedeutsame pädagogische Konsequenzen für das* in unseren Kulturen teilweise bereits recht hoch gewertete *Erziehungsziel „geistiger Selbständigkeit“.*

Für den Pädagogen bedeutet es, daß der *Erwerb rationaler Denkmethoden* bzw. Techniken der Informationsverarbeitung für eine erfolgreiche und intelligente Realitätsbewältigung erheblich sinnvoller, wichtiger und rationeller ist als die Aneignung jedes noch so reichhaltigen Wissens, das sich in unseren hochzivilisierten Gegenwartskulturen ohnehin erheblich schneller verändert als die Wissensinhalte jedes einzelnen Individuums überhaupt zu ihrem dauerhaften Erwerb an Lern- und Schulzeit brauchen! In dem Maße, wie die Pädagogen ihre Zeit mit der Vermittlung bloßer Wissensinhalte verschwenden, werden die in dieser konservativen Form kognitiv sozialisierten Menschen beständig hinter dem aktuellen Entwicklungsstand ihrer Gesellschaften hinterherhinken und dabei nicht einmal die geistigen Instrumente besitzen, um sich selbst „auf die Höhe der Zeit“ zu bringen.

Die spontane, kreative und selbstgesteuerte Aktivität des Schülers sowie sein individuelles und kollektives Erfahrungenverarbeiten durch eigentätiges und kooperatives Experimentieren sind daher denkerzieherisch weit wertvoller als die mehr oder weniger aktivitätshemmende und entmutigende – zumal wenn frontalunterrichtlich praktizierte – Überhäufung mit Wissensinhalten.

Biographisch gesehen, mag es ein Zufall sein, daß PIAGETS Psychologie wahrscheinlich mehr Antworten und praktikable Lösungsansätze als jede andere auf die drängenden Fragen einer zeitgemäßen Denkerziehung und Schulpädagogik zu liefern vermag (vgl. dazu u.a.: AEBLI 1963a; ALMY u.a. 1966; BREARLEY & HITCHFIELD 1966; SKOWRONEK 1968, 69–100 + passim; ELKIND 1970, 81ff.; SHARP 1970; FURTH 1973; STEINER 1973; GINSBURG & OPPER 1975, 273–287; STEINER 1976, 86ff.; STENDLER-LAVATELLI 1976; FURTH & WACHS 1978; HAGE 1979). Denn das unmittelbare Interesse für pädagogische Fragen bzw. erziehungswissenschaftliche Antworten hat sich bei ihm selbst allerdings im wesentlichen auf seine Schaffensperiode der 30er Jahre beschränkt. – Geistesgeschichtlich dagegen sowie aus einer Perspektive wissenssoziologischer „Relationierung“ gesehen, stellt seine Theorie insgesamt vielleicht die *umfassendste Antwort auf die kognitionspädagogischen Kernfragen* der in weiten Bereichen „durchrationalisierten“ Kulturen und verwissenschaftlichten Zivilisationen unserer hochindustriellen Gesellschaften dar. Ihre „Modernität“ beruht auf ihrer hochgradigen Angepaßtheit an das Zeitalter des technisch-naturwissenschaftlichen Fortschritts und zugleich der nach empirischer Fundierung strebenden und systematische Unterrichtsforschung betreibenden Erziehungswissenschaften, die sich daher zurecht heute primär als Sozialwissenschaften verstehen.

4.

Trotz der ganz anders gearteten Ausgangspunkte und der humanwissenschaftlich-empirischen Grundlegungen seiner Theorie ist die zentrale Faszination für den rationalistischen Kognitionsforscher PIAGET wie einst für die philosophischen Rationalisten DESCARTES, LEIBNIZ oder KANT die *Mathematik*. Sie ist das erkenntnistheoretisch *höchste Produkt der „raison humaine"*, die reinste und präziseste Form der rationalen Welterfassung,

„der Stolz der menschlichen Vernunft, ihr Prüfstein und ihre Gewähr und Bürgschaft" (CASSIRER 1932, 18)

Mit ihrer logischen Strenge, rationalen Stringenz, universalen Reichweite, formalen Reinheit, analytischen Klarheit sowie ihren in sich notwendigen und widerspruchsfreien Strukturen liefert sie dem Menschen die Paradigmata objektiver, unwiderlegbarer, zuverlässiger, dauerhafter und in vollständigem Gleichgewicht (ihrer Strukturen untereinander sowie gegenüber der physikalischen Realität) befindlicher Denkformen und Erkenntnisse. Wie es PIAGET für alle wichtigen Kognitionsformen von der Wahrnehmung bis zur Sprache in umfassender Erforschung empirisch untermauert hat, dienen die logisch-mathematischen Strukturen als stabilste Grundlage, als Kriterien und als Garantien rationalen und verläßlichen Erkennens generell.

Wenn im Rationalismus der Philosophen wie bei PIAGET schließlich *jede Art von Realität als mathematisierbar* und somit auch als logisch formalisierbar angesehen wird (bei P. vgl. z.B. 1967c, 388), so kommt darin der typisch rationalistische, szientifische Optimismus zum Ausdruck, der vom Glauben an die prinzipielle Unbegrenztheit der menschlichen Erkenntnismöglichkeiten einerseits und von der letztlichen *rationalen Durchschaubarkeit des gesamten Seins* andererseits getragen wird.

PIAGET geht zwar nicht so weit, nur das als wissenschaftlich anzusehen, was gegenwärtig in mathematischer Sprache formulierbar ist, hält aber auf lange Sicht mit LEIBNIZischem Optimismus auch solche psychischen und sozialen Bereiche wie die intentionalen Akte, Werte, Gefühle sowie einen Großteil sozialer und historischer Abläufe von Ereignissen für wahrscheinlich logisch-mathematisch formalisierbar. Wenn sie dieser Form der Verwissenschaftlichung bzw. rationalen Erfassung gegenwärtig noch Widerstand leisteten, so sei dies im wesentlichen nur der Begrenztheit unserer derzeitigen wissenschaftlichen Analysen und Methoden zuzuschreiben (vgl. 1965d, 54, 56; 1967a, 281; 1967c, 389/390 und 1970c, 92f.).

Die prophetische Vision von DESCARTES, daß der *Fortschritt der Wissenschaften* vorrangig auf dem *Fortschritt in der Mathematisierung* und formalisierenden Präzisierung ihrer Erkenntnisse beruht, hat gewiß in keinem Jahrhundert – zumindest für die Naturwisenschaften – eine so umfassende und tiefgreifende Bestätigung gefunden wie in unserem, von hoch- und voll-automatisierten Steuerungssystemen sowie bis zu letzter Perfektion vorangetriebenen technisch-ökonomischen Rationalisierungsprozessen bestimmten, zwanzigsten.

Die Faszination der Mathematik lag seit jeher für den rationalistischen Denker in dem scheinbar paradoxen und bis heute rätselvoll gebliebenen Phänomen, daß sie einerseits eine *reine Schöpfung des menschlichen Subjekts* ist, andererseits aber mit ihren Strukturen präzise Beschreibungen und *zuverlässige Erklärungen objektiver*

Realitäten (einschließlich der Denkstrukturen ihrer Erzeuger selbst) zu geben vermag.

„In dem Maße, wie die menschliche Intelligenz mit den logisch-mathematischen Strukturen ein Integrationsinstrument findet, das immer unabhängiger von der Erfahrung wird, gibt es gerade eine breitere und tiefere Eroberung der erfahrenen Umwelt" (1967c, 408).

Während sich in der Mathematik die rational ordnende Aktivität des „epistemischen Subjekts" in reinster Form ausdrückt, so bliebe die Realität ohne diese intelligente Aktivität überhaupt unstrukturiert, chaotisch, unerkennbar oder zumindest mit den egozentrisch deformierenden Subjektivismen des präsozialisierten Ich „angereichert", – von den anti-rationalen Wirkungen „soziozentrischer" Kognitionsweisen noch ganz zu schweigen.

Mit der Konstruktion der logisch-mathematischen Denkstrukturen auf der Basis seiner allgemeinsten Handlungskoordinationen (einschließlich deren sozialer Formen in der rationalen Kommunikation) stabilisiert der Mensch jedoch nicht einfach nur seine kognitive Orientierung in einer etwa gleichbleibenden physikalischen und sozialen Umwelt. Vielmehr bringt schon die Notwendigkeit der handelnden Einwirkung auf die Realität zur Gewinnung verläßlicher Erkenntnisse über sie quasi automatisch auch deren Veränderung durch die handelnd erkennenden Subjekte – sowie dieser selbst – mit sich (– eine seit Marx auch im dialektischen Materialismus besonders unterstrichene Einsicht –): das wird bereits an den explorativ-assimilativen Aktivitäten des Säuglings deutlich und ist bei der Benutzung unserer höheren Denkstrukturen zur konkreten, vor allem technischen Veränderung unserer Lebenswelt offensichtlich.

„Diese (mathematische) Konstruktion gelangt nun dahin ..., – weit davon entfernt, über der Wirklichkeit zu schweben oder gar sich darauf zu beschränken, ihr Rahmen zu liefern –, unser Universum in seiner Struktur selbst zu verändern: die qualitativen Gegebenheiten der Wahrnehmung werden nach und nach durch eine rationale Realität verdrängt, die ihnen scheinbar widerspricht, sie aber in letzter Analyse erklärt. Die Welt verändert so ihre Architektur, – eine neue, vom Intellekt ausgearbeitete Realität verdrängt unaufhaltsam die wahrnehmbare Realität" (1929, 151).

Die erkenntnistheoretische Besonderheit der Mathematik liegt schließlich insgesamt darin, daß sie *trotz ihres* konstruktiven, entwicklungsoffenen und unbegrenzt *fruchtbaren Charakters* sowie ihrer beständigen Weiterentwicklung durch Differenzierungs-, Abstraktions- und Äquilibrationsprozesse *universale und notwendige* – nicht bloß wahrscheinliche! – *Strukturen* zu liefern vermag, und daß sie trotz ihrer strengen Deduktivität und ihrer subjektiven Entstehung, ihrer sogar beständig wachsenden *maximalen Unabhängigkeit von der* (Objekt-) *Erfahrung* bzw. der inhaltlichen Vielfalt aller gegenstandsbezogenen Erkenntnisse in einer vollständigen und lückenlosen, *universalen Übereinstimmung mit der Erfahrungswirklichkeit* bzw. in einer „universalen Akkomodation an die Objektwelt" (1950b, 288) steht und diese deswegen in fruchtbarer Weise erklären, rational organisieren und geistig wie konkret bewältigen helfen kann (vgl. 1970c, 86).

Es ist daher sicher gerechtfertigt, „diese wachsende Autonomie korrelativ zu einer besseren Adäquation" als *„erkenntnistheoretisches Problem Nr. 1"* (Dan 1971, 36) zu bezeichnen.

Von besonderem Interesse ist dabei der derart weit gediehene Grad der mathematischen Übereinstimmung mit der physikalischen Realität, daß mithilfe der Mathematik nicht selten sogar *die Existenz noch unentdeckter Realitäten vorausgesagt werden kann.* Selbst mathematische Strukturen, die ohne Rücksicht auf potentielle Anwendungen konstruiert worden waren,

„haben nachträglich als erklärende Rahmen oder Instrumente für wesentlich später entdeckte physikalische Phänomene dienen können: die Relativitätstheorie und die Kernphysik liefern dafür manche Beispiele" (1970c, 92/93; vgl. auch 1967c, 391 und 1968, 36). – Daß PIAGET schon frühzeitig von diesem Phänomen gefesselt war, belegt ein Zitat über die Mathematik aus den 20er Jahren: „Sie gründet sich nicht nur ... nicht auf die physikalische Beobachtung, sondern greift noch – und hier liegt das Wunder des menschlichen Geistes – beständig über die Erfahrung selbst hinaus" (1929, 149).

Nicht zufällig hatte dieses Thema in besonderem Maße auch die Erkenntniskritik von KANT beschäftigt. Man erinnere sich an seinen schon in der ersten Einleitung zur ‚Kritik der reinen Vernunft' geschriebenen Satz:

„Die Mathematik gibt uns ein glänzendes Beispiel, wie weit wir es unabhängig von der Erfahrung in der Erkenntnis a priori bringen können" (KANT 1781 = A, 4).

Man kann demzufolge behaupten, daß alle Erkenntnistheorien, in deren Rahmen die Mathematik als Produkt rationaler Intelligenz nicht zumindest eine allgemeine Erklärung findet, einem Kernproblem menschlicher Kognitionsaktivität ausweichen. PIAGET hat deswegen häufiger darauf hingewiesen, daß empiristische Erkenntnistheorien die Entstehung zahlreicher, für das menschliche Denken wesentlicher, Begriffe – wie der logischen Notwendigkeit, der Kontinuität, des Unendlichen, der Hierarchie der kognitiven Konstruktionen oder der reflektierenden Abstraktionen – unerklärt lassen müssen (vgl. 1970a, 133).

5.

Die Übereinstimmung der Mathematik mit der konkret erfahrbaren Wirklichkeit ist ein Ideal, nach dem die Wissenschaft schon seit PYTHAGORAS strebt und dem sie seit der vor allem mit dem klassischen Rationalismus einsetzenden Verfeinerung der Mathematik und der korrelativen Mathematisierung der Erfahrung auf immer zahlreicheren Gebieten nähergekommen ist. Obwohl allerdings schon DESCARTES diesem Ideal den Stellenwert eines Grundsatzprogramms für die moderne Wissenschaft gegeben hatte und obwohl die Geschichte der Naturwissenschaften in den letzten 300 Jahren seine prophetische Vision vom Fortschritt der Wissenschaften durch ihre wachsende Mathematisierung vollständig bestätigt hat, ist doch die letzte Ursache dieser geheimnisvollen Konvergenz unerklärt geblieben.

Die klassischen Rationalisten wollten die Welt der Begriffe und diejenige der Dinge noch theozentrisch-metaphysisch auf *dieselbe „Urschicht des Seins"* zurückgeführt wissen (vgl. SPINOZAS „deus sive substantia sive natura" und LEIBNIZENS „prästabilierte Harmonie" zwischen allen „Monaden" als den beseelten Substanzen aller körperlichen und geistigen Phänomene), um in der Übereinstimmung und identischen ontologischen Verwurzelung beider zugleich die Frage nach der Wahrheit des Erkennens beantwortet zu sehen. In der rationalistischen Identitätsphilosophie konnte es daher noch in religiös vermitteltem Glauben heißen:

„Die Ordnung und Verknüpfung der Ideen ist dieselbe wie die Ordnung und Verknüpfung der Dinge" (SPINOZA, Ethik II, 7, zit. nach DURANT 8. 1947, 176)

Ist für den klassischen Rationalismus die mit theologischer Gewißheit ausgestattete Annahme einer ontologischen Identität im Sinne einer *prädeterminierten,* apriorischen und statischen *Übereinstimmung* zwischen Denkwelt und Körperwelt charakteristisch, so ist diese Konvergenz nach PIAGET – wie gezeigt – das nur a posteriori feststellbare, „denkwürdige" bzw. gerade wissenschaftlich zu erklärende *Produkt eines unabschließbaren Entwicklungsprozesses* mit allenfalls determinierten (aber ebenfalls nur rückblickend erkennbaren) Ablaufscharakteristiken und Strukturbildungsgesetzlichkeiten. Das bedeutet,

„daß es sich dort, wo der Apriorismus gezwungen war, auf eine ‚prästabilierte' Harmonie zwischen dem Universum und dem Denken zurückzugreifen ..., in Wirklichkeit um eine ‚errichtete' Harmonie handelt, die sogar sehr allmählich errichtet wurde in einem Prozeß, der bei den organischen Wurzeln beginnt und sich unendlich fortsetzt" (1970c, 75).

Wenn der Mensch *immer wieder neue Übereinstimmungen* zwischen seinem logisch-mathematischen Denken und den Strukturen des physikalisch-chemischen Seins entdeckt und die unterschiedlichsten Realitätsbereiche folglich immer präziser zu erklären vermag, so braucht sich die „genetische" Erkenntnistheorie daher auch nicht etwa auf eine immer „gütiger" werdende „göttliche Offenbarung" zu berufen, sondern kann auf den kontinuierlichen *Fortschritt* des Menschen *in der Konstruktion jeweils umfassenderer und differenzierterer Denkstrukturen* verweisen, der von einer Abstraktionsstufe zur nächsthöheren vorangeht.

Charakteristisch für diesen konsequenteren, weil konstruktivistischen, Rationalismus PIAGETS ist überdies die humanwissenschaftlich-biologisch säkularisierte Begründung für die frappierende Übereinstimmung zwischen dem logisch-mathematischen Denken und dem physikalisch-chemischen Sein. Ein Schritt zu einer erfolgversprechenderen und naheliegenderen Erklärung ist bereits in der Aufklärungsphilosophie (die ja auch den Tätigkeitsaspekt des Erkennens stärker als der Rationalismus herausgestellt hatte) von CONDILLAC getan worden, indem er die letzte Erklärung für jene Übereinstimmung, wie es heute PIAGET tut, in der *biologischen Organisation* des Menschen vermutete (vgl. CASSIRER 1932, 139; angemerkt werden muß hier allerdings, daß die damit verbundene Erkenntnistheorie bei diesem Denker rein sensualistisch war und damit in krassem Gegensatz zum Rationalismus stand). – Da es bei PIAGET der Mensch selbst ist, der jene „Harmonie" zwischen Denk- und Seinsstrukturen mithilfe seiner adaptiv-organisierenden Kognitionsaktivität errichtet,

„ist die Verbindung zwischen den Operationen des Subjekts und den Strukturen des Objekts also im Innern des Organismus selbst zu suchen, bevor sie durch die Übereinstimmung zwischen der Deduktion und der äußeren Erfahrung bekräftigt werden kann" (1970c, 93) und bevor man sie metaphysisch begründet.

Der Mensch vervollständigt seine elementare biologische Anpassung durch eine immer flexibler werdende, reflektierte, geistige Anpassung an die Objektwelt und kann infolgedessen in zirkulärer Weise diese Welt auch auf ihrer organischen (= physikalisch-chemischen) Ebene zunehmend präziser erfassen und erklären. Es war für PIAGET in seiner biologisch fundierten Erkenntnistheorie daher schon frühzeitig naheliegend, in diesem geistigen Entwicklungsfortschritt des Menschen letztlich

„eine immer weiter getriebene Bewußtwerdung der dem Leben selbst inhärenten organisierenden Aktivität" (1936, 24)

zu sehen. Denn

„wenn die elementaren Strukturen von den allgemeinen Koordinationen der Handlung ausgehen und diese von den Nervenkoordinationen, muß man bis zu den organischen und bio-physikalischen Koordinationen zurückgehen, um zu ihren Quellen zu gelangen ..." (1970c, 93).

Wie die vorstehende Darstellung ausführlich zeigen konnte, hat PIAGET mithilfe seines evolutionistischen Konstruktivismus überzeugend dargelegt, daß man zur Erklärung jener Denkstrukturen weder auf einen metaphysischen Präformismus noch auf einen biologischen Apriorismus noch auch primär nur auf milieu-spezifische Determinismen zurückzugreifen braucht, sondern die schlüssigste Lösung eben in der beschriebenen Art seines dialektischen Organismus-Umwelt-Interaktionismus finden kann.

Am Ende dieser Untersuchung können wir daher zu den einleitend behandelten biologischen Ausgangspunkten der genetischen Erkenntnistheorie PIAGETS zurückkehren. Die logisch-mathematischen Strukturen haben demnach ihre Wurzeln in der biologischen Organisation, weil diese

„zugleich die Bewegungsquelle des Subjekts und der Grund seiner fundamentalen Anpassungen ist" (1965a, 137).

Das verhaltenstheoretische Vermittlungsglied für die Bildung der höchsten Formen rationaler Anpassung liegt in den allgemeinsten *Koordinationen der menschlichen Handlungen* durch das „epistemische Subjekt", das in uns allen lebendig ist und das auf dem Wege kreativer Spontaneität unter günstigen sozialen Entwicklungsbedingungen zur Konstruktion jener universal akkomodierten logisch-mathematischen Strukturen (– bis zu einem psycho- und sozio-biographisch begrenzten Entwicklungsstand –) gelangen kann.

„Die Logik und die Mathematik den allgemeinen Handlungskoordinationen des Subjekts zuzuschreiben, bedeutet also nicht, die Rolle dieses Subjekts in einem idealistischen Sinne zu überschätzen, sondern vielmehr daran zu erinnern, daß wenn *die Fruchtbarkeit seines Denkens von den inneren Resourcen des Organismus herrührt,* sich die Wirksamkeit dieses Denkens daraus ergibt, daß der Organismus nicht unabhängig vom Milieu ist, sondern nur im Austausch mit ihm lebt, handelt und denkt" (1967c, 395; Hervorhebung von mir, FGW).

Die Fruchtbarkeit des mathematischen Denkens (und damit sicher des rationalen Denkens generell) ist eine Funktion der Vielfalt potentieller Koordinationen zwischen den menschlichen Handlungen, deren Bewußtwerdung es ist: diese Vielfalt aber ist unbegrenzt.

Ob nun die vermittelnde Erklärung für die rationale Konvergenz zwischen Denken und Sein eine biologische und verhaltenswissenschaftliche ist, wie bei PIAGET, oder eine metatphysisch-theozentrische, wie bei den klassischen Rationalisten, – die Schlußfolgerung bleibt formal und ontologisch die gleiche: Die „eingeborenen Ideen“ (DESCARTES) resp. die „logisch-mathematischen Denkstrukturen“ (PIAGET) der „raison humaine“

„sind auf die Wirklichkeit anwendbar, weil sie derselben Quelle wie diese entstammen, und weil demgemäß zwischen ihrer eigenen Struktur und der Struktur der Dinge nirgends ein Gegensatz besteht“ (CASSIRER 1932, 127).

Literaturverzeichnis

Zahlreiche Schriften PIAGETS sind kurz hintereinander oder in größeren zeitlichen Abständen in verschiedenen Publikationen, in unterschiedlichen Sprachen oder in mehreren Auflagen erschienen. Da die darin enthaltenen Untersuchungen, Konzeptionen oder Theorien jedoch im Verlaufe seines jahrzehntelangen Schaffens auch selbst eine wissenschaftliche Entwicklung durchlaufen haben, erschien es dem Verfasser geboten, im vorstehenden Text bei Zitaten, Anmerkungen oder Hinweisen auf sie, die unverfälschte Struktur ihrer chronologischen Ordnung zu wahren. Dies ist dadurch geschehen, daß die Jahreszahl des Ersterscheinungsdatums der jeweils benutzten Schrift (mit wenigen, meist gesondert gekennzeichneten Ausnahmen) als Zitier-Chiffre verwendet wurde, während sich die im Text danach aufgeführte Zahl stets auf die Seite in der benutzten Ausgabe bezieht.

Nachfolgend in Klammern hinzugefügt wurden außerdem zur Erleichterung für den deutschen Leser auch die Titel aller deutschen Übersetzungen sowie gelegentlich auch Hinweise auf neuere Auflagen der jeweiligen Veröffentlichungen.

Zur weitergehenden Information sei auf die bisher relativ vollständigste, wenn auch lücken- und fehlerhafte, PIAGET-Bibliographie bis zum Jahre 1974 in der deutschen Ausgabe der Festschrift ‚Jean Piaget et les Sciences Sociales' (Genf 1966) verwiesen, die unter dem Titel ‚Jean Piaget – Werk und Wirkung' 1976 in München erschienen ist.

(Alle Übersetzungen der Zitate im Text stammen vom Verfasser).

1. Jean PIAGET (und Mitarbeiter – soweit angeführt)

1920 La psychanalyse dans ses rapports avec la psychologie de l'enfant, in: Bulletin de la Société Alfred Binet Nr. 131, S. 18–34

1923a Le langage et la pensée chez l'enfant, Neuchâtel, 5. Aufl. 1962, in der auch 1947b enthalten ist (dt.: Sprechen und Denken des Kindes, Düsseldorf 1972)

1923b La pensée symbolique et la pensée de l'enfant, in: Archives de Psychologie Bd. 18, 1923, S. 273–304

1924 Le jugement et le raisonnement chez l'enfant, Neuchâtel, 5. Aufl. 1963 (dt.: Urteil und Denkprozeß des Kindes, Düsseldorf 1972)

1926 La représentation du monde chez l'enfant, Paris, 3. Aufl. 1947 (dt.: Das Weltbild des Kindes, Stuttgart 1978)

1927 La causalité physique chez l'enfant, Paris 1927

1928 Logique génétique et sociologie, in: Revue Philosophique Bd. 105, 1928, S. 167–205

1929 Les deux directions de la pensée scientifique, in: Archives des Sciences Physiques et Naturelles Bd. 11, 1929, S. 145–162

1931 Children's philosophies, in: Carl MURCHISON, Hrsg.: A Handbook of Child Psychology, Worchester/Massachusetts, 2. (revid.) Aufl. 1933, S. 534–547

1932 Das moralische Urteil beim Kinde, Zürich 1954 (Übersetzung von: Le jugement moral chez l'enfant, Paris 1932, durch Lucien GOLDMANN; – neuere deutsche Ausgaben erschienen in Olten und Freiburg sowie Frankfurt 1973)

1933a L'individualité en histoire – l'individu et la formation de la raison, in: L'Individualité – 3e Semaine Internationale de Synthèse, Paris 1933, S. 67–116 (an gleicher Stelle, S. 117–121: Diskussion mit Charles BLONDEL, Henri BERR und Marcel MAUSS)

1933b La psychanalyse et le développement intellectuel, in: Revue Française de Psychanalyse Bd. 6, Paris 1933, S. 405–408

1934 Remarques psychologiques sur le self-government, in: Le Self-Government à l'Ecole – Publications du Bureau International d'Education Nr. 38, Genf 1934, S. 89–108

1935 Remarques psychologiques sur le travail par équipes, in: Le Travail par Equipes à l'Ecole, Publications du Bureau International d'Education Nr. 39, Genf 1935, S. 179–196

1936 La naissance de l'intelligence chez l'enfant, Neuchâtel, 4. Aufl. 1963 (dt.: Das Erwachen der Intelligenz beim Kinde, Stuttgart 1969)

1937 La construction du réel chez l'enfant, Neuchâtel, 3. Aufl. 1963 (dt.: Der Aufbau der Wirklichkeit beim Kinde, Stuttgart 1974)

1939a Les méthodes nouvelles – leurs bases psychologiques, in: Education et Instruction, Encyclopédie Française Bd. 15'26, Paris 1939, S. 4–16 (dte. Übers. in: 1972e)

1939b Examen des méthodes nouvelles: I. Méthodes fondées sur les mécanismes individuels de la pensée, II. Méthodes fondées sur la vie sociale de l'enfant, in: ibidem, Bd. 15'28, S. 1–13

1941 Die Entwicklung des Zahlbegriffs beim Kinde (Mitautorin: Alina SZEMINSKA), (Übers. v.: La genèse du nombre chez l'enfant, Neuchâtel 1941), Stuttgart 1965

1943 Le développement mental de l'enfant (erstm. 1943 in Zürich erschienen), in: 1964a, S. 9–86

1945a Les opérations logiques et la vie sociale (erstm. 1945 in Genf erschienen), in: 1965b, S. 143–171

1945b La formation du symbole chez l'enfant – Imitation, jeu et rêve, image et représentation, Neuchâtel, 3. Aufl. 1964 (dt.: Nachahmung, Spiel und Traum – Die Entwicklung der Symbolfunktion beim Kinde, Stuttgart 1969)

1947a La psychologie de l'intelligence, Paris, 8. Aufl. 1965 (dt.: Psychologie der Intelligenz, Zürich 1948; 4. Aufl. in Olten und Freiburg 1970)

1947b La mesure du langage égocentrique dans les échanges verbaux avec l'adulte et les échanges entre enfants (unter Mitarbeit von A. LEUZINGER-SCHULER), in: 1923a, 5. Aufl. 1962 (erstm. erschienen in der 3. Aufl. 1947)

1947c Du rapport des sciences avec la philosophie, in: Synthèse Bd. 6, S. 130–150 (wiederabgedruckt in: 1970b)

1950a Introduction à l'épistémologie génétique, Bd. I: La pensée mathématique, Paris 1950 (dt.: Die Entwicklung des Erkennens, Bd. I: Das mathematische Denken, Stuttgart 1972)

1950b Introduction à l'épistémologie génétique, Bd. III: La pensée biologique, la pensée psychologique et la pensée sociologique, Paris 1950 (das darin enthaltene Kapitel: L'explication en sociologie, S. 187–272, ist wiederabgedruckt in: 1965b, S. 14–99) (dt.: a.a.O. 1973, Das biologische Denken, das psychologische Denken, das soziologische Denken)

1950c Epistémologie génétique et méthodologie dialectique (Antwort an Ferdinand GONSETH 1950), in: Dialectica Bd. 4, 1950, S. 287–295

1951a The right to education in the modern world (erstm. erschienen in frz. Sprache bei der UNESCO, Paris 1948), in: Freedom and Culture, UNESCO, New York & London, 1951, S. 67–116 (dte. Übers. 1975, siehe: 1972g)

1951b Psychologie der frühen Kindheit – Die geistige Entwicklung von der Geburt bis zum 7. Lebensjahr (Mitautorin: Bärbel INHELDER), in: D. KATZ, Hrsg.: Handbuch der Psychologie, Basel & Stuttgart, 2. Aufl. 1960, S. 275–314 (1. Aufl. erschienen 1951)

1951c Pensée égocentrique et pensée sociocentrique, in: Cahiers Internationaux de Sociologie Bd. 10, 1951, S. 34–49 (dt. in: Friedrich JONAS, Geschichte der Soziologie, Bd. 2, Reinbek 1976, S. 381–391)

1951d Les activités mentales en rapport avec les expressions symboliques logiques et

mathématiques, in: Actes de la 7e Conférence Internationale de Linguistique Psychologique 1951 in Amersfoort/Holland, S. 127–145, abgedruckt in: Synthèse Bd. 10, 1957
1951e la genèse de l'idée de hasard chez l'enfant (Mitautorin: Bärbel INHELDER), Paris 1951
1952a Von der genetischen Psychologie zur Epistemologie (erstmals in frz. Sprache 1952 erschienen), in: Diogenes Bd. 1, 1953/1954, S. 35–51
1952b Contribution à la théorie générale des structures, in: Proceedings and Papers of the 13th International Congress of Psychology at Stockholm 1951, Stockholm 1952, S. 197–198
1953a Structures opérationelles et cybernétiques, in: Année Psychologique Bd. 53 Heft 1, 1953, S. 379–388
1953b Logic and Psychology (mit einer Einführung in P.s Logik von Wolfe MAYS), Manchester, 3. Aufl. 1965
1954a La vie et la pensée (du point de vue de la psychologie expérimentale et de l'épistémologie génétique), in: Actes du 7e Congrès des Sociétés de Philosophie de Langue Française, Grenoble 1954, S. 17–23 (wiederabgedruckt in: 1972a)
1954b Les relations entre l'affectivité et l'intelligence dans le développement mental de l'enfant, Paris, 3. Aufl. 1962
1954c Ce qui subsiste de la théorie de la Gestalt dans la psychologie contemporaine de l'intelligence et de la perception, in: Aktuelle Probleme der Gestaltpsychologie, Bern & Stuttgart, Beiheft zur Schweizerischen Zeitschrift für Psychologie und ihre Anwendungen Nr. 24, 1954, S. 72–83 (wiederabgedruckt in: 1972a)
1954d Le langage et la pensée du point de vue génétique (erstm. in Acta Psychologica Bd. 10, Amsterdam 1954, erschienen), in: 1964a, 101–113
1956a Les stades du développement intellectuel de l'enfant et de l'adolescent, in: Le Problème des Stades en Psychologie de l'Enfant, 3e Symposium de l'Association psychologique scientifique de langue française à Genève 1955, hrsg. v. P. OSTERRIETH, J. PIAGET u.a., Paris 1956, S. 33–42, Diskussion: S. 56–61, 73–74, 96–99
1956b Problèmes de psychologie génétique (erstm. in russischer Sprache in Moskau 1956 erschienen), in: 1964a, S. 132–163
1957a Le Centre international d'Epistémologie génétique et les Etudes d'Epistémologie génétique, Einführung zu: E. W. BETH, W. MAYS & J. PIAGET, Epistémologie génétique et Recherche psychologique = Bd. I der Reihe 'Etudes d'Epistémologie génétique' (im folgenden jeweils abgekürzt als: EEG), Paris 1957, S. 1–11
1957b Programme et méthodes de l'épistémologie génétique, in: EEG I, Paris 1957, S. 13–84
1957c Logique et équilibre dans les comportements du sujet, in: Léo APOSTEL, Benoit MANDELBROT & Jean PIAGET, Logique et Equilibre = EEG II, Paris 1957, S. 27–117
1957d Les liaisons analytiques et synthétiques dans les comportements du sujet = EEG IV, Gemeinschaftswerk von Léo APOSTEL, Wolfe MAYS, A. MORF & Jean PIAGET, Paris, 1957
1958a La deuxième année d'activité et le deuxième symposium du Centre International d'Epistémologie génétique, Einführung zu: A. JONCKHEERE, B. MANDELBROT & J. PIAGET, La Lecture de l'Expérience = EEG V, Paris 1958, S. 1–27
1958b Assimilation et connaissance, in: EEG V, Paris 1958, S. 49–108
1959a La troisième année d'activité du Centre et le troisième symposium international d'épistémologie génétique, Einführung zu: Pierre GRECO & Jean PIAGET, Apprentissage et Connaissance = EEG VII, Paris 1959, S. 1–20
1959b Apprentissage et connaissance, 1. Teil, in: EEG VII, S. 21–67
1959c Apprentissage et connaissance, 2. Teil, in: M. GOUSTARD, P. GRECO, B. MATALON & J. PIAGET, La Logique des Apprentissages = EEG X, Paris, 1959, S. 159–188

1959d Le rôle de la notion d'équilibre dans l'explication en psychologie (erstm. in Amsterdam 1959 erschienen in: Acta Psychologica Bd. 15), in: 1964a, S. 114–131
1960a Les modèles abstraits sont-ils opposés aux interprétations psycho-physiologiques dans l'explication en psychologie? in: Revue Suisse de Psychologie Bd. 19, 1960, S. 57–65
1960b La portée psychologique et épistémologique des essais néo-hulliens de D. Berlyne, in: Daniel Berlyne & Jean Piaget, Théorie du Comportement et Opérations = EEG XII, Paris 1960, S. 105–123
1961a Défense de l'épistémologie génétique contre quelques objections ‚philosophiques', in: Revue Philosophique Bd. 151, S. 475–500
1961b Epistémologie mathématique et psychologie – Essai sur les relations entre la logique formelle et la pensée réelle, von E. W. Beth & J. Piaget = EEG XIV, Paris 1961, darin: S. 149–324 (von P.) und S. 325–332 (von B. & P.)
1962a Le rôle de l'imitation dans la formation de la représentation, in: Evolution Psychiatrique (Hommage à Henri Wallon) Bd. 27 (1), Paris 1962, S. 141–150
1962b Comments on Vygotsky's critical remarks concerning ‚The Language and Thought of the Child' and ‚Jugdement and Reasoning in the Child', Cambridge/Massachusetts 1962, The M. I. T. Press Nr. 8
1962c Le temps et le développement intellectuel de l'enfant (erstm. erschienen in: La Vie et le Temps, Neuchâtel 1962), in: 1972a, S. 7–35
1963a L'explication en psychologie et le parallélisme psychophysiologie, in: Paul Fraisse & Jean Piaget, Hrsg., Traité de Psychologie expérimentale Bd. I, Histoire et Méthode, Paris 1963, S. 121–152
1963b Les images mentales (Mitautorin: Bärbel Inhelder), in: ibidem, Bd. VII, L'Intelligence, Paris 1963, S. 65–108
1963c Les opérations intellectuelles et leurs développement (Mitautorin: Bärbel Inhelder), in: ibidem, Bd. VII, S. 109–155
1963d Le langage et les opérations intellectuelles, in: Problèmes de Psycho-Linguistique, Symposium de l'Association de Psychologie scientifique de Langue française, hrsg. v. J. de Ajuriaguerra, F. Bresson u.a., Paris 1963, S. 51–61, Diskussion: S. 62–72 (wiederabgedruckt in: 1972a)
1963e Vorwort zu: John H. Flavell, The developmental psychology of Jean Piaget, Princeton 1963, S. vii–ix
1963f La pensée du jeune enfant (Vortrag in London 1963), in: 1964a, S. 89–100
1964a Six études de psychologie, Genf 1964 (Sammelband, der die Aufsätze von 1943, 1954d, 1956b, 1959d, 1963f und 1964b enthält, deren vollständige dte. Übers. in 1972e zu finden ist)
1964b Genèse et structure en psychologie de l'intelligence (gleichzeitig erschienen in Den Haag & Paris), in: 1964a, S. 164–181
1965a Sagesse et illusions de la philosophie, Paris 1965 und 3. Aufl. 1972 mit einem Vorwort zur dritten und einem Nachwort zur zweiten Auflage = 1972d (dt.: Weisheit und Illusionen der Philosophie, Frankfurt 1974)
1965b Etudes sociologiques (enthält neben einem neuen Vorwort nur Wiederabdrucke: 1950b Kap. XII, 1940, 1944 + 1945a), Genf 1965
1965c Education et instruction depuis 1935, Neubearbeitung des Bandes 15, Education et Instruction, der Encyclopédie Française, Paris 1965, S. 5–50 (dt.: in 1972e)
1965d Psychology and philosophy, in: B. B. Wolman & E. Nagel, Scientific Psychology – Principles and Approach, New York & London 1965, S. 28–43
1965e Genèse et structure en psychologie, Diskussion mit L. Goldmann, M. de Gandillac u. a. in: Entretiens sur les Notions de ‚Genèse' et ‚Structure', Den Haag & Paris 1965, S. 18–21, 49–61 nach Protokollen einer Konferenz von 1959 (vgl. auch den Vortrag Piagets in: 1964b) (dte. Übersgn. in: Darmstadt 1973 und Wien 1972 = 1972e)

1966a La psychologie de l'enfant (Mitautorin: Bärbel INHELDER) Paris 1966 (dt.: Die Psychologie des Kindes, Olten & Freiburg 1972 sowie Frankfurt 1978)
1966b Autobiographie 1896–1966, in der Festschrift zum 70. Geburtstag P. s, Jean Piaget et les Sciences Sociales, Cahiers Vilfredo Pareto Bd. 10, Genf 1966, S. 129–159 (auch enthalten in der dtn. Übers. der gesamten Festschrift, Jean Piaget – Werk und Wirkung, München 1976)
1966c Nécessité et signification des recherches comparatives en psychologie génétique, in: Journal International de Psychologie Bd. 1 Nr. 1, 1966, S. 3–13 (wiederabgedruckt in: 1970b und 1972a)
1966d Le problème des mécanismes communs dans les sciences d l'homme, in: Transactions of the 6th World Congress of Sociology in Evian/Schweiz, 1966, S. 21–48 (Bd. 1) (eine stark erweiterte Fassung dieses Aufsatzes findet sich in: 1972b, S. 251–377)
1966e Vorwort zu: Millie ALMY u. a., Young Children's Thinking – Studies of some Aspects of Piagets Theory, New York 1966, S. iii–vii
1967a Logique formelle et psychologie génétique, in: Les Modèles et la Formalisation du Comportement, hrsgg. v. P. FRAISSE, J. M. FAVERGE & F. BRESSON, Colloques internationaux du C. N. R. S., Paris 1967, S. 269–276, Diskussion: S. 277–283
1967b Les deux problèmes principaux de l'épistémologie des sciences de l'homme, in: Jean PIAGET, Hrsg., Logique et Connaissance scientifique, Encyclopédie de la Pléiade Bd. 22, Paris & Dijon 1967, S. 1114–1146
1967c Biologie et connaissance – Essai sur les relations entre les régulations organiques et les processes cognitifs, Paris 1967 (dt.: Biologie und Erkenntnis – Über die Beziehungen zwischen organischen Strukturen und kognitiven Prozessen, Frankfurt 1974)
1967d Débat Psychologie et Philosophie (zw. J. PIAGET und P. FRAISSE, Y. GALIFRET, F. JEANSON, P. RICQUER; erstm. 1967 in Raison Présente Nr. 1 erschienen), in: Psychologie et Marxisme, Paris 1971, S. 9–77
1968 Le structuralisme, Paris (1. und) 2. Aufl. 1968 (dt.: Der Strukturalismus, Olten und Freiburg 1973)
1969a Psychologie et pédagogie, Paris 1969 (enthält die Wiederabdrucke der Schriften 1939a und 1965c, dt.: 1972e)
1969b Autobiography, in: Hans G. FURTH, Piaget and Knowledge – Theoretical Foundations, Englewood Cliffs/New Jersey 1969, S. 253–256
1970a Jenseits des Empirismus (Mitautorin: Bärbel INHELDER; erstm. 1969 in engl. Sprache erschienen in: Beyond Reductionism – New Perspectives in the Life Sciences, London), in: A. KOESTLER & J. R. SMYTHIES, Hrsg., Das neue Menschenbild – Die Revolutionierung der Wissenschaften vom Leben, Wien 1970, S. 126–163
1970b Psychologie et épistémologie (Sammelband mit Wiederabdruck von Arbeiten aus den Jahren 1947–1966, darunter: 1947c, 1952a und 1966c), Paris 1970
1970c L'épistémologie génétique, Paris 1970 (dt.: Abriß der genetischen Epistemologie, Olten und Freiburg 1974)
1970d Genetic epistemology (Vier Vorlesungen an der Columbia University 1968), New York & London 1970 (dt.: Einführung in die genetische Erkenntnistheorie, Frankfurt 1973)
1970e Psychology, in: Main Trends of Research in the Social and Human Sciences, I: Social Sciences, Paris & Den Haag 1970, S. 225–282 (frz. in: 1972b)
1970f Piaget's theory, in: P. H. MUSSEN, Hrsg., Carmichael's Manual of Child Psychology Bd. 1, 3. Aufl. New York 1970, S. 703–732
1970g Geleitwort zu: M. L. RAMBERT, Das Puppensiel in der Kinderpsychotherapie, München & Basel 1970
1971 Inconscient affectif et inconscient cognitif, in: Raison Présente Bd. 19, 1971, S. 11–20 (wiederabgedruckt in: 1972a)
1972a Problèmes de psychologie génétique (Sammelwerk mit Wiederabdrucken von

Aufsätzen aus den Jahren 1954–1971, darunter: 1954a, 1954c, 1956a, 1963d, 1966c u. 1971a) (dt.: Probleme der Entwicklungspsychologie, Frankfurt 1976)

1972b Epistémologie des sciences de l'homme (Wiederabdruck von Kapiteln, die 1970 in engl. Sprache in dem unter 1970e erwähnten Sammelwerk der UNESCO erstmals erschienen sind, darunter die Aufsätze 1970e und 1966d in erweiterter Form), Paris 1972 (dt.: Erkenntnistheorie der Wissenschaften vom Menschen – Hauptströmungen der sozialwissenschaftlichen Forschung, Berlin 1973)

1972c A structural foundation for tomorrow's education, in: Prospects Bd. 2 Nr. 1, UNESCO, Paris 1972, S. 12–27

1972d Vorwort und Nachwort zu: 1965a, S. v–vii und 287–307

1972e Theorien und Methoden der modernen Erziehung (Übersetzg. der Aufsätze von 1939a, 1964a und 1965c), Wien 1972 und Frankfurt 1974

1972f Intellectual evolution from adolescence to adulthood, in: Human Development Bd. 15, S. 1–12, 1972 (erstm. 1970 in italienischer Sprache erschienen)

1972g Où va l'éducation (darin Wiederabdruck von: 1951a), Paris 1972 (dt.: Das Recht auf Erziehung und die Zukunft unseres Bildungssystems, München 1975)

1972h Lebendige Entwicklung (erstm. 1972 in frz. Sprache erschienen), in: Zeitschrift für Pädagogik 1974 Heft 1, S. 1–6)

2. Benutzte Festschriften und Sammelwerke über PIAGETS Forschungen

Psychologie et Epistémologie génétiques – Thèmes Piagétiens, Festschrift zum 70. Geburtstag, erschienen als Bd. 1 der Reihe: Sciences du Comportement, hrsg. v. François BRESSON & Maurice DE MONTMOLLIN, Paris 1966 (enthält eine umfassende Bibliographie); – hier abgek. als: Psy. Epist. gén.

Jean Piaget et les Sciences Sociales, Festschrift zum 70. Geburtstag, erschienen als Bd. 10 der Cahiers Vilfredo Pareto, Genf 1966 (enthält dieselbe Bibliographie wie oben und eine aktualisierte Autobiographie Piagets bis 1966); – hier abgek. als: J. P. Sc. Soc. (dt. München 1976, s. u.)

Studies in Cognitive Growth, Festschrift zum 70. Geburtstag, erschienen als Gemeinschaftsarbeit des Center for Cognitive Studies der Harvard-Universität, hrsg. v. Jerome S. BRUNER, New York 1966; – hier meist zit. als: BRUNER u. a. 1966 (dt.: Studien zur kognitiven Entwicklung, Stuttgart 1971)

Young Children's Thinking – Studies of some Aspects of Piaget's Theory, Gemeinschaftsarbeit über die erziehungswissenschaftliche Auswertbarkeit von Piagets Forschungen von: Millie ALMY, Edward CHITTENDEN & Paula MILLER, New York 1966; – hier zit. als: ALMY u. a. 1966

Studies in Cognitive Development – Essays in Honor of Jean Piaget, verspätete Festschrift zum 70. Geburtstag, hrsg. v. David ELKIND & John H. FLAVELL, New York 1969; – hier zit. als: Stud. Cogn. Dev.

Cognitive Development and Epistemology, Sammelwerk, hrsg. v. Theodore MISCHEL, New York 1971; – hier zit. als: MISCHEL 1971

Jean Piaget – Werk und Wirkung, dte. Übers. der o. g. Festschrift J. P. Sc. Soc. 1966 mit der alten Autobiographie Piagets bis 1966 und geringfügigen Ergänzungen (darunter der Erweiterung der Bibliographie bis 1974), erschienen in der Reihe: Geist und Psyche, München 1976

Hommage à Jean Piaget zum achtzigsten Geburtstag, Festschrift in vorwiegend deutscher Sprache, hrsg. v. Klett-Verlag Stuttgart (mit Hauptbeiträgen von G. STEINER und U. OVERMANN, vgl. Lit.vz., sowie Auswahlbibliographien der Primär- und Sekundär-Literatur), Stuttgart 1976

3. Weitere Literatur zum behandelten Themenbereich

AEBLI, H.: Psychologische Didaktik – Didaktische Auswertung der Psychologie J. Piagets (erstm. 1951 in frz. Sprache), Stuttgart 1963a.

AEBLI, H.: Über die geistige Entwicklung des Kindes, Stuttgart 1963b.

AEBLI, H.: ‚Egocentrism' (Piaget) not a phase of mental development but a ‚substitute solution' for an insoluble task, in: Paedagogica Europaea 1967, S. 97–103.

AEBLI, H.: MONTADA, L. & SCHNEIDER, U.: Über den Egozentrismus des Kindes, Stuttgart 1968.

AEBLI, H.: Kognitive Systeme als Tiefenstrukturen des Denkens, in: Schweizerische Zeitschrift für Psychologie/Festschrift für Richard MEILI Bd. 29 (1/2) 1970a, S. 106–116.

AEBLI, H.: Kognitive Entwicklung als Aufbau in einem soziokulturellen Kontext, in: Schweizerische Zeitschrift für Psychologie Bd. 29 (3) 1970b, S. 389–403.

ALMY, M., s.o.: Young Children's Thinking, N. Y. 1966.

ANTHONY, E. Y.: Six applications de la théorie génétique de Piaget à la théorie et à la pratique psychodynamique, in: Schweizerische Zeitschrift für Psychologie Bd. 15, S. 269–277, 1956a.

ANTHONY, E. J.: The significance of J. Piaget for child psychiatry, in: British Journal of Medical Psychology Bd. 29, 1956b, S. 20–34.

ANTHONY, E. J.: The system makers: Piaget and Freud, Symposium on the Contribution of Current Theories to an Understanding of Child Development, IV, in: British Journal of Medical Psychology Bd. 30, 1957, S. 255–269.

ANTHONY, E. J.: Piaget et le clinicien, in: Psy. Epist. gén. 1966, S. 339–352.

APOSTEL, L., s. PIAGET 1957 d.

AUSUBEL, D. P.: Neobehaviorism and Piaget's views on thought and symbolic functioning, in: Child Development Bd. 36, 1965, S. 1029–1032.

AUSUBEL, D. P.: Symbolization and symbolic thought: Response to Furth, in: Child Development Bd. 1968, S. 997–1001.

AUSUBEL, D. P.: Motivational issues in cognitive development: comments on Mischel's article, in: MISCHEL 1971, S. 357–361.

BALDWIN, A. L.: Theories of child development, New York 1967 (dt.: Theorien primärer Sozialisationsprozesse, 2 Bde., Weinheim & Basel 1974).

BATTRO, A. M.: Dictionnaire d'épistémologie génétique, Dordrecht (Holland) 1966.

BELL, S. M.: The development of the concept of object as related to infant-mother attachment, in: Child Development Bd. 41, 1970, S. 291–311.

BETH, E. W.: s. PIAGET 1961b.

BERELSON, B. & STEINER, G. A.: Human Behavior – An Inventory of Scientific Findings, New York 1964 (dt.: Menschliches Verhalten – Grundlegende Ergebnisse empirischer Forschung, 2 Bde., Weinheim & Basel 1970/1972).

BERGMANN, G.: Sinn und Unsinn des methodologischen Operationalismus, in: E. TOPITSCH, Hrsg., Logik der Sozialwissenschaften, Köln & Berlin 1965, S. 104–112.

BERGSON, H.: L'évolution créatrice, Paris, 102. Auflage 1962.

BERLYNE, D. E.: Recent developments in Piaget's work, in: British Journal of educational Psychology Bd. 27, 1957, S. 1–12.

BERLYNE, D. E.: Théorie du comportement et opérations (Mitautor: J. PIAGET) EEG XII, Paris 1960.

BERLYNE, D. E.: Piaget et la théorie néo-associationiste du comportement, in: Psy. Epist. Gén. 1966, S. 223–233.

BREARLEY, M. & HITCHFIELD, E.: A teacher's guide to reading Piaget, London 1966.

BRUNER, J. S.: Inhelder and Piaget's ‚The Growth of logical Thinking' – A psychologist's viewpoint, in: The British Journal of Psychology Bd. 50, 1959, S. 363–370.

Bruner, J. S.: Individual and collective problems in the study of thinking, in: The Annals of the New York Academy of Sciences Bd. 91, 1961, S. 22–37.
Bruner, J. S., Hrsg., Studies in cognitive Growth, New York 1966.
Bühler, C.: Kindheit und Jugend – Genese des Bewußtseins, Göttingen, 4. Aufl. 1967.
Bühler, K.: Abriß der geistigen Entwicklung des Kleinkindes (Mitautorin: L. Schenk-Danzinger), 8., erw. Aufl., Heidelberg 1958.

Cassirer, E.: Wesen und Wirkung des Symbolbegriffs, Darmstadt 1965.
Cassirer, E.: Die Philosophie der Aufklärung, Tübingen 1932.
Chomsky, N.: Aspekte der Syntax-Theorie, Frankfurt 1969.
Claessens, D.: Familie und Wertsystem – Eine Studie zur ‚zweiten, sozio-kulturellen Geburt' des Menschen, Berlin 1962.

Dan, C.: Empirisme et réalisme de Marx à Piaget, in: Raison Présente Nr. 19, 1971, S. 21–44.
Descartes, R.: Discours de la méthode; Méditations; neue Ausgabe, Paris 1963.
Dobzhansky, T.: Dynamik der menschlichen Evolution – Gene und Umwelt, Frankfurt 1965.
Dührssen, A.: Heimkinder und Pflegekinder in ihrer Entwicklung, Göttingen 1958.
Durant, W.: Die großen Denker, 8. Aufl. Zürich 1947.
Durkheim, E.: Sociologie et philosophie, neue frz. Aufl. Paris 1963.

Einstein, A. & Infeld, L.: Die Evolution der Physik – Von Newton bis zur Quantentheorie, Reinbek b. Hamburg 1956.
Elkind, D.: Children and adolescents, New York 1970 (Untertitel: Interpretive essays on Jean Piaget) (vgl. vom gleichen Autor auch die Festschrift Stud. Cogn. Dev. 1969).

Feldman, T. P.: Personification and structure in Hesiod's theogony, in: Symbolae Osloenses Bd. XLVI, Bergen 1971, S. 7–41.
Flanagan, G. L.: Die ersten neun Monate des Lebens, Reinbek bei Hamburg 1968.
Flavell, J. H.: The developmental psychology of Jean Piaget, Princeton 1963.
Freud, A.: Das Ich und die Abwehrmechanismen (1936), München, o. J.
Freud S.: Totem und Tabu – Einige Übereinstimmungen im Seelenleben der Wilden und der Neurotiker, Frankfurt 1956.
Freud, S.: Das Unbewußte – Schriften zur Psychoanalyse 1910–1934 (hrsg. v. A. Mitscherlich). Frankfurt 1960.
Freud, S.: Die Traumdeutung, Frankfurt 1961.
Freyer, H.: Theorie des gegenwärtigen Zeitalters, Stuttgart 1955.
Furth, H. G.: Thinking without language, New York 1966 (dt.: Denkprozesse ohne Sprache, Düsseldorf 1972).
Furth, H. G.: Piaget and knowledge – Theoretical foundations, Englewood Cliffs 1969 (dt.: Intelligenz und Erkennen – Die Grundlagen der genetischen Erkenntnistheorie Piagets, Frankfurt 1972).
Furth, H. G.: Piaget für Lehrer, Düsseldorf 1973.
Furth, H. G. & Wachs, H.: Denken geht zur Schule – Piagets Theorie in der Praxis, Weinheim & Basel 1978.

Gehlen, A.: Anthropologische Forschung – Zur Selbstbegegnung und Selbstentdeckung des Menschen, Reinbek 1961.
Gehlen, A.: Der Mensch – Seine Natur und seine Stellung in der Welt, 7. Aufl. Frankfurt & Bonn 1962.
Gehlen, A.: Urmensch und Spätkultur – Philosophische Ergebnisse und Aussagen, 2. Aufl. Frankfurt & Bonn 1964.
Ginsburg, H. & Opper, S.: Piagets Theorie der geistigen Entwicklung, Stuttgart 1975.

GOLDMANN, L.: Dialektische Untersuchungen (PIAGET gewidmet), Neuwied & Berlin 1966a (darin enth. Übers. d. Aufsätze: Marxisme et psychologie – La psychologie de Jean Piaget, 1947, und: L'épistémologie de Jean Piaget, 1952, die auch in GOLDMANN 1966b abgedruckt sind).

GOLDMANN, L.: Jean Piaget et la philosophie (leicht gekürzter und neu kommentierter Wiederabdruck der o. g. Aufsätze), in: J. P. Sc. Soc. 1966b, S. 5–23.

GONSETH, F.: L'épistémologie génétique et la méthodologie dialectique – à propos de l'ouvrage récent de Piaget: ‚Introduction à l'épistémologie génétique', in: Dialectica 4, 1950, S. 5–20 + 296–304.

GOODNOW, J. J.: A test of milieu effects with some of Piaget's tasks, in: Psychological Monographs: General and Applied Bd. 76, Nr. 36, 1962, S. 1–21.

GOODNOW, J. J.: Problems in research on culture and thought, in: Stud. Cogn. Dev. 1969, S. 439–462.

GRAUMANN, C. F.; Hrsg.: Denken, (Reader), 2. Aufl. Köln & Berlin 1965.

GREENFIELD, P. M.: On culture and conservation, in: BRUNER u. a. 1966, S. 225–256.

GREENFIELD, P. M., REICH, L. C. & OLVER, R. R.: On Culture and equivalence, in: ibidem, S. 270–318.

GREENFIELD, P. M. & BRUNER, J. S.: Culture and cognitive growth, in: D. A. GOSLIN, Hrsg.: Handbook of Socialization Theory and Research, Chicago 1969, S. 633–657.

GURVITCH, G.: Note sur les phénomènes psychiques totaux, in: G. G., Hrsg., Traité de Sociologie Bd. II, 2. Aufl. 1963a, S. 333–338 (Paris).

GURVITCH, G.: La vocation actuelle de la sociologie, Bd. I: Vers la sociologie différentielle, 3. Aufl. Paris 1963b.

HAGE, K.: Zur Konstitution von Wissen in Lehr- und Lernprozessen – Eine Untersuchung der genetischen Epistemologie Jean Piagets auf ihre Bedeutung zur Entwicklung eines wissenschaftsbezogenen Unterrichts, Weinheim & Basel 1979.

HARTEN, H.-C.: Kognitive Sozialisation und politische Erkenntnis – Piagets Entwicklungspsychologie als Grundlage einer Theorie der politischen Bildung, Weinheim & Basel 1977a.

HARTEN, H.-C.: Der vernünftige Organismus oder gesellschaftliche Evolution der Vernunft – Zur Gesellschaftstheorie des genetischen Strukturalismus von Piaget, Frankf. 1977b.

HATWELL, Y.: A propos des notions d'assimilation et d'accomodation dans les processus cognitifs, in: Psy. Epist. Gén. 1966, S. 127–136.

HECKHAUSEN, H.: Eine Rahmentheorie der Motivation in zehn Thesen, in: Ztschr. f. exp. u. angew. Psy. Bd. 10, S. 604–626, 1963.

HILGARD, E. R.: Theories of learning, 2. Aufl. New York 1956.

HIRSCHBERGER, J.: Geschichte der Philosophie, Bd. I: Altertum und Mittelalter, 7. Aufl. 1963a, Bd. II: Neuzeit und Gegenwart, 6. Aufl. 1963a, Freiburg, Basel & Wien.

HUNT, J. McV.: The impact and limitations of the giant of developmental psychology, in: Stud. Cogn. Dev. 1969, S. 3–66.

INHELDER, B.: Denkentwicklung, in: Lexikon der Pädagogik Bd. 1, Bern, S. 261–262.

INHELDER, B.: Jean Piaget, in: Lexikon der Pädagogik Bd. 3, Bern, S. 358–361.

INHELDER, B.: La genèse de l'idée de hasard et la résistance du réel aux opérations, in: Synthese 1956, S. 44–50 (vgl. auch: PIAGET & INHELDER 1951c).

INHELDER, B.: Some aspects of Piaget's genetic approach to cognition, in: W. KESSEN & C. KUHLMAN, Hrsg., Thought in the young child, 1962, S. 19–34.

INHELDER, B.: Cognitive Development and its contribution to the diagnosis of some phenomena of mental deficiency, in: Merrill-Palmer Quarterly Bd. 12, 1966a, S. 299–319.

INHELDER, B.: A Jean Piaget, Festschrift-Widmung zu: Psy. Epist. Gén. 1966b, S. XI–XIV.

INHELDER, B.: Développement, régulation et apprentissage, in: ibidem 1966c, S. 177–188.

Inhelder, B. & Sinclair, H.: Learning cognitive structures, in: Trends and issues in developmental psychology, hrgs. v. P. H. Mussen, J. Langer & M. Covington, New York usw. 1969, S. 2–21.

Inhelder, B.: (vgl. auch die Mitautorenschaft in den bei Piaget unter 1951a, 1951d, 1963b, 1963c, 1966a und 1970a angeführten Werken).

Isaacs, N.: Critical notes: Traité de Logique – Essai de Logistique opératoire, by Jean Piaget, in: British Journal of Psychology Bd. 42, 1951, S. 185–188.

Isaacs, S.: Critical notes: The child's conception of the world, by Jean Piaget, in: Mind Bd. 38, S. 506–513, 1929.

Isaacs, S.: Intellectual growth in young children, London 1930.

Kaminski, G.: Ordnungsstrukturen und Ordnungsprozesse, in: R. Bergius, Hrsg., Lernen und Denken, Hdb. d. Psy. Bd. I.–2., Göttingen, S. 373–492.

Kant. I.: Kritik der reinen Vernunft (1787). Hamburg 1956.

Keller, M.: Kognitive Entwicklung und soziale Kompetenz – Zur Entstehung der Rollenübernahme in der Familie und ihrer Bedeutung für den Schulerfolg, Stuttgart 1976.

Klages, H.: Möglichkeiten und Grenzen des Modelldenkens in der soziologischen Theorie, in: Soziale Welt Bd. 14, 1963, S. 97–108.

Klages, H.: Rationalität und Spontaneität – Innovationswege der Großforschung, Gütersloh 1967.

Kohlberg, L.: Early education – A cognitive-developmental view, in: Child Development Bd. 39, 1968, S. 1013–1062.

Kohlberg, L.: Stage and sequence – The cognitive-developmental approach to socialization, in: David A. Goslin, Hrsg., Handbook of Socialization Theory and Research, Chicago 1969, S. 347–480 (dt. in: L. K., Zur kognitiven Entwicklung des Kindes, Frankfurt 1974, S. 7–255).

Kröner, F.: Zur Logik von Jean Piaget, in: Dialectica Bd. 4, S. 49–64, 1950.

Kuhn, T. S.: Die Struktur wissenschaftlicher Revolutionen, Frankfurt 1967.

Laurendeau, M. & Pinard, A.: Réflexions sur l'apprentissage des structures logiques, in: Psy. Epist. Gén. 1966, S. 191–210 (vgl. auch: Pinard & Laurendeau 1969).

Lektorski, W. A.: Das Subjekt-Objekt-Problem in der klassischen und modernen bürgerlichen Philosophie, Berlin 1968.

Lévi-Strauss, C.: Anthropologie structurale, Paris 1958 (dt. Strukturale Anthropologie, Frankfurt 1967).

Lévi-Strauss, C.: Le totémisme aujourd'hui, Paris 1962.

Lévi-Strauss, C.: Wie funktioniert der menschliche Geist? (Interview), in: alternative, Heft 54, 10. Jg. 1967, S. 95–99.

Lévy-Bruhl, L.: La mentalité primitive, 15. Aufl. Paris 1960.

Lewin, K.: Die psychologische Situation bei Lohn und Strafe, Leipzig 1931 (Nachdruck, Darmstadt 1964).

Lorenz, K.: Die angeborenen Formen möglicher Erfahrung, in: Ztschr. f. Tierpsy. Bd. 5, 1943, S. 235–409.

Lorenz, K.: Vom Weltbild des Verhaltensforschers (Induktive und teleologische Psychologie, 1942; Psychologie und Stammesgeschichte, 1954; Gestaltwahrnehmung als Quelle wissenschaftlicher Erkenntnis, 1959), München 1968.

Maier, H. W.: Three theories of child development – The contributions of E. H. Erikson, J. Piaget and R. R. Sears and their applications, New York & Tokio 1965.

Martindale, D.: The nature and types of sociological theory, Cambridge/Massachusetts 1960.

Marx, K.: Die Frühschriften (hrsg. v. S. Landshut), Stuttgart 1964.

Mayntz, R.: Modellkonstruktion: Ansatz, Typen und Zweck, in: R. M., Hrsg., Formalisierte Modelle in der Soziologie, Neuwied & Berlin 1967, S. 11–31.

Mays, W.: An elementary introduction to Piaget's logic, in: J. Piaget 1953b, S. x–xvi.

Mays, W.: The epistemology of Professor Piaget, in: Proceedings of the Aristotelian Society, N. S., Bd. 54, London 1953/54, S. 49–76.

Mays, W.: Jean Piaget – The man and his work, in: The Hibbert Journal Bd. 56, Jan. 1958, London, S. 134–139.

Mead. G. H.: Mind, Self and Society, Chicago & London 1934 (dt.: Geist, Identität, Gesellschaft, Frankfurt 1968).

Mead, M.: An investigation of the thought of primitive children with special reference to animism, in: Journal of the Royal Anthropological Institute Bd. 62/I, S. 173–190, 1932.

Meili, R.: Gestaltpsychologische Bemerkungen zu einigen Ideen von Jean Piaget, in: Schweizerische Ztschr. f. Psy. Bd. 25, 1966, S. 197–213.

Metzger, W.: Die Entwicklung der Erkenntnisprozesse, in: Handbuch der Psychologie Bd. 3 (Entwicklungspsychologie).Göttingen 1959, S. 401–441.

Metzger, W.: Schöpferische Freiheit, 2. Aufl. Frankfurt 1962.

Meyer, F. E.: E. Cassirer, Hannover 1969.

Mischel, T.: Piaget – Cognitive conflict and the motivation of thought, in: Mischel 1971, S. 311–355 (siehe unter: 2. Festschriften und Sammelwerke)

Montada, L.: Über die Funktion der Mobilität in der geistigen Entwicklung – Eine Untersuchung zu Piagets Äquilibrationshypothese der Entwicklung, Stuttgart 1968.

Montada, L.: Die Lernpsychologie Jean Piagets, Stuttgart 1970.

Montada, L.: Wie entsteht Erkenntnis? in: Psychologie heute, 3. Jg., 1976, Heft 9, S. 57–62.

Mueller, F.-L.: Histoire de la psychologie, Paris 1960 (darin: La psychologie génétique de Jean Piaget, S. 417–426).

Neisser, U.: Kognitive Psychologie, Stuttgart 1974.

Oerter, R.: Moderne Entwicklungspsychologie, Donauwörth, 2. Aufl. 1968.

Oerter, R.: Psychologie des Denkens, 2. Aufl. 1971, Donauwörth.

Osgood. C. E.: A behavioristic analysis of perception and language as cognitive phenomena, in: R. J. C. Harper & C. C. Anderson, The Cognitive Processes Readings, Englewood Cliffs 1964, S. 184–210.

Parsons, C.: Inhelder and Piaget's ‚The growth of logical thinking' – a logician's viewpoint, in: British Journal of Psychology Bd. 51, S. 75–84.

Parons, T.: The social system, New York 1951.

Parsons, T.: An outline of the social system, in: T. P. u. a., Hrsg., Theories of Society Bd. 1, New York 1961, S. 30–80.

Parsons, T. & Shils, Edward A., Hrsg.: Toward a general theory of action, Cambridge/Massachusetts 1951.

Peluffo, N.: Les notions de conservation et de causalité chez les enfants provenant de différents milieux physiques et socio-culturels, in: Archives de Psychologie Bd. 38 Nr. 151, 1962, S. 275–291.

Petter, G.: Die geistige Entwicklung des Kindes im Werk von Jean Piaget, Bern & Stuttgart 1966.

Pinard, A. & Laurendeau, M.: ‚Stage' in Piaget's cognitive-developmental theory – exegesis of a concept, in: Stud. Cogn. Dev. 1969, S. 121–170.

Plessner, H.: Die Stufen des Organischen und der Mensch, Einleitung in die philosophische Anthropologie, Berlin 1928.

Remplein, H.: Die seelische Entwicklung des Menschen im Kindes- und Jugendalter, München & Basel, 15. Aufl. 1967.

ROHRACHER, H.: Einführung in die Psychologie, 8. Aufl. Wien & Innsbruck 1963.
RUBINSTEIN, S. L.: Das Denken und die Wege seiner Erforschung, Berlin 1968, 3. Aufl..

SCHELER, M.: Die Stellung des Menschen im Kosmos, München 1947.

SEILER, T. B.: Die Reversibilität in der Entwicklung des Denkens – Ein Beitrag zur Deutung der Theorie Piagets, Stuttgart 1968.

SEILER, T. B.: Die Bereichsspezifität formaler Denkstrukturen – Konsequenzen für den pädagogischen Prozess, in: Kognitionspsychologie und naturwissenschaftlicher Unterricht 1973a, S. 249–283.

SEILER, T. B.; Hrsg.: Kognitive Strukturiertheit – Theorien, Analysen. Befunde: Stuttgart 1973b.

SHARP, E.: Denken – ein Kinderspiel, Stuttgart 1970

SINCLAIR-DE-ZWART, Hermina: Developmental Psycholinguistics, in: Stud. Cong. Dev. 1969, S. 315–336.

SKOWRONEK, H.: Psychologische Grundlagen einer Didaktik der Denkerziehung – Kognitive Prozesse und kognitive Strukturen, Hannover 1968.

SONSTROEM, A. MacKinnon: On the conservation of solids, in: BRUNER u.a. 1966, S. 208–224.

SMEDSLUND, J.: Les origines sociales de la décentration, in: Psy. Epist. Gén. 1966, S. 159–167.

SPITZ R.: Die Entstehung der ersten Objektbeziehungen – Direkte Beobachtungen an Säuglingen während des ersten Lebensjahres, 3. Aufl. Stuttgart 1973.

STACHOWIAK, H.: Denken und Erkennen im kybernetischen Modell, Wien & New York 1965.

STEINER, G.: Mathematik als Denkerziehung, Stuttgart 1973.

STEINER, G.: Kognitive Strukturen und ihre psychische Realität – Versuch einer Synthese von Piagets und Bruners Theorien, in: Ztschr. f. Pädagogik, Jg. 20, Heft 1, 1974, S. 7–19.

STEINER, G.: Jean Piaget – Versuch einer Wirkungs- und Problemgeschichte, in: Hommage à J. P. z. 80. Geb. 1976, S. 49–114.

STENDLER-LAVATELLI, C.: Früherziehung nach Piaget, München & Basel 1976.

STERN, W.: Psychologie der frühen Kindheit bis zum sechsten Lebensjahr, 8. Aufl. 1965, Darmstadt.

STONE, M. A. & AUSUBEL, D. P.: The intersituational generality of formal thought, in: The Journal of Genetic Psychology Bd. 115, 1969, S. 169–180.

THOMAE, H.: Entwicklungsbegriff und Entwicklungstheorie, in: H. T., Hrsg., Entwicklungspsychologie, Hdb. d. Psy. Bd. 3, 2. Aufl. Göttingen 1960, S. 3–20.

THOMAE, H.: Entwicklung und Prägung, in: ibidem, S. 240–311.

UEXKÜLL, Jakob von: Streifzüge durch die Umwelten von Tieren und Menschen; – Bedeutungslehre; Reinbek bei Hamburg 1956.

VYGOTSKY, L. S.: Thought and Language, New York & London 1962 (dt. Denken und Sprechen, Frankfurt 1969) (dte. Namensschreibweise: WYGOTSKI).

WALLON, H.: L'étude psychologique et sociologique de l'enfant, in: Cahiers Internationaux de Sociologie Bd. 3, 1947, S. 3–23.

WALLON, H.: Post-Scriptum en réponse à Monsieur Piaget, in: ibidim Bd. 10, 1951, S. 175–177.

WEBER, M. Gesammelte Aufsätze zur Wissenschaftslehre, 3. Aufl. (hrsg. v. Johannes WINCKELMANN), Tübingen 1968.

WERNER, H.: Einführung in die Entwicklungspsychologie (Comparative psychology of mental development), 4. Aufl. München 1959.

Wetzel, F. G.: Elemente des Rationalismus in der Erkenntnistheorie Jean Piagets, in: Die Psychologie des 20. Jahrhunderts, Bd. VII: Piaget und die Folgen, hrsg. v. Gerhard Steiner, Zürich 1978, S. 41–63.

Wetzel, F. G.: Intelligenz und soziale Emanzipation – Grundlagen einer kritischen Theorie kognitiver Sozialisation bei Jean Piaget, – Diss., Berlin, in Vorber. (Kurzbibl. i. Text: IsE).

Whorf, B. J.: Sprache – Denken – Wirklichkeit – Beiträge zur Metalinguistik und Sprachphilosophie, Reinbek bei Hamburg 1963.

Wolff, P.: The developmental psychologies of Jean Piaget and psychoanalysis, New York 1960 (erschienen in der Reihe: Psychological Issues Bd. II Nr. 1 Monographie 5).

Wolff, P.: La théorie sensori-motrice de l'intelligence et la psychologie du développement général, in: Psy. Epist. Gén. 1966, S. 235–250.

Personenregister

Sachregister

Die kursiv hervorgehobenen Seitenzahlen bezeichnen diejenigen Stellen, an denen die betreffenden Stichworte eine definitorische bzw. ausführliche Behandlung erfahren.